采购与供应管理

伍 蓓 王姗姗 编著

ZHEJIANG UNIVERSITY PRESS
浙江大学出版社

内容简介

本书从采购基本理论入手,从战略篇、技术篇和运作篇三部分全面介绍采购与供应管理知识。全书共分为 14 章,首先介绍采购与供应管理基本理论,其次从战略的角度探讨采购与供应管理战略、采购环境与市场分析、采购组织方式和采购供应商选择与管理,再次阐述了采购与供应中涉及的技术工具和基本方法,最后从运作的角度分析采购流程、模式、谈判、定价及合同管理等具体运营过程。

本书可作为本科高年级物流管理、物流工程、电子商务、工商企业管理、国际贸易等专业的教学用书,也可作为物流管理人员、物流科研人员、物流营销人员的参考书。

图书在版编目(CIP)数据

采购与供应管理 / 伍蓓等编著. —杭州:浙江大学出版社,
2010.1(2021.1 重印)
(高等院校物流管理与物流工程专业系列教材)
ISBN 978-7-308-06501-6

Ⅰ.采… Ⅱ.伍… Ⅲ.①采购－物资管理－高等学校－
教材②物资供应－物资管理－高等学校－教材 Ⅳ.F252

中国版本图书馆 CIP 数据核字(2008)第 212818 号

采购与供应管理

伍 蓓 王姗姗 编著

丛书策划	黄兆宁 樊晓燕
责任编辑	黄兆宁
封面设计	刘依群
出版发行	浙江大学出版社
	(杭州市天目山路 148 号 邮政编码 310007)
	(网址:http://www.zjupress.com)
排　版	杭州中大图文设计有限公司
印　刷	杭州丰源印刷有限公司
开　本	787mm×1092mm 1/16
印　张	23.75
字　数	548 千
版 印 次	2010 年 2 月第 1 版 2021 年 1 月第 4 次印刷
书　号	ISBN 978-7-308-06501-6
定　价	66.00 元

高等院校物流管理与物流工程专业系列教材
审稿专家委员会名单

（以姓氏笔画为序）

刘广钟　刘　南　邬　跃　杨东援

李文锋　李严锋　张良卫　张晓萍

张　锦　屈福政　赵林度　黄有方

黄福华　谢如鹤　靳志宏

前　言

　　采购是一种常见的经济活动,从日常生活到企业运作,从民间组织到政府集团,都离不开采购。随着全球经济、技术的发展,企业成本控制、管理科学化已成为企业越来越关注的问题,采购也变得尤为重要。如今,采购在全球制造、流通和服务业中的职能和关系也发生了巨大的变化,特别是采购的战略、采购计划、采购技术和工具、采购运营等环节,成为采购管理的核心内容,也是企业提高竞争力的重要手段。

　　本书在内容的选取与体系结构的设置上注重理论和实践相结合,突出重点,兼顾整体,深入浅出,通俗易懂。从采购基本理论入手,分战略篇、技术篇和运作篇三部分全面介绍采购与供应管理知识。本书可作为普通高等院校物流管理、工商管理、市场营销和管理类专业教材,也可供高职高专、成人高等教育使用。同时,本书旨在将采购运作管理的知识呈现给读者朋友,让欲提高采购质量的现有采购人员以及那些想步入采购行业的人士对采购运作管理有一个更全面的理解和认识。

　　本书中的第一章到第十章、前言、目录和参考文献由浙江工商大学伍蓓编写,第十一章到第十四章由浙江工商大学王姗姗编写。

编者

2009 年 10 月

目　录

绪 论 篇

第 1 章

采购基本理论

☞ **本章要点**

本章首先从采购的定义、分类、功能、特征及演变的角度诠释了采购基本概念，然后阐述了采购的被动、独立、支撑、综合四个发展历程，指出采购的质量、价格、供应商管理、评价和质量体系五大要素，最后介绍了采购管理的发展趋势。

所谓采购，是指采购人员或者采购单位基于各种目的和要求购买商品或劳务的一种行为，它具有明显的商业性。采购是一种非常常见的活动，从日常生活到企业运作，人们都离不开它。事实上，无论个人或企业，生活或生产所需的各种物质，已经不能自给自足，必须依靠采购来获得满足，采购变成一项不可或缺的经济活动。本章首先对采购进行了概述，然后介绍了采购的功能、特征、发展历程和采购环境的变化，最后介绍了采购管理的发展趋势。

1.1 采购概述

1.1.1 采购的定义

狭义的采购就是买东西，是企业根据需求提出采购计划、审核计划、选好供应商、经过商务谈判确定价格和交货条件，最终签订合同并按要求收货付款的过程。这种以货币换取物品的方式，可以说是最普通的采购途径，无论个人还是企业机构，其消费或者生产的需求大都可以通过购买的方式来满足。因此，在狭义的采购之下，买方一定要先具备支付能力，也就是要有钱，才能换取他人的物品来满足自己的需求。

广义的采购是指除了以购买的方式占有物品之外，还可以通过其他途径如租赁、借贷和交换等取得物品的使用权,来达到满足需求的目的。租赁是指一方以支付租金的方式取得他人物品的使用权。借贷是指一方以无须支付任何代价的方式取得他人物品的使用权,使用完毕仅返还原物品。这种无偿借用他人物品的方式,通常是基于借贷双方的情谊与密切关系,特别是借方的信用。交换是指用以物易物的方式取得物品的所有权及使用权,但是并没有直接支付物品的全部价款。换言之,当双方交换价值相等时,不需要以金钱补偿对方;当交换价值不等时,仅由一方补贴差额给对方。

采购管理指的是对采购过程的计划、组织、协调和控制等,包括管理供应商关系所必需的所有活动,它着眼于企业内部、企业和其供应商之间持续改进采购过程。

所有的采购工作都有共同的元素,包括组织货源、供应商、与供应商谈判以及评估供应商的工作表现等。然而,也有其他元素,如战略的重要性、成本总量、对创利的贡献、供应商关系以及对采购部门雇用员工的要求和员工对工作责任心的认识。由于采购工作的多样性,许多组织机构正在改变采购部门的设置和人们以前熟知的"采购"的职位名称。下面将从采购的含义演变来揭示当代采购管理的发展。

1. 传统的采购定义

从目标的观点来定义采购,可以是这样:从合适的货源那里,获得合适数量和合适质量的物资,并以合适的价格递送到合适的收货地点,即5R(5 Rights)。

- 术语"合适的"有太多的不确定性,每个组织机构对"合适的"定义是不同的。
- "合适的"会随总体采购的情况和外部环境发生变化而变化。
- 所规定的"合适的"必须始终如一地与组织机构的目标相一致,该目标又衍生出职能部门的目标。
- 在现实中,有些"合适的"是不可兼得的,例如,有可能获得的货物其质量是合适的,却不一定得到合适的价格——"最好的供应商常常是最繁忙的,但也是索价最高的"。

2. 采购作为采办

采办是比采购含义更宽泛的术语。采购是指以货币或等值的支付形式来换取商品或服务,而采办是以任何方式包括借贷、租赁,甚至用武力或掠夺来获得商品或服务。从严格意义上讲,采办是一个较精确的术语,所以在职位名称上"采办"往往替代了"采购",如采办经理、采办代理和采办负责人等。

3. 采购作为机构购买

Marrian把机构购买者定义为:那些为工业或农业生产的特殊目的,或为用于经营或管理一个工厂、企业、学院某项专业或服务机构等而购买商品和服务的购买者。

因此,机构购买者是代表机构进行采购,而不是为了个人或家庭的消费。例如,全国健康服务中心的一些供给可能由中央的政府机构集中购置,区域性的由当地的健康部门购置,而地方医院则由它们自己购置。

4. 采购作为供应商管理

供应商管理可以定义为:采购或采办的一个方面,它涉及供应商仓库的合理化,挑选供应商、协调供应商、评估供应商表现以及开发供应商的潜力。

供应商管理是更具有战略性和交叉功能的业务活动,相比之下,单独的采购工作偏重于业务的交割和商务的往来。采购、采办和供应商管理三者之间的关系可用图1-1来表示。

供应商管理
主要的战略性业务包括：
·战略性瓶颈和杠杆作用
·自制或外包的决策
·组织货源和评估供应商（包括全球供应商）
·供应商仓库的合理化
·开发供应商的潜力
·早期供应商的介入
·与供应商谈判
·与供应商的关系包括合作伙伴关系、共同制作和供应商协会
·基础设施设备的采购
·标准基点法
·检测供应商表现
·职业道德和环境保护方面的问题

采办
通过任何手段获得所需要的供应商或服务

采购
主要的业务交割和商务交往活动包括：
·非紧要（低利润、低供应风险的）货品
·订购货物或服务，或者取消它们
·确定所需开销或花费
·维持库存
·接收和存储所供的货物
·安排财务支付

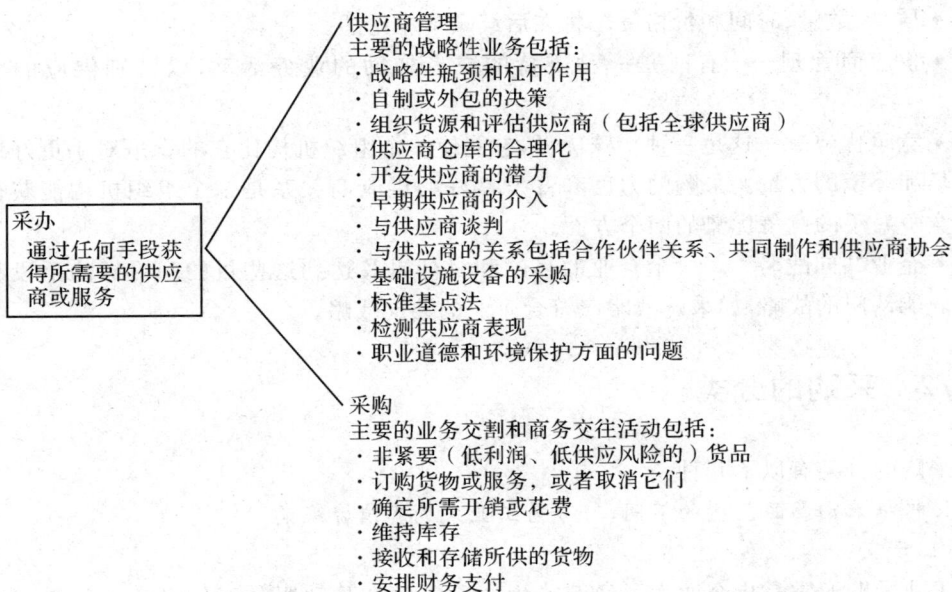

图 1-1 采办、采购和供应商管理之间的关系

5.采购作为外部资源管理

Lamming 认为,从新的战略性功能的角度来看,采购可能不再被称为采购,因为这个词词义的局限性太大了。传统意义上把采购仅仅看做是管理开支与花销,这与建立并管理企业内部战略关系毫不相干。采购所关心的是如何确保正确的外部资源准确地去补充内部资源。

从外部资源管理的观点出发,可以把采购定义为:从外部资源中获得所有的商品和服务,它们对经营、维护和管理公司的基本业务活动和辅助业务活动都是必需的,并使它们处于最佳状态。

6.综合的定义

采购的综合定义涵盖了上述定义的诸方面:采购是一个由组织机构的单位实施的过程,不论是作为一种功能还是作为集成供应链的一部分,它既负责采办合适的质量、数量、时间和价格的货物,又负责管理供应商,并由此对企业的竞争优势和企业共同的战略目标作出贡献。

在这个定义中有不少的单词和术语,分别给出解释:

· 过程——涉及采办供应的业务活动的链或序列。

· 组织机构的单位——可以是一个部门、一个团队、成本或利润中心。在采购经理的管理下,负责所有的采购业务活动,一个可替代的术语是"采购负责中心"。

· 功能——一个可分离的组织单位。

· 集成供应链——这是指把过去分散的组织机构单位,如采购、生产和销售放到一起,形成一个连续、相互作用的流程。

- 采办——如上所述,这是通过一切手段获取商品和服务的过程。
- 质量、数量、时间和价格——将在后续章节中论述。
- 供应商管理——有时是一种支持的或者辅助的业务活动,以区别供应的实际采办。
- 竞争优势——这是一种特殊优势,它能使一个组织机构比它的竞争对手更好地对付市场和环境的力量。采购的力度和开发良好的供应商关系是一个组织机构能获得超越它竞争对手的竞争优势的两个方面。
- 企业共同战略——一个企业的目的和目标以及达到这些目的和目标的手段和措施。职能部门的战略,如采购战略应符合企业的共同战略。

1.1.2 采购的分类

采购的分类有以下几种:

1. 根据采购物品用途的不同,可分为工业采购和消费采购

(1)定义

工业采购通常是指企业为了经营或生产所需的产品和服务而付出一定价格同外部进行的业务活动。消费采购与工业采购有很大不同,消费采购活动是个人行为,而工业采购通常是机关、企业等机构的集体行为。

(2)比较

工业采购和消费采购无论是在采购的目的、动机,还是在采购决策和特点方面都有着明显的差别。工业采购往往通过一次采购后便同供应商建立长期合作关系,采购的动机是理性的,一般有多人参与,是一个程序化的过程,采购数量通常比较大,价格也比较稳定。而消费采购的随意性比较大,主要为满足个人需求,采购动机带有个人喜好,采购量也比较小。

2. 根据采购输出的结果,可分为有形采购和无形采购

(1)有形采购

采购输出的结果可能是有形的物品,或是参与某个系统运行的组成部分。例如,一支钢笔、一台电脑、一块电路板,像这样称其为"有形采购"。有形采购主要采购有形的物品,如原料、副料、机具及设备、事务用品等。

1)原料

原料主要是指直接用于生产的原材料,也是构成产品的最主要成分。在产品的制造过程中,即使原材料的形体发生物理或者化学变化,它依然存在于产品里面,不会消失。通常,原材料是产品制造成本中所占比例最高的项目。在有形采购中,仅用于生产的采购称为物料采购,如生产电视用的显像管、电阻,生产织布用的棉纱,生产集成电路用的晶片,生产水泥用的石灰石等原材料。

2)副料

副料是指在产品制造过程中,除了原材料之外所耗费的材料。有些副料与产品的制造有直接关系,但是产品制成时,副料本身已经消失,如化学制品所需的催化剂。有些虽然还附着在产品上,但因其价值不高,仍然把它当作副料,如成衣上的纽扣和拉链,或机械制品上的螺丝和填垫材料等。另外,有些副料与产品制造并无直接关系,只是消耗性的材料或工具,如锉刀、钢刷等;或是产生能量所耗用的燃料,如汽油、瓦斯、煤炭等。此外,包装材料也属于副料,如纸箱、塑料袋、包装纸、打包带等。

3)机具及设备

机具及设备主要是指制造产品的主要工具或提供生产环境所不可缺少的设施。前者如人造纤维的聚合设备、生产活塞的万能研磨机、生产钢铁制品的炼钢电炉设备及连续铸造机,个人电脑厂的表面黏着剂等。后者如生产集成电路的无尘室,生产各种疫苗的无菌室,这类机具设备对产品的产量及品质会产生直接的影响。另外,空调设备、电力设备及储运设备等仅提供生产上所必需的温度、动力及仓储运输效能;其他又如提供产品品质测试或材料检验所需的仪器以及塑造产品或零件所需的模具等。

4)事务用品

事务用品主要是指办公室所需的设施及文具、纸张以及任何其他杂项购置。前者如桌椅板凳、圆珠笔、钢笔、账册、计算机、个人电脑、信封信纸、打字机等;后者如茶壶、扫把、衣架等。

(2)无形采购

另一类采购输出的结果是无形的,如一项服务、一个软件、一项技术、保险及工程发包等。无形采购主要是指咨询服务采购和技术采购,或是采购设备时附带的服务。

1)技术

技术是指取得能够正确操作或使用机器、设备、原料等的专业知识。只有取得技术才能使机器或设备发挥效能,提高产品的产出率或确保有良好品质,降低材料损耗率,减少机器或设备的故障率,这样才能达到减少投入、增加产出的目的。

2)服务

在无形采购中,为了用于服务、维护、保养等目的的采购,统称为服务采购。生产出的产品一般都会作出免费保修多长时间的保证,称为维修服务。

3)工程发包

工程发包包括厂房、办公室等建筑物的营造与修缮,以及配管工程、空调或保温工程、动力配线工程及仪表安装工程。

3.其他的分类

采购还可以根据采购数量的多少分为大批量采购和小批量采购。在采购过程中会根据采购数量的大小采取不同的采购方法。

在一个项目设计完成以后,首先要选择一个供应商提供几件样品以检查项目的可采购性以及供应商或代理商的适应性,这是开发采购。很多采购方案都需要根据实际情况调整设计图纸、技术规范、物料选型等,有时还得根据需要对供应商进行调整。在开发采购通过之后,要进一步验证设计方案的批量生产性,为此需要进行小批量采购,此环节称为中试采购。中试采购通过以后便进入大批量采购阶段。同时采购形式还可以分为设计型采购、组装型采购、包装型采购。有些组织为了控制某一区域,或某家产品的销售权,而将该商品的区域销售权买断,此类采购称之为代理型采购。从开发商或代理商那里买来商品,然后卖给往来客户或附近居民,该类采购称作零售型采购。表1-1所示的是某汽车销售企业采购品分类表。

表1-1　某汽车销售企业采购品分类表

国内采购品分类	1. 设备类:安放在行政、营业、服务场所的办公家具、事务机器、通信、空调、照明、电器、器材、技术设备、仪器及水电、广告招牌等 2. 用品类:用于事务处理的一般性及事务性用品,如表格、传单印刷、报表纸、文具、清洁品、医疗品、蒸馏水、纸杯、纸张、赠品、促销助成品、印刷品(海报、布旗、贴纸等)、事务机器、设备的消耗品(色带＋磁片、电池、录像带、录音带、小灯泡等) 3. 物料类:指服务工具管理规范中所列的项目 4. 工具类:指服务工具管理规范中所列的项目
国外采购品分类	1. 进口汽车 2. 汽车维修零件及配件 3. 维护手册 4. 其他

无论企业还是个人,他们所采购的东西都属于商品(包括产品和服务),在国际制造企业中,通常把它们划分为三类:

1)BOM(bill of material)

该国际标准名词是指直接进入产品的生产用原材料、零部件以及半成品等。原材料是指用于生产产品的基本材料,包括狭义的原材料(指未经过加工的初级原材料,如矿石、大豆、玉米等)和广义的原材料(金属、合金、矿石、塑料、橡胶、棉麻等)。

零部件是指单个零部件和由多个零件组成的部件,具体分为机械零部件、电子元件等。半成品是相对于成品而言的一种产品状态,它是由原材料或零部件组装加工后介于原材料、零部件和成品之间的产品。

2)NON-BOM

NON-BOM又称NPR(non-production related),是指非产品材料或非生产性材料。它主要包括固定资产、生产辅助性材料、工具、备件、文具、家具、服务(服务,一般是指第三方提供的所有技术、行政、后勤等软件产品,如咨询、培训、审核、租赁、委托代理)等。

3)转卖品(resale product)

转卖品是指不在本企业生产制造,企业先向选定的生产制造商提供技术或品牌,让生产制造商按本企业的要求来制造,制造出产品之后企业再从制造商那里购回所有产品,以自己的品牌和名义提供给市场。全球的制造格局正在发生变化,如CEM(合同制造商)的业务无论在规模和深度上都有所提高。

企业会根据采购物料的数量和物料分布的区域采取不同的采购形式。例如,对100万元的年采购额和10亿元的年采购额所要求的组织结构是不相同的,前者可能是老板自己决策,有时亲自认证采购;而后者不仅需要具备采购专业知识的采购人员专职操作,而且需要资深采购专家进行战略定位来把握方向。物料的分布范围遍及全球,要想采购全世界范围内的先进产品,只靠自己企业的能力是不够的,这时也可以考虑通过国际采购机构来帮助企业完成采购任务。总之,各个企业应根据自身的实际情况和所采购的内容来确定适合自己的采购形式。

1.1.3　采购的地位

采购已经成为企业经营的一个核心环节,是获取利润的重要来源,在企业的产品开发、质量保证、供应链管理及经营管理中起着极其重要的作用。走出传统的采购认识误区、正确确定采购的地位,是当今每个企业在全球化、信息化市场经济竞争中赖以生存的一个基本保障,更是现代企业谋求发展壮大的一个必然要求,采购在企业中具有举足轻重的地位。

1. 采购的价值地位

采购成本是企业成本管理中的主体和核心部分,采购是企业管理中"最有价值"的部分。在工业企业的产品成本构成中,采购的原材料及零部件成本占企业总成本的比例随行业的不同而不同,大体在 30%～90%,平均水平在 60% 以上。从世界范围来说,对于一个典型的企业,一般采购成本(包括原材料、零部件)要占 60%,工资和福利占 20%,管理费用占 15%,利润占 5%。而在中国的工业企业中,各种物资的采购成本要占到企业销售成本的 70%。现实中,许多企业在控制成本时将大量的时间和精力放在不到总成本40% 的企业管理费用及工资和福利上,而忽视其主体部分——采购成本,往往事倍功半、收效甚微。

2. 采购的供应地位

从供应的角度来说,采购是整体供应链管理中"上游控制"的主导力量。在工业企业中,利润同制造及供应过程中的物流和信息流的流动速度成正比。在商品生产和交换的整体供应链中,每个企业既是顾客又是供应商。为了满足最终顾客的需求,企业都力求以最低的成本将高质量的产品以最快的速度供应到市场,以获取最大利润。从整体供应链的角度来看,企业为了获得尽可能多的利润,都会想方设法加快物料和信息的流动,这样就必须依靠采购的力量,充分发挥供应商的作用,因为占成本 60% 的物料及相关信息都发生或来自供应商。供应商提高其供应可靠性及灵活性、缩短交货周期、增加送货频率可以极大地改进工业企业的管理水平,如缩短生产总周期、提高生产效率、减少库存、增强对市场需求的应变力等。

此外,随着经济一体化及信息全球化的发展,市场竞争日益激烈,顾客需求的提升驱使企业按库存生产,而竞争的要求又迫使企业争取按订单生产。要解决这一矛盾,企业只有将供应商纳入自身的生产经营过程中,将采购及供应商的活动看成是自身供应链的一个有机组成部分,才能加快物料及信息在整体供应链中的流动,从而将顾客所希望的库存成品向前推移为半成品,进而推移为原材料。这样既可减少整个供应链的物料及资金负担(降低成本、加快资金周转等),又可及时将原材料、半成品转换成最终产品以满足客户的需要。在整体供应链管理中,"即时生产"能够缩短生产周期、降低成本和库存,同时又能以最快的交货速度满足顾客需求,而供应商的"即时供应"则是开展"即时生产"的主要内容。

3. 采购的质量地位

质量是产品的生命。采购物料不只是价格问题(而且大部分不是价格问题),更多的是质量水平、质量保证能力、售后服务、服务水平、综合实力等。有些东西看起来买的时候很便宜,但需要经常维修、经常不能正常工作,这就大大增加了使用的总成本。如果买的是假冒伪劣商品,就会蒙受更大的损失。一般企业都将质量控制按时序划分为采购品质量控制、过程质量控制及产品质量控制。

由于产品中价值的 60% 是经采购由供应商提供的,毫无疑问,产品的质量很大程度上受采购品质量控制(incoming quality control, IQC)的影响。也就是说,保证企业产品"质量"不仅要靠企业内部的质量控制,更依赖于对供应商的质量控制。这也是"上游质量控制"的体现。上游质量控制得好,不仅可以为下游质量控制打好基础,同时也可以降低质量成本,减少企业来货检验费用(降低 IQC 检验频率,甚至免检)等。经验表明,一个企业要是能将 1/4~1/3 的质量管理精力花在供应商的质量管理上,那么企业自身的质量(过程质量及产品质量)水平至少可以提高 50%。可见,通过采购将质量管理延伸到供应商质量控制,是提高企业自身质量水平的基本保证。

同时,采购能对质量成本的削减作出贡献。当供应商交付产品时,许多公司都会进行进料检查和质量检查。所采购货物的来料检查和质量检查的成本的减少,可以通过选择有健全的质量保证体系的供应商来实现。

采购不但能够减少所采购的物资或服务的价格,而且能够通过多种方式增加企业的价值,这些方式主要有支持企业的战略、改善库存管理、稳步推进与主要供应商的关系、密切了解供应市场的趋势等。因此,加强采购管理对提升企业核心竞争力也具有十分重要的意义。

4. 采购的战略地位

采购和供应管理在企业内部的地位是与企业的业务活动达到了什么样的发展阶段密切相关的。企业初始阶段,采购被看做相当重大的商务活动。只有到了发展阶段,采购和供应管理才被认为有战略贡献。

采购在某一特定企业的地位取决于将采购这一功能的重点是放在交易上、商务上还是战略上。采购的重点会渐渐从交易转到战略方面来。采购渗入商务和决策领域的程度越深,其在企业中的有效性和最终地位就越重要。

从图 1-2、1-3 可以注意到,当采购和供应管理战略从以交易为重心转到以主动性为重心时,采购工作绩效的衡量也从以高效率为主转到以有效性为主。

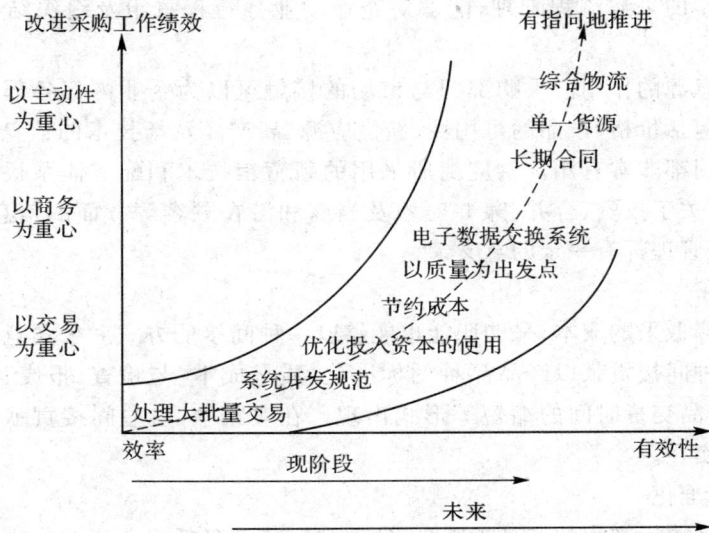

图 1-2 采购定位曲线:采购战略

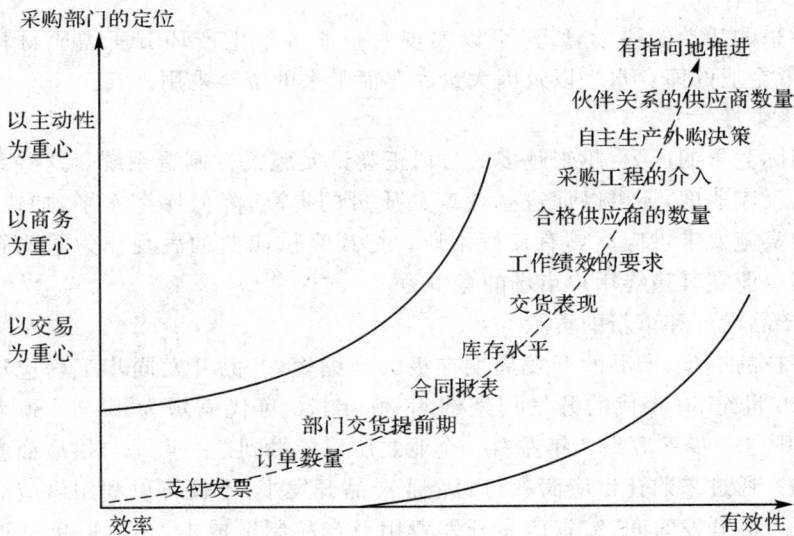

图 1-3 采购定位曲线:衡量采购工作绩效的尺度

1.1.4 采购的功能

1.直接作用

采购管理在以下几个方面对经营的成功具有重大贡献:

①采购管理可以通过实际成本的节约显著提高营业利润。

②通过与供应商一起对质量和物流进行更好的安排,采购管理能为更高的资本周转率作出贡献。

③通过科学的采购流程管理，能够对企业的业务流程重组及组织结构的改革作出贡献。

④提供信息源的作用。采购部门与市场的接触可以为企业内部各部门提供有用的信息。这主要包括价格、产品的可用性、新供应源、新产品及新技术的信息。这些信息对企业中其他部门都非常有用。供应商所采用的新营销技术和配送体系很可能对营销部门大有好处，而关于投资、合并、兼并对象及当前和潜在顾客等方面的信息则对营销、财务、研发和高层管理都有一定的意义。

2.间接作用

除了直接降低采购成本，采购职能也能够以一种间接的方式对公司竞争地位的提高作出贡献。这种间接贡献以产品品种的标准化、质量成本（与检查、报废、修理有关的成本）的降低和产品交货时间的缩短等形式出现。在实践中，这些间接贡献通常比直接节省的资金更加实在。

（1）产品标准化

可以通过采购标准化的产品来减少采购品种，从而降低企业生产成本。同时还可降低对某些供应商的依赖性，更好地使用竞标的方法。

（2）减少库存

通过对采购活动的科学管理，可以实现对企业各个生产环节所需原材料的即时供应，从而降低企业的库存水平以及因大量库存而带来的资金占用。

（3）增强柔性

迫于国际竞争的压力，越来越多的公司正尝试实施柔性制造系统。这些系统能提高公司的市场反应速度，还可以促进企业产品质量的提高、降低库存水平、加快资金周转。这种系统的实施要求供应商具有良好素质。把提高供应商的表现作为采购管理任务的思想会提高企业在其最终用户市场的竞争力。

（4）对产品设计和革新的贡献

随着科技的进步，产品的开发周期在极大地缩短，产品开发同步工程应运而生。以汽车为例，20世纪50年代的开发周期约为20年，70年代缩短为10年，80年代缩至5年，90年代则进一步缩短到3年左右。企业之所以能做到这一点是与供应商参与早期开发分不开的。通过采购让供应商参与到企业产品开发中，不仅可以利用供应商的专业技术优势缩短产品开发时间、节省产品开发费用及产品制造成本，还可以更好地满足产品功能性的需要、提高产品在整个市场上的竞争力。成功的工业革新常常是从供应商和买方的相互深入作用中实现的，积极地寻求这种相互作用是采购的任务。

（5）提高企业部门间的协作水平

近年来，许多公司都采用了事业部结构，事业部有着相当大的自主权。在这样一种结构中，每一个事业部的经理都需要报告其全权负责部门的损益情况。因此，事业部经理要对收入和成本，包括原料成本负责。在这种情况下，整个公司的集中采购可以促使各部门加强协调和协作。

总之，采购管理在企业管理中占有至关重要的地位，采购环节是整个经营中关键的一环。因此，搞好采购工作和做好采购管理，是企业在激烈的市场竞争中发展的基本条件。

3.采购的杠杆功能

采购的杠杆作用是指对企业增加利润所起的作用。

最能节约开销的地方往往在开销最大的地方。对大多数企业而言,最大的开销就在采购成本与员工薪资上。而科技的发展使得制造业的劳动力成本开始显著降低。另外,制造类企业也发现,从外部向专门供应商组织购买组装零配件要比以往自行生产在成本上更节约。图1-4和图1-5分别表示一个制造商在1979年和2004年的成本开销。

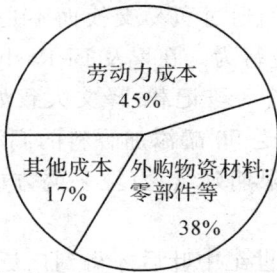

图1-4　某制造商在1979年的成本比例　　　图1-5　同一制造商在2004年的成本比例

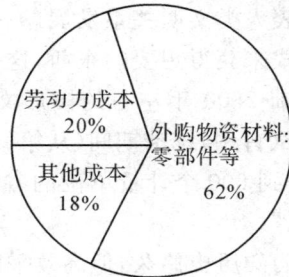

图1-4和图1-5表明,最大的节约余地就在于外购物资上,其成本在2004年超过了劳动力成本,成为开销最大的部分。由此,得出如下结论:

①假设其他可变因素保持不变,那么采购中每节约一英镑就可获得一英镑的利润。

②出于种种原因,如不合格产品或低交货率等问题,采购价格中每省下一英镑并不一定代表一英镑的利润。

③当采购占总成本的比例很高时,对外采购中适量的节约,就会获得等量的利润,而销售额的增幅就会很可观。

因此,在下列情况下,采购发挥杠杆作用:

- 外购占总开销的比例大。
- 短期内价格浮动大。
- 涉及对产品创新性和时尚性的判断。
- 成品市场竞争十分激烈。

而在下列情况下,采购对创利无足轻重:

- 外购占总开销的比例小。
- 价格相对稳定。
- 经营中产品几乎没有更新换代。

1.2　采购的发展历程

1.2.1　采购的演变过程

采购代表人类文明关系发展的一个阶段,它使人们通过贸易交换而不是征服、掠夺或占据的方式来获得想要的东西,这是一个古老的商业行为。在埃及 El-Rash Shamra 发掘出的公元前 2800 年左右的楔形文字瓦片上,镌刻着一段记载,译文大致如下:"HST(供方)在 AS(首领)统治期间(从第一天起)每 15 天运送 50 罐添加香料的润滑油。作为回报,他将得到 600 个计量单位的谷子。此订单将无限期延续,直至采购方或其子嗣取消订购为止。"

尽管采购的历史悠久,但高效采购的重要性在 20 世纪中叶后才得到广泛承认,与强调运作相对立的采购策略目标则是在更晚些时候才获得认可。策略目标把重点放在采购过程、供需关系和供应表现上,可以代替传统观念上只注重产品本身的状况。在表 1-2 中,Stannack 和 Jones 列举了采购演变过程中的四个阶段。

表 1-2　采购演变过程的四个阶段和特征

阶　段	特　征
第一阶段:以采购产品为中心的采购	强调产品本身。关心 5 个"合适",只强调对具体产品的采购及其结果的重要性,借此产品可以被描述和提及
第二阶段:以运作过程为中心的采购	强调产品本身。从只注重结果提升了一步,开始衡量形成结果的过程
第三阶段:以采购关系为中心的采购	强调过程和关系。拓宽思路,加入了供需方的关系以及如何利用这层关系来加强供方的质量管理和类型管理
第四阶段:以采购表现为中心的采购	强调最佳产品管理方法。采用综合管理的方法论来处理关系、运作和结果,以采购表现为中心的采购与供方联合采用这一方法论

另一演变模式是由 Reck 和 Long 提出的,他们列举了采购的四个发展阶段。只有通过这四个阶段,采购才能成为市场竞争的有力武器(见表 1-3)。

表 1-3 采购功能发展的策略阶段

采购功能发展的策略阶段		
阶 段		定义和特征
第一阶段：被动阶段	定义	采购功能还未以策略为指导，而主要是对采购的需求作出初始反应
	特征	大量时间用在快速解决日常运作事务上
		由于采购功能的透明度低，其信息交流以功能性和单个性为主
		供应商的选择根据价格和获取方便程度而定
第二阶段：独立阶段	定义	采购功能已采纳了最新的采购技巧和方式，但其策略方向仍未与企业整体的竞争策略接轨，因此称之为"独立"阶段
	特征	评定表现的尺度仍主要以降低成本和提高效率来衡量
		在采购和技术培训方面建立了协调的联系
		高级管理层意识到采购专业发展的重要性
		高级管理层意识到采购中有机会为创利作出贡献
		采购功能通过掌握采购技巧和产品来支持企业的竞争策略
第三阶段：支撑阶段	定义	采购策略与企业策略接轨，以巩固企业的优势地位
	特征	采购被划归在销售计划小组中
		供应商被看做是一种资源，强调其经验、动力和态度
		市场、产品和供应商的动向时刻被注视和分析
		采购的策略已完全与企业整体策略接轨，并在企业其他功能中形成一股综合力量来制定并推行一个策略性的计划
第四阶段：综合阶段	定义	采购以企业整体竞争策略为指导
	特征	与其他职能部门的信息交流渠道已畅通无阻
		专业的发展重点放在竞争策略的策略成分上
		采购的表现是以对企业成功的贡献来衡量的

资料来源：Reck，R. F. ，and Long，B. Purchasing a Competitive Weapon. Journal of Purchasing and Material Management，1998，24：2—8.

Reck 和 Long 将采购功能这四个阶段划分出 12 个影响运作发展的变量（见表 1-4）。

表 1-4　Reck 和 Long 发展模式的采购阶段特性

特征（可变的）	被动阶段	独立阶段	支撑阶段	综合阶段
长远计划的本质	无长远计划	商品和采购步骤	策略支持	策略的综合部分推动
变化的动力	上级管理的要求	同等竞争	竞争策略	综合管理
职业发展的前景	有限的	可能的	很有可能的	广阔无限的
工作表现衡量的依据	投诉	成本的降低和供应商的表现	竞争的目标	策略性贡献
组织机构的透明度	低	有限	变化的	高
电脑系统的着重点	重复性	技术性	精确性	系统的需求
新思路的来源	尝试和错误	有采购实践经验	竞争策略	各职能部门间的信息交换
资源可获性的基础	有限的	任意的/可供的	有目标的	策略的需求
供应商评估的基础	价格和获取方便程度	总成本的降低	竞争的目标	策略性贡献
对供应商的态度	对抗的	变化的	企业的资源	相互依存和依赖
专业发展重视度	没必要的	现有的新实践	策略的组成成分	交叉功能的理解
总特征	文员职能	职能部门的效率为主	策略性推进	策略性贡献者

　　Syson 和 Morris & Calantone 把采购发展划分为三个阶段。Syson 指出采购的重心由纯文书工作演变到一个商业层次，这一过程由强调降低成本发展到主动策划物资与物流管理的运行机制。Morris & Calantone 的三个阶段分别为文员阶段、资产的管理和利润值阶段、策略为中心的功能阶段。

　　Jones 提出了五个阶段发展模式兼以 18 种衡量标准。采购发展的这五个阶段又以 1～5 级来考量，如表 1-5 所示。

表 1-5　采购发展阶段和工作能力

发展阶段	工作能力	预计对企业的贡献
第一阶段 新生	分散型采购	没有或很少
第二阶段 醒悟	意识到节约的潜力	文员效率提高，通过组合可节约成本 2%～5%
第三阶段 发展	采购价格或谈判能力的控制与发展	成本节约 5%～10%
第四阶段 成熟	"80/20"有所认识 专业采购者 成本降低 启动供应商仓库的管理模式	节约成本 10%～20% 收购成本节约 1%～10% 节约成本 25%
第五阶段 高级	采购的权力下放 有力地集中控制 供应链管理 收购成本及所有权的理解和实践	节约成本 25% 所有权成本、收购成本和供应链管理成本节约超过 30% 购买的杠杆作用

Reck 和 Long 根据采购的战略角色提出四个发展间断模型,该模型各阶段的特点见图 1-6 所示。

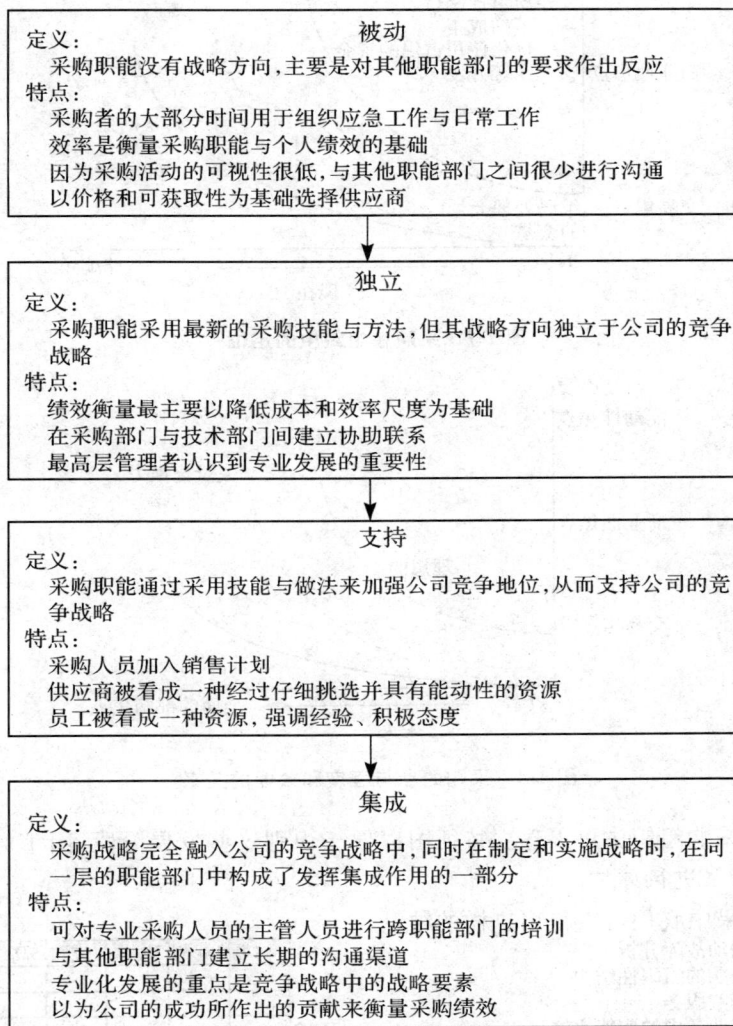

被动
定义:
采购职能没有战略方向,主要是对其他职能部门的要求作出反应
特点:
采购者的大部分时间用于组织应急工作与日常工作
效率是衡量采购职能与个人绩效的基础
因为采购活动的可视性很低,与其他职能部门之间很少进行沟通
以价格和可获取性为基础选择供应商

独立
定义:
采购职能采用最新的采购技能与方法,但其战略方向独立于公司的竞争战略
特点:绩效衡量最主要以降低成本和效率尺度为基础
在采购部门与技术部门间建立协助联系
最高层管理者认识到专业发展的重要性

支持
定义:
采购职能通过采用技能与做法来加强公司竞争地位,从而支持公司的竞争战略
特点:
采购人员加入销售计划
供应商被看成一种经过仔细挑选并具有能动性的资源
员工被看成一种资源,强调经验、积极态度

集成
定义:
采购战略完全融入公司的竞争战略中,同时在制定和实施战略时,在同一层的职能部门中构成了发挥集成作用的一部分
特点:
可对专业采购人员的主管人员进行跨职能部门的培训
与其他职能部门建立长期的沟通渠道
专业化发展的重点是竞争战略中的战略要素
以为公司的成功所作出的贡献来衡量采购绩效

图 1-6 采购发展的四阶段模型

1.2.2 焦点领域

Russell Sysons 认为应将采购分为三个重要的焦点领域:交易、商业性、能动性;采购活动发展得越完善,采购对商业性与战略性活动的参与程度就越深。Russell Sysons 用图 1-7 中显示的两条曲线说明了采购在组织中的定位。图 1-8 表明,采购在商业性和战略性领域的参与程度越深,采购对于机构的效能就越大。

1997 年,在有关采购发展的博士论文中,琼斯提出了检验的最终参数标准,这项研究最重要的贡献就是将采购划分为五个可衡量的阶段:初期、觉醒、发展、成熟、高级。

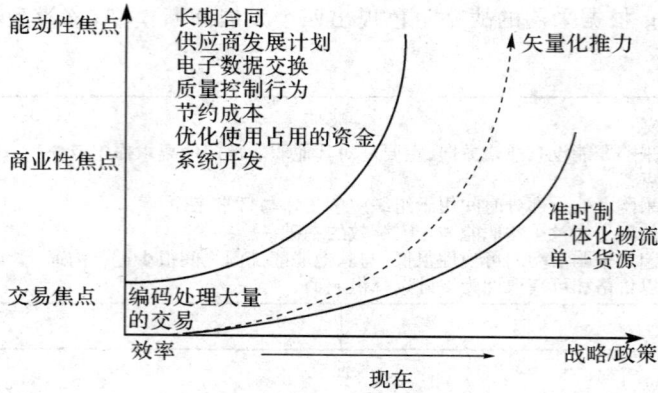

图 1-7 采购在组织中的定位

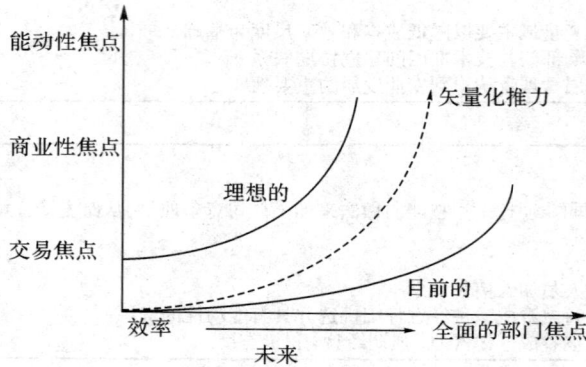

图 1-8 采购的参与程度和效能的关系

在单个的采购组织中可以建立特征图以便于识别这些发展阶段,图 1-9 显示了如何对 18 个特征变量进行评估。

从研究结果中我们可以得出这样的结论:

		1初期	2觉醒	3发展	4成熟	5高级
1. 活动故障分析	A1					
2. 采购的组织性结构	A2					
3. 采购服务	A3					
4. 在业务中的职能地位	B1/2					
5. 采购员的培训发展程度	B3					
6. 相关的报酬水平	B4					
7. 采购绩效的衡量	B5					
8. 信息系统的标准	E1					
9. 计算机技术	E2					
10. 操作程序的标准	F1					
11. 发展相互间的联系（以采购为中心）	H1					
12. 购买过程的参与	H2					
13. 采购员的特征 / 发展	I1					
14. 采购专业化的程度	I2					
15. 发展与供应商的联系	J1					
16. 道德规范的政策	J2					
17. 招待	J3					
18. 采购员—供应商关系的状况	J4					

图 1-9 采购特征图分析

①识别那些有助于组织战略发展的特征图。

②证明某些特征图，除非发生变化，否则不会对组织的既定战略起积极作用。

③提供一个标杆，可以借以制定有助于提高采购职能地位的战略。

④表明"一流"企业有着非常类似的采购特征图。

⑤证实高度发达的采购职能更加有助于获得最优成本。

1.3 采购要素

1.3.1 采购要素的目标

一般认为采购的主要目标是对内部的需求作出反应，从而获取商品或服务，而采购部门的功能远远超出原有需求反应，应完成如下目标：

1.支持运营需求

采购部门必须执行一系列的活动以满足内部客户需求，这正是采购部门的传统角色。通常，采购通过购买原材料、配件、维修及服务等来满足所有的运作需求。采购还可以通过向配送中心的仓储、补货及成品配送等功能提供服务来满足配送中心的需要。采购部门同时也能帮助工程和技术团队，特别是在产品开发阶段。

过去，许多企业采用垂直整合作为管理资源供应的方式。垂直整合意味着一个组织控制（拥有）支持供应链的输入系统。对垂直整合公司的供应商而言，它们相当于供应链的内部供应者而不是外部供应商。

现在，许多工厂已从垂直整合转为越来越多地依靠外部供应商。采购部门必须通过满足内部客户所需的不间断的高质量货物流和服务来支持这一转变。支持这种流动需要采购部门：

①在合适的价位购买。

②找到适宜的来源。

③有所需的规格。

④有足够的数量。

⑤在适当的时间配送。

⑥送至正确的内部客户。

采购部门必须对其内部客户的物料和需求援助敏感。如果未能对内部客户需求及时反应，它们会试着自己洽谈合同（一种被称为"后门采购"的行为）。

2.采购流程有效率和效果

采购必须使它的内部管理运作有效率及有效果，包括：

①确定职员水平。

②确定及坚持中心预算。

③提供职业培训并为雇员增加机会。

④采用能改进生产率和提供更好抉择的采购系统。

采购管理限制了在采购流程中要素的可利用性,因而需不断工作以改进对这些要素的利用程度。有限要素包括一个部门中的职员、预算资金、时间和知识。采购部门因而不断寻求具有所需技术的人员来处理采购工作中面临的复杂任务。

3.选择、发展与保证供应源

采购部门的重要目标之一就是对供应商的选择、开发和保证,这正是战略供应的全部内容。采购必须选择一个包含各供应商的供应库,以形成在产品成本、质量、配送或新产品开发等方面的绩效优势。通过与其供应商在共享产品时间表和预测上更为紧密的合作,与供应商一起减少进程中的无价值时间,帮助供应商改进配送时间安排等一系列行为。惠普公司(Hewlett-Packed)改进了即时配送系统,缩短了运营周期,这促使供应商也不得不改进它们的时间进程、策划时间、命令输入、设备布局等一切可以改善它们配送绩效的事务。

供应库管理需要采购部门寻求与其外部供应商的更好联系,并发展可靠的、高质量的供应来源。供应的有效维护和新源泉的开发经常需要采购部门首先确定哪些供应商有潜力,然后与这些供应商联系不断发展,培育,将其发展为高质高量的供应商。

4.与其他工作团队紧密的联系

由于美国工业一直维持传统的组织结构,导致了其有限的跨功能联系和跨界交流。在 20 世纪 90 年代,加强各部门之间联系的要求已经变得十分明确。采购部门应作与为采购内部客户的其他部门进行更为密切的交流。如果制造部门的人员抱怨从某一供应商处收到的零部件有问题,那么采购部门就应与该供应商更密切地联系以改进质量。为了达到这个目标,采购部门必须与诸如市场、制造、机械、工程和财务等部门之间发展出一种恰当的联系并与之密切接触。

5.支持公司总体的目标

采购最为重要的一个目标就是支持公司的目标。虽然听起来简单,但实际采购部门的目标并不一定与公司的目标相一致。这一目标说明采购部门能直接影响(正面或负面)企业总绩效,同时采购部门需要从整体组织的角度来看待它自己。例如,假设一个企业确立了减少其供应链中存货数量的目标,采购部门就应与供应商一起多批次地配送小数量货物,从而实现降低库存的目标。这类方针将作为改进绩效的方法出现在公司的平衡表和收入报告中。然而,支持整体组织目标的能力需要行政管理层在如何看待采购部门时有重大转变。采购不仅仅是一个辅助部门,而应被看做是能够在市场上提供有力的竞争优势的战略资源。为了使其能够实现,采购部门必须做到及时配送,从而为实现总体目标作出贡献。

1.3.2　采购要素

1.质量

质量对不同的人有不同的含义,高质量的产品和服务就是达到或超过顾客需求或期望的产品和服务。质量的含义因人而异,这取决于每个人在供应链中所处的位置。例如,对顾客来说,高质量的产品意味着在性能、外观和价格方面能满足其需要的产品;对产品设计人员来说,质量是产品满足功能要求的性质;对制造人员来说,质量意味着以最小成本生产出符合订单规格要求的产品。

其他有关质量的定义包括:

①产品或服务所具有的能够满足特定需求的所有特征和属性。

②适合使用。

③符合要求。

④产品特性符合其应达到的要求的程度,包括可靠性、可维护性、安全性。

如果将质量定义为达到或超过顾客的需求或期望,也就弄清了该如何去衡量质量。"全面质量"(TQM)理念建立在所有有关人员积极参与的基础上,它更加注重系统程序和过程,而不是集中在提供的物品和服务。供应链上的全面质量表明,供应商、顾客以及企业员工都将进入决定质量这一环节。例如,检验和对供应商的评定为下述方法所取代:共同消除缺陷,将重点放在预防而不是发现和纠正错误上。供应商在这一阶段必须作为"同盟者",它需要和它的客户一样有热情、尽义务地对待质量管理,而不是由买方来"审查"供应商。

2. 数量和交付时间

企业内部不同的部门在面对数量问题时,由于部门利益的不同,它们对数量都各自有着不同的要求。生产部门作为提出需求方,要求采购或者库存数量能够满足生产的要求,不会因为货物短缺出现停产;库存管理部门关注的是如何尽可能地提高产品服务水平,储备更多的货物以应对生产部门的需求;采购人员更关心每次订货的经济性,即订货数量是否经济、如何降低订货成本;财务部门关心的是如何减少库存货物占压的资金,对它们而言,库存越低越好。

在需求数量、库存数量和订购数量之间实现平衡是每个采购人员都面临的挑战,因为合适的订货数量并不总是需要的数量。这种状况适合于单个的需求,例如更换机床或更换一个新的工厂,但是大多数采购活动都是为定期的经常性的需求而进行的。在这些反复订购中应用了一些订购的政策。尽管这些采购的总量从长期上看与需要的数量相同,但不同的采购政策会导致不同的订单数量。

3. 商品的价格

商品的价格是商品价值的货币表现,它综合反映了商品的质量、款式、服务、性能、结算条件、运输条件等,是买卖双方关心的焦点。在传统的采购中,卖方想尽可能地卖出好价钱,以便取得较高的利润;买方则想尽可能地压低价格,减少采购费用的支出,降低采购成本。所以对采购企业来说,采购价格的决策是采购决策的重要内容之一,在"采购成本管理"章节中将详细地阐述采购价格。

4. 采购质量体系

质量体系的目的是为了衡量一种产品、流程或机器满足顾客需求的程度。质量的概念与工业组织的职能有关,在这样的组织中,所有的部门密切合作以达到和维持所要求的质量标准。质量保证体系在各个组织中可能包括以下职能中的全部或部分:

①产品质量保证;

②产品可靠性保证；

③质量规划；

④供应商质量控制；

⑤产品与订单核对；

⑥质量测试设备控制；

⑦人员培训；

⑧向管理层提供有关质量问题的反馈,质量保证体系的全面管理；

⑨质量保证体系的评估；

⑩质量保证体系的维护和改进。

要想使生产活动达到成功的目标,就必须建立一个可靠的质量保证体系,同时还要在各职能部门之间建立有效的沟通机制。

5.供应商管理

供应商管理是企业保证物资供应、确保采购质量和节约采购资金的重要环节。供应商管理很早就受到企业的重视,随着经济环境的变化,不断地出现新的内容,现在供应商管理已经有了很多新的理论和实践成果。从传统的供应商管理发展到供应链供应商管理,供应商管理最主要的两个内容是供应商的选择和供应商的关系管理。因此,供应商管理不仅包括区分供应商级别,对物资供应渠道进行选择,以及从质量、价格、售后服务、交货期等方面对供应商进行综合、动态的评估,还包括如何管理同供应商的关系。在此基础上,我们可以确定供应商管理的目标及战略。

6.采购评价

采购绩效可以定义为从数量上和质量上来评估采购的职能部门及其工作人员达到规定目标和具体目标的程度。

许多企业与机构,到现在仍然把采购人员看做"行政人员",对他们的工作绩效还是以"工作品质"、"工作能力"、"工作知识"、"工作量"、"合作"或者"勤勉"等一般性项目来考核,使采购人员的专业功能与绩效,得不到应有的尊重与公平的衡量。实际上,若能对采购工作做好绩效评估,通常可以达到下列目的:

①采购绩效的测量可以产生更好的决策。这可以从计划实施后产生的结果中鉴别不同的差异；通过对这些差异的分析,可以判断产生差异的原因,并及时采取措施防止未来的突发事件。

②能够同其他部门进行很好的沟通。例如,通过分析那些需要特别检查的发货单,可使付款程序得到更加合理的安排,从而增强采购部门同管理部门之间的协调。

③增强业务的透明度。定期报告制订计划的内容和实际执行的结果,可以使客户们能够核实他们的意见是否被采纳,并向客户提供建设性的反馈意见。同时,通过向管理部门提供个人和部门业绩,有利于增强采购部门的认可程度。

④能够产生更好的激励效果。合理设计的评估体系可以满足个人激励的需要,可以有效地用于确定建设性的目标、个人的发展计划和奖励机制。

综上所述,这些关于采购行为的评估可以提高采购部门在公司中的地位,降低运作成本和材料的采购价格,减少废品数量,产生更优的决策。

1.4 采购管理的发展趋势

1.4.1 传统采购管理与现代采购管理的区别

采购管理经历了从传统采购向现代采购的发展,传统采购主要有比价采购、询价采购、招标采购等,现代采购主要指战略采购、电子采购等。

传统的采购模式的主要特点表现在如下几个方面:

1.传统采购过程是典型的非信息对称博弈过程

选择供应商在传统的采购活动中是首要任务。在采购过程中,采购方为了能够从多个竞争性的供应商中选择一个最佳的供应商,往往会保留私有信息,因为如果给供应商提供的信息越多,供应商的竞争筹码就越大,这样对采购一方不利。因此,采购方尽量保留私有信息,而供应商也在和其他的供应商竞争中隐瞒自己的信息。这样,采购与供应双方都不进行有效的信息沟通,形成了非信息对称的博弈过程。

2.传统采购过程质量检查难度大

验收检查是采购部门一个重要的事后把关工作,质量控制难度大。质量与交货期是采购方要考虑的另外两个重要因素,但是在传统的采购模式下,要有效控制质量和交货期只能通过事后把关的办法,因为采购方很难参与供应商的生产组织过程和有关质量控制活动,相互的工作是不透明的。因此,需要按照各种有关标准(如国际标准、国家标准等)进行检查验收。缺乏合作的质量控制会导致采购部门对采购物品质量控制的难度增加。

3.传统采购过程供需关系不是竞争关系

在传统的采购模式中,供应与需求之间的关系是临时、短期的合作,而且竞争多于合作。由于缺乏合作与协调,采购过程中各种抱怨和扯皮的事情比较多,很多时间消耗在解决日常问题上,没有更多的时间用来做长期性预测与计划工作。供应与需求之间缺乏合作增加了许多生产的不确定性。

4.对用户需求的反应迟钝

由于供应与采购双方在信息的沟通方面缺乏及时的信息反馈,在市场需求发生变化的情况下,采购方也不能改变供应商已有的订货合同,导致在需求减少时库存增加、需求增加时供不应求。供需之间对用户需求的响应没有同步进行,缺乏应付需求变化的能力。

传统采购管理与现代采购管理的主要区别如表1-6所示。

表1-6　传统采购管理与现代采购管理的主要区别

	传统采购管理	现代采购管理
供应商/买方关系	相互对立	合作伙伴
合作关系	可变的	长期的
合同期限	短	长
采购数量	大批量	小批量
运输策略	单一品种整车发送	多品种整车发送
质量问题与供应商的信息沟通	检验/再检验	无需入库检验
信息沟通	传统媒介	网络
频率对库存的认识	离散的资产	连续的祸害
供应商数量	多,越多越好	少,甚至一个
设计流程	先设计产品后询价	供应商参与产品设计
产量	大量	少量
交货安排	每月	每周或每天
供应商地理分布	很广的区域	尽可能靠近
仓库	大	小

1.4.2　采购管理的发展趋势

随着采购环境和企业管理理念的变化,采购和供应战略出现了新的发展趋势。

1. 协同采购

在拥有数家制造厂的公司中,采购优势可以通过合并共同采购需求加以实现。在很多这种类型的欧洲公司中,甚至国际上,都显现出这样一种协同采购的趋势。以往,这种情况在原料的采购上也很普遍,然而现在,相似的方法用在计算机硬件和软件、生产货物和部件的采购上。

2. 物流中采购的整合

采购管理一体化要求生产计划、库存控制、质量检查和采购之间紧密合作,采购不能够只遵循自身的原则。为了确保不同相关领域的有效整合,采购正被逐渐纳入供应链管理中。

3. 采购与生产计划的整合

在实践中,供应商选择在很大程度上是由技术规范决定的。通常,规范一旦确定就很难改变(若改变只能在很高成本的基础上进行)。从商业的观点看,针对一个特别的供应商制定规范是不合适的,那样会导致供应商的垄断,进而严重阻碍买卖谈判。为了防止这一点,在前期就应将采购与生产计划结合起来,按照生产计划的需要制定规范。

4. 采购管理集中化

采购管理集中化可以集中全公司和集团的采购力,对整个供应市场产生影响,使采购处于有利地位。同时,采购的集中也有利于公司对供应商的管理,便于公司主体资源的优化。在商品经济的竞争环境下,同类产品的价格相差无几,这样企业的利润完全取决于自己的成本控制。如果企业对成本控制不力,成本居高不下,企业利润就很难保证,甚至亏损。一旦亏损,企业将无力开发新品种、开拓新市场,无法应付对手的进攻(如降价),就会处于不利的竞争地位。采购管理的集中可以增强企业的核心竞争力,从而推动企业的发展。

5. 采购管理职能化

以往,很多公司的采购部门隶属于生产部门。近年来,越来越多的公司的采购部门从生产部门或其他部门独立出来,开始直接向总经理、副总经理汇报。相应的,采购部门发挥着越来越大的作用,采购职能也从原来被动地花钱,开始有了节省资金、满足供应、降低库存等一系列目标。

当然,采购要完成这些任务绝不是只要形成独立的采购部就可以直接做到的。采购要做很好的采购需求分析、采购计划、资金占用计划,控制和形成采购供应战略,管理好战略供应链资源和供应商资源。让采购成为供应链管理的强有力的一环,将生产计划、物料计划、采购、仓储、运输集成为一个反应迅速、总成本最低、物流速度快、响应市场要求灵敏的链条。企业要战胜对手,过去强调产品、技术,现在强调市场宣传、国际化和结盟,表明企业不再是单打独斗,而是需要联合供应链上每一个成员的力量,形成一条成本低、反应快、服务好的供应链、价值链。这样,采购部门就会成为公司核心竞争力的一部分,成为公司连接供应商和客户的桥梁,成为公司的核心业务部门。当然,这样就对采购管理者和采购员的素质提出了前所未有的高要求,只有这样,采购才能发挥出前所未有的作用。

6. 采购管理专业化

传统采购组织中,采购员发挥不了很大作用:一方面是领导对采购认识的局限、采购环境的恶劣,以及对采购舞弊的恐惧;另一方面也由于采购员和采购组织的软弱无力和技能缺乏,造成采购的低技术性。

实际上,采购员需要了解购买的物品,了解产品的原理、性能要求,了解市场行情、价格走势,了解供应商的实力、供应商报价的合理性,实地考察供应保证能力,需要极强的谈判能力和计划能力,有能力在保证供应的同时保证价格和质量标准。这些能力不是一蹴而就的。总的来说,作为专业采购人员,需要掌握至少一门符合企业实际需要的采购内容的专业,同时,采购人员需要有能力与公司其他国家的同样采购物品组(commodity council)进行沟通,了解世界市场变化和供应商的表现,因此英语表达和沟通能力、计算机网络知识也很需要。而资深采购专家则需要项目管理、财务管理、供应链管理等专业技能。

7. 制造/购买决策

实践表明,一些生产活动可以由专业供应商更快、更便宜地完成。而且公司能够在质量方面对供应商提出比对其内部的生产部门更高的要求。这就是为什么在一些生产企业中采购额占销售额的比例一直持续上升的原因。因此,各大公司都在对自己的制度或购买决策进行详细的研究。采购部门应该参与到这种研究之中,因为它们是市场信息的重要来源。

8. 全面质量管理和即时生产

在一些公司(尤其是那些制造过程以组装为特征的公司)中,可以发现他们越来越关注质量的提高和生产率的增长,因此公司内部都在实施全面质量管理和即时生产。为保证即时生产的顺利运行,必须实行即时采购,严格要求采购品的质量。

9. 环境问题

在许多国家中,环境问题越来越突出,各国政府制定的环境法规越来越严格。例如,在德国,有关工业包装的严格法规最近已经开始生效,所有不必要的包装都必须加以避免(如发泡包装和牙膏的包装盒)。包装物生产商将逐渐对使用过的包装废弃物负责。这就是为什么大众公司在制造其最新的 Golf 轿车(在美国被称为 Rabbit)时,要求在汽车生命周期的最后可以把不同的部件和零件(较容易地分拆开)进行重新加工利用的原因之一。大众汽车公司甚至为了达到这个目标而建立自己的再加工部门。环境问题给采购提出了全新的挑战,给制造企业提出了新要求。与供应商一起寻求解决问题的思路和措施也是采购的任务,这些思路和措施应该能够解决或缓解这些问题。

10. 电子采购

B2B 在线拍卖是实现网络采购的一种技术,它是通过 Internet 或私营网络实时进行的向下定价(down ward pricing)或反向拍卖(reverse auctions)。拍卖由企业或代表企业的网络采购公司控制,通过网络采购公司的专用软件接受多个潜在供应商的竞价,从而实现采购物料或服务的功能。这种物料或服务的 B2B 在线拍卖模型最早由 Free Markets 等公司在 1995 年提出。这些公司提供的服务通常被称为"市场营造"(market making),公司本身因其在电子市场中促成买卖双方成交而常被称为"市场营造者"(market maker)。

这些网络采购公司制定了一整套完善的从事在线拍卖的规则。另外,他们也提供诸如市场分析、咨询和投标分析等相关的增值服务。网络采购公司的核心技能是信息技术、商品管理和对买卖双方的了解。这些公司专长于在线拍卖间接物料(如商店消费品)、直接物料(如客户定制的零部件),或其他一些商品(如煤、原材料、计算机、办公用品等)。在线拍卖特别适合于那种有众多有能力的供应商的企业,而企业又有杠杆来支配与供应商关系的场合。

1.4.3 全球化采购

全球化采购是指在全世界范围内去寻找供应商,寻找质量最好、价格合理的产品。全球公司进行这种资源配置,他们的销售体系、采购体系、供应体系都形成了全球化供应的格局。由于世界各国经济的多样性和差异性,互相之间具有互补性,随着世界贸易组织职能的发挥,各国间的贸易变得更规范和简便,全世界范围内的资源优化变得更可行了,全球化采购在此背景下逐渐发展壮大。

全球化采购与本土采购的最大差异在于策略性和地域性。一般的采购以本地为搜寻范围,着眼于低廉的运输成本和寻找供应商的容易程度。当竞争跨越疆界,企业能否取得更有利的生产条件,就成了存亡的关键。全球化采购可以说是将眼光放大到全球范围。寻找最优秀的供应商提供原料,让企业本身能因为这项采购行为取得相对优势,然后再通过一连串的增值活动,创造出比竞争者更高的附加价值。

全球化采购管理的重点仍然是价格、品质、交货期、数量等指标。全球化采购也面临新的挑战和成功要素。它虽然能帮助企业获得全球性的竞争优势,但它所面临的困难与挑战也不容忽视。文化的差异往往是最主要的障碍,各地民族风俗的不同、语言的隔阂、政治经济的稳定度、法令税务的相关规定、汇率的变动等,都会为组织的增值活动增加不确定性。另外,市场知识、后勤支援、JIT 采购等观念,也会影响全球化采购的执行结果。图 1-10 和图 1-11 显示了福特公司采购流程的改变,采购流程的改变使福特公司取得了三大的经济效益。

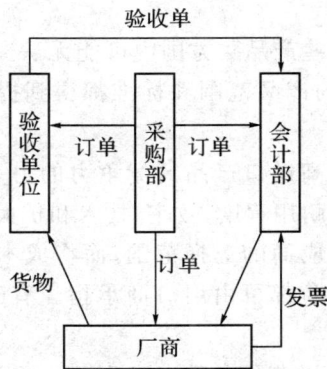

图 1-10　福特公司改造前的采购流程

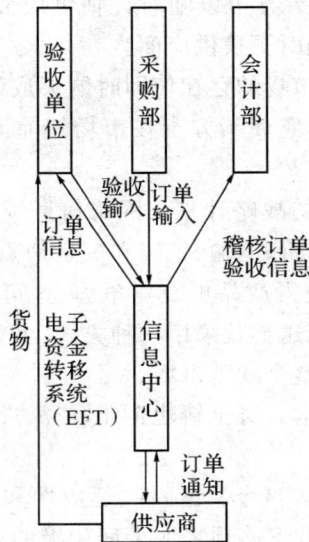

图 1-11　福特公司改造后的采购流程

1. 全球采购的原因

全球采购的主要原因有以下两点：

①获得买方国内没有的原材料、零部件或制成品——因为买方商业需要或期望凭借某种特定的海外产品来占据某一细分市场。

②货源地的商品或材料价格最低；或在价格一定的情况下，货源地的商品或材料质量最好，标准最高。

2. 全球采购的优势

全球采购的具体优势如下：

①价格低廉。这可能是因为劳动力价格低、质量控制严或者生产技术效率更高。另外，汇率水平可起决定作用。总之，理想状态下必须根据 CIP（运费付至）或 DDU（未完税交货）考虑总的到货价格。

②增加产品的竞争力。有些产品买方国内可能无法买到，或者虽能买到但质量较低劣。通过海外购买，使得买方的产品范围和标准都得到提高，因而增强了买方产品的竞争力。

③增加产品的附加值。提高进口产品的竞争力的另一个途径就是增加产品的附加值，可以通过设计、质量/标准、耐用程度、效率、技术和扩大使用范围来实现。

④降低风险。可以扩大供应商的选择范围，而将成本和风险转移给出口商，所有的研发费用和相关的资本投资风险都可由出口商承担。有时这些活动也可由买卖双方共同合作，卖方承担投资风险。

⑤集中精力。从第四条可以获得的附加好处是，买方可以大幅减少在研发上的投资，并降低相关风险。这样，进口商就可以根据市场调查结果和顾客的需要，把精力集中在产品规格/标准和质量上。于是，开发具有较强竞争力产品的任务就转交给了全球供应商市场。这种外包战略使得买方可以随时评估供应商市场，然后选择最合适的供应商，并且可以根据情况的变化随时更换供应商。

⑥节省时间。海外供应商市场的存在使即时购买成为可能，买方不必在产品开发和生产方面占用大量时间。而且，它使买方走在市场的前面，不必为国内设计和生产滞后所限制。

⑦成功的企业应拥有自身的战略计划。网络信息资源共享使得买方与产品开发保持同步，并且可以不断地评估定价、运输、组装和配送地点等因素。越来越多的商家采用在第三世界国家组装或配送，使得产品更有竞争力，这可以通过自由贸易港（FTZ）和配送港来实现。例如，鹿特丹的配送港就采用这种方式，大量进口货物，而后通过用户化的在线计算机系统把它们配送到整个欧盟市场。

⑧降低新建企业的启动资本。对于新建企业，依靠进口产品，会大大降低启动资本，远远低于投资建厂的资本。

⑨增强对市场的反应能力。当今，灵活性、适应性和对市场机会的反应能力是商业战略中最重要的因素。国际企业家必须采取全面积极的战略，而不仅仅是消极应对反应的策略。因此，通过更换供应商，可以很快改变产品的选择范围，从而跟上潮流的变化。

⑩物流正在驱动市场的全球化。运输频率的增加，缩短了供应链，降低了资本和货

物在运输中滞留的时间,从而使全球采购中成本的降低更具吸引力。多模态的海运集装箱网络大大促进了全球采购的发展。

⑪随着高科技通信技术的发展,外包越来越受到服务业的欢迎。在劳动力价格高的发达国家,像西方七国集团这样,许多商业活动都被转移到像印度这样劳动力价格低廉、人力资源丰富的国家。相关领域还有医疗记录、会计工作、预定业务、销售和数据收集。卫星通信网络为这些外包活动提供了无限的机会。

⑫和第9条相关的是分包、购买成品(而不是购买零部件)、统包发货以及与海外供应商的联合技术开发。这四种战略使海外供应商/生产商需要承担较大的责任。产业转移的过程,像统包发货、技术开发或组装/配送都会降低成本和付税额。

综上所述,企业必须不断地审视自己的全球采购战略,并考虑它所包含的所有因素。

3.全球采购程序

所谓全球采购,是指超越国界的、在一个或几个市场领域中购得产品/货物或服务的过程。这种国际化采购可以使公司以有竞争力的方式进行管理。采用全球采购战略而不采用本国供应商的主要依据是这将有利于提高产品或服务对消费者/购买者的附加值。总之,这一策略与产品生命周期紧密相连;与价格、质量、技术、可用性、创新、标准、设计或样式等因素相关。因此,全球采购不仅可以达到购买产品的目的,而且是一个使产品/服务符合消费者需要和技术发展的过程,使产品的吸引力、形象、质量和附加利益都得到提升。

全球采购过程复杂,在采购活动中买方应与卖方发展良好的关系,以确保双方的共同目标都是为最终消费者开发产品。这种关系是成功的全球采购产品的主要因素,便于鼓励出口商根据议定的规格和标准投资于进口商需要的商品/服务。这样,出口商扩大资本,承担所有的设计和投资风险来满足买方需求。

全球采购涉及众多领域的相关内容,包括物流、市场营销、产品评估、国际配送、协商、语言技能、国际环境的文化意识、制定产品规格的技巧、供应商审计、设计、标准、买方贸易融资、卖方或第三方货币、《2000年国际贸易术语解释通则》和《跟单信用证统一惯例》(第500号出版物,UCP500)中规定的贸易术语、进口规则和规范、国际贸易法律环境和与财务相关的单证、承运人、保险和关税等。在全球采购的产品/服务的议价过程中,包括工厂交货的价格、运输、保险、进口税、银行费用、包装、代理商佣金、反货币波动的套利成本,都需要技巧。总之,整个国际供应链需要管理和不断完善,战略决策也需要精心策划。

全球采购的程序概括起来有以下几方面:

①通过市场调查、讨论和其他途径,包括立法,来确定产品/服务的规格和标准以及需要的数量和质量。

②通过可行的各种途径,包括贸易指南、贸易协会、贸易展览会和网络空间(互联网),来寻求最合适的供应商。

③制订一个谈判计划,包括产品的规格、与国际/国内标准的一致性、价格、可用性、销售条款——《2000年国际贸易术语解释通则》、国际支付协议(信用证、往来账户、跟单托收)、承运人名称、保险和进出口单据和发货日期。

④签订合同时,要依据卖方供应链网络确定交货日期、交货地点、货物数量,与卖方的开证行处理好资金安排,并且在遵循买卖合同、《2000 年国际贸易术语解释通则》、UCP500 和跟单托收的情况下处理进口和关税文件。

⑤管理供应链即物流,包括下列活动:从供应商经营场所以集装箱运货至进口商的 ICD 或者港口,要以交货日期为准;在进口商 ICD 或港口经营场所清关;把集装箱装到船上运至目的港,而后通过集装箱轮转船;港口卸货清关,在港口或 ICD 或买方经营场所支付进口关税。就支付协议和贷款规定与开证行保持联络。

⑥在整个运输过程中访问在线计算机跟踪调查货物。

⑦提货并对产品进行全方位评估——运输延期、损害索赔、支付协议(包括货币、进口报关等)。

⑧制定产品的后续策略,不断地对产品进行评估,以便为以后的订单做准备或必要的调整。对于固定的供应商,要保持经常的沟通,并培养感情。

4. 全球采购环境

影响全球采购的国际不可控因素大致可分为四种:文化环境、经济环境、政治环境、法律环境。全球采购的真正困难在于如何应对国际不可控因素。一般而言,所谓的全球采购环境就是指企业全球采购活动中所面对的国际不可控因素。

全球采购调研的目的是为全球采购决策提供科学依据。为了及时、准确地作出全球采购决策,就必须深入了解以下几方面的信息:

①有关的政治法律制度。这包括:该国的国际关系,政治稳定性,政府对经济事务的干预程度,税收制度,有关行业的相关政策法规,参加的国际公约和协定,劳工、广告、包装、环保、定价、消费者权益保护等方面的法律规定。

②外资、外贸政策。这包括:外汇管理,相关产品的关税、配额、许可证以及其他非关税贸易壁垒的情况,对外资企业的政策等。

③宏观经济情况。这包括:经济制度的形成和特征,经济发展水平,基础设施,通货膨胀,国际收支和进出口贸易,有关的行业标准和规范等。

④人口状况。这包括:人口数量、密度、自然增长率和年龄结构,家庭的规模和数量,人均收入和收入的分配形式等。

⑤自然环境。这包括:自然资源,如森林、矿产、土地、水利等资源条件,地形,气候等。

⑥科学技术水平。这包括:相关行业中科技的研究与应用水平。

⑦社会文化。这包括:当地的语言、文字、文学艺术、交流方式、价值观念、社会组织、教育水平、生活习俗等。

1.5 本书的结构体系

整本书围绕采购体系,分为绪论篇、战略篇、技术篇和运作篇讲述(见图 1-12)。在绪论篇,主要介绍采购的内涵、发展历程、要素及发展趋势。在战略篇,主要介绍采购战略、采购计划、采购需求和供应市场分析、采购组织模式、供应商选择与评价。在技术篇,主要介绍采购工具与技术、采购成本控制、采购绩效评价、采购质量管理。在运作篇,主要介绍采购流程、采购模式、采购谈判和采购合同管理。整本书从采购战略制定、采购供应商选择与评价、采购控制与管理、采购技术与工具等方面详细阐述了采购的核心内容,以实现采购理论与实践相结合。

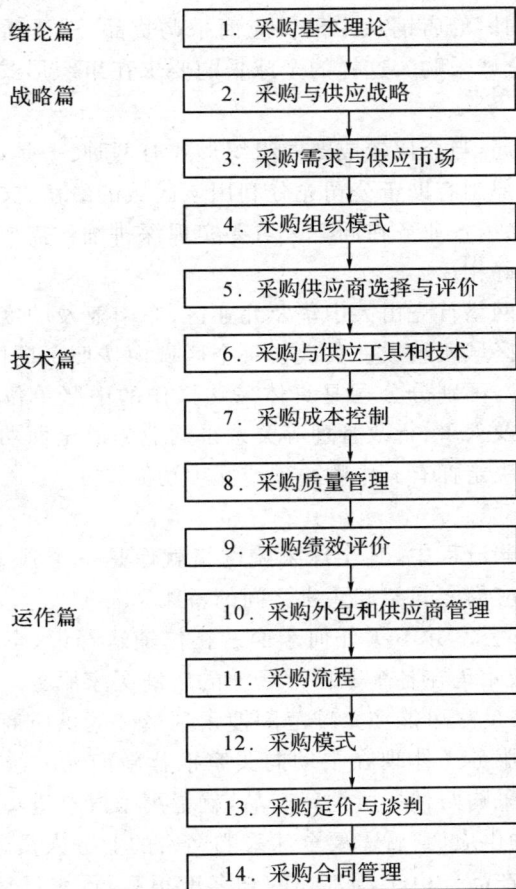

绪论篇	1. 采购基本理论
战略篇	2. 采购与供应战略
	3. 采购需求与供应市场
	4. 采购组织模式
	5. 采购供应商选择与评价
技术篇	6. 采购与供应工具和技术
	7. 采购成本控制
	8. 采购质量管理
	9. 采购绩效评价
运作篇	10. 采购外包和供应商管理
	11. 采购流程
	12. 采购模式
	13. 采购定价与谈判
	14. 采购合同管理

图 1-12 本书结构体系

☞ **案例分析**

透视沃尔玛采购管理

在 2002 年 2 月 1 日之前,沃尔玛并没有自己从海外直接采购商品,所有海外商品都由代理商代为采购。沃尔玛要求刚刚加盟的沃尔玛全球副总裁兼全球采购办公室总裁崔仁辅利用半年时间做好准备,在 2 月 1 日这一天接过支撑 2000 亿美元营业额的全球采购业务。结果,他不但在紧张的时间里在全世界成立 20 多个负责采购的分公司,如期完成了全世界同步作业的任务,而且使全球采购业务在一年之后增长了20％,超过了整个沃尔玛营业额12％的增长率。那么沃尔玛全球采购业务的秘密何在?

1. 全球采购的组织

在沃尔玛,全球采购是指某个国家的沃尔玛店铺通过全球采购网络从其他国家的供应商进口商品,而从该国供应商进货则由该国沃尔玛公司的采购部门负责采购。举个例子,沃尔玛在中国的店铺从中国供应商进货,是沃尔玛中国公司的采购部门工作,这是本地采购;沃尔玛在其他国家的店铺从中国供应商采购货品,就要通过崔仁辅领导的全球采购网络进行,这才是全球采购。这样的全球采购要求在组织形式上做出与之相适应的安排。

企业活动的全球布局,当今比较成熟的组织形式有两种:一是按地理布局,二是按业务类别布局。区域事业部制有助于公司充分利用该区域的经济、文化、法制、市场等外部环境的机会,不利之处在于各业务在同一区域要实现深耕细作需要付出很大的成本。而业务事业部的利弊则刚好相反。

崔仁辅的全球采购网络首先由大中华及北亚区、东南亚及印度次大陆区、美洲区、欧洲中东及非洲区等四个区域所组成。其次在每个区域内按照不同国家设立国别分公司,其下再设立卫星分公司。国别分公司是具体采购操作的中坚单位,拥有工厂认证、质量检验、商品采集、运输以及人事、行政管理等关系采购业务的全面功能。卫星分公司则根据商品采集量的多少来决定拥有其中哪一项或几项功能。

2. 全球采购的流程

在沃尔玛的全球采购流程中,其全球采购网络就像是一个独立的公司,在沃尔玛的全球店铺买家和全球供应商之间架起买卖之间的桥梁。

"我们的全球采购办公室并不买任何东西。"崔仁辅解释说,全球采购网络相当于一个"内部服务公司",为沃尔玛在各个零售市场上的店铺买家服务——只要买家提出对商品的需求,全球采购网络就尽可能在全球范围搜索到最好的供应商和最适当的商品。全球采购网络为店铺买家服务还体现在主动向买家推荐新商品。沃尔玛全球采购的流程分为重复采购和新产品采购两种。所谓新产品,就是买家没有进口过的产品。对于这类产品,沃尔玛没有现成的供应商,就需要全球采购网络的业务人员通过参加展会、介绍等途径找到新的供应商和产品。由于沃尔玛的知名度很高,许多厂商也会毛遂自荐,把它们的新产品提供给全球采购网络。然后,全球采购网络就会把这些信息提供给买家。

3. 供应商伙伴关系

在全球采购中,全球采购网络不仅要服务好国外的买家,还要在供应商的选择和建立伙伴关系上投入。"不管是哪个国家的厂商,我们挑选供应商的标准都是一样的。"崔仁辅介绍说,第一个标准是物美价廉,产品价格要有竞争力,质量要好,要能够准时交货。

第二个要求是供应商要遵纪守法。"沃尔玛非常重视社会责任,所以我们希望供应商能够像我们一样守法,我们要确定他们按照法律的要求向工人提供加班费、福利等应有的保障。"

还有一点就是供应商要达到一定规模。"我们有一个原则,就是我们的采购不要超过任何一个供应商50％的生意。"崔仁辅解释说,虽然从同一个供应商采购的量越大,关于价格的谈判能力就越强,但是供应商对采购商过分信赖也不完全是好事。如果供应商能够持续管理和经营,那还可以;如果供应商在管理和经营上出现波动,那就不仅仅是采购商货源短缺的问题。一旦采购商终止向该供应商采购,该供应商就会面临倒闭的危险,由此也会产生较大的社会问题。"这是我们不愿意看到的。"

(案例来源:中国物流采购联合会网站,http://www.chinawuliu.com.cn/cflp/anli/caigou13.html)

⇨ **思考题**

1. 随着采购的发展,它的含义经历了哪些演变?
2. 采购的任务是什么?
3. 采购管理的发展趋势是什么?

战 略 篇

第 2 章

采购与供应战略

☞ **本章要点**

　　本章首先介绍了采购战略的内涵、分类和目标,然后从环境监测、战略构想、战略选择和战略实施角度制定战略框架,分析了外购或自制、经济批量模型、环境扫描等战略工具,最后阐述了采购计划的制订过程。

2.1　采购战略概述

2.1.1　采购战略内涵

　　Mintzberg 指出,"尽管传统意义上战略只有一个意思,但该词长期被用做不同的解释"。然后,他提出了战略的五种解释:计谋、模式、定位、视角和计划。

　　①作为计谋,战略是"用来智取对手或竞争者的一种特殊手段"。

　　②作为模式,战略是"行为一致的一系列行动(表现),无论是有意还是无意的"。

　　③作为定位,战略是"一种将组织机构在大'环境'中定位的手段"。这一定义使策略成为组织机构和与其相互作用的外界因素的调解手段,这些外界因素包括竞争、合作、经济、道德、法律、政策等。

　　④作为视角,战略是一种概念或"深入地洞察世界的手法"。正如 Mintzberg 的观点:"必须记住策略是看不见、摸不到的。每个策略都是一种发明创造、一种设想,无论它们是有意用来调节某些还未发生的行为,或是对已发生行为模式的推断。"

　　⑤作为计划,它是打算要行动的路线。

2.1.2　采购战略分类

　　战略的构想、贯彻和评估发生在企业的五个层面上:文化层、企业层、业务层、全球化、职能层和运作层。

1. 文化层战略

文化层战略是制定和承诺组织机构运营所遵循的人文和社会规范。它提出这样的策略性问题："我们期望企业拥有什么样的名气、特征和个性？"因此，文化战略带有强烈的道德意味。

2. 企业层战略

企业层战略是为整个企业设定和指导资源分配作决策。它提出这样的战略性问题："我们应该打入哪个或哪些业务中？"企业层战略所关心的决策可用另外四个战略来替代，即增长战略、稳定战略、组合策略和紧缩战略。

（1）增长战略

这种战略是当一个组织机构通过提高它的运作水平来寻找扩充它的相对市场份额时采用的（见图2-1）。

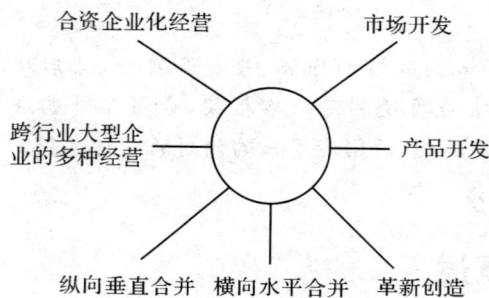

图 2-1 大型企业的增长策略

市场开发的重点是，为现有的产品和服务发现新的市场，或者在现有市场中吸纳新的客户以达到市场占有率。

产品开发的重点是，应用有关领域中的研究和开发成果，来形成新的产品或服务，或者为现有产品或服务发现新的应用。

革新创造的重点是，创立完全新的产品或服务，使企业和它竞争对手的产品或服务都成为过时的，而对用户而言则是新的产品或服务。

横向水平合并的重点是，通过兼并同一行业中的企业来扩大经营，或者兼并它的客户以减少竞争。

纵向垂直合并（后向合并和前向合并）的示意图如图2-2所示。

①从采购和供应链管理的角度来看，下列情况可以考虑后向合并：

- 当外购业务的数量已经大得足够产生与供应商一样的经济规模时；
- 当供应商的利润空间已相当大时；
- 当所采购的物品已是主要的构成成本的部件时；
- 当供应商的技能和实践经验很容易获取时；
- 对关键产品的供应商的依赖程度减少时；
- 对关键或强大的供应商提高价格的脆弱性减少时。

原材料（后向合并）　　铁矿石　　↑

钢材　　上
　　　　　行

部件组装线

转折点　　　　汽车组装线

汽车批发商

最终成品（前向合并）

汽车销售商　　下
　　　　　行

消费者　　↓

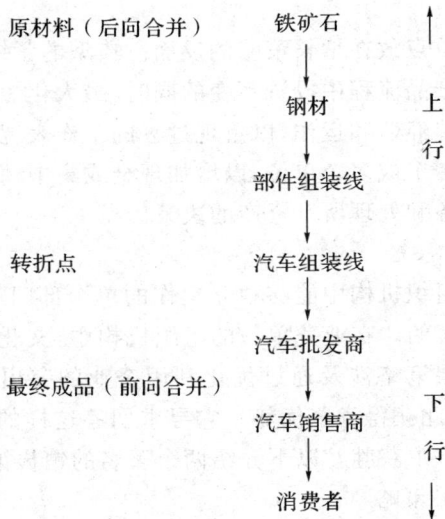

图 2-2　纵向垂直合并

②前向合并的条件如下：

• 避免依赖批发商，它们对特定的品牌和产品没有特殊的忠诚，而只是为了最高利润"推销"商品。

• 为生产提供稳定、持续和可预测市场需求的要求。

• 通过取消中介机构或分销商而节约成本。

③基于以上原因，对许多制造商，特别是汽车制造业和食品加工业采用纵向垂直合并，有助于：

• 外包。

• 与供应商的长期合作伙伴协议。

• Keiretsu 策略。Keiretsu 是日本文字，意思是"子公司链"。这样的链组成共同的联盟，其范围贯穿整个供应链，包含供应商、制造商、组装商、运输商和批发商。

• 建立虚拟公司，这时把供应商视为"所需要东西"的基地。

• 跨行业大型企业的多种经营的重点是通过兼并现有的业务或建立新的业务来扩充经营范围，这些业务似乎是彼此没有联系的产品或服务。

• 合资企业化经营的重点是通过与其他组织机构的合作伙伴关系来分享专门技术、分摊成本和共享资源，以达到扩充经营的目的。

（2）稳定策略

稳定策略的重点是维持现有的行动路线方针，并且尽可能地避免重大变化。这并不是一种无所事事的方法，而是确实经过考虑的决定。现在的工作方式是最适合给定的情况。

（3）组合策略

组合策略是指根据业务各个特定方面的需要同时采取多个策略。因此，在一个部门分割的组织机构中，某些部门决定采取增长策略，而另外一些部门则采取稳定策略。

（4）紧缩策略

紧缩策略或防守政策的重点放在增长策略的反面。典型的紧缩策略有：

①收获——在维持生产产品流程中投资不变的同时，最大化短期利润和现金流量。

②转向——力图重新构造经营和运作，以重现过去的工作表现水平。

③剥离——出售企业中一个或多个单位，以增加现金或集中精力于核心业务。

④清算——这是结束业务和处理所有资产的决策。

3. 业务层策略

业务层策略是针对大型组织机构中能够独立运作的单个部门或策略业务单元（strategic business unit，SBU）而言的。在业务单一的组织机构中，文化层策略和企业层策略也就是其业务层策略。业务层策略涉及通过优化利用企业的突出优势以及统筹企业业务的各个职能来制定决策，以此获得竞争优势。它寻求回答这样的策略问题："我们将如何在这一特定业务领域的竞争中获胜？"以下介绍两个著名的销售策略计划的手段。

（1）Michael Porter 的优势策略

他提出三种策略可为 SBU 带来竞争优势，即：

①成本挂帅：追求高效运作使组织机构成为同行业中的低成本生产者。

②独树一帜：努力开发本行业领域内视为独特的产品。

③市场聚焦：专注一个特别的市场。

（2）Miles 和 Snow 的应变策略

它的前提是组织机构的策略机制允许每个 SBU 适应各自不同的环境挑战。它们提出四种主要的策略。

①防守式：强调为稳定的客户群提供可依赖的产品，适用于很稳定的市场环境。

②展望式：强调不断寻求新的市场机遇和新发明，适用于动态变幻的市场环境和尚未利用的机遇。

③分析式：强调稳定性，同时有选择性地响应创新的机会，适用于相对稳定的环境。

④反应式：这是无计之计，用危机管理直接应对竞争的压力。

4. 全球策略

全球策略已经定义为：在一个组织机构所在国的国界之外去搜寻竞争优势。

Jolly 建议，判断全球策略的最好方法是看全球化程度这个方面，一个公司在以下五个方面的属性得分越多，它就越能被认为是一个全球的竞争者：

①已经具备了一种标准的产品（或核心产品），这个产品在世界范围内已有统一的市场。

②在可选择的资源上，吸纳所有形式的资产，而不仅仅是生产。

③能达到的市场能力应与所需的基础设施有不亏不盈的容量相匹配。

④有能力在环境条件需要时，像竞争产品那样竞争资产。

⑤具备了面向全球的所有功能或竞争力。

Jolly 指出："在比较优势和可供性的基础上，很长时间以来，国际间组织产品和部件的货源已经是国际业务的一个特征了。其新意在于是否有可能吸纳与价值链任何一部分有关的资产或生产能力。全球化的公司不管它们是否从瑞士吸纳资本，从硅谷引进软件技术还是从台湾组织电子部件货源，现在它们已经在获取资源上有较宽的地区范围了。对它们来说,只要是易于获取的或者是价格有竞争力的,无论在哪里都行。"

5.职能层策略和运作层策略

职能层策略涉及与六大组成部分有关的行动计划,六大组成部分包括财务策略、人力资源策略、技术策略、采购策略、生产/制造策略和市场营销策略。这些策略的责任通常是授权给特定功能部门或业务部门的负责人,除非首席执行官选择集中行使权力。无论如何,职能层策略应该整合到较宽的业务层策略中去,而不只是达到它们各自较窄的目标。职能层策略主要与以下几点有关:

①确保各职能部门的专业人士的技能和特质能有效地发挥作用。

②在职能的范围里,例如采购工作和市场开发,整合各种业务活动。

③确保职能层策略与策略性业务单元(SBU)的策略相吻合。

运作层策略是策略意义更窄的业务活动,例如与关键运作单位或管理工作任务有关的业务活动。运作单位可能是工厂、办公室、仓库或批发分销中心;工作任务可能是物资材料或零部件的领取、库存控制和管理、运输业务等。这些工作责任是由第一线的经理们担当的,他们又向更高一级主管汇报。通常给负责运作的经理下达要完成的目标,而他们要拟订合适的行动计划来实现目标。

有时很难对职能层策略和运作层策略加以区分。采购策略是职能层面上的还是运作层面上的,在很大程度上取决于采购工作在供应链中的战略地位。

2.1.3 采购战略目标

1.采购部门的目标

关于采购的目标可概括描述如下:

①向组织提供稳定的材料和服务流以满足其需要。

②通过同现有供应源保持有效联系,通过发展其他供应源以代替现有供应商或者满足紧急要求和计划的要求,来确保供应的连续性。

③同其他部门保持牢固的合作关系,及时提供必要的信息和服务,确保整个组织的有效运行。

④发展员工、政策、程序和组织以确保取得前述目标。

2.企业采购战略目标

除此以外,企业可以增加一些更明确的目标,比如:

①选择市场中最好的供应商。

②保护公司的成本结构。

③保持正确的质量/价值平衡。

④监测供应市场的趋势。

⑤进行有效的谈判,以便通过出色的经济成果寻求共同利益的供应商协作。

⑥采取对环境负责任的供应管理。

战略制定的主要成果就是形成部门战略目的,其中包括采购战略目的。随着采购经理与企业中其他成员以及公司管理人员不断地相互作用,一组战略指导将会产生。这些战略目的可能包括也可能不包括有关如何达到这些目的的细节问题。然而,这个过程并没有结束。除非买方能够将内容广泛的目的准确地转化为具体的采购目标,否则这些战略永远都不可能实现。采购必须将每一个目的与可测量、可实施的具体目标相匹配。这些具体的目标将成为详细商品战略制定过程的开端。不管在系统的最高层次还是在职能或部门层面上,目的总是推动目标。

2.1.4 采购战略的构成要素

采购战略要素包括采购什么、质量如何、采购多少、谁、何时、什么价格、在哪里、如何以及为什么等问题的决定(见表 2-1)。

表 2-1 采购战略构成要素

1. 什么 　自制或外购 　标准的与专用的 2. 质量 　质量与成本 　供应商介入 3. 多少 　大量与少量(库存) 4. 谁 　集中或分散 　职员素质 　最高管理部门参与 5. 何时 　现在与以后 　期货购买 6. 什么价格 　高价 　标准价 　低价 　基于成本的价格 　基于市场的价格 　租赁/自制/外购 7. 在哪里 　本地的、地区的 　国内的、国际的 　大供应商与小供应商 　多供应源与单一供应源	供应商营业额的高与低 　与供应商的关系 　供应商证书 　供应商所有权 8. 如何 　系统和程序 　计算机化 　谈判 　竞争性要价 　固定要价 　总括订单/开口订单 　系统合同 　空白支票制 　团队采购 　物料需求计划 　长期合同 　规矩 　主动或被动 　采购调查 　价值分析 9. 为什么 　目标一致 　市场原因 　内部原因 　外部原因

1. 什么

"什么"面临的最基本问题是自制或外购。具有强大采购实力的组织可能倾向于采取外购战略。采购企业可以大量采购制成品并贴上"自己的标签"。采取该战略是因为采购企业通过大量采购或获得价格上的优惠,或者是采购企业规模大,具有扶持该产品的能力。例如,一家规模很大的个人电脑采购企业可与供应商(制造商)达成协议,以它自己的品牌购买并销售同一批电脑。虽然这不是典型战略,但它有带来收益的可能性,善于开拓性工作的采购部门会考虑这类战略。

另一个问题是,该组织是采购市场上易得的标准部件还是根据特定需要来采购。标准部件在市场容易采购到,但它们不能带来竞争优势。与此相反,符合特定需要的部件在市场上不易采购,但它们可使该组织的制成品更具竞争力。

2.质量

"质量"主要涉及产品获得的项目或服务。许多企业已认识到稳定的制成品质量对保持或扩大市场份额绝对必要。为达到这一点,供应商必须提供质量更稳定的原料和零部件;这也会使采购企业的生产成本和厂内质量控制费用明显下降。因此,让供应商更多地了解采购企业的质量要求并帮助它们实施规划以达到预期的结果十分必要。可供采用的三个规划是:

①无缺陷规划,这是基本的激励培训规划,它使供应商及其员工相信只能生产和交付商定的质量。"第一次就做好它"远比事后校正要节省成本。

②过程质量控制规划,即利用统计控制图表来监控各个生产过程,分离出潜在的问题,并在次品产生之前作必要的调整(校正)。采购企业要帮助供应商了解必需的统计技术。

③质量证书规划,这要求供应商同意按商定的质量对货物进行检验,在向采购企业交付货物时要提供质检数据。如果供应商进行必要的出厂质量检查,并且这些检查可信的话,采购企业可不必进行来料检验,从而节省了相关的费用。这一规划方法在任何准时制采购中几乎总是关键要素,后面会讨论到这一点。

3.多少

"多少"指的是全部及每次采购的数量。一般说来,采购数量较小已成趋势,这与以前的每次大量采购以获得价格折扣的观点截然不同。理想的情况是,采购企业与供应商力图查明并消除系统中导致库存存在的不确定性根源,从而减少整个系统中的库存量。可供选择的战略是由供应商持有库存。

(1)由供应商持有库存

供应商在管理制成品库存(即采购企业的原料库存)方面可能要比采购企业更有效,因为供应商对其经常提供的产品系列的库存管理程序有更多的了解。同时,由于供应商可能在向几家采购企业提供同样的货物,因此它所需要的安全库存量可能会大大小于这几家采购企业的安全库存量之和。这一概念对成功实施系统合同是不可缺少的。从战略角度看,采购部门希望对其所有主要物料的库存状况作出分析,然后与主要供应商达成合伙协议,让供应商同意持有这些库存,并根据采购企业的生产进度需要交付物料。当然,理想的情况是,采购企业和供应商都不持有库存。采购企业设施内的某个区域甚至可能置于供应商的管理之下。

戴尔是一个成功地运用自己的供应关系形成竞争优势的公司,它击败了传统的工业强手,如 IBM、康柏和惠普。戴尔成功的重要一点就是,它几乎是无库存运营。无论是最终产品还是原材料,戴尔从其供应商处购买的所有东西立即被装配成电脑,然后出售。戴尔的供应关系使戴尔成为工业界的低成本生产者,因而成为工业领袖。

其他可选择的战略是准时制采购或托付式采购。

（2）准时制采购

如果供应商保证能在特定时间、小批量地交付符合商定质量的物料，采购企业可极大地减少其在库存上的投资，享有连续的供应并减少物料收验费用。要做到这一点，需要由采购企业与供应商共同制定长期计划，双方加强合作与理解。

（3）托付式采购

有时，供应商可能在采购企业内拥有库存仓库，但由该采购企业控制。采购企业有责任说明从托付仓库中提出库存的用途，支付这部分货款，并通知供应商补充库存。双方定期共同对库存量进行查验。该战略对供应商（保证了销量）和采购企业（减少了库存投资）都有好处，并经常用于分销行业。其他行业也可考虑采用这一方案。

4. 谁

"谁"指的是负责采购工作和采购决策的主体。其涉及的内容包括供应职能应该集中在最高管理部门还是交由采购部门来履行，采购职员应具有什么样的素质，最高管理部门在多大程度上参与整个采购过程。其他决策包括物料管理、项目管理和跨职能采购团队的选择问题。

5. 何时

"何时采购"与"采购多少"这两个问题是紧密联系的，并要在现有采购和将来采购之间作出选择。关键的战略问题是期货购买和库存政策。在商品方面，存在进入期货市场利用套期保值的机会。

6. 什么价格

价格战略实施的关键是：组织是打算支付高价从而获得供应商的额外服务和其他承诺，还是打算支付低价以取得成本优势，除价格外，还可以采取价值分析、降低运输成本、租赁或外购等战略降低成本。

（1）价格分析/价值工程

"功能与成本"比较方法在近几十年（始于 20 世纪 50 年代）中得到了有组织的应用。价值工程以提高实用价值为目的，以功能分析为核心，以开发集体智力资源为基础，以科学分析方法为工具，以最少成本支出达到最合适的产品功能的科学产品开发方法。它的实施需要有统一的组织、严密的计划和时间表和对具体职责分工。

（2）降低运输成本

取消管制使得许多新的降低成本战略成为可能，如合同货运服务、单程运输供应商协议、协商费率、协商联运系统、自有运输设备的使用以及第三方物流系统。

（3）租赁或外购

常被忽视的降低成本战略是从生产厂家或第三方（也许是一家金融企业，它从生产厂家那里购买到设备，然后租赁给用户）租赁设备的可能性。有些情况下，企业可能决定先售出一座建筑或一台生产设备，然后再将它租回。尽管这一战略的主要目的是腾出资金用于别的生产方面（具有较高的收益率），但同时它也会给企业带来很大的受益。这种降低成本战略通常是企业综合财务战略不可分割的一部分。

7. 在哪里

"在哪里"采购考虑问题包括当地、地区、国内还是国际采购,选定大供应商还是小供应商,单一供应源还是多供应源采购,选择销售额大的还是小的供应商,以及供应商证书和供应商所有权。这里仅仅讨论其中的几个方面。

(1)供应商开发

供应商开发是指采购企业主动创造一个目前尚不存在的供应商。要求广泛关注以下几个方面:技术、财务和管理过程,质量水平,成本以及需求预测和计划。供应商开发使得计算机行业有足够联机容量,从而提供满足顾客需要的输出容量的众多关键因素之一。

(2)单一供应源采购

传统观点认为,对于主要的物料(或关键物料,而不论其金额多大),要选定两个以上的供应商以保证供应的连续性。然而,多供应源采购对于每一供应商而言采购量相对减少,因此采购企业可能得不到价格优惠。如果采购企业只从一个供应商那里采购它所需要的某种物料,那么就有可能得到价格折扣。另外,采用单一供应源采购战略,一方面会减少交易次数,从而降低采购管理费用;另一方面,由于采购量相对较大,采购企业可享受到由供应商提供的更快更可靠的交货服务。

(3)全球采购

在过去的十年中,国际采购活动大大增加,其原因主要有两点:一是国外供应商的设计、生产及销售能力增强;二是制造过程面临降低成本的压力。

(4)北美国际供应商的设置

全球采购中的主要问题是时间和距离。为了尽可能消除这些问题,采购企业可与国际供应商达成协议,让它们在北美从事产品的生产、仓储、经销、维修以及产品支持。由于这些协议是长期的,因此拟订时需要有意识地采用战略采购方法。

(5)长期供应商预测

采购企业对供应商的状况和未来大约五年内可能发生的变化把握得越好,就越容易与供应商达成合作协议。采购企业对未来的预测与把握需要供应商大量合作并提供有关信息。采购企业需要以下方面的信息:①有关产品线生产能力的发展计划;②研究、开发以及设计能力;③财务稳定性及支持新产品/应用开发工作的能力;④管理实力与潜力;⑤技术先进性。如果采购企业与主要供应商达成了长期协议,就为其制定长期战略打下了较好的基础,从而可使按优惠价格采购物料得到保证。

8. 如何

在如何采购方面面临着大量选择,包括系统和程序、计算机的使用、利用各种团队、谈判、竞争性要价、总括订单与开口订单制、系统合同、团队采购、长期合同、采购道德、主动或被动采购、利用采购调查与价值分析、质量保证规划以及减少供应基地,等等。对于这些问题,本书的前面章节已经讨论过大部分,这里将深入讨论几点。

(1)长期合同

达成 5~15 年的供应合同会使供应商和采购企业双方的经营具有相互依赖性。这就要求双方对计划和进度进行严密的协调与监控。对采购企业来说,此战略优势是:更多的供应保证与稳定性、更多的供应商设计支持以及通常较低的采购价格。供应商的经营稳定性得到了保证，从而有利于其降低长期成本。这会刺激供应商去开发生产某一产品(供应商开发)。在此类战略性协议作出决策之前，必须对成本、优势及风险进行长期预测。

(2)商品预测

由于通过合并与收购产生联合大企业造成的供应不确定性和世界的地缘政治形势，使得许多企业预测供应环境的变化变得至关重要。如果采购部门通过对市场状况进行深入的研究，预测出未来供应变动趋势，那么它就可以及时采取措施，从而找到以合理的成本确保供应的方案。

(3)供应商风险分担

在开发一种新的重大产品，例如新一代喷气式飞机时，需要大量的投资费用。此类产品的技术极其复杂，只有通过采购企业与供应商达成合伙协议，由双方共同来完成对它的开发。

(4)供应商/采购企业数据共享

作为达成伙伴关系的一部分，采购企业与供应商一定要达成可共享双方计划与生产信息的协议。采购企业需要获得供应商的成本数据、生产进度、定价安排、库存情况和交货周期。供应商需要掌握有关采购企业生产计划与进度、物料需求和未来产品及销售计划方面的信息。

9. 为什么

采购的动因包括：

• 采购的目标一致性，即采购的目标与企业的战略目标相一致。

• 采购市场状况，采购物品满足市场需求和价格。

• 采购部门内外部结合，如一个实力强的工程技术部门除按自身的工程要求进行采购，可以提出与供应商联合收购等战略，为企业采购规划提供指导性建议。

• 还有环境、政府、产品等方面的因素。

(1)政府规章和管理

为解决已觉察到的经济问题，政府要对企业供应决策过程采取特定的经济限制。例如，历届政府都在不断地调整关税及进口限制。如果采购活动要符合法律规定并利用总在变化的经济可能性，那么任何采购战略都必须在整个框架内制定。

(2)产品责任

企业采购决策过程中对产品安全和产品责任问题给予了更多的考虑。当企业与供应商以及自己的工程、制造和销售部门协同运作时，潜在的财务风险已经增加，它必须在长期采购战略中把这一额外法律风险考虑进去。从战略角度考虑，采购企业希望借助法律咨询把产品责任部门转嫁给供应商，把由产品责任诉讼带来的财务风险减至最小。采购部门也必须考虑与各种物料采购相关的潜在风险并向本企业中其他部门发出预告。

(3)环境保护

企业对保护环境(空气、水、土壤)应负的责任已引起人们的极大关注,各种环境保护措施及规章相继出台。这迫使供应商和采购企业不得不在产品和服务以及经营方法上作出许多调整。例如,在铸造业,供应商的总体数量减少了,一些供应商的产品线也作了调整。

在20世纪的七八十年代,制造商和环境组织在零排放这一概念上存在分歧。然而,当前的一些环境管理研究将污染防治与全面质量管理相比较,二者都基于消除浪费和可持续发展的概念,将实际的生产过程与用来消除污染的净化操作系统相结合,而不是在生产结束后过滤或净化。正如无缺陷活动要求无缺陷制造一样,零排放规划要靠设计出消除污染物的工艺来保证。

企业在制定战略时要充分考虑如何实现可持续发展的问题。企业不能为了短期的经济利益而牺牲掉未来的生活质量。1999年《哈佛商业评论》报告"Bringing the Environment Down to Earth"称:管理人员应该走在"这些投资是为了环保吗"这类问题的前面,并建议:通过将环境管理与企业战略相结合,企业就能形成竞争优势。

为实现可持续发展,企业必须决定研制什么样的产品、采用什么物料以及怎样进行包装。产品的生命周期费用应该包括该产品对环境的影响,如掩埋费用、可能的法律罚金以及空气或水质量的下降。

采购部门在同本企业其他部门制定综合采购战略时,一定要把这些限制考虑进去。下面的一些举措可能会成为长期战略:①调整供应商基地;②重新设计产品使得某些物料具有可替代性;③开始制造以前要全部外购的某些零件。

(4)废物处理

在大多数企业中,采购部门总是负责对制造过程中那些无经济价值的残余物(废物)进行处理。然而,生产过程中,在物料和技术方面出现了一些变化,许多废物在自然界中是有毒的,需要专门的处理程序。政府应该制定法规来管理废物运输及处理程序。如果某个企业产生了废物,采购部门就必须在其综合处理战略中对环境保护的特殊要求和有毒物料进行考虑。

2.2 采购战略制定

采购战略制定主要分环境扫描、战略构想、战略选择、战略实施四个部分,如图2-3所示。

环境扫描

外部环境	内部环境
明察通常在短期内不为最高管理层所控制的来自组织机构外部的机遇和挑战	明察通常在短期内不为最高管理层所控制的组织机构自身的强势和弱势

战略的构想

战略愿景
（最高管理层对创建何种组织机构的构想）

使命陈述
（以书面陈述的形式，定义组织机构的使命和目的，并以此作为职能/运作层使命陈述的基础）

目标
（组织机构为完成使命安排的业务活动应达到的最终结果，以此作为职能/运作层目标的基础）

战略选择
（无论是在企业层、业务层，还是职能层、运作层中，选定可行的策略性计划使组织机构完成其使命和目标。选定的计划应是扬其之长、避其之短的）

战略的实施
（有时被称为运作计划。这就是将企业层、业务层的策略转换成职能层、运作层的使命陈述的过程，并且也是它们目标的实施过程）

组织机构的结构
（组织机构是一种手段，以此组织机构可寻求达到其策略目标，实施其策略和策略性变革）

资源分配
（资源可以是财务、物质、人力和技术上的。主要通过预算来分配，并受政策的监控和影响）

政策
（政策是联结各层次策略构想与实施的宏观指导。政策由步骤来实现）

步骤
（有时称为标准运作步骤即 SOPs，它是一个描述如何采用技巧一步步地完成任务或工作的系统）

策略的评估和控制管理
（是比较实际工作表现与预期结果的过程，使各级管理层采取修正行动并解决问题）

反馈
（为了有效地评估和控制管理，管理层必须从下属那里获得对上述过程的各阶段及时而公正的反馈意见）

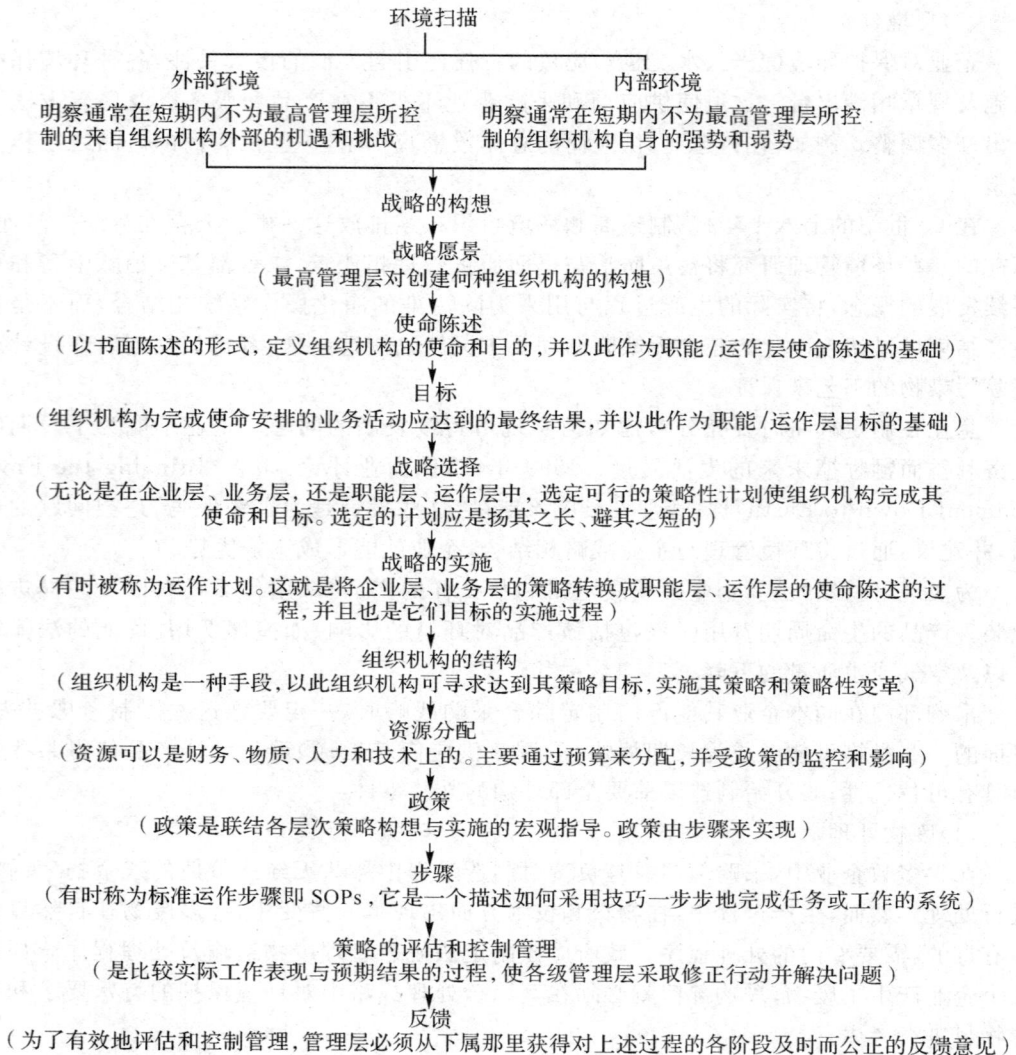

图 2-3　采购战略制定过程

2.2.1　环境监测

　　环境监测涉及三个阶段：

　　①搜索环境中可能预示重大变化的信号，如货币走势、通货膨胀、罢工、物资短缺、科技突破和产业超负荷等。

　　②辨别哪些商品/物资可能会在环境变化时受益或遭受威胁，也就是所谓的敏感商品。

　　③评估因这类环境变化引起组织机构供应状况变化的可能性以及可能带来的后果。

　　根据利润和供应风险的准则，可将采购项目分为四类，如表 2-2 所示。

表 2-2 采购物资需求的分类

采购的重点	主要任务	所需信息	决策层次
策略项目 (对利润影响大, 高供应风险)	● 精确的需求预测 ● 详细的市场调查研究 ● 长期供应关系的开发 ● 自产还是采购的决策 ● 风险分析 ● 应变计划的制订	● 极具体的市场行情数据 ● 远期的供求趋势信息 ● 正确的竞争情况情报 ● 行业成本曲线	最高层 (如副总裁—采购部)
瓶颈项目 (对利润影响小, 高供应风险)	● 物流、库存和供应商的控制和管理 ● 货量保障(如必要,设定起步基价) ● 供应商控制管理 ● 安全库存量 ● 备用计划制订	● 具体的市场行情数据 ● 中期供需预测 ● 准确的市场信息 ● 库存成本 ● 维护计划	较高层 (如部门主管)
平衡项目 (对利润影响大, 低供应风险)	● 充分开发采购的能力 ● 供应商的选择 ● 产品的替代 ● 目标价格策略 ● 谈判 ● 合同采购/零星采购并用	● 较具体的市场行情数据 ● 中短期的需求计划 ● 精确的供应商数据 ● 价格/运输费率预测	中层 (如采购组长)
非关键项目 (对利润影响小, 低供应风险)	● 订单量的优化 ● 产品标准化 ● 订单量的监测/优化 ● 有效处理 ● 库存量的优化	● 好的市场前景 ● 短期需求预测 ● 经济的订单数据 ● 库存水平	下层 (如普通采购员)

2.2.2 战略构想

战略构想包括愿景陈述的构想、使命陈述的拟订、目标的衍生三个部分。

1.愿景陈述的构想

愿景陈述是要清楚地描述一个组织机构内的机构、职能或业务活动的实际、可信和正面的未来状态。

一个典型的采购业务活动的愿景陈述可以是:在战略性的组织货源、决策支持和广泛合作上,以最高可达到的标准去发展采购的步骤,去开发遍及企业的所有业务活动的员工能力,以确保经过共同努力后,竞争优势能体现在降低了的采购成本、缩短了的供应周期以及加强了的供应商合作上。

2. 使命陈述的拟订

愿景陈述和使命陈述有时可以认为是同义词,但是 Campbell 和 Yeung 指出了它们的某些不同之处:

①愿景是指将来的状态"好于现在的状态",如英国航空公司立志要成立世界上最令人满意的航空公司,以及微软公司号称要让 PC 进入每个家庭。而使命陈述则是指"此地和此时"。

②当一个愿景已经达到,一个新的愿景就需要制定出来,而使命就可能保持原样。

③愿景更多的是与目标联系在一起,而使命则是更多地与行为方式联系在一起。

因此,相对而言,使命是一个无时间的概念,更多地考虑组织机构今天的管理方式和它的目的。使命陈述的目的是同时在策略的构想和保持策略的重点这两个方面。

在职能层上,使命陈述应体现:职能总体目标、如何实现目标、内部和外部关系的基准以及与企业层策略的联系。

3. 目标的衍生

目标可以是企业层、业务层或职能层。企业层和业务层的目标是策略性、长远和笼统的;而职能层的目标则是战术性的、短期的和具体的。

采购总任务的典型定义是:以合适的价格和合适的数量,从合适的货源那里获得合适质量的物资,并递送到合适的收货地点。

但这样的定义多少有些太简单化了,原因如下:

①这里的术语"合适的"一词有太多不确定性,每个组织机构对"合适的"的定义是不同的。

②"合适的"会随总体采购情况和外部环境变化而变化。

③所规定的"合适的"必须始终如一地与组织机构的目标一致,该目标又衍生出职能部门的目标。

④在实际中,有些"合适的"条件是无法兼得的。例如,有可能获得的货物的质量是合适的,却不一定得到合适的价格——"最好的供应商通常是最繁忙的,也是要价最高的"。

因此,采购的目标必须在指定时间内按企业总策略和总要求予以平衡和协调。

2.2.3 战略选择

表 2-3 说明了职能层的决策是如何从企业层决策得来的。

表 2-3　企业/业务层和职能/运作层的策略性采购决定

企业/业务层策略	职能/运作层策略
采购"总体"策略,如: ● 正向和反向合并 ● 双向购买 ● 外部组织货源 ● 联合制造关系 ● 全球采购 ● 反向贸易 ● 合作伙伴关系和日本式企业联盟(Keiretsu) ● 入选供应商基库的规模 ● 建立虚拟公司 对入选供应商基库的总原则 质量原则	"总体"策略下的运作事宜,如: ● 组织货源和供应商评估 ● 谈判 ● 合同签订和下达订单 ● 供应商的改进和发展 ● 供应商关系和建立供应商声誉 ● 物流事宜——仓储、运输、交货 ● 供应商评定 ● 减少入选供应商基库的规模 ● 供应商关系 ● 产品规范 ● 价值分析和价值工程 ● 质量监控程序 ● 价格/成本分析
组织机构的结构和采购在结构中的地位 ● 分离的职能或集成在物资或物流管理中 ● 集中的、分散的或混合形式的采购方式 ● 采购业务活动之间的协调 对采购职能的资源分配 物资和采购预算的审批 大额度资本开支的决策 从一般的职业道德规范派生出来的采购工作的职业道德规范 与一般的员工培训和发展有关的决定	● 职能的结构以及职能的任务与职责的分配 ● 包括记录的采购系统 预算控制和成本降低 有关收入和支出的决策 确保采购一致性的策略和决定 与采购员工培训和发展有关的决定

2.2.4　战略实施

战略构想和战略实施的主要区别如表 2-4 所示。

表 2-4　战略构想和战略实施的对比

战略构想	战略实施
在运作前各种力量的定位	在运作中管理各种力量
强调成效	强调效率
基本上是一个智慧的过程	基本上是一个运作的过程
需要主动性和好的分析技巧	需要特别的激励和领导技巧
需要少数几个人之间的协调	需要众人之间的协调

如表 2-4 所示,策略实施关系到以下方面:组织机构的结构、资源分配、政策及步骤。

1. 组织机构的结构

组织机构的结构是指一个职能部门或一项业务活动与组织机构或供应链中所有其他业务活动的关系。

2. 资源分配

在大多数组织机构中,分配到某个职能部门或业务活动的财务、物资、人力和技术的资源会以量化方式减少,并以预算和财务结算报表的形式显示为达到特定目标和实施构想策略所必需的资源。

3. 政策

政策是实施策略的手段。政策是各项原则所组成的实体,以明确发布或暗示手段来表达企业的前进目标,并作为企业主管决策的指导方针。政策是强制性的,必须让组织机构内所有的人员和业务活动都服从。考虑一下政策制定的好处以及采购的政策是很有必要的。

(1)政策制定的好处

在企业层、职能层和运作层,政策的制定有下列好处:

①企业采购政策提供给主管们构思职能层和运作层策略的指导方针。

②政策为任何具体行动计划提供了建立在原则和先例基础上的权威。

③政策设定了管理控制的基础,提供了组织机构中各单位协调合作的机会,并缩短了管理层作决定的时间。

④通过对正常职能行为提供指导,使管理层更好地处理特别案例,新决策的制定只需着重考虑处理例外情况。

⑤政策引导步骤的统一性以及行动和思想的一致性。

(2)采购政策

1)采购政策的内容

采购政策包含以下几方面:

①有关供应商关系的政策。例如,我们所选择的政策是关于与供应商建立什么样类型的关系,但无论什么样关系的类型,我们都将本着职业尊重的精神对待它们,并严守相关各方的业务机密。我们应主动提升自身形象,而不应一成不变。根据行业实践的最高标准来看,我们期望被认为是公正的、强有力的、完全是专业化的以及运作表现力很强的。

②机构内部政策。例如,我们的政策是尽可能支持内部供应者,并将产品和服务的质量提升到与外部市场相当的高度。任何员工不得以公司名义或采购便利并以优惠价格为私人或其关注的其他人或单位获取物资或服务。

③组织货源政策。例如,只有达到公司供应商选评程序要求的,以及能够完全履行公司合同义务的供应商才得以启用。买方应按实际需要积极地从全球市场寻找货源,同时考虑企业准则和规章制度。

2)在准备政策陈述时需考虑的因素

政策陈述可以实实在在地根据采购业务活动的每个方面来撰写。在准备政策陈述时,要考虑的其他方面有:

①采购的权限——谁能进行采购工作,权限有多大。

②采购卡的使用。

③基础设施设备的采购。

④环境保护政策。

⑤废弃物和剩余物的处理。

⑥从中小型企业采购和本地采购。

⑦电子采办。

⑧职业道德政策。

3)对个别组织机构的采购政策应遵循的原则

然而,经济组织机构联合会建议,对个别的组织机构采购政策应遵循三个原则:

①采购的政策应瞄准这样的目标,即以经济上合理的方式去选择,且采办到尽可能最好的商品和服务。

②全球范围的供应商应该有资格参与到符合公开、公正和透明原则的以及易于理解和操作简单的采购交易中去。

③采购交易应该对全人类和社会作出重要贡献。例如,企业集团的采购工作实践应该充分考虑有效地保护自然资源和有效地保护人类生存的环境。

采购政策通常在采购手册中专门加以介绍,采购手册一般定期出版修正版。采购政策会因满足个别情况需要而有变化,如按供给不同作细分,但这类政策变化应由对采购职能负直接责任的主管层来处理。

4. 步骤

步骤是政策实施的正式部署。一组包含一系列运作的相关步骤群称为系统。它为管理者及员工提供某项业务活动的信息和指导。

2.3　采购战略制定技术和工具

2.3.1　外购或自制分析

自制或外购分析就是利用平衡点分析法进行选择决策。这是一种普遍采用的管理技术,可以用来确定获得某种产品是通过自制方式还是外购方式更经济。

【例 2.1】　某企业需要甲零件,若自制,单件变动成本为 16 元,并需要另外增加一台专用工具,价值 10000 元;若外购,购买量大于 2000 件,购买价为 20 元/件;购买量小于 2000 件时,购买价为 24 元/件。试问:该企业应如何根据用量作出甲零件取得方式的决策?

解　在对例题进行分析时,有三条成本曲线,根据本题的特点采用平衡点分析法较为更利。

设 x_1:用量小于 2000 时的外购产品平衡点;

x_2：用量大于 2000 时的外购产品平衡点；

x：产品用量。

当用量小于 2000 件时产品外购成本为 $y=24x$

用量大于 2000 件时产品外购成本为 $y=20x$

产品自制成本为 $y=16x+10000$

根据上述成本函数可求得：

平衡点 x_1：$16x_1+10000=24x_1$ $x_1=1250$ 件

平衡点 x_2：$16x_2+10000=20x_2$ $x_2=2500$ 件

将三条成本曲线及平衡点用图 2-4 表示。

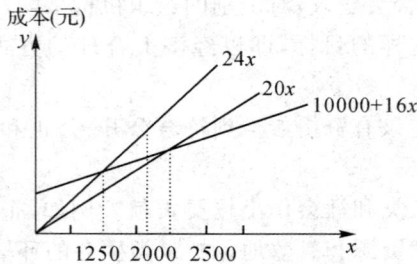

图 2-4 平衡点分析

由平衡点分析可知：

①当用量在 0～1250 件时，外购为宜。

②当用量在 1250～2000 件时，自制为宜。

③当用量在 2000～2500 件时，外购为宜。

④当用量大于 2500 件时，自制为宜。

2.3.2 经济采购批量分析

按照采购管理的目的，需要通过合理的进货批量和进货时间，使采购的总成本最低，这个批量叫做经济采购量或经济批量。有了经济采购量，可以容易地找出最适宜的进货时间。

货物采购总成本（TC）＝ 取得成本（TC_a）＋储存成本（TC_c）＋缺货成本（TC_s）

其中：$TC_a=F_1+\dfrac{D}{Q}K+DU$

$$TC_c=F_2+K_c\dfrac{Q}{2}$$

式中：F_1—— 采购固定成本（采购机构的基本开支），与订货次数无关；

D—— 产品年需用量；

Q—— 每次进货批量；

K—— 每次采购变动成本（差旅费、邮资等）；

U—— 产品进货单价；

F_2——储存固定成本(包括折旧、仓库职工工资等);

K_c——单位产品存储成本。

则:$TC = F_1 + \dfrac{D}{Q}K + DU - F_2 + K_c\dfrac{Q}{2} + TC_s$

经济采购量基本模型需要设立的假设条件有:

①企业能够及时补充存货,即需要采购时便可立即取得存货。

②能集中到货,而不是陆续入库。

③不允许缺货,即无缺货成本,TC_s为零,这是因为良好的存货管理本来不应该出现缺货成本。

④需求量确定且能确定,即 D 为已知常量。

⑤产品单价不变,不考虑现金折扣,即 U 为已知常量。

⑥项目现金充足,不会因现金短缺而影响进货。

⑦ 所需产品市场供应充足,不会因买不到需要的产品而影响其他。

设立了上述假设后,存货总成本的公式可以简化为:

$$TC = F_1 + \dfrac{D}{Q}K + DU + F_2 + K_c\dfrac{Q}{2}$$

当 F_1,K,D,U,F_2,K_c 为常数时,TC 的大小取决于 Q。为了求出 TC 的极小值,对其进行求导演算,可得出下列公式:

$$Q^* = \sqrt{2KD/K_c}$$

这一公式称为经济采购量基本模型,求出的每次采购批量,可使得 TC 达到最小值。

这个基本模型还可以演变为其他形式。

每年最佳采购次数公式:

$$N^* = \dfrac{D}{Q^*} = \dfrac{D}{\sqrt{2KD/K_c}} = \sqrt{DK_c/2K}$$

存货总成本公式:

$$TC(C^*) = \dfrac{KD}{\sqrt{\dfrac{2KD}{K_c}}} = \dfrac{\sqrt{\dfrac{2KD}{K_c}}}{2}K_c = \sqrt{2KDK_c}$$

最佳订货周期公式:

$$t^* = \dfrac{1\ 年}{N^*} = \dfrac{1}{\sqrt{\dfrac{DK_c}{2K}}}$$

【例 2.2】　某项目每年耗用某种产品 14400 千克,该产品单位成本 10 元,单位产品存储成本为 2 元,一次采购成本为 400 元。求每次采购批量和订货周期。

解　$Q^* = \sqrt{2KD/K_c} = \left(\sqrt{\dfrac{2 \times 14400 \times 400}{2}}\right)$ 千克 = 2400 千克

$N^* = \dfrac{D}{Q^*} = \dfrac{14400\ 千克}{2400\ 千克次} = 6\ 次$

$$TC(C^*) = \sqrt{2KDK_c} = (\sqrt{2 \times 400 \times 14400 \times 2})\,元 = 4800\,元$$

$$t^* = \frac{1\,年}{N^*} = \frac{12\,个月}{6} = 2\,个月$$

2.3.3 环境扫描手段

1. PEST 分析法

政治、经济、社会和技术(political, economic, social and technology, PEST)分析法的重点是分析外部因素对商务的影响,如图 2-5 所示。有些学者还将它扩展应用到分析法律、生态及人口统计分类等方面。所有这些要素都相互依存,而在实践中,这种相互关系的形式可能很难被解释清楚。PEST 的要素又引出下面 SWOT 分析。

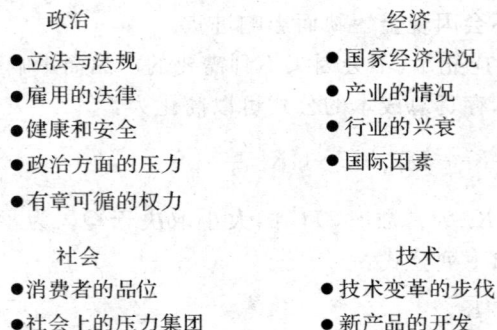

政治
- 立法与法规
- 雇用的法律
- 健康和安全
- 政治方面的压力
- 有章可循的权力

经济
- 国家经济状况
- 产业的情况
- 行业的兴衰
- 国际因素

社会
- 消费者的品位
- 社会上的压力集团

技术
- 技术变革的步伐
- 新产品的开发

图 2-5 PEST 分析法

2. SWOT 分析法

强势、弱势、机遇和挑战(strengths, weaknesses, opportunities and threats, SWOT)分析法,如图 2-6 所示。这种方式把组织机构自身的强势和弱势与来自外部环境的机遇和挑战对比评估。SWOT 分析法是企业层、业务层和职能层策略构想的先决之本(见图2-7)。

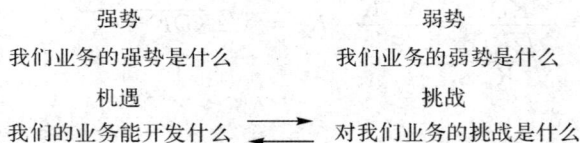

强势
我们业务的强势是什么

弱势
我们业务的弱势是什么

机遇
我们的业务能开发什么

挑战
对我们业务的挑战是什么

图 2-6 SWOT 分析法

SWOT 分析法适用于每个层面上具体的采购事宜,它用表格的形式来评审内因和外因,如图 2-8 所示。该图例关系到对事实的辨别:组织机构遭遇挑战,起因是对某一重要产品的依赖和高度敏感物资的供应源有限。

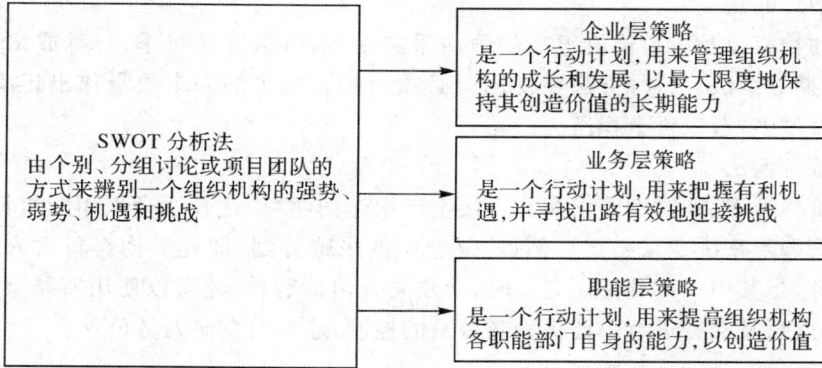

图 2-7　不同策略层面上的 SWOT 分析

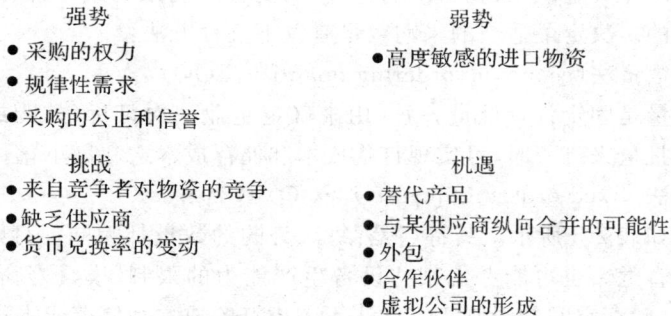

强势
- 采购的权力
- 规律性需求
- 采购的公正和信誉

弱势
- 高度敏感的进口物资

挑战
- 来自竞争者对物资的竞争
- 缺乏供应商
- 货币兑换率的变动

机遇
- 替代产品
- 与某供应商纵向合并的可能性
- 外包
- 合作伙伴
- 虚拟公司的形成

图 2-8　SWOT 分析法适用于供应状态

2.4　采购计划

2.4.1　采购计划的需求

　　采购战略落实到日常工作中是由采购计划来实现的。采购计划从采购需求确定开始,生产计划、用料清单及存量管制卡是决定采购需求数量的主要依据。采购数量需求可以通过下式求得:

本期应购数量＝本期生产需用材料数＋本期末预订库存量
－前期已购未入库数量

1.采购需求的确定

(1)采购数量的定义和订购方法

采购数量表示某一物料在某时期应订购的总量。订购的方法有以下两种:

1）定期订购法

进口的物料以及少数价值很高的国内采购物料，可以选择每季、每月或每周订购一次，称为定期订购法。这种方法在使用时必须对物料未来的需求数量作出正确的估计，以避免存货过多，造成资金积压。

2）定量订购法

对于价格低廉、临时性需求及非直接生产用途的物料，比较适合采用定量订购法，也就是按照订购点来决定采购点。例如，复仓制的采购计划，即此类物料首次入库时将其分为两部分，当其中一部分使用完毕时，必须先开出请购单，才可以使用所剩余的另一部分物料，如此反复交替进行。此类物料数量的控制，通常由仓储人员负责。

（2）决定最适当的采购数量

采购量的大小决定于生产与销售的顺畅与资金的调度。物料采购量过大，会造成过高的存货储备成本与资金积压；物料采购量过小，则会提高采购成本，因此确定适当的采购量是非常必要的。决定最适当的采购数量有以下五种方法：

1）经济订购数量法（economic ordering quantity，EOQ）

经济订货批量是固定订货批量一种，用来确定企业一次订货（外购或自制）的数量。当企业按照经济批量来订货时，可实现订货成本和储存成本之和最小化。

2）固定数量法（fixed ordering quantity，FOQ）

固定数量法如表 2-5 所示。其特点是：每次订购的数量都相同。订购数量的确定是凭过去的经验或直觉。也可能考虑某些设备生产能力的限制、模具寿命的限制、包装或运输方面的限制、储存空间的限制等。此法不考虑订购成本和储存成本这两项因素。

表 2-5　固定数量法举例

周	1	2	3	4	5	6	7	8	9	10	11	12	合　计
净需求		10	10		14		7	12	30	7	15	5	110
计划订购		40					40		40				120

3）批对批法（lot for lot，LFL）

批对批法如表 2-6 所示。特点在于：订购数量与每一期净需求的数量相同。每一期均不留库存数。如果订购成本不高，此法最实用。

表 2-6　批对批法举例

周	1	2	3	4	5	6	7	8	9	10	11	12	合　计
净需求		10	10		14		7	12	30	7	15	5	110
计划订购		10	10		14		7	12	30	7	15	5	110

4）固定期间法（fixed period requirement，FPR）

固定期间法如表 2-7 所示。特点在于：每次订单涵盖的期间固定（每个月的第 1 周下订单），但订购数量是变动的，主要是基于订购成本较高的考虑。期间长短的选择是凭过去的经验或主观判断。采用此法每期会有剩余。

表 2-7 固定期间法举例

周	1	2	3	4	5	6	7	8	9	10	11	12	合 计
净需求		10	10		14		7	12	30	7	15	5	110
计划订购	25	23			14		7	12	30	7			118

5)物料需求计算法(material requirement plan,MRP)

物料需求计算法的公式可表示为:

个别项目的净需求=主生产计划×用料表

个别项目的毛需求=可用库存(库存数+预计到货数)-个别项目的净需求

2.4.2 采购计划的制订

1.制订采购计划的目的

采购计划是指企业管理人员在了解市场供求的情况下,以认识企业生产经营活动过程和掌握物料消耗规律为基础,对计划期内物料采购活动所作的预见性的安排和部署。它包括两部分内容:一是采购计划的制订,二是采购订单的制订。

制订采购计划是采购作业的第一步。采购计划是为了维持正常的产销活动,在某一特定时期内,确定应在何时购入何种物料的具体安排,在企业的产销活动中具有重要作用。

采购计划的编制应该达到如下目的:

①预计物料需用的时间和数量,防止供应中断,影响产销活动。

②避免物料储存过多,积压资金,占用库存空间。

③配合企业生产计划和资金调度。

④使采购部门事先准备,选择有利时机购入物料。

⑤确定物料的耗用标准,以便于管理物料的采购数量和成本。

2.影响采购计划的因素

(1)年度销售计划

在激烈的市场竞争中,企业根据市场销售情况确定生产经营规模。当市场没有出现供不应求时,企业年度的计划多以销售计划为起点。而销售计划的拟订,又受到销售预测的影响。

(2)生产计划

生产计划是规定企业在计划期内(年度)所生产产品的品种、质量、数量和生产进度以及生产能力的利用程度,它以销售计划为主要依据。生产计划是确定企业在计划期内生产产品的实际数量及其具体分布情况。其公式为:

预计生产量=预计销售量+预计期末存货量-预计期初存货量

生产计划决定采购计划,采购计划对生产计划的实现起物料供应保证作用。企业采购部门应积极参与生产计划的制定,提供各种物料的资源情况,以便于企业领导和计划部门制订生产计划时参考。企业制定的生产计划要相对稳定,以免出现物料供应不上或物料积压现象。

（3）用料清单

在企业中，特别是在高新技术行业中，为适应市场需求，产品研究开发层出不穷。用料清单难以作出及时修订，致使根据产量所计算出来的物料需求数量，与实际的使用量或规格不相符，造成采购数量过多或不足，物料规格过时或不易购得，从而影响企业的生产经营。因此，为保证采购计划的准确性，必须依赖最新、最准确的用料清单。

（4）存量管制卡

若产品有存货，则生产数量不一定等于销售数量。同理，若材料有库存数量，则材料采购数量也不一定等于根据用料清单所计算的材料需用量。因此，必须建立物料的存量管制卡，以表明某一物料目前的库存状况，再依据物料需求数量，并考虑采购物料的作业时间和安全存量标准，算出正确的采购数量，然后开具请购单，进行采购活动。由于应该采购的数量必须扣除库存数量，因此存量管制卡记载是否正确，将是影响采购计划准确性的因素之一。

（5）物料标准的设定

在编制采购预算时，因对将来拟采购物料的价格不易预测，所以价格多用标准成本替代，但由于多种原因很难保证其正确性，因此，标准成本与实际购入价格的差额，即是采购预算正确性的评估指标。

（6）劳动生产率

劳动生产率的高低将使预计的物料需要量与实际的耗用量产生误差。因此，劳动生产率也会影响到采购计划的准确性。

（7）价格预期

在编制采购预算时，常对物料价格涨跌幅度、市场景气或萧条、汇率变动等进行预测，并将其列为调整预测的因素。

由于影响计划的因素很多，故采购计划拟订后，必须与产销部门保持经常的联系，并针对现实情况作出必要的调整与修订，以实现维持正常产销活动的目标，并协助财务部门妥善规划资金来源。

2.4.3　采购计划的编制

1. 采购认证计划

采购计划的制订需要具有丰富的采购计划经验、采购经验、开发经验、生产经验等复合知识的人才来担任，并且要和认证单位等部门协作进行。采购认证计划的主要环节有：准备认证计划、评估认证需求、计算认证容量和制订认证计划。

（1）准备认证计划

准备认证计划是采购计划的第一步，也是非常重要的一步。关于准备认证计划可以从以下五个方面进行详细的阐述。

1）熟悉认证的物资项目

在拟订采购计划、与供应商接触之前，要熟悉认证的物料项目，包括该物料项目涉及的专业知识范围、认证的需要以及目前的供应状况。

2)熟悉开发批量需求

要想制订比较准确的认证计划,首先要做的就是熟悉开发需求计划。目前,开发批量物料需求通常有两种情形:一种是在以前或者是目前的采购环境中就能够发掘到的物料供应;另一种情形就是企业需要采购的是新物料,在原来形成的采购环境中不能提供,需要企业的采购部门寻找新物料的供应商。

3)掌握余量需求

随着企业规模的扩大,市场需求也会变得越来越大,旧的采购环境容量不足以支持企业的物料需求,或者是因为采购环境有了下降趋势从而导致物料的采购环境容量逐渐缩小,这样就无法满足采购的需求。以上两种情况会产生余量需求,这就产生了对采购环境进行扩容的要求。采购环境容量的信息一般是由认证人员和订单人员来提供的。

4)准备认证环境资料

通常来讲,采购环境的内容包括认证环境和订单环境两个部分。有些供应商的认证容量比较大,但是其订单容量比较小;有些供应商的情况恰恰相反,其认证容量比较小,但是订单容量比较大。产生这种情况的原因是认证过程本身是对供应商样件的小批量试制过程,这个过程需要强有力的技术力量支持,有时甚至需要与供应商一起开发。但是订单过程是供应商的规模化生产过程,其突出的表现是自动化机器流水作业及稳定的生产、技术工艺已经固化在生产流程之中,所以订单容量的技术支持难度比认证容量的技术支持难度要小得多。因此,我们可以看出认证容量和订单容量是两个完全不同的概念。企业对认证环境进行分析的时候一定要分清这两个概念。

5)制订认证计划说明书

这一过程也就是把认证计划所需要的材料准备好,主要内容包括认证计划说明书(物料项目名称、需求数量、认证周期等),同时附有开发需求计划、余量需求计划、认证环境资料等。

(2)评估认证需求

评估认证需求是采购计划的第二个步骤,从以下三个方面进行详细的阐述。

1)分析开发批量需求

要做好开发批量需求的分析,需要掌握分析量的需求和物料的技术特征等信息。开发批量需求的方法各种各样,例如:按照需求的环节,可以分为研发物料开发认证需求和生产批量物料认证需求;按照采购环境,可以分为环境内物料需求和环境外物料需求;按照供应情况,可以分为可直接供应物料和需要定做物料;按照是否跨国界来分,可分为国内供应物料和国外供应物料。对于如此复杂的情况,计划人员应该对开发物料需求作详细的分析,必要时还应该与开发人员、认证人员一起研究开发物料的技术特征,按照已有的采购环境及认证计划经验进行分类。从以上所述可以看出,认证计划人员需要具备计划知识、开发知识、认证知识等,兼有从战略高度分析问题的能力。

2)分析余量需求

首先要对余量需求进行分类。余量需求的产生来源有:一是市场销售需求的扩大,二是采购环境订单容量的萎缩。这两种情况都导致了目前采购环境的订单容量难以满足用户需求的现象,因此需要增加采购环境容量。对于因市场销售量增加等原因造成的,可以通过市场及生产需求计划得到各种物料的需要量及时间。对于因供应商萎缩造成的,可以通过分析现实采购环境的总体订单容量与原定容量之间的差别得到。这两种情况的余量相加即为总的需求容量。

3)确定认证需求

认证需求是指通过认证手段,获得具有一定订单容量的采购环境,它可以根据开发批量需求及余量需求的分析结果来确定。

(3)计算认证容量

计算认证容量是采购计划的第三个步骤,主要包括以下四个方面的内容:

1)分析项目认证资料

这是计划人员的一项重要业务,不同认证项目的过程及周期是千差万别的。各种物料项目的加工过程各种各样,非常复杂。作为采购主体的企业,需要认证的物料项目往往只有几种,熟练分析几种物料的认证资料是可能的。企业的物料采购计划人员要尽可能熟悉物料采购项目的认证资料。

2)计算总体认证容量

在采购环境中,供应商订单容量与认证是两个不同的概念,有时可以相互借用,但存在着差别。在认证供应商时,一般要求供应商提供一定的资源用于支持认证操作,或者只做认证项目。总之,在供应商认证合同中,应说明认证容量与订单容量的比例,防止供应商只做批量订单,不做样件认证。计算采购环境的总体认证容量的方法,是把采购环境中所有供应商的认证容量叠加,对有些供应商的认证容量需要加适当的系数。

3)计算承接认证容量

供应商的承接认证容量等于当前供应商正在履行认证的合同费。一般认为,认证容量的计算是一个相当复杂的过程,各种各样的物料项目的认证周期也不相同,一般是计算要求的某一时间段的承接认证量。最恰当最及时的处理方法是借助于信息系统,模拟显示供应商已承接认证量,以便认证计划决策使用。

4)确定剩余认证容量

某一物料所有供应商群体的剩余认证容量的总和,称为该物料认证容量,可以用下面的公式简单地进行说明:

$$物料认证容量 = 物料供应商群体总体认证容量 - 承接认证容量$$

这种计算过程也可以被电子化,一般物料需求计划系统不支持这种算法,可以单独创建系统。认证容量是一个近似值,仅作参考,认证计划人员对此不可过高估计,但它能指导认证过程的操作。

采购环境中的认证容量不仅是采购环境的指标,而且也是企业不断创新、维持持续发展的动力源。源源不断的新产品问世是认证容量价值的体现,由此能生产出各种各样的产品新部件。

(4)制订认证计划

制订认证计划是采购计划的第四个步骤,主要包括四个方面内容:

　　1）对比需求与容量

　　物料认证需求与供应商对应的认证容量之间会存在差异。如果认证需要量小于认证容量，那么直接按照认证需求制订认证计划即可。如果认证需要量大大超出供应商容量，就要为剩余认证需求制订采购环境之外的认证计划，寻找新的供应环境和新的供应商。

　　2）综合平衡

　　综合平衡就是指从全局出发，综合考虑生产经营、认证容量、物料生命周期等要素，判断认证需求的可行性，通过调节认证计划来尽可能地满足认证需求，并计算认证容量不能满足的剩余认证需求。这部分剩余认证需求需要到企业采购环境之外的社会供应群体之中寻找容量。

　　3）确定余量认证计划

　　对于采购环境不能满足的剩余认证需求，应提交采购认证人员分析并提出对策，一起确认采购环境之外的供应商认证计划。采购环境之外的社会供应群体如没有与企业签订合同，那么制订认证计划时要特别小心，并由具有丰富经验的认证计划人员和认证人员联合操作。

　　4）制订认证计划

　　这是认证计划的主要目的，是衔接认证计划和订单计划的桥梁。只有制订好认证计划，才能根据该认证计划做好订单计划。

　　下面是认证物料数量以及开始认证时间的确定方法：

　　　　认证物料数量＝开发样件需求数量＋检验测试需求数量＋样品数量
　　　　　　　　　　＋机动数量
　　　　开始认证时间＝要求认证结束时间－认证周期－缓冲时间

　　2. 采购订单计划

　　采购订单计划主要包括以下四个环节制订订单计划。

　　(1)准备订单计划

　　1）预测市场需求

　　市场需求是启动生产供应程序的原动力，要想制订比较准确的订单计划，首先必须掌握客户订单和市场需求计划。客户订单和市场需求计划的进一步分解便得到生产需求计划。企业的年度销售计划一般在上一年的年末制定，并报送至各个相关部门，同时下发到销售部门、计划部门、采购部门，以便指导全年的供应链运转，然后再进行目标分解。

　　2）确定生产需求

　　生产需求对采购来说可以称为生产物料需求。生产物料需求的时间是根据生产计划而产生的，通常生产物料需求计划是订单计划的主要来源。采购计划人员需要熟知生产计划以及工艺常识，以利于理解生产物料需求。编制物料需求计划的主要步骤包括：决定毛需求、决定净需求、对订单下达日期及订单数量进行计划。

　　3）准备订单环境资料

　　这是准备订单计划中一个非常重要的内容。订单环境是在订单物料的认证计划完毕之后形成的。订单环境的资料主要包括:订单物料的供应商消息、订单比例信息(对多家供应商的物料来说,每一个供应商分摊的下单比例称之为订单比例,该比例由认证人员产生并给予维护)、最小包装信息、订单周期决定。

4)制订订单计划说明书

也就是准备好订单计划所需要的资料,其主要内容包括:订单计划说明书(物料名称、需求数量、到货日期等),附件有市场需求计划、生产需求计划、订单环境资料等。

(2)评估订单需求

评估订单需求是采购计划中非常重要的一个环节,只有准确地评估订单需求,才能为计算订单容量提供参考依据,以便制定出好的订单计划。它主要包括以下三个方面的内容:

1)分析市场需求

制订订单计划需要分析市场要货计划的可信度。因此,必须仔细分析市场签订合同的数量、还没有签订合同的数量(包括没有及时交货的合同)等一系列数据,同时考虑其他因素,对市场需求有一个全面的了解,才能制定出一个满足企业远期发展与近期实际需求的订单计划。

2)分析生产需求

这是评估订单需求要做的工作,先要研究生产需求的产生过程后再分析生产需要量和要货时间。

3)确定订单需求

根据对市场需求和对生产需求的分析结果,可以确定订单需求。订单需求的内容是指通过订单操作手段,在未来指定的时间内,将指定数量的合格物料采购入库。

(3)计算订单容量

若不能准确地计算订单容量,就不能制定出正确的订单计划。计算订单容量主要有以下四个方面的内容:

1)分析供应资料

对于采购工作,在目前的采购环境中,所要采购物料的供应商信息是一项非常重要的资料。如果没有供应商供应物料,那么无论是生产需求还是紧急的市场需求,一切都无从谈起。可见,有供应商的物料供应是满足生产需求和紧急市场需求的必要条件。

2)计算总体订单容量

总体订单容量是多方面内容的组合。一般包括两方面内容:一是可供给的物料数量,二是可供给物料的交货时间。举一个例子来说明这两方面的结合情况:供应商金城公司在11月30日之前可供应6万个特种开关(A型3万个,B型3万个),供应商佳华公司在11月30日之前可供应10万个特种开关(A型6万个,B型4万个),那么11月30日之前A和B两种开关的总体订单容量为16万个,A型开关的总体订单容量为9万个,B型开关的总体订单容量为7万个。

3)计算承接订单容量

承接订单容量是指某供应商在指定的时间内已经签下的订单量。承接订单容量的计算过程较为复杂,例如:供应商金城公司在本月18日之前可以供给5万个特种开关(A

型 3 万个,B 型 2 万个),若是已经承接 A 型特种开关 2.5 万个,B 型 1.5 万个,那么对 A 型和 B 型开关已承接的订单量为:A 型 2.5 万个＋B 型 1.5 万个＝4 万个。有时在各种物料容量之间进行借用,并且存在多个供应商的情况下,其计算比较复杂。

4)确定剩余订单容量

剩余订单容量是指某物料所有供应商群体的剩余订单容量的总和。可用下面的公式表示:

物料剩余订单容量＝物料供应商群体总体订单容量－已承接订单量

(4)制订订单计划

制订订单计划是采购计划的最后一个环节,也是最重要的环节。主要包括对比需求与容量、综合平衡、确定余量和认证计划。

订单计划做好之后就可以按照计划进行采购工作。一份订单包含的内容有下单数量和下单时间两个方面。

下单数量＝生产需要量－计划入库量－现有库存量＋安全库存量

下单时间＝要求到货时间－认证周期－订单周期－缓冲时间

⇨ 案例分析

联想的采购战略

联想是一家全球 PC 领导企业,新联想是一家极富创新性的国际化的科技公司,由联想及原 IBM 个人电脑事业部组成。作为全球个人电脑市场的领导企业,联想从事开发、制造并销售最可靠的、安全易用的技术产品及优质专业的服务,帮助全球客户和合作伙伴取得成功。联想成功的基础是让客户实现他们的目标:工作高效、生活丰富多彩。

1994 年,联想在香港证券交易所成功上市。4 年后,联想生产了自有品牌的第一百万台个人电脑。2003 年,联想将其英文标识从"Legend"更换为"Lenovo",其中"Le"取自原标识"Legend",代表着秉承其一贯传统,新增加的"novo"取自拉丁词"新",代表着联想的核心是创新精神。2004 年,联想公司正式从"Legend"更名为"Lenovo"。

在供应商和采购的策略方面,联想根据采购金额和物料的风险来确定了四大类策略:战略型、杠杆型、关键型和策略型。针对不同类型的供应商和物料,它采取不同的策略,从而达到采购资源的最优化。在采购策略上,联想希望和供应商之间采取双赢的策略。一方面,采取非常紧密合作的战略;另一方面,则引入优胜劣汰的机制,并采取一体化的运作体系。联想是把采购、生产、分销以及物流整合成统一的系统。在公司里,从战略层、执行层执行统一的策略和进行统一的协调。

从联想的供应链来看,有 300 多家的供应商和 5000 多家客户要管理。联想有北京、上海和惠阳 3 个工厂。目前,生产的主要产品除了台式电脑、笔记本、服务器之外,还有 MP3 等数码产品,联想的供应链是一个非常复杂的供应链体系。

联想的物料主要分为国际采购的物料和国内采购的物料。国际采购的物料基本上都是通过香港,然后分别转到国内的惠阳、上海和北京。国内采购的物料会直接发到各个工厂,然后由各个工厂制作成产品,最后发到代理商和最终的用户手中。通过接收链和交货链很好地协同,来应对供应的变化和满足客户的需求。

在运作模式上,联想目前并不是一个完全按订单生产的企业。联想目前主要的客户60%~70%来自个人和中小型企业。以前,它是以库存驱动模式满足客户需求,这种模式不能很好地满足客户的需求。现在,根据客户的需求来管理整个供应链,协调采购、生产和销售。联想的运作模式是采取安全库存加上按订单生产的方式。它会有1~2天的成品安全库存,而更多的是根据用户的订单来快速地满足客户和市场的需求。

在采购组织上,联想的采购本部在北京。另外,在上海、香港、深圳和台北等供应商比较集中的地方也建立了相应的采购平台,从而加强对供应商的监控。

(案例来源:胡军.供应链管理案例精选.北京:中国物资出版社,2007.)

⇨ 思考题

1. 公司的采购战略内涵和体系是什么?
2. 如何来制定公司的采购战略?
3. 采购战略的重点内容是什么?
4. 采购计划的需求和编制原则是什么?

第 3 章

采购需求与供应市场

↳ 本章要点

　　本章首先对采购需求定义、需求曲线和需求因素进行分析,然后介绍了采购需求的德尔菲法、主观概率法、交叉概率法等定性预测方法和时间序列法、趋势预测法等定量预测方法,最后阐述了供给市场分类、供给市场曲线、供给市场结构及分析步骤。

3.1 采购需求分析

3.1.1 需求概述

　　需要也被称为欲望。人类的需要就是人们想要得到东西的欲望。这些东西包括商品、劳务或某种环境等。一般的说,同一个人在一定时期内对同一种产品(比如说面包或牛奶)的需要是有限的,但从总体上看,人类的需要或欲望是无限的。原有的需要满足了,一种新的需要就会产生。

　　按照马斯洛的需要理论,人有五种基本需要,依次构成需要的层次。

　　1. 生理需要

　　马斯洛认为,在一切需要之中,生理需要是最优先的。对于一个处于极端饥饿状态的人来说,除了食物,没有别的兴趣,就是做梦也会梦见食物。在这种极端的情况下,写诗的愿望、获得一辆汽车的愿望统统被忘记或退居第二位。当一个人有了充足的面包,而且长期以来都填饱了肚子,这时会产生什么愿望呢?这时立即会出现另外的"更高级"的需要。

　　2. 安全需要

　　如果生理需要相对满足了,就会出现新的需要,我们可以概称为安全的需要。一个和平、祥和、良好的社会常常使它的成员感到安全,不会有野兽、犯罪、袭击、谋杀、专制等的威胁。我们可以看到许多反映安全需要的现象,比如,人们偏爱具有稳定性的工作,要求有积蓄以及各种保险(如医疗、失业保险)。追求安全的另一种情况是人们总喜欢选择那些熟悉的而不是陌生的,已知的而不是未知的事情。有一种信仰或世界观,它趋向于要把世界建设成为一种令人满意的、和谐的世界,这也部分地受到安全需要的驱使。

3. 爱的需要

假如生理需要和安全需要都很好地得到满足,就会产生爱、情感和归属的需要。总的来说,人们渴望在团体中与同事之间有着良好的关系。人们会为达到这些目的而作出努力。爱的需要包括给予别人爱和接受别人的爱。

4. 尊重的需要

社会上所有的人都希望自己有稳定、牢固的地位,希望得到别人的高度评价,需要自尊自重或为他人所尊重。这种需要可分成两类:第一,希望有实力、有成就、能胜任和有信心,并要求独立和自由;第二,要求有名誉或威望(可看成别人对自己的尊重)、赏识、关心、重视或高度评价。

5. 自我实现的需要

自我实现的需要是指实现个人理想、抱负,最大限度地发挥个人能力的需要。马斯洛认为,为满足自我实现的需要所采取的途径是因人而异的。有人希望成为一位理想的母亲,有人可以表现在体育上,还有人表现在绘画或发明创造上。自我实现可以说是希望自己越来越成为所期望的人物,完成与自己能力相称的一切事情。

这五种基本需要之间的关系是复杂的。一般来说,在低层次需要得到满足后,高层次需要才会出现,但也有例外情况。同时,任何一种需要都不会由于更高层次需要的产生而结束,只是对行为的影响力有所降低。各层次需要是相互依赖、彼此共存的。这五种基本需要对不同的人和在人生的不同阶段占有不同的地位。

马斯洛的需要层次论告诉我们,人们的行为是由需要诱发的,人们的行为是为了满足当前最迫切的需要而产生的。在生活中,企业的产品营销失利多是由于卖者没能以客户需求为导向,不知道顾客最需要什么,因此促销和广告往往不能达到目的。

需要指出的是,我们讨论的对产品的需求是指有效需求,也就是在一定时期内,在一定价格条件下,消费者愿意购买一定数量产品的情况。需求不是欲望,因为有些需求可能得不到购买力的支持。

采购需求要满足两个条件:一是消费者愿意购买,二是消费者有能力购买。

采购需求包括如下购买激励因素:安全与保障、独有性、地位、获得认同的愿望、居有定所的本能和金钱价值。

3.1.2 需求曲线

需求曲线表示消费者愿意购买的产品数量与价格之间的关系。我们可以断定,通常产品价格越低,消费者愿意购买的数量越多。我们从单个消费者对产品的需求可以导出市场上所有消费者的总需求,这就是市场需求。市场需求曲线可通过把单个消费者需求曲线水平相加得到。

　　通常假定可能影响需求的其他因素不变,那么商品的需求量和其价格成反比关系,即商品的需求量随着价格的下降而增加,随着价格的上升而减少,这就是需求定理或需求法则。也就是说,一个理性的消费者为同样数量的东西只愿少付钱而不愿多付钱。

　　在理解需求定理时,需要注意"假定可能影响需求的其他因素不变"这个前提。经济活动是错综复杂的,在任何给定时期内很多事情都可能发生变化。比如,当企业改变产品价格时,人们的收入可能增加,广告费可能上涨,消费者可能改变他们对产品的态度。为了研究价格与需求之间的关系,固定某些因素是非常必要的。

　　前面我们谈到,如果价格上升,需求通常会下降,反之则会上升。这里讲的是通常情况下,后面我们将看到对于有些产品在某些情况下需求定理是不适用的。不过,当用纵轴度量价格、横轴度量需求时,我们仍假定需求曲线是自左向右下方倾斜的。我们可以看到若价格持续上涨,到某一点后需求量将为零。

　　通常我们用直的需求曲线来大致表示价格和需求之间的关系,尽管事实上不一定如此,比如弯曲的线。

　　产品价格与市场需求之间关系的曲线称为需求曲线,如图 3-1 所示。通常将价格标为 P 轴,数量标为 Q 轴。将个体需求加总在一起就得到了整个市场的需求。根据需求定理,需求曲线是向右下方倾斜的。

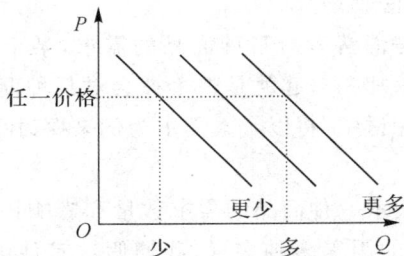

图 3-1　需求曲线的移动

　　所谓需求量的变化是指在决定需求的其他因素不变的情况下,只是由于某种商品本身价格的变化所引起的对该商品的需求的变化。需求量的变化可以用 $Q_d = f(P_0)$ 来表示。当 P_0 变化时,需求量的变化表现为沿着需求曲线的点滑动。当其他因素发生变化时,需求曲线本身就要发生移动。也就是说,除某商品本身价格变化外,若其他条件发生变化将产生一个新的价格数量关系。例如,人口增加意味着在任何给定价格和给定时期内将有更多的需求,这就是需求水平的变化。由商品本身价格以外的原因所导致的需求曲线的变动就是需求曲线的移动(见图 3-1)。

3.1.3　采购需求因素

　　决定需求的因素有很多,现列举几种如下:
- 某种商品本身的价格 P_0。

- 替代品的价格 P_s。
- 互补品的价格 P_c。
- 该商品的相关商品(即替代品、互补品)的广告支出水平 A。
- 消费者可支配收入的多少和分配趋向 Y_d。
- 消费者的偏好 T。
- 信用成本与可得性 C。
- 消费者对商品未来价格的预期和商品未来可得性的预期 E。
- 人口的变化 POP。
- 促进因素 F_a,指使购买更容易进行的所有因素。

例如,一个新的停车场,由于停车场会使在商店购买更容易,会增加对商店所销售产品的需求。还有一些因素,比如开辟一条新的汽车路线或延长营业时间,都是促进因素。

3.1.4 需求结构

1.需求的表现形式

一种商品的需求是指消费者在一定时期内,在其他条件不变的情况下,在各种可能的价格水平下愿意且能够购买的商品数量。作为一个变量,需求一般有四种表示方法:文字、公式、几何图形和图形法。

在微观经济学中,需求是消费者对某种商品的需求,某个消费者对某种商品的需求形成个人需求,把个人的需求加在一起就是整个社会对某种商品的需求,称为社会需求。为了不失一般性,在其后的探讨中,将以个人需求为例来探讨。

(1)需求函数

所谓需求函数,是用来表示一种商品的需求数量和影响该需求数量的各种因素之间的相互关系。影响需求数量的因素多种多样,我们假定其他因素保持不变,仅仅分析一种商品的价格对该商品需求量的影响,需求函数表示为:

$$Q_d = f(P)$$

式中:P——商品的价格;

Q——商品的需求量。

为了更进一步简化分析,在不影响结论的前提下,大多使用线性需求函数,其形式为:

$$Q_d = \alpha - \beta P$$

式中:α、β——常数,且 α、β 均大于 0;

α——截距;

β——斜率倒数。

(2)需求表

需求函数 $Q = f(P)$ 表示一种商品的需求量和价格之间存在着一一对应的关系。这种函数关系可以用商品的需求表加以表示。商品的需求表是一张表示某种商品的各种价格水平和与各种价格水平相对应的该商品的需求数量之间关系的数字序列表(见表

3-1),当商品价格为 1 元时,商品的需求量为 9 千克;当价格上升为 2 元时,需求量下降为 7 千克……需求表实际上是用数字表格的形式来表示商品的价格和需求量之间的函数关系。

表 3-1　某商品的需求表

	价格(元)	需求量(千克)
A	1	9.0
B	2	7.0
C	3	5.0
D	4	4.0
E	5	3.0
F	6	2.5
G	7	2.0

（3）需求曲线

需求曲线是以几何图形来表示商品的价格和需求量之间的函数关系。商品的需求曲线是根据需求表中商品不同的价格—需求量的组合在平面坐标图上所绘制的一条曲线(见图 3-2)。

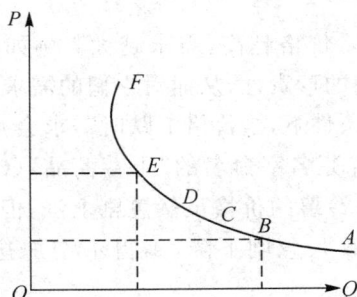

图 3-2　需求曲线

在图 3-2 中,横轴 OQ 表示商品的数量,纵轴 OP 表示商品的价格。应该指出的是,与数学上的习惯相反,在微观经济学中分析需求曲线和供给曲线时,通常以纵轴表示自变量 P,以横轴表示因变量 Q。

图中的需求量曲线根据表 3-1 中每一个商品的价格—需求量的组合,在平面坐标图中描绘相应的各点 A、B、C、D、E、F,然后顺次连接这些点,便得到需求曲线 $Q=f(P)$,它表示在不同的价格水平下消费者愿意而且能够购买的商品数量。

微观经济学在论述需求函数时,一般都假定商品的价格和相应的需求量的变化具有无限分割性,正是由于这一假定,在图 3-2 中才可以将商品的各个价格—需求量的组合点 A、B、C……连接起来,从而构成一条光滑的连接的需求曲线。

2.需求定理

建立在需求函数基础上的需求表和需求曲线都反映了商品的价格变动和需求量变动二者之间的关系。从表3-1中可见,商品的需求量随着商品价格的上升而减少。相应的,在图3-2中的需求曲线具有一个明显的特征,它是向右下方倾斜的,即它的斜率为负值,它们都表示商品的价格和需求量之间成反方向变动的关系,这种现象普遍存在,被称为"需求定理"。

(1)需求定理的内容

在其他条件不变的情况下,某商品的需求量与价格成反方向变动,即需求量随着商品本身价格的上升而减少,随商品本身价格的下降而增加。

(2)需求定理的适用条件

需求定理作为一种经济理论也是以一定的假设条件为前提的,这个假设条件就是"其他条件不变"。所谓"其他条件不变",是指除了商品本身的价格之外,其他影响需求的因素都是不变的,离开了这一前提,需求定理就无法成立。

(3)需求定理的例外

需求定理是一般商品在一般情况下的规律,有的特殊商品则会有例外,比较重要的例外有:

①某些炫耀性商品。价格下降,需求减少。例如,珠宝、项链、豪华型轿车之类,是用来显示人的社会身份的,如果价格下降,它们不能再代表这种社会地位和身份,对它们的需求量就会减少。

②某些珍贵、稀罕性商品。价格越高,需求越大。例如,古董、古画、珍邮之类珍品,往往是价格越高越显示出它们的珍贵性,从而对它们的需求量就越大。

③某些低档商品,在特定条件下,当价格下跌时需求会减少,而价格上涨时需求反而增加。最著名的是以英国人吉芬名字命名的"吉芬商品"(Giffen goods)。吉芬发现,在1845年爱尔兰发生灾荒时,马铃薯的价格虽然急剧上涨,但它的需求量反而增加。原因是灾荒造成爱尔兰人民实际收入急剧下降,不得不增加这类生活必需的低档食品的消费。

需求定理反映了一般商品的客观实际,但并不排除某些特殊商品的例外,这些商品只占极小的一部分,因此,需求定理并没有因此而遭到破坏。

(4)需求定理的一般解释

商品的需求量与其价格之间存在着反方向关系,需求定理所反映的这种现象普遍存在。那么,为什么商品的需求量与其价格之间存在着这种反方向的关系呢?需求定理所说明的需求量与价格反方向变动可以用替代效应和收入效应来解释。

①替代效应是指用途可以互相替换的商品,一种商品价格的下降,会导致减少购买另一种商品的数量,而把这部分钱转用于多购买价格下降了的商品,如大米与小麦,是可以互相替换的商品,称为"互替商品"。

②收入效应是指一种商品价格的下降引起了消费者实际收入的提高,从而导致需求量的增加,假设大米价格下降,其他商品的价格没有发生变化,这意味着同量的货币收入在不减少其他商品消费量的情况下,可以买进更多的大米,反之亦然。

替代效应强调一种商品价格变动对其他商品相对价格水平的影响,收入效应则强调一种商品价格变动对实际收入水平的影响,需求定理所表明的商品价格与需求量反方向变动的关系正是这两种效应共同作用的结果。

边际效用理论表明一种商品越稀缺,其边际效用越大,价格就越高,当人们消费某种商品时,随着商品数量的不断增加,商品对人们的边际效用不断递减,其价格因此不断下降,这样就形成了需求的负斜率曲线。

3.影响需求量的主要因素

一种商品的需求数量是由许多因素共同决定的,它们各自对商品的需求数量的影响如下:

(1)商品本身的价格

一般来说,一种商品的价格越高,该商品的需求量就会越小;相反,价格越低,需求量就会越大。

(2)消费者的收入水平

消费者的收入水平与商品的需求量的变化分为两种情况:对于一般商品来说,当消费者的收入水平提高时,就会增加对商品的需求量,即消费者的收入水平与商品的需求量是同方向变化的;对于低档商品而言,消费者的收入水平与商品的需求量呈反方向变化。

(3)其他相关商品的价格

当一种商品本身的价格保持不变,而和相关的其他商品的价格发生变化时,这种商品的需求量也会发生变化。商品之间的关系有两种:一种是互补关系,另一种是替代关系。互补关系是指两种商品共同满足一种欲望,它们之间是互相补充的,例如录音机与磁带,这类商品,当一种商品(如录音机)价格上升时,对另一种商品(如磁带)的需求就会减少;反之,当一种商品的价格下降时,对另一种商品的需求就会增加。互补商品价格变化引起该商品需求量反方向变动。替代关系是指两种商品可以相互代替来满足同一种欲望,它们之间是可以相互替代的。例如,羊肉和牛肉就是这种替代关系。这种有替代关系的商品,当一种商品(例如羊肉)价格上升时,对另一种商品(例如牛肉)需求就会增加,因为羊肉价格上升,人们少吃羊肉,必然多吃牛肉;反之,当一种商品价格下降时,另一种商品的需求就会减少,替代商品价格变化引起该商品需求量同方向变动。

(4)消费者的偏好

当消费者对某种商品的偏好程度增强时,该商品的需求量就会增加;相反,偏好程度减弱,需求量就会减少。消费者的偏好是心理因素,但更多地受人们生活于其中的社会环境特别是当时当地的社会风俗习惯的影响(如攀比心理等)。

(5)消费者的预期(包括收入和价格)

当消费者预期某种商品的价格在将来某一时期会下降时,就会减少对该商品的现期需求量,这也是一个心理因素,不过对消费者需求量影响的预期因素,不仅是价格预期,还有对未来收入和支出的预期、政府政策倾向的预期等。

3.2 采购需求预测分析方法

3.2.1 定性预测方法

定性预测技术是以预测者的经验为基础,判断发展趋势、探讨发展变化规律的方法。它适用于缺乏数据资料的情况下对事物的预测。定性预测的优点是方法简便、灵活。实践中,有时即使有充足的数量资料,也会采用定性预测技术,其原因是把定性预测的结论与定量预测的结果相比较可以提高预测的准确性,同时在定性预测的指导下进行定量预测还可起到定量预测起不到的作用。

常用的定性预测技术有德尔菲法、主观概率法、交叉概率法等。

1. 德尔菲法

德尔菲法(Delphi)是美国兰德公司研究人员赫尔马(O. Helmet)和达尔奇(N. Dalkey)于20世纪40年代开发的一种预测方法。目前该方法已广泛用于军事预测、人口预测、医疗卫生保健预测、经营和需求预测、教育预测以及方案评价的决策分析等领域。

该方法的过程是预测机构或人员预先选定与预测问题有关的专家10~15人,采用信件往来的方式与其建立联系,将他们的意见进行整理、综合、归纳后再匿名反馈给各位专家,再次征求意见,按这种方式多次反复,直至专家们的意见趋于一致,最后得出预测结论。

该方法的具体步骤为:

(1)选择专家

专家人数的确定依据所预测问题的复杂性和所需知识面的宽窄,一般以10~15人为宜。所选择的专家彼此不发生联系,只用书信的方式与预测人员直接发生联系。

(2)编制并邮寄"专家应答表"

首次交往需向专家介绍预测的目的,提供现有的相关资料,并邮寄"专家应答表"。为避免浪费专家的时间,"专家应答表"应力求简练,只需专家用"是"、"否"之类的简单词句或符号回答,或只需给予简单的评分。

(3)分析整理"专家应答表"

收集专家的意见和反应,整理"专家应答表",进行综合、分析、归纳等工作。

(4)与专家反复交换意见

将整理、分析、归纳和综合的结果反馈给各专家并进一步提供有关资料,让专家修订自己的意见,填写"专家应答表",如此反复进行直至得出预测结论。

(5)数据统计与分析

采用德尔菲法整理专家所提供的资料,有时需将定性资料转化为定量数据,定量数据一般采用中位数、上下四分位数来反映预测结果及其分散程度。

由定性资料转化为定量数据的方法是对预测中的每个因素给定一个分值 c_j，对应投票的专家数为 B_j，则均值和方差分别为：

$$E = \frac{\sum c_j B_j}{\sum B_j}$$

$$D = \frac{\sum_j (c_j - E_j)^2 B_j}{\sum B_j}$$

如某家具厂对某种新家具的销售状况采用德尔菲法进行预测，第一轮预测资料整理结果如表 3-2 所示。由计算可见，第一轮的预测结果为新产品基本畅销。

表 3-2　家具的销售状况

销售状况	分　值	人　数	E	D
十分畅销	3	9		
基本畅销	2	28	2.05	0.4164
一般	1	5		
较差	0	1		

采用德尔菲法的好处是：①可以消除召开专家讨论会所出现的随声附和、崇拜专家、固执己见和有顾虑等弊病；②可使意见迅速集中。

这种方法是在假设预测项目的各因素之间无交互作用的前提下进行的，因此有一定的局限性，在使用该方法时，必须注意这点。

2. 主观概率法

主观概率是指某人对某事件发生可能性的主观估计值。对同一事物来说，不同的人因知识、阅历、看问题的角度不同造成对问题的估计值也不同，这就是主观因素在起作用。主观概率法就是在调查专家主观概率的基础上，寻求最佳主观估计的科学方法。

如果要预测某一事件发生的可能性，先调查一组专家的主观概率，然后加权平均即得某事件发生的概率，即：

$$P = \frac{\sum_j P_j B_j}{\sum_j B_j}$$

式中：P——事件发生概率的预测值；

$\quad\quad P_j$——第 j 种概率分级；

$\quad\quad B_j$——选第 j 种概率分级为主观概率的专家数。

3. 交叉概率法

交叉概率法是对在交互影响因素作用下的事物进行预测的一种定性预测技术。

很多事物的发生或发展对其他事物将产生各种各样的影响，根据各事物之间的相互影响研究事物发生的概率，并用以修正专家的主观概率，从而对事物的发展作出较客观的评价是该方法的基本思想。

该方法的步骤为:

①确定各事物之间的影响关系。

②确定各事物之间的影响程度。

③计算某事物发生时对其他事物发生概率的影响。

④分析其他事件对该事件的影响。

⑤确定修正后的主观概率。

现以美国能源政策评价预测分析来说明交叉概率法的使用。经简化,影响美国能源政策的因素有:

E_1—— 用煤炭代替石油,其概率 $P_1 = 0.3$;

E_2—— 降低国内石油价格,其概率 $P_2 = 0.4$;

E_3—— 控制空气、水源的质量标准,其概率 $P_3 = 0.3$。

这些因素之间的关系如表 3-3 所示。

表 3-3　相互影响矩阵表

事件	事件发生概率	对其他诸事件的影响		
		E_1	E_2	E_3
E_1	0.3	—	↑	↑
E_2	0.4	↓	—	—
E_3	0.3	↓	↓	—

表中向上的箭头表示正方向的交叉影响,它表明该事件的发生将促进另一事件发生的概率。而箭头向下,则表示负的影响,说明该事件发生将抑制或消除另一事件发生的概率。"—"表示两事件无明显关系或相互间没有影响。

根据上表列出的矩阵,可求出其中各因素相互影响程度数值,用以修正发生概率,作出预测。

E_i 事件发生后,其余事件 E_j 发生的概率可按下式调整:

$$P'_j = P_j + KS(1 - P_j)$$

式中:P_j——E_i 事件发生前,t 时间 E_j 事件发生的概率。

P'_j——E_i 事件发生后,t 时间 E_j 发生的概率。

K——E_i 发生对 E_j 的影响方向。若 E_i 对 E_j 的影响为正,则取 $K=1$,若 E_i 对 E_j 影响为负,则取 $K=-1$;若无影响,则取 $K=0$。

S——E_i 发生对 E_j 的影响程度,$0<S<1$,随影响程度由小到大,S 取值由 0 到 1 逐渐加大。

事件 E_i 发生后,E_j 发生概率的调整如图 3-3 所示。

事件 E_i 发生后对其余事件 E_j 的影响程度一般可由专家会议或专家调查法加以确定。

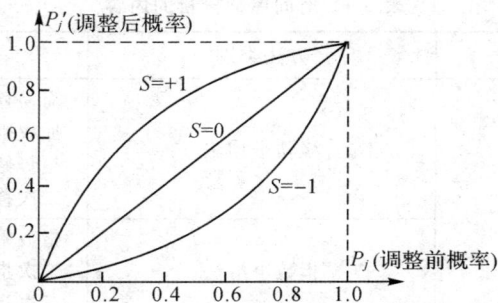

图 3-3　事件 E_i 发生后，E_j 发生概率的调整

3.2.2　定量预测方法

1. 时间序列法

（1）时间序列的形成

时间序列是以下四种情况合成的结果：

① 长期趋势的变化 X_t，序列随时间呈现倾向性的变化。

② 季节性周期变化 S_t，序列在一年中随季节呈现有规律性的周期性变化。

③ 循环变化 C_t，序列以不固定的周期呈现出的波动性变化。

④ 随机变化 ε_t，各种不确定因素作用下的无规则变化。

（2）时间序列模型

时间序列模型分为加法模型和比例模型两类。

1）加法模型

加法模型理论认为时间序列是长期趋势 X_t、季节性变化 S_t、循环变化 C_t 以及随机变化 ε_t 四种变化的叠加，故模型形式为：

$$y_t = X_t + S_t + C_t + \varepsilon_t$$

2）比例模型

比例模型理论认为，时间序列的形成是以趋势变化 X_t 为主干，其他变化均是对趋势变化的修正，故模型形式为：

$$y_t = X_t \cdot S_t \cdot C_t \cdot \varepsilon_t$$

（3）时间序列分析的内容

时间序列分析的内容如表 3-4 所示。

表 3-4　时间序列分析的内容

内　容	方法类别	方　法
趋势分析	移动平均法	简易移动平均法 加权平均法 趋势修正移动性系数法 二次移动平均数法
	指数平滑法	指数平滑 二次指数平滑法 三次指数平滑法
季节性变化分析	季节性分析法	简易季节性分析法 周期图分析法
随机变化分析 （周期分析、随机分析）	平衡随机序列分析法	自回归分析（AR） 移动平均分析（MA） 自回归移动平均分析（ARMA）

2. 趋势预测

(1)简单移动平均数法

移动平均预测法其中的"平均"是取预测对象的时间序列中最近一组实际值（或历史数据）的算术平均值,其中的"移动"是指参与平均的实际值随预测期的推进而不断更新,并且每一个新的实际值参与到"平均"值时,都要剔除掉已参与"平均"值中的最陈旧的一个实际值,以保证每次参与"平均"的实际值都有相同的个数,按照上述办法可以简单地推导出移动平均法的计算公式。

时间序列 $x_1, x_2, \cdots, x_t$,有

$$\overline{x}_t = \frac{x_t + x_{t-1} + \cdots + x_{t-N+1}}{N}, t \geq N$$

式中:N ——移动平均的期数;

$\overline{x}_t$ ——时间序列的移动平均数序列,记为 $\{\overline{x}, t \geq N\}$。

移动平均数序列与原时间序列相比,前者比后者平滑,它是滤除了原序列的某些干扰后的结果,因此更能体现出原序列的趋势变化。

按趋势递推原理,以 $\overline{x}_t$ 作为 $t+1$ 期的预测值,即 $y_{t+1} = x_t$,

可得预测模型:

$$y_{t+1} = x_t = \frac{x_t + x_{t-1} + \cdots + x_{t-N+1}}{N}$$

(2)二次移动平均数法

二次移动平均预测法是在求得一次移动平均数的基础上,对有线性趋势的时间序列所作的预测。在以一次移动平均数组成的序列为一个新的时间序列的基础上,再一次进行移动平均,其预测公式为:

$$M_{t(2)} = [M_{t-1(1)} + M_{t-2(1)} + \cdots + M_{t-n(1)}]/N$$

在此基础上,对有线性趋势的时间序列作出预测,其预测公式为:

$$y_t + T = a_t + b_t \times T$$

式中：$a_t = 2 M_{t(1)} - M_{t(2)}$

$b_t = 2(M_{t(1)} - M_{t(2)})/(N-1)$

（3）加权移动平均数法

用移动平均数进行预测是将各期数据的重要性等同对待，如果考虑各期数据的重要性，对每个序列值乘以加权因子，则时间序列的加权平均值序列为：

$$x_t = \frac{a_0 x_t + a_1 x_{t-1} + \cdots + a_{N-1} x_{t-N+1}}{N} = \omega_0 x_t + \omega_1 x_{t-1} + \cdots + \omega_{t-N} x_{t-N+1}$$

式中：ω_i——加权因子，应满足 $\sum\limits_{i=1}^{N-1} \omega_i = 1$。

以 $\overline{x_t}$ 作为下一期预测值，即 $y_{t+1} = \hat{x}_t$

则预测模型为：

$$y_{t+1} = \omega_0 x_t + \omega_1 x_{t-1} + \cdots + \omega_{N-1} x_{t-N+1}$$

该模型既可体现对原始数据的平滑，又考虑了原序列各期值的重要性程度，预测结果一般比只考虑趋势的移动平均数法更接近实际。

由上述模型可见，预测值 y_{t+1} 是由 N 期数据按一定比例组成的，一般情况下，近期数据对预测值的影响大，ω 应选较大的值，历史上远期数据对预测值的影响小，ω 应选较小的值。

（4）修正移动平均数法

当时间序列呈现增长或减少趋势时，采用移动平均数法将产生滞后现象。产生滞后的原因为：

假设时间序列呈线性增长趋势，则方程为：

$$y_t = a + bt$$

当 t 增加至 $t+N$ 时，序列值为：

$$y_{t+N} = a + b(t+N)$$

但采用移动平均数法预测时，预测值为：

$$y_{t+N} = \frac{1}{N} \sum_{i=1}^{N} y_{t+i} = a + bt + \frac{(1+2+\cdots+N)}{N}b = a + bt + \frac{N+1}{2}b$$

二者之差为：

$$Nb - \frac{N+1}{2}b = \frac{N-1}{2}b$$

故在 $t+N$ 期，移动平均数法的预测值滞后了 $\dfrac{N-1}{2}b$。

为了消除移动平均数法预测所产生的滞后，应在移动平均数法预测值的基础上，以 $\dfrac{N-1}{2}b$ 为修正量对移动平均数预测模型进行修正，故得修正移动平均数法预测模型：

$$y_t = \overline{x}_t + \frac{N-1}{2}b_t$$

$$y_{t+k} = y_t + kb_t$$

式中：y_t——第 t 期预测值；

$\overline{x_t}$——第 t 期移动平均数；

b_t——第 t 期平均增长量，应取移动平均数计算期内的平均增长量。

b_t 的计算按线性回归公式 $b = \dfrac{n\sum x_i y_i - \sum x_i \sum y_i}{n\sum x_i^2 - (\sum x_i)^2}$ 计算，为使其计算简化，可使

$\sum\limits_i t_i = 0$，而使用简化公式 $b = \dfrac{\sum\limits_i t_i y_i}{\sum\limits_i t_i^2}$。

如上例，预测下年度 1 月份和 5 月份销量：

当 $N = 3$ 时，$\overline{x_1} = 27$

$$b_1 = \frac{-1 \times 26 + 0 \times 29 + 1 \times 26}{1 + 0 + 1} = 0$$

$$y_1 = 27 + \frac{3-1}{2} \times 0 = 27$$

$$y_{1+4} = 27 + 4 \times 0 = 27$$

当 $N = 4$ 时，$\overline{x_1} = 27.3$

$$b_1 = \frac{(-3 \times 28 - 1 \times 26 + 1 \times 29 + 3 \times 26) \times 2}{(-3)^2 + (-1)^2 + (1)^2 + (3)^2} = -0.3$$

$$y_1 = 27.3 - \frac{3-1}{2} \times 0.3 = 27$$

$$\hat{y}_{1+4} = 27 - 0.3 \times 4 = 25.8$$

（注意：当 $N = 4$ 时，为使 $\sum\limits_i t_i = 0$，选 $t_1 = -3, t_2 = -1, t_3 = 1, t_4 = 3$，间隔为 2，故计算 b_1 时应乘以 2。）

（5）指数平滑法

对时间序列 x_t，若预测值按

$$y_t = \alpha x_t + (1-\alpha)y_{t-1} \quad \text{或} \quad y_t = y_{t-1} + \alpha(x_{t-1} - y_{t-1})$$

计算，则该预测法叫指数平滑法，其中 α 为平滑系数且 $0 \leqslant \alpha \leqslant 1$。

由上式可见，当期预测值是由当期实际值和上期预测值按比例构成的，或是由上期预测值与上期预测误差的修正值构成的。

把上式展开，将有助于对该方法的深刻理解：

$$\begin{aligned}
y_t &= \alpha x_t + (1-\alpha)y_{t-1} \\
&= \alpha x_t + (1-\alpha)[\alpha x_{t-1} + (1-\alpha)y_{t-2}] \\
&= \alpha x_t + \alpha(1-\alpha)x_{t-1} + (1-\alpha)^2 y_{t-2} \\
&= \alpha x_t + \alpha(1-\alpha)x_{t-1} + (1-\alpha)^2[\alpha x_{t-2} + (1-\alpha)y_{t-3}] \\
&= \alpha x_t + \alpha(1-\alpha)x_{t-1} + \alpha(1-\alpha)^2 x_{t-2} + (1-\alpha)^3 y_{t-3} \\
&= \cdots = \alpha x_t + \alpha(1-\alpha)x_{t-1} + \alpha(1-\alpha)^2 x_{t-2} + \alpha(1-\alpha)^3 x_{t-3} + \cdots
\end{aligned}$$

由展开式可见：

①如 $\alpha = 1$，预测值取当期实际值；$\alpha = 0$，取时间序列的初始值。

②预测值是由时间序列值按一定比例构成的，因 $0 \leqslant \alpha \leqslant 1$，故近期数据占的比重大，

距预测期远的数据比重小。当数据量很大时,初始数据对预测值的影响甚微。α 取值大,近期数据占的比重越大;α 取值小,近期数据占的比重越小。

③α 值的大小,影响预测值。α 大,更贴近原序列,但滞后小,α 小则更平滑,滞后大。

④预测值实质是历史数据的加权平均数,且权数按指数变化,因此该方法叫指数平滑法,是一种特殊的加权移动平均数法。

3.3　采购供应市场分析

3.3.1　市场与市场分类

所谓市场,从狭义上讲,就是指商品交换的场所。这种意义上的市场是指有形市场。从广义上讲,市场是商品交换关系的总和。这种市场既可以是有形的,也可以是无形的。

我们可以对市场从多个角度进行考察,如把市场分为生产要素市场和产品市场。生产要素市场包括土地市场、资本市场和劳动力市场。

生产要素的价格被冠以不同的名称。通常认为:支付给土地所有者的称为地租;对资本使用或贷款所作的支付称为利息;资本所有者得到的回报称为利润;支付给工人的称为薪水。

产品市场也被称为消费品市场。在产品市场上,产品和服务被出售给消费者。产品市场为个人提供最后的、直接消费的消费品。消费品市场与生产资料市场比较如表 3-5 所示。

表 3-5　消费品市场与生产资料市场的比较

	购买者	商品阶段
消费品市场	个人	最终消费
生产资料市场	企业	连接生产和生产性消费

资本市场与企业有着重要的关系,资本市场也叫做金融市场,是进行资金融通的。金融市场上的"商品",不同于普通商品,是指资金在一定期限内的使用权这种特殊商品。通过借贷或通过信用工具的发行及买卖可以实现这种特殊商品的转让。金融市场上的融资包括直接融资和间接融资。

直接融资,即由资金的供给者和需求者直接接触,进行票据、证券的买卖或货币借贷。

间接融资,即资金供需双方并不直接接触,而是通过信用中介人进行融资。银行是最典型的信用中介,通过银行的中介作用,资金从供给者转移给需求者。

虽然有很多因素都会影响到市场活动,但对交易数量和价格影响最大的是供应和需求。

任何市场都存在两个方面:需要产品或服务的购买者或使用生产要素的购买者和提

供产品或服务的供应商或拥有生产要素并愿意出售的供应商。

所有组织的存在,目的都是为客户提供产品、服务,以便从中获得利益。商业组织是为了获得利润。商业组织通过营销、定价和其他战略促进其产品销售,从而获得回报。非商业组织,比如慈善机构或公共团体,并不是为了盈利,但在战略和运作上,它们也在不断地寻求收入。

3.3.2 市场供给曲线

供给曲线是向上倾斜或向上弯曲的曲线,如图 3-4 所示。

1. 为什么供给曲线是向上倾斜的

原因有两个:一是因为市场上愿意支付的价格越高,厂商愿意提供的产品就越多,而这是因为市场上产品价格越高,厂商的收入就越多。二是因为在短期内供应更多的产品将因投入增加而使成本上升,成本上升是因为短期内的生产受到边际收益递减规律的影响。但最终的价格并不是由供给方决定的,而是由市场供求两个方面决定的。

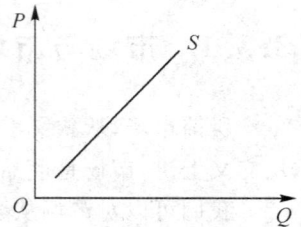

图 3-4 供给曲线

除产品本身的价格变化外,其他条件的变化也将引起供给曲线移动。这一点和需求曲线发生移动的原理是一样的。

2. 供给曲线的移动

引起供给曲线移动的因素也可叫做移动因子,这些因素有很多(见图 3-5)。

(1)时间

我们已讨论过产出作为投入的函数,企业的生产决策有短期决策和长期决策。在短期,供给量很难发生很大变化;在长期,供给量是可以根据市场情况随时进行调整的。随着时间的变化,供给曲线可来回移动。通常,规模扩大、技术进步和经验学习意味着供应曲线右移。结果是与过去相比,以更低的价格提供了更多的产品。

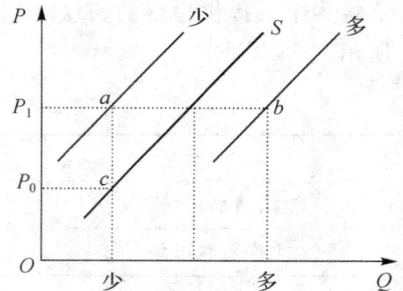

图 3-5 改变短期供给曲线

(2)进入

如果有一些公司进入某个行业,供给曲线将会右移,这与现有公司增加规模有同样的效果。然而,这意味着现有公司不得不和新进入者瓜分市场。

(3)成本的变化

降低企业的生产成本可以使一个组织在同样的价格下供应更多的产品。如图 3-5 所示,这个过程表现为从 a 到 b。

从另一个角度讲,组织可以以更低的价格供应同样数量的产品。实际上,如果组织使整个成本下降,将能降低价格,从 a 移到 c。然而,虽然由新的供给曲线给出公司的选择,但是关于价格和销量方面的结果取决于需求。

　　有很多方面的原因会使成本下降,如削减工资、削减政府对不同商品或服务的征税等。同样,政府给予补贴,尤其是对于公共部门补贴,会产生同样的效果。

3.3.3　采购供给市场结构

　　1. 市场

　　市场是供给和需求的综合。有时它指的是实际市场,但有时也是指抽象的概念。

　　供应商和采购商之间关系的模式是由交付的货物和劳务的外部结构决定的。外部结构包含几个通过市场相联系的环节,外部结构又可以分为产业部门和产业链。产业部门是指组织之间是水平关系,相互之间是竞争关系的一系列单位(如皮革和制鞋行业、电子行业)。产业链是指一系列公司,它们形成了一种产品生产的连续过程(包括从初级生产者到消费者)。

　　2. 供应市场的结构

　　市场结构通常可以分为卖方完全垄断市场、垄断性竞争市场、寡头垄断下的竞争市场、完全竞争市场、买方寡头垄断市场和独家采购垄断市场。

　　(1)卖方完全垄断市场

　　卖方完全垄断市场是指市场上有一个供应商、多个购买者。在美国,为了保持价格的合理性,多数的垄断者(比如公共事业)都受到管制。因为如果没有管制,作为卖方的垄断者就可以随心所欲地定价。按照产生的原因,完全垄断可分为自然垄断、政府垄断和控制垄断。自然垄断往往来源于显著的规模经济,如飞机发动机、供电等;政府垄断是基于政府给予的特许经营权,如铁路、邮政及其他公用设施等;控制垄断包括因专利权、专门的资源等而产生的垄断。

　　(2)垄断性竞争市场

　　垄断性竞争市场是指有少量卖方和许多买方的市场,新的卖方通过产品的差异性来区别于其他的卖方。一般只有少数几家公司控制市场,但是提供了大量的不同产品来和其他公司竞争,并取得市场份额。这种市场结构是最具有现实意义的市场结构,其中存在若干的供应商,各供应商所提供的商品不同质,企业进入和退出市场完全自由。多数日用消费品、耐用消费品和工业产品的市场都属于此类。

　　(3)寡头垄断下的竞争市场

　　寡头垄断下的竞争市场同样是少量卖方和许多买方,但这类行业存在明显的规模经济,市场准入障碍明显,价格由行业的领导者控制。一个公司给出一个价格后,行业内的其他公司通常就会快速地采纳这个价格。钢铁市场和石油市场是典型的寡头垄断下的竞争市场。

　　(4)完全竞争市场

　　完全竞争市场中有许多的卖方和买方,所有的卖方和买方都具有同等的重要性。大多数市场都不是完全竞争市场,但是可以像完全竞争市场那样高效地运作,价格的确定是由分享该市场的所有采购商和供应商共同影响确定的。该市场具有高度的透明性,不同供应商的产品结构、质量与性能几乎没有差异,市场信息完备,产品的进入障碍小。这类市场主要存在于专业产品市场、期货市场等。

(5)买方寡头垄断市场

买方寡头垄断市场是指有许多卖方和少量买方的市场。在这种市场中,买方对定价有很大的影响,因为所有卖方都在为生意激烈竞争。汽车工业中半成品和部件的市场就是这样的例子。一些部门采用集团采购后也容易形成这种市场。

(6)买方垄断市场

买方垄断市场是指有几个卖方和一个买方的市场。这是和卖方完全垄断相反的情况,在这种市场中,买方控制价格。这种类型的市场有美国的军事战斗机市场、铁路用的机车和车辆的采购市场等。

不同的市场结构决定了采购企业在买卖中的不同地位,因而必须采取不同的采购策略和方法。从产品设计的角度出发,应尽量避免选择完全垄断市场中的产品,如不得已,就应该与供应商结成合作伙伴的关系。对于垄断竞争市场,应尽可能地优化已有的供应商并发展其成为伙伴性的供应商;对于寡头垄断市场,应尽最大可能与供应商结成伙伴型的互利合作关系。在完全竞争市场下,应把供应商看做商业型的供应业务合作关系。

上面所描述的市场结构可以置于一个矩阵中,并得到如表 3-6 所示的结果。

表 3-6　市场类型

需　方 供　方	一　个	很　少	很　多
一　个	双边垄断 "垄断市场"(备件)	有限的供应方垄断 (燃油泵)	供应方垄断 (水、电、煤气)
很　少	有限的需求方垄断 (电话交换机、火车)	双边寡头垄断 (化学半成品)	供应方寡头垄断市场 (复印机、计算机)
很　多	需求方垄断 (武器系统、军火)	需求方寡头垄断 (汽车部件)	完全竞争 (办公用品)

3.3.4　分析供应市场的必要性

许多大公司,像 IBM、美国本田、朗讯科技和飞利浦等都已经引入采购团队的概念,负责在全球范围内采购战略部件和材料。他们不断为所需的材料和服务寻找第一流的供应商。

采购方主动进行供应市场研究的主要因素有以下几个方面:

1.技术的不断创新

无论是生产性企业还是非生产性企业,为保持竞争力必须致力于产品的创新和质量的改善。当出现新技术时,企业或公司在制定自制/外购决策中就需要对最终供应商的选择进行大量的研究。

2.供应市场的不断变化

国际供应市场处在不断变化中,例如,国家间的政治协定会突然限制一些出口贸易;供应商会因为突然破产而消失,或被其竞争对手收购,价格水平和供应的持续性都会受到影响。需求也会出现同样变化,如对某一产品的需求会急剧上升,从而导致紧缺状况的发生。采购者因此必须预期某一产品供需状况可能发生的变化,并由此获得对自己商品价格动态的更好理解。

3.汇率的变动

主要币种汇率的不断变化对国际采购者带来了新的挑战。许多国家的高通货膨胀、巨额政府预算赤字、汇率的迅速变化都要求采购者对其原料需求的重新分配作出快速反应。

产业转移、技术进步不仅改变了供应市场的分布格局,在整体上降低了制造成本,也给采购的战略制定、策略实施以及采购管理提出了新的要求,带来了新的变化。这主要体现在:

①在自制/外购的决策中,外购的份额在增加。

②采购呈现出朝购买组件、成品的方向发展。

③采购的全球化趋势日益增强,同时采购的本地化趋势也伴随着生产本地化的要求同时得以加强。

④供应市场及供应商的信息更加透明化。

⑤技术发展使得许多公司必须完全依赖供应商的伙伴关系。

供应市场分析中,产业的生命周期及其产业转移是很重要的内容。总体上,传统的制造业及相关产品已由原来的发达国家转移到发展中国家,新兴产业如信息技术产业等则为发达国家所控制。这种社会变迁反映了制造业的区域化调整,说明了不同产业的发展阶段即产业的生命周期,也会相应地导致供应市场结构的改变。

3.3.5 采购供应市场分析的步骤

1.供应市场分析步骤

供应市场分析可能是周期性的,也可能是以项目为基础进行的;可以是关于特定行业采购市场的发展趋势与动态的定性分析,也可以是从综合统计和其他公共资源获得大量数据的定量分析;可以是短期分析,也可以是长期分析。

每个项目都有自己的具体情况,其供应市场分析的目的不同,所以很难提供一种标准的方法。但是一般情况下,供应市场分析主要有以下步骤:

(1)确定目标

确定要解决什么问题、问题解决到什么程度、解决问题的时限多长、需要多少信息、信息准确到什么程度、如何获取信息、谁负责获取信息、如何处理信息等,并作简要说明。

(2)成本效益分析

确定供应市场分析的成本所包含的内容、进行分析所需要的时间,并分析获得的效益是否大于所付出的成本。

(3)可行性分析

可行性分析的内容包括确定公司中的哪些信息是可用的、从公开出版物和统计资料中可以得到什么信息、是否需要从国际数据库及其专业代理商处获得信息、是否需要从一些部门购买研究和分析服务甚至进行外出调研等。

(4)制定分析计划的方案

分析计划的内容包括确定获取信息需要采取的具体行动,包括目标、工作内容、时间进度、负责人、所需要资源等。除了平面分析之外,还要与供应商面谈、实地考察。平面分析是指收集、分析以及解释数据,它们一般是别人已经收集好的,在采购中这类分析用得最多。实地考察的目的是收集、分析和解释平面分析无法得出的细节。

(5)方案的实施

在实施阶段,遵循分析方案的计划非常重要。

(6)撰写总结报告及评估

供应市场分析以及信息收集结束后,要对所获取信息和情报进行归纳、总结、分析,在此基础上形成总结报告,并就不同的供应商选择方案进行比较。对分析结果的评估应该包括对预期问题的解决程度,对方法和结果是否满意等。

2.供应市场分析的层次

供应市场分析可以分为宏观经济分析、中观经济分析和微观经济分析三个层次。

(1)宏观经济分析

宏观经济分析是指分析一般经济环境以及影响未来供需平衡的因素,例如产业范围、经济增长率、产业政策及发展方向、行业设施利用率、货币汇率及利率、税收政策与税率、政府体制结构与政治环境、关税政策与进出口限制、人工成本、通货膨胀、消费价格指数、订购状况等。

(2)中观经济分析

中观经济分析集中研究特定的行业、部门。在这个层次,很多信息都可以从国家的中央统计部门和行业信息机构中获得。这个层次需要处理的信息,主要有供求状况、行业效率、行业增长状态、行业生产与库存量、市场供应结构、供应商的数量与分布等。

(3)微观经济分析

微观经济分析集中于评估个别产业供应和产品的优势与劣势,如供应商财务审计、组织架构、质量体系与水平、产品开发能力、工艺水平、生产能力与产量、交货周期及准时率、服务质量、成本结构与价格水平、作为供应商认证程序一部分的质量审计等。它的目标是透彻地了解供应商的特定能力和其长期市场地位。

⇨ 案例分析

KON 公司的跨国采购需求分析和运作

在矿山机械领域,总部位于日本东京的 KON 公司是一家具有行业领先地位的企业。KON 公司成立于 1941 年,至今已有 60 多年的历史。KON 公司的主要产品除了始终处于世界领先地位的建筑工程机械、产业机械、矿山机械以外,同时还涉足工程机械、工业机械、地下工程机械、电子工程、工程事业、土木工程、运输、流通机械、金属材料制造和销售,以及环境保护等高科技领域。面向全球发展的 KON 公司,始终将"质量和信赖性"作为公司的经营理念,并将"满足全世界用户的需求"作为公司的宗旨。

CDS 公司是 KON 公司的一个子公司,位于日本中部的工业城市大阪。在 KON 公司全球市场占有率第一的产品系列中,有一种是液压履带式钻机。CDS 公司是集团内生产该种产品的五大生产厂商之一,每年向世界各国的客户供应 200 套这种产品。

1.跨国采购及供应的内部需求

在 20 世纪 90 年代,CDS 公司的液压履带式钻机,在国际市场上的占有率虽然仍然在逐步上升,但上升速度正在减缓,而且该领域的几个竞争对手的竞争力也正在逐步增加。面对越来越激烈的竞争,CDS 公司的管理层期望能够在未来的几年里,巩固和扩大领先优势。

为此,CDS 公司希望能够在成本上更具有竞争力。实现此目的的一个主要方式便是希望能够通过跨国采购,大幅度降低采购成本,从而增加利润率。但由于跨国采购,必然会导致运输距离增加,对公司一直实行的精益生产模式的准时供货是一个挑战。同时,CDS 公司不想在降低采购成本的同时,增加运输成本,也不希望由于实施跨国采购,而降低其公司的整体运营效率,更不能容忍任何产品质量问题和服务的下降。

与此同时,CDS 公司正在进行新产品的开发。该新产品的开发,将会对此前的各结构部分进行重新设计,并打算在此新项目上大胆尝试使用跨国供应商,同时检验跨国采购所带来的获益和风险,为今后其他产品的采购转换提供经验和数据。而且,CDS 公司希望能够逐步在集团内的五大兄弟厂家中脱颖而出,同时也在跨国采购方面摸索出实际经验,为集团内其他公司进行跨国采购提供范例。

KON 公司集团总部对 CDS 公司的大胆构想给予了积极的支持。一方面通过 CDS 公司的项目进行精益生产模式下的跨国采购的尝试和探索;另一方面,如果此项目能够取得成功,可以在集团内部以 CDS 公司为样本,逐步使集团内其他公司也能够通过跨国采购降低成本,增加企业整体的竞争力。

此外,鉴于中国市场的快速发展,整个 KON 公司在中国市场上也拥有众多的客户及合资企业,而且销量正在逐步上升。为了适应这一市场的快速发展,以及 CDS 公司的跨国采购策略,期望逐步能够实现就近提供零配件的售后供应,实现快速的响应,KON 公司决定在中国开设全资的投资子公司,统一对中国在采购、物流等业务进行协调。

2.KON 公司的采购运作

为了实施跨国采购的战略以及物流的规划,KON 公司于 2002 年 8 月成立了 KON(中国)投资有限公司,是 KON 公司在中国的全资海外子公司。KON(中国)投资有限公司自成立以后,先后在全国范围内设立了 7 个地区办事处,分别协助各省、市、自治区的 KON 公司产品代理商,进行整机销售、服务及零配件供应等相关业务的工作,更好地服务于广大的 KON 公司用户,同时也为公司的跨国采购进行支持。但是,要保持企业的精益生产模式下进行跨国供货,还需要解决许多的新问题。

首先,运输距离比较远,难以保证准时到货。如对 CDS 公司来说,在目前的精益生产管理模式下,再考虑到其非常有限的组装车间和临时仓库,所有货物必须尽最大可能地准时供应是必须要追求的一个目标。否则,不仅会形成大量的资金沉淀,更会造成车间、仓库一团糟的局面。但是跨国采购、运输,受各种因素影响非常严重,尤其受影响最为严重的是国际海运的繁忙情况。这一要求是在新的跨国供应链规划设计过程中必须要给予充分考虑的。

其次,过度频繁的运输会使运输成本增高。在国际海运中,主要是依靠大批量的运输来降低运输成本。一般来讲,如果货物无法装满一个集装箱,按照拼箱方式发运,则货物的运输成本要上升 40% ～ 80%。所以在国际海运中,如果注重海运费用的成本,则至少要安排每批次一个集装箱的运输批量。但是,精益生产模式要求供应商能够小批量频繁送货,最理想的状况是所有的零部件在组装生产线上需要的时候能够运送到生产线上。为了达到此要求,势必要求跨国供应商提前将货物运到工厂附近。而且,每批次货物批量都比较小,发货频率比较高,否则很难保证真正的准时供应。但是,这样又会造成运输成本的上升。

最后,一旦出现质量问题,难以及时纠正。在本地供应情况下,一旦出现任何质量问题,供应商就可以在 2 个小时内将替代零部件送达生产现场。但是在跨国供应中,一旦出现产品质量不合格的情况,将难以及时得到更换,进而影响企业的正常生产。

上述问题是在新的跨国供应链规划设计方面必须进行充分考虑的,同时也必须要设计出先进的管理模式,以确保设计的跨国供应链在以后的运营中,始终能够满足上述要求,并同时能够保证各种收益。

CDS 公司经过反复的分析、选择,最后在山东选择了一家主要供应商,同时又在常州选择了两家公司作为零部件生产的供应商。三家企业作为供应商的身份出现在 CDS 公司的制造链中。同时,CDS 公司积极配合供应商采用精益生产的管理模式,推行 CDS 公司的管理方法,采用与 CDS 公司相同的技术设备,并能提供与 CDS 公司相同质量的零部件。同时,将 KON 公司的销售和售后服务体制引至供应商,促进供应商的发展。并且,通过教育、文化方面的交流,能够促进中日相互间的人才培养。

(案例来源:季建华,邵晓峰.物流案例.北京:高等教育出版社,2008.)

⇨ 思考题

1. 采购需求是指什么?
2. 采购需求要素有哪些?
3. 采购需求分析方法是什么?各有何特点?
4. 采购市场如何分类?
5. 采购市场分析步骤有哪些?

第 4 章

采购组织模式

⇨ **本章要点**

　　本章首先介绍了组织的内涵、要素和目标体系,然后分析了机械、有机和网络三大采购组织结构,揭示了采购的分散型、集中式、混合型组织模式,最后阐述了采购组织的影响因素、服务和团队建设。

4.1　组织概述

4.1.1　组织内涵

　　Mintzberg 已经把组织机构的结构定义为:各种方式的总和,组织机构以此来将它的人力分配给各个不同的工作任务,且随之在它们中间起到协调作用。

　　1. 专业化

　　Adam Smith 在 1776 年《国家的财富》(*The Wealth of Nations*)一书中就指出,专业化是劳动分工的进一步扩充。为此,他用别针的制造来说明,假如一个人打算以他自己的劳力在没有任何人帮助的条件下制作别针,那么他一天能生产一枚别针就不错了。然而,只要有不多的人把制造别针的工作分工成测量钢丝、抛光材料、拉出针尖和安装针头以及包装别针等一系列工程,那么一天就可能生产成千上万枚别针。同样的道理,一个组织机构的业务活动应该把它分成许多不同的职能、工程、职位和工作任务。

　　2. 协调

　　协调已经被认为是所有组织机构的有意向的行动和组织机构能聚合在一起的黏合剂。Mintzberg 确认了五种协调机制。

　　①互相调整,是指通过非正规的互相交流的简单过程达到工作的协调。

　　②直接监督,是指通过某个个人对其他人的工作负有责任来达到协调。

③工作过程的标准化，例如生产线、计划安排、指导材料都是标准化的手段。

④工作技能的标准化。当规定了完成工作所需的某种培训后，技能（和相应的知识）也就被标准化了。培训的含义要比单纯地传授技能要宽些。培训的结果能使行动统一，例如，士兵在练兵场上受训，对命令响应的协同就是一个例证。培训的结果也能使人具备像律师和医生这些职业一样的共同职业精神。

⑤道德的标准化。工作人员能分享一种共同的信念，并以此为基础来达到工作的协调。另外两个重要的协调机制是政策和委员会。

政策和制定政策的好处已在前一章中讨论过了。

委员会可以用以下三种方式来推进协调工作：

• 作为一个顾问实体，它能把组织机构中其他各种成员的知识和经验集中起来支持执行层的工作，例如，价值分析委员会就能起到对共同关心的利益问题进行仔细讨论的作用。采购中心或采购团队实际上是专家委员会，它能起到在组织货源和采购决策中汇集大家智慧的作用。

• 作为一个咨询实体，它能确保个人和职能部门对当前正在处理的问题及有关的观点及时提出来，进而取得咨询的意见。

• 作为一个共同的信息通道，它能保证所有感兴趣的人在同一时间，以同样的形式收到同样的信息。

协调也意味着在发展中或在相类似的业务活动中保持和谐，也意味着政策、行动和进程的协同一致。用得越来越普遍的"协调"这个术语，逐步体现了综合集成的意思，就像在供应链中协调所有的业务活动。显而易见，信息技术在这样的集成中起着举足轻重的作用。

3．人员配备

人员配备工作所涉及的业务活动，是指为组织机构吸纳和保持雇员的数量和质量，以满足组织机构当前和将来对人力资源的需求。从20世纪80年代起，人力资源管理（HRM）倾向于超越早些时候用的术语"人事管理"。这样的变化反映出人员配备的工作范围和方面拓宽了。

4.1.2 组织工作要素

组织工作与计划工作、控制管理工作和领导工作一样，都是关键的管理职能。组织工作可以定义为：一个构造工作任务，联系各个可管理的部分和协调人们共同努力工作，以达到组织机构目标的过程。组织工作的传统方法，指两项主要业务活动——确定组织的结构和为之配备员工。这两项中每一项又各有两个方面的工作，如图4-1所示。

90

```
                           组织工作
            ┌───────────────┴───────────────┐
           结构                            人员配置
      ┌─────┴─────┐                   ┌──────┴──────┐
    专业化        协调               选拔           监督
●研究、设计、开发  ●作为专业化        ●人力资源预测    ●纪律
●生产          ●要求增加和协调在    ●职位分析和职位规范 ●提升
●物流（包括采办）   管理中的影响力和   ●招聘          ●报酬
●市场营销        要求，改进系统中   ●正式就职       ●激励
●财务会计        的协调机制       ●培训
●人力资源       ●一个复杂的资源系   ●为组织机构的人员配
●法律、安全和公司文秘  统的组织工作和以    备并留住个别人才
                最优的方式达到规
                定的策略和功能的
                方法步骤
```

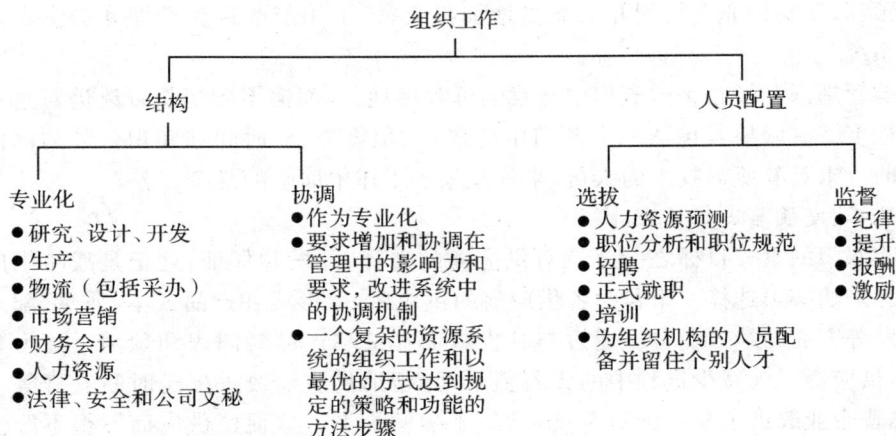

图 4-1　组织工作的要素

4.1.3　组织的目标

1.支持运营需求

采购部门必须执行一系列的活动以满足内部客户需求,这正是传统角色。通常,采购通过购买原材料、配件、维修及服务等来满足所有的运作需求。采购还可以通过向配运中心的仓储、补货及成品配送等功能提供服务来满足配送中心的需要。采购部门同时也能帮助工程和技术团队,特别是在产品开发阶段。

过去,许多企业采用垂直整合作为管理资源供应的方式。垂直整合意味着一个组织控制(拥有)支持供应链的输入系统。对垂直整合企业的供应商而言,它们相当于供应链的内部供应者而不是外部供应商。例如,随着流水线技术的发展,亨利·福特在物料流水似的输入他的工厂时面临着不确定性,他依靠垂直整合来缓冲需求与价格的不确定性。不幸的是,通过超负荷的扩大来对价值链加以控制使其难于管理。例如采矿,福特的整合努力从长远来看并不成功。亨利·福特将如此多的资源加入垂直整合过程中,使得他难以开发出新的汽车模型。现在,许多工厂已从垂直整合转为越来越多地依靠外部供应。采购部门必须通过满足内部客户所需的不间断的高质量货物流和服务来支持这一转变。支持这种转变需要采购部门具有如下的工作目标:

①在合适的价位购买。

②找到适宜的来源。

③有所需的规格。

④有足够的数量。

⑤在适当的时间配送。

⑥送至正确的内部客户。

采购部门必须对其内部客户的物料和需求援助保持敏感度。

2.使采购流程有效率以及有效果

采购必须使它的内部管理运作有效率及有效果,包括:①确定职员水平;②确定及坚

持中心预算;③提供职业培训并为雇员增加机会;④采用能改进生产率和提供更好抉择的采购系统。

采购管理限制了在采购流程中要素的可利用性,因而需不断工作以改进对这些要素的利用程度。有限要素包括一个部门中的职员、预算资金、时间和知识。采购部门因而需要不断寻求具有所需技术的人员,来处理采购工作中面临的复杂任务。

3.选择、发展与保证供应源

采购部门的重要目标之一就是对供应商的选择、开发和保证,这正是战略供应的全部内容。采购必须选择一个包含各供应商的供应库,以形成在产品成本、质量、配送或新产品开发等方面的绩效优势。通过与其供应商在共享产品时间表和预测上更为紧密的合作,与供应商一起减少进程中的无价值时间,帮助供应商改进配送时间安排等一系列行为,惠普企业改进了及时配送系统,缩短了运营周期。这促使供应商不得不改进它们的时间进程,缩短策划时间,减少错误的命令输入,改变设备布局,并完成可以改善它们配送绩效的一切事务。

供应库管理需要采购部门寻求与其外部供应商的更好联系,并发展可靠、高质量的供应来源。这项目标还需要采购部门直接与外部供应合作,以改进现有能力继而发展新能力。供应的有效维护和新源泉的开发经常需要采购部门首先确定哪些供应商有潜力达到杰出绩效,然后与这些供应商联系以实现发展更紧密关系的目标。

4.与其他工作团队发展紧密的联系

在20世纪90年代,企业要加强各部门之间联系的要求已经变得十分明确。采购部门应与作为采购内容客户的其他部门进行更为密切的交流。如果制造部门的人员抱怨从某一供应商处收到的零部件有问题,那么采购部门就应与该供应商更密切地联系以改进质量。为了达到这个目标,采购部门必须与诸如市场、制造、机械、工程和财务等部门之间发展一种恰当的联系并与之密切接触,即横向的在企业内部的联系。

5.支持总体的目标与目的

也许采购最为重要的一个目标就是支持企业的目标与目的。虽然听起来简单,但实际采购部门的目标并不一定与企业的目标相一致。因为这里涉及单个成本与总成本的关系,即采购的单独绩效最好,并不代表企业总体的绩效最好,这里存在着采购与仓储成本的二律背反的关系。采购批量大,必会批次少,则采购成本低,可是这么做的结果是仓储环节批量大,成本特别高。而企业的总成本中必然包括采购成本与仓储成本之和。这一目标说明了采购部门能直接影响(正面或负面)企业总绩效,同时采购部门需要从整体组织的角度来看待它自己。例如,让我们假设一个企业确定了减少其供应链中存货数量的目标,采购部门就应与供应商一起多批次地配送小数量货物,从而实现降低库存的目标。这类方针将作为改进绩效的方法出现在企业的平衡表和收入报告中。然而,支持整体组织目标的能力需要行政管理层在如何看待采购部门这一点上有重大转变。采购不仅仅是一个辅助部门,而应被看做能够在市场上提供有力的竞争优势的战略资源。为了使其能够实现,采购部门必须做到及时配送,从而为实现总体目标和目的作出贡献。

6.发展能支持企业总体目标的完整采购战略

有时采购部门规划的战略和计划并不能支持总体的战略,或与其他部门的计划相违背。这也是为什么采购部门有时不能将它的计划和企业计划融为一体的部分原因。首先,采购人员的培训和选择历史性地决定了所要求的绩效,其结果是采购人员不能参与最高层次的合作计划。其次,行政管理层经常需要较长时间才能认识到一个有进取性的采购部门所提供的利益。因此,采购部门在一个企业总体的战略计划中只发挥有限的影响。只有这两个原因变得不那么重要时,战略计划中采购融合度的增长才能得以实现。合作计划进程中包含采购部门能实现的以下功能:①监控供应市场及其趋势,并解释这些趋势对企业目标的影响;②确定对企业战略的关键绩效方面有重要影响的原材料与服务,特别是在新产品开发上;③制定使供应具有选择性和偶然性的计划以支持企业计划。

4.2 采购组织结构

采购组织机构的结构设计可以定义为:管理意义上作出决定的过程,它涉及为满足一个组织机构及其中间的子单位的要求,从而选择和实施组织结构的过程。

广义地讲,组织机构的设计有两个一般的模式,它们是机械的组织结构和有机的组织结构。这些概念源自于 Tom Burns 的著作,他本人原是爱丁堡大学社会学教授,曾与心理学家 G. M. Stalker 密切合作,他们的主要著作《变革的管理》(*The Management of Innovation*)发表于 1968 年。

Burns 认为组织结构的两个"理想的"形式中,机械的组织结构适合在稳定的条件下采用,而有机的组织结构适用于不断冒出新问题的动态的环境(见表 4-1)。

表 4-1 机械的组织结构和有机的组织结构的对比

机械的组织结构	有机的组织结构
• 工作任务是分块化的和专业化的,很少去关注把工作任务与组织机构目标之间的关系搞清楚	• 工作任务是互相依存的,强调工作任务与组织机构目标之间的关系
• 工作任务是严格规定好的,除非有高层管理的正式决定,否则是不能变更的	• 工作任务不断地被调整,而且随着组织机构成员之间的互助不断被重新规定
• 规定的角色定义(权力、义务和技术方法对每个成员都是描述好的)	• 一般化的角色定义,成员们对任务完成所承担的责任超越了个别角色的定义
• 多层等级结构的管理控制、权限责任和交流通信。约束是来自雇员和组织机构之间的雇用合同	• 网状结构的管理控制、权限责任和交流通信。约束更多地来自利益的共同性,而不是简单的合同关系
• 有关组织机构的情况和运作的信息按照规定是归首席执行主管掌握的	• 主管领导不再是无所不知的、全能的,中心资料库对组织机构所在之处是一视同仁的
• 交流是纯粹的上级与下级之间的垂直型	• 交流既是垂直的也是水平的,取决于信息在何处
• 交流基本上以上级发出指示和决定的形式,以及下级提供信息和请示的形式进行	• 交流基本上是以互通信息和建议的形式进行的
• 坚持对组织机构的忠诚和对上级的服从	• 对组织机构的任务和目标的投入,将比忠诚和服从得到更高的评价
• 作用和声望取决于组织机构和其成员的认同	• 作用和声望取决于外部环境的接纳和专家评定

资料来源:Burns,T., and Stalker,G. M. The Management of Innovation. Taivistock Publications,1986.

4.2.1 机械组织结构

在机械的组织结构中,工作既可以以职能为基础,也可以以部门为基础来划分。

职能化的组织结构是根据完成组织机构基本任务的需要来"引进职能"的。如图 4-2 所示,这些"引进的职能"是一些专门化的,如研究和开发、生产、采购、市场营销、财务和人力资料管理。这些职能或专门化分成各个部,每个部由定义好权力和责任的经理管理控制(采购工作不直接汇报给首席执行主管,除非它是对企业起战略作用的主要业务活动)。

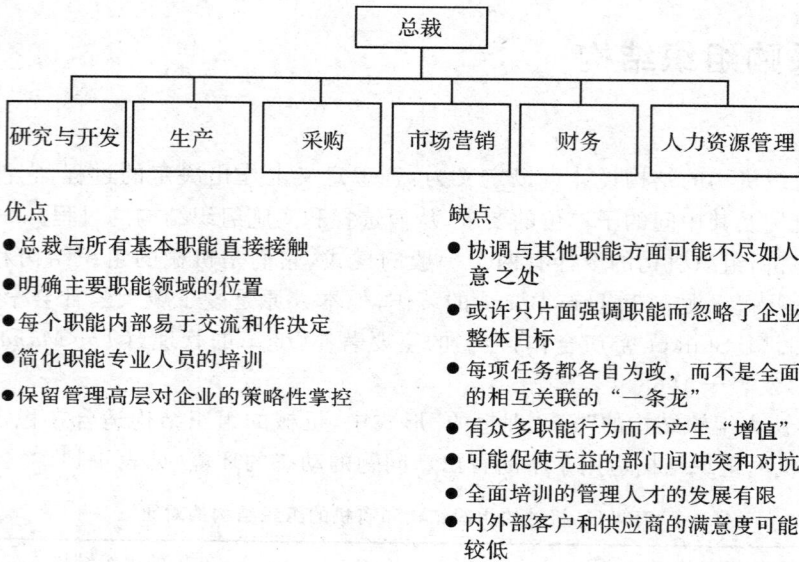

优点
- 总裁与所有基本职能直接接触
- 明确主要职能领域的位置
- 每个职能内部易于交流和作决定
- 简化职能专业人员的培训
- 保留管理高层对企业的策略性掌控

缺点
- 协调与其他职能方面可能不尽如人意之处
- 或许只片面强调职能而忽略了企业整体目标
- 每项任务都各自为政,而不是全面的相互关联的"一条龙"
- 有众多职能行为而不产生"增值"
- 可能促使无益的部门间冲突和对抗
- 全面培训的管理人才的发展有限
- 内外部客户和供应商的满意度可能较低

图 4-2 一个基本的职能化组织结构

部门型的组织结构是基于组织机构的产品或服务这样的"输出职能"基础。部门划分的其他基础还包括地理区域或运作过程。这种组织结构通常适用于大型的、高度分工的、且在不同地区或国家都有经营业务的组织机构。如图 4-3 所示,在部门型组织结构的某一层上又根据职能划分成许多部,每个部又负责某一特定职能或运作过程。某些关键性职能,如政策的制定,也可能会集中进行。

然而,最近的趋势表明非集中化或分散化是发展方向,其原因如下:
①需要作出决定的地方应尽量接近要解决问题的地方。
②发展的总趋势是独立的利润中心伴随有非集中的分散负责体制。
③通常,分散化有利于与客户、供应商和本地社区有紧密的良好关系。
④在解决综合性问题方面有摆脱职能专业化的倾向。

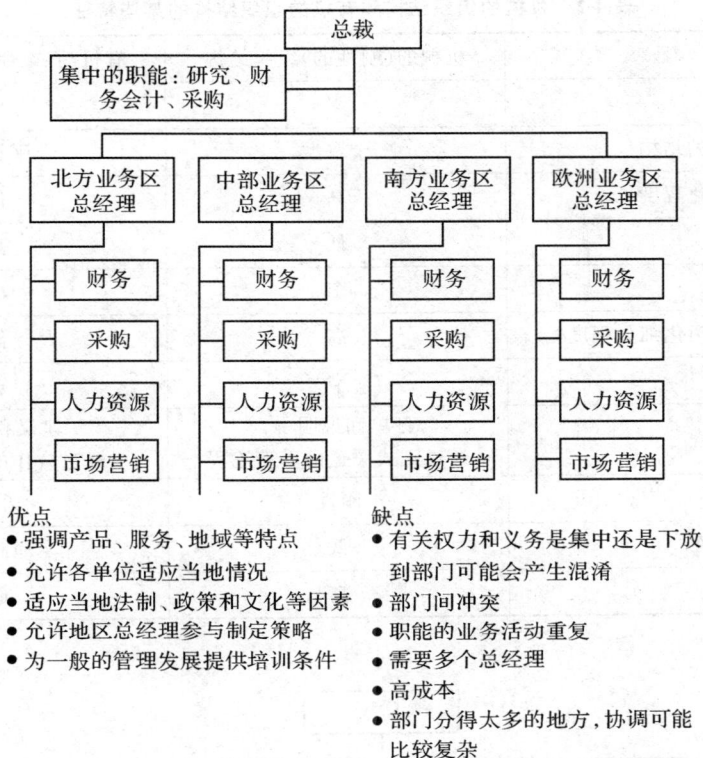

优点
- 强调产品、服务、地域等特点
- 允许各单位适应当地情况
- 适应当地法制、政策和文化等因素
- 允许地区总经理参与制定策略
- 为一般的管理发展提供培训条件

缺点
- 有关权力和义务是集中还是下放到部门可能会产生混淆
- 部门间冲突
- 职能的业务活动重复
- 需要多个总经理
- 高成本
- 部门分得太多的地方,协调可能比较复杂

图 4-3 多层次的部门型组织结构

4.2.2 有机组织结构

Mintzberg 将有机的组织结构定义为,以组织机构中缺乏标准化为特征的组织结构。在迅速变化的环境中,对各个单独的工作任务不断重新调整和重新定义是必要的。动态的条件要求比机械的组织结构有更频繁的工作职位和工作角色的变动,要求等级层次较少的结构和组织机构内部各不同职能之间有更多的互动。实际中出现的问题更多的是需要技术行家去解决问题,而不是应用刻板的官僚主义规则。灵活的组织结构的目标就是要较快捷地响应环境的变化和用户的要求。在本书中"客户"是指用户,一个组织机构或它的子单位向这些用户提供产品或服务。因此,"客户"不仅仅是指那些购买制造商或零售企业产品的人,医院里的病人或学校里的学生也是客户。一个组织机构也有它的内部客户。生产部门或其他职能部门可以看做设计、采购和人力资源职能部门的客户,它们分别向前者提供图纸、物资和人力。

表 4-2 是对机械的组织结构和有机的组织结构的主要不同点的一个归纳总结,作为对前面的由 Burns 和 Stalker 做的表 4-1 的比较、替代和补充。

表 4-2　机械的组织结构和有机的组织结构的某些特征

特　征	机械的(刚性的)组织结构	有机的(柔性的)组织结构
等级层次的数量	多	少
宝塔型或平坦型的结构	宝塔型	平坦型
作出决策的集中化程度	高	低
放权的程度	低	高
正常规则的数量	多	少
目的和目标的专门化细分程度	高	低
管理控制的间距	窄	宽
交流的内容和流程	订单和说明书； 通过正式渠道的垂直流程	建议和意见； 通过合作的横向流程
职位规范	刚性	柔性
基于知识的权威性	低	高
基于职位的权威性	高	低

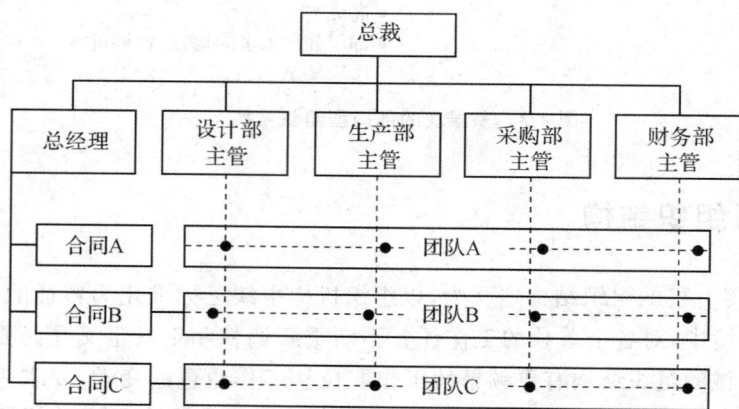

优点

- 以一个人为主面对所涉及项目的所有事务
- 使得同时应对几个项目的需求成为可能
- 最大限度地利用有限的职能专业人员
- 确保职能专业人员对每个项目的同等服务
- 为经营多元化企业提供良好的培训条件

缺点

- 丧失指令统一性（小组成员向多个上级汇报）
- 主管的权力和义务相互重叠，造成单位间冲突和实施的难度，以及应优先安排的事务被延迟
- 要用奖金形式推动团队合作
- 作决定迟缓
- 向小组成员做解释工作相当困难

图 4-4　矩阵型的组织结构

矩阵型组织结构是以上面两种形式的组织结构为基础的。首先是职能型划分,然后根据业务项目和产品进行划分。矩阵型组织结构下的成员也同时归属某一特定职能,如采购人员也是某一项目小组的成员。因此,这类组织结构的特征是具有两条交叉的权力线。如图4-4所示,观察矩阵型组织结构最简单的方式是在现有的职能型结构上安置以项目为基础的部门或小组(但观察角度要合适)。这种安置根据项目时间的长短而定。

Grinnel 和 Apple 指出,只有在下述情况下才应考虑采用矩阵型组织结构:在企业的主要产品是复杂、短周期的情况下,如航空建设产品;在复杂的产品设计要求创新并在一定的时间内完成的情况下。

矩阵型的组织结构通常在面对下列因素时才应用:高度的不确定性、复杂的技术、中长期的项目、中长期的内部依存关系和较强的变化趋势。

4.2.3 网络组织结构

网络可以是稳定的,也可以是动态的。在稳定的网络中,一个核心的组织机构本身是根据职能或产品分割成部门的,而外部又将某些职能承包给所选择的合作伙伴。这样,它能把力量集中在它能做得最好的工作上。而动态的网络的意思是由一个"中介"的组织机构先建立一个网络,在这个网络中,大部分工作是由其他网络伙伴做的。这些网络伙伴是随着时间和项目的变化而变化的。图4-5表示了稳定的网络结构和动态的网络结构。表4-3归纳总结了动态网络的优缺点。

Miles 和 Snow 认为,动态网络有以下四个基本的设计构思特征:

1. 垂直分散性

在一个网络中,像产品设计、市场营销和生产的其他方面这样的职能是由独立的组织机构完成的,它们又通过网络连在一起。

2. 中介机构

中介机构通过承包、特许或合资协议等将不同的职能连在一起。因此,中介将协调、管理控制和监督所规定的目标、项目或合同完成的情况。

3. 市场机制

市场机制是指利用市场的力量而不是形式上的结构将网络的各方捆绑在一起。因此,合同和支付的执行取决于工作的表现和任务的完成。当这方面低于所要求的水准时,中介会不再执行原先的安排,而去组织新的联盟。

4. 完全公开的信息系统

精心设计的信息系统是不同的网络参与者连接到一起的媒介。因此,他们各自的增值贡献是可以互惠的,而且是可以即时验证的。

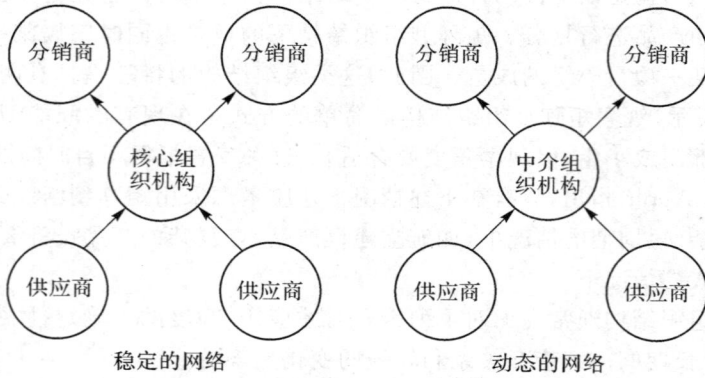

图 4-5　稳定的网络结构和动态的网络结构

表 4-3　网络结构的某些优点和缺点

优　点	缺　点
• 网络结构使得组织机构能专于它们所长,这样能发挥有特色的竞争力 • 网络结构能够让职能化结构的技术专业化充分显示出来,能够让部门型的组织结构的市场响应力充分显示出来,能够让矩阵型的组织机构的各方均衡的特点充分显示出来 • 网络中合作伙伴的合作结果是一种所谓的协同作用,即整体大于局部之和,或 1＋1 大于 2 的效果	• 网络结构缺少对运作的控制管理 • 即使微不足道的误解也可能导致产品不符合规范 • 网络中的组织结构对于来自它们的制造业的合同人的竞争是十分脆弱的 • 假如网络中的一个合作伙伴生意失败或者脱离原来的业务,则整个网络就瓦解了 • 对于网络中的合作伙伴开发、设计和生产制造的技术创新的产品和成果加以保护 • 当动态的组织机构变得墨守成规、守口如瓶和受约束于其他合作伙伴时,就失去了它们灵活的优点了

4.3　采购组织模式

4.3.1　分散型组织模式

　　这种组织形式就是将采购工作分散给各需用部门分别办理。它通常适用于规模较大,工厂分散于较广区域的企业。这类企业,若采用集中采购,则容易产生采购上的迟延,且不易应付紧急需要,而购用部门的联系相当困难,采购作业与单据流程显得漫长复杂。

　　1.分散型采购组织的结构

　　分散型采购组织的结构如图 4-6 所示。

　　2.潜在的利益

　　分散型采购组织施行的是分散采购(即控制采购的权力是分散的),它能给企业带来

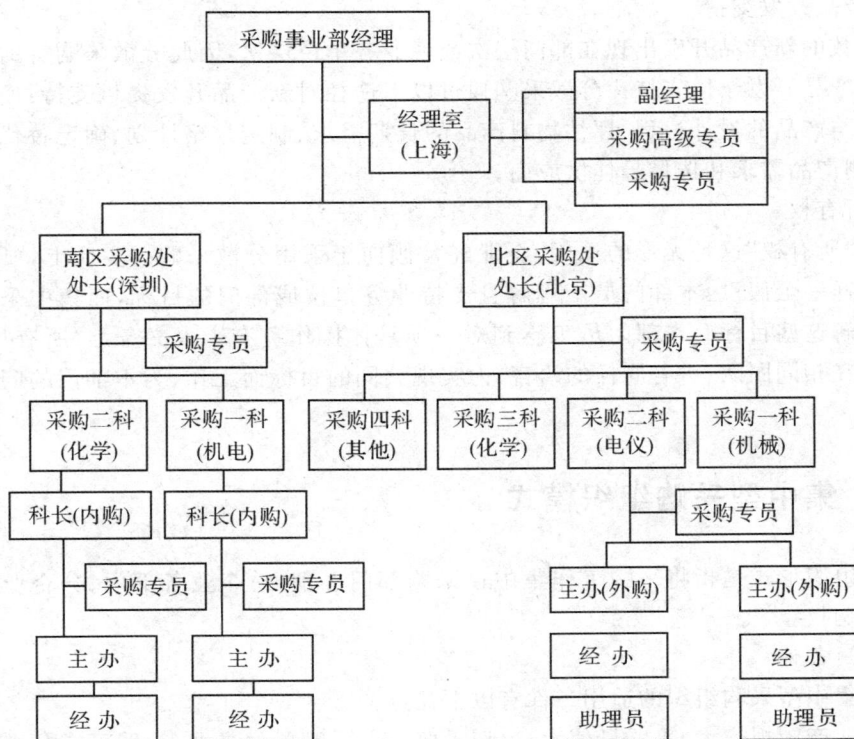

图 4-6　某企业分散型采购组织的结构

如下的好处：

（1）速度和响应性

在最高管理决策制定层之下的其他层次的决策延误不利于企业发展,可以快速响应市场信号的企业相对那些延迟决策的企业是具有优势的。对用户和消费者需求的快速反应能力是支持分散采购的一个重要依据。在 20 世纪 70 年代,较低的响应性往往会抵消集中采购的所有利益。采购作为重要的支持功能,在集中采购中,不仅仅是对其内部消费者的需求作出反应。

具有分析组织结构的企业通常拥有分散采购功能。即使在现在,企业通常因为具备某些集中管理的经验,而不愿实行更加强大的集中采购功能。一些企业担心自然而然的权力集中将会导致响应时间的增加这个观点合理与否并不重要,这是因为各企业在不同的组织结构中进行运转。大多数采购专业人员认为,分权采购有助于建立良好的响应性,而且有助于支持低级组织层次的活动。

（2）理解独特的运营条件

分散采购人员应该对本部门的运营条件有很好的理解和正确的评价。这些员工逐渐熟悉产品、流程、业务惯例、该部门或该工厂的客户。这种熟悉程度的与日俱增,使他们在与当地供应商建立稳定合作关系的同时,能够预测它所支持的部门的需求。这对于像高露洁这样的工厂遍布全球的全球性企业尤为重要。

（3）产品开发支持

大多数的新产品开发出现在部门层次或者业务单位层次,因此分散采购有助于对初阶段的新产品开发予以支持。分散采购通过以下途径对新产品开发提供支持:使供应商较早地参与产品的设计过程、评估物料产品的长期需求、制定战略计划、确定替代品的可得性、预测产品需求和选择最佳供应商。

（4）所有权

由于"所有权"这种无形的原因,企业经常倾向于采用分散采购。实质上,"所有权"也就是这样一个假设:本部门员工理解且支持业务单位或部门的目标,而集中采购人员则不能理解这些目标。本部门员工感到对一项具体操作负有个人义务。"所有权"意味着每个人在相同团队、讲着同样的语言、为实现共同的目标而工作、为本部门的问题分担责任。

4.3.2 集中型采购组织模式

这种组织形式是指将采购工作集中在采购部门办理,总企业各部门、分企业及各工厂均无采购权。

1. 适用条件

建立集中型采购组织的适用条件有以下几点:

①企业产销规模大,采购量值大,迫切需要一个采购单位来办理,即可充分满足各部门对物料的需求。

②企业各部门及工厂集中于一个地理区域,采购工作并无因地制宜的必要。或采购部门与需用部门虽然不是同处一地,但因距离也不是很遥远,通信工具相当便捷,采购工作集中由一单位办理,不至于影响需求时效。

③企业虽有数个生产机构,但是产品种类大同小异,集中采购可以达到"以量制价"的效果。

2. 集中型采购组织结构

现以某企业为例,来表明集中型采购组织的结构,如图 4-7 所示。

3. 企业的益处

集中型采购组织施行的采购是集中采购（控制采购的权力是集中的）,它能给企业带来如下好处:

（1）协调采购数量

从历史的观点上说,集中采购的主要优势就是实现由累积数量所带来的有利价格。不幸的是,当企业追求集中采购的时候,不仅仅集中向供应商购买零部件,而且集中实际供货过程。这使人们普遍认为,集中采购会降低对内部客户需求的响应性。很多人认为集中化无非就是在经营决策制定过程中增加了另一个浪费时间的步骤。然而,由于存在着系统技术,从而使企业可以在分企业或业务部门之间集中确定统一购买共同采购的物品。为了促进这个过程,下级部门采购人员仍然可以保持直接向供应商下订单的权力。总企业在汇总各分企业或车间采购员要求的同时,可以通过合并采购数量来达到物料成

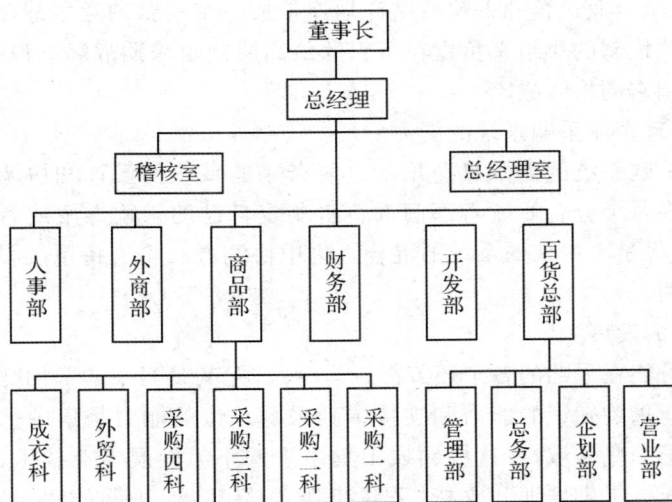

图 4-7　某企业集中采购组织的结构

本的降低。实际上,随着电子数据交换和电子商务的普遍应用,运营要求目前经常由用户直接发出,经企业或者高层采购部门少量的日常干预就可送达供应商手中。

　　企业还可以通过累加服务以取得更好的采购合同。几乎所有企业都依赖于运输服务来支持它们供应链的入库和出库部分。现在,企业经常使用集中控制的运输合同,不仅仅是为了实现成本降低,而且是为了在所有地点取得统一的绩效标准。

　　(2)减少重复的采购努力

　　集中控制采购的另一个原因是要减少重复的采购活动。假定某企业的 10 个分厂位于不同地点,企业采用完全分散的采购结构,即每个地点都要负责制定它们自己的采购政策、程序和系统。这些分散的采购活动可能会存在一些潜在的重复:①10 种物料发放表格;②10 种供应商质量标准;③10 种改进供应商质量控制的方法;④10 种供应商绩效评价系统;⑤10 种不同的采购培训手册;⑥10 种制定战略的方法;⑦10 种与供应商交换电子数据的标准。

　　明显地,重复的活动增加了成本,但是在价值增加方面却贡献很少。它提高了成本,降低了效率,使得各个运营单位之间缺乏一致性。采购人员应该在增值任务上花费时间,而不是花时间在不同运营单位间制定多余的或者独立的政策。标准化原则甚至可以跨行业使用。

　　(3)开发和协调采购策略的能力

　　对未设立集权采购组织的企业而言,开发和协调企业采购策略是一项挑战。一个问题是开发一个企业采购战略是否有利。在很多产业中,答案是肯定的。一项好的企业采购战略首先会提出运营指南,然后才提出稀缺资源的采购计划。它也能很好地协调资源利用和调配时间之间的关系,为各级经理提供操作指南,并为企业适应动态环境提供了弹性。

　　当今正在出现以下两个战略发展趋势:①采购的战术功能正在减少,更多的是战略功能;②企业正在将企业运营和采购战略计划连接成一个完整的竞争战略计划。这些趋势需要设一个集中控制的小组来负责在组织的最高层制定采购战略。没有这个小组,一个企业将无法协调它的采购战略。

(4)协调和管理企业采购系统的能力

企业对先进采购系统的需求日益增加。复杂采购系统的设计和协调不应该是个别单位的职责。如果每个分企业或者部门都负责制定自己的采购方案或者建立自己的编码方式,最终结果将是不协调的系统的混合。集中协调方式将支持系统设计并与所有部门都能很好地协调。

(5)采购技术的发展

采购人员不可能在采购的各个环节都成为专家,尤其是当采购部门变得更加综合和复杂时。发展专业采购知识的能力和支持单独采购单位的能力是集中采购小组的另一优势。下面列出了一些领域,在这些领域中集中采购小组发展专业技术,为分企业或者业务单位的采购人员提供培训和支持:采购谈判、国际采购、采购的法律事务、培训和发展计划、供应商质量标准、预算和测量系统、采购研究(包括宏观经济趋势分析)、价值分析技术、企业商品管理、所有权的总成本、团队建设技巧、全面质量管理、计算机和信息系统技术。

(6)其他优势

集中采购可对大量资金支出拥有更大的控制权。存货数字减少是当今大多数企业的一个目标,这对有权监视每个运营单位活动的部门也很方便。从企业高层的观点看,集权采购应把控制总购买量增长作为主要目标。

4.3.3 混合型采购组织

有关工业企业的大量研究表明:大部分企业采用混合的"集中—分散"采购组织类型。

经验表明,实行严格集中采购的企业所占比例不足 1/3,实行纯分散采购的企业所占比例更低。大型组织趋向于联合使用集中采购和分散采购,而小型企业所选用的采购形式很可能介于集中和集中—分散之间(见图 4-8)。

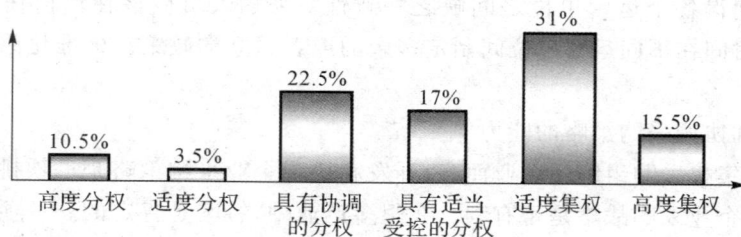

图 4-8 某企业混合型采购组织的结构

大型组织常常拥有更多的运营组织或者部门,而且这些单位和部门往往处于分散的地理位置,因此,大型组织的一些采购权力必须分散。同时,这些大型企业对一些采购流程仍保持集中控制,尤其是对多个部门全球采购的高价值商品。对于任何规模的企业而言,纯分散采购都是不受欢迎的采购结构。

4.4 采购组织的发展

4.4.1 采购组织的影响因素

正如 Waterman 援引的,McKinsey 把简单的 Chandler 的策略—结构模型认定为七个不充分的互相关联因素,这正是希望变成以客户为导向的和更外向型的组织机构所关注的。这些因素如图 4-9 所示。

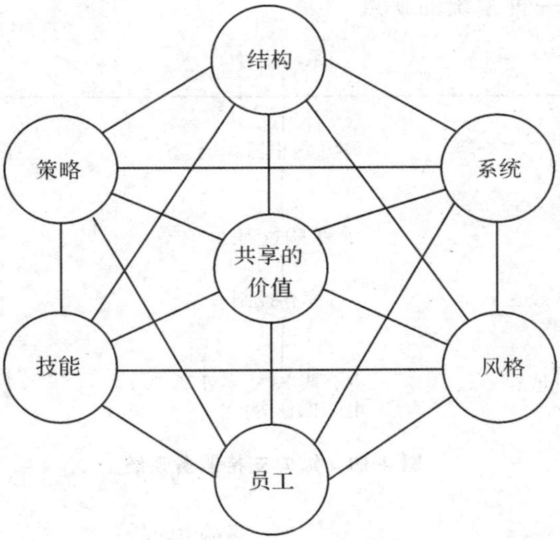

图 4-9 McKinsey 的 7S 模型

图 4-9 表示共享的价值是组织机构的核心。虽然正规的组织结构是重要的,但生死攸关的问题并不是如何将业务活动划分开,而是能不能把力量集中到对组织机构发展是至关重要的那些方向上来。从采购工作的观点来看,这七个因素是:

①共享的价值。采购工作共享企业文化或者"企业的办事方式"的重要性,组织机构和采购部门认识到采购工作是达到组织机构目标的一个贡献者。它把所有的采购业务活动与组织机构的职业道德方面和环境保护方面的政策都联系起来。

②结构。基于专业化的职能性障碍被打破,以及采购职能正以无缝隙的方式集成到物流和供应链子过程中去。

③技能。与采购工作有关的员工的知识和竞争力得以发展,这些知识和竞争力既与内部客户共享,又与外部供应商共享。

④策略。采购工作能以怎样的方式对市场营销、联盟合作、增长率、多样化、外包以

及类似策略的推进有所贡献。

⑤风格。通过基于信任、谦恭、信息共享和坚持道德原则的良好关系,建立起与供应商的友谊和合作。

⑥员工。合理地搭配采购工作和辅助工作的员工,确保采购对竞争优势、培训以及员工报酬和奖励的贡献。

⑦系统。工作步骤和信息流程的发展,以及电子采购的推进。

4.4.2 采购组织支持服务

支持服务可按纵向或横向来组织。在纵向系统中,诸如库存控制、生产进程、工作处理等支持服务是完全封闭在一个系统中并形成一条纵线(见图 4-10)。而在横向系统中,支持服务是一些平行的不同的业务活动(见图 4-11)。这两种系统各有优缺点,一种系统的优点很大程度是另一种系统的缺点。

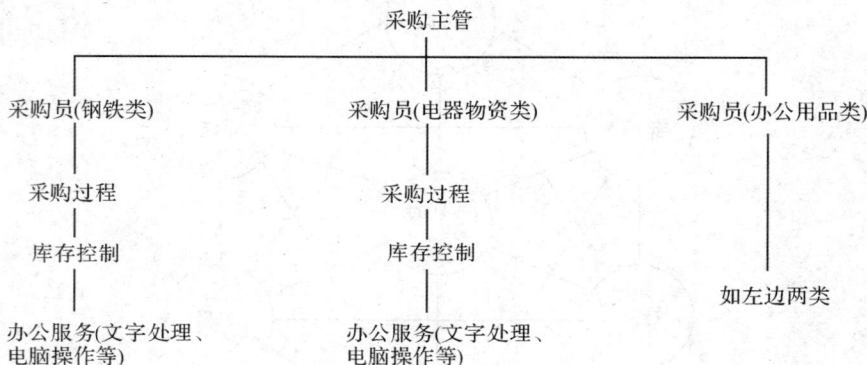

图 4-10 纵向支持服务系统

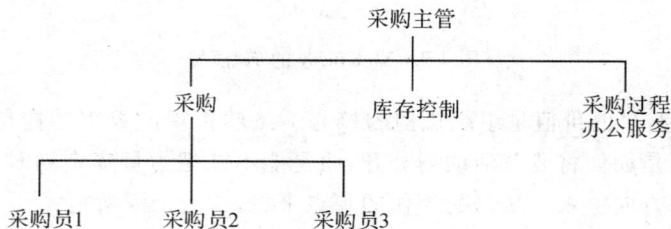

图 4-11 横向支持服务系统

横向系统的优点:

①员工专注某一项特殊业务活动,如库存控制,从而成为该业务的专家。专门化职能,如库存控制和生产进程,可以更好地评估企业的整体需要,并针对不同采购人员协调工作压力。

②更便于执行员工培训程序。

③在业务责任明确的前提下,便于拟定部门统计报表和其他文件,如关于废料处理等。

④由于是直接向采购总监汇报而不是面向某个采购员,所以有可能会增强从事支持服务的员工的工作满足感。

横向系统的缺点:

①横向支持系统的员工可能不如纵向员工那样附属于采购的特定部分,因而,他们对该部分工作的知识要十分丰富。

②信息交流可能较慢,因为横向采购员如要了解某订单的进展状况,必须向其他部分主管而不是自己那部分的人去询问。

③纵向综合系统的员工对自己的职责与整体部分的关系有更清晰的了解。

④因为供应商要涉及横向系统中如生产进程等各部分,所以可能使他们感到无所适从。

⑤在支持服务的业务中雇用的人(例如从事生产进程工作的)比起从属垂直系统的人,成为正式采购员的机会要少。

信息技术飞速发展,提供了作为决策和行动依据的即时信息,加快了许多支持行为的实施,甚至因为省去了一些步骤而使一些行为成为多余。

4.4.3 采购团队

采购主要涉及采购、供应源、新产品开发和商品管理,人们正在使用各种各样的采购和供应管理团队,包括多功能团队、供应商团队、顾客团队、供应商—顾客混合团队、供应商委员会、采购委员会、商品管理团队和各种协会。高级采购研究中心在 1995 年的报告中说,调查对象在不同程度上使用所有的这些团队技巧。随着有供应商介入的团队和多功能团队的期待的增长,团队技巧的使用也有望增长。密歇根州立大学的一项研究表明,接受调查的 80% 的公司在未来三年中将不断强化多功能团队的作用。

跨职能团队是由来自不同职能部门的人员组成的,他们组合在一起团结奋斗,能够完成特殊的任务。跨职能团队的任务可以是特定的工程或者是一系列连续的任务。密歇根州立大学的研究表明,公司在跨职能团队中开发人力资源主要有五大理由:①及时实现目标;②研究跨职能任务与问题的所有权;③促成改进新的合作;④提高效率;⑤促进团队的发展。

采购方面三个重要的跨职能团体是:供应源团队、新产品开发团队和商品管理团队。

1.跨职能供应源团队

跨职能供应源团队"由三个不同部门的员工组成,他们合作完成与采购或物料相关的决策制定"。跨职能供应源团队的任务很多,表 4-4 列出了美国 18 家公司 107 个跨职能供应源团队各种相关任务的百分率的调查。

表 4-4　团队各种相关任务的百分率调查

供应源团队	团队采购所占百分比（%）
制定降低成本的策略	74
评估和挑选供应商	73
支持所需资源的引进和制定产品规格	67
在新产品开发期支持所需物料的获得	56
执行供应商的发展活动	47
支持产品设计	44
履行价值分析活动	40
制定本土物料策略	38
协商采购协议	38
确认不同业务单元的采购条款	36
为整个业务单元制定策略	36
新技术开发	34
制定共同的供应源战略	26

2.新产品开发团队

高效率的新产品开发过程能够提高组织的竞争地位,跨职能团队能够用多种方法推进新产品的开发进程,包括缩短开发周期、提高产品质量、降低生产成本。这些目标受到高度关注,因为这个过程的共同性大于连续性,每一个职能区完成其任务后,就把它传递给下一个职能区。关键的职能团体通常是关于设计、策划、制造、品质检验、采购和市场销售的,这些部门对新产品的开发同时发挥作用。因为大部分的生产成本用于采购原料,所以需要早期供应商的介入。由《采购杂志》所进行的一项调查发现,70%的调查对象都说,他们的公司正在全力开发新产品;然而45%的公司则表示,他们的公司已经制定出计划,加大采购在新产品开发中的参与程度。

Harley-Davidson 摩托车制造公司成功地应用了跨职能团队来进行融资和产品开发,在这里有不同的跨职能团队负责制造摩托车的每条生产线。各个核心团队负责其产品生产流水线的循环周期。每个核心团队都有一个项目管理员,他们一般来自设计团队、生产团队、采购团队、营销团队。一旦核心团队根据资源制定设计方案和车的类型模式,这项工作就立即移交到公司所设的专业策划中心。这个专业策划中心本身就是一个跨职能团队。它由采购专业人员、策划工程师、供应商和其他一些人组成,一起努力地将所有设计部分整合成一种高效优质形式。一旦这种设计方案被采用,核心团队就负责把生产出来的产品销售给顾客,同时负责搜集和分析区域报告,调查顾客对产品的满意度,搜集市场信息。

3.商品管理团队

当经费居高不下,商品交易越来越复杂,并对公司的成功产生重要影响时,商品管理团队便被组建起来。这些团队通常是永久性的,它们能够提供很多的专业知识,促进部门之间的协调和沟通,加强产品质量控制,加强同供应商的交流。

商品管理团体能够制定和实施旨在使所有权成本最低的策略。这些团队要从事很多活动,包括供应基础缩减、统一产品要求、供应商质量认证、管理货物发送、节约成本、处理好与供应商的关系等。

Cessna 航空公司的供应组织最主要的变化之一就是全职的跨职能产品团队的产生。六个不同的职能部门的每个团队都有自己的代表——采购部门、制造部门、工程部、产品设计策划部、品质检验部门和财会部门。商品管理团队的任务根据企业的战略目标提出了相应的远景规划、短期与长期目标、和实现目标的关键过程。

商品管理团队的主要职责是:

①确保每个成员的参与和奉献。

②保持团队重心与方向。

③解决团队内部冲突。

④确保获得组织资源。

⑤阻止某个或某项职能在团队中居于特权地位。

⑥处理团队所遇到的内部与外部障碍。

⑦协调多项任务并管理团队任务的作用。

⑧明确每个成员的作用。

⑨向成员提供绩效反馈。

4.有供应商参与的团队

将供应商纳入跨职能团队取决于任务的性质。例如,明智的做法是指派有供应商参与的团队去开发供应商能力与提高供应商的能力,而不是指派团队去评估并挑选新的供应商。

在产品设计阶段,让供应商加入跨职能团队能够大大提高利润,这种情况在单一的商品生产工业中也是很普遍的,如自动化与消费者电气化部门。波音 777 商用飞机的开发就充分地将供应商纳入跨职能团队中去,从而促进了历史上最成功的设计与生产。自动生产者定期地向供应者提出设计主要配件的基本权责要求,如定位系统。

供应商参与的最大障碍就是保密性,尤其是牵涉到新产品设计。一些公司要求供应商签署机密协议以减小这种障碍对团队效率的潜在影响。

5.有顾客参与的团队

一些组织为了真正做到顾客至上,已在其团队中吸收了最终消费者。例如,当一个商用飞机制造商设计了一款新的民用飞机,请潜在的客户参与到设计团队中来有重要的意义。他们知道一种新飞机必须有从航线角度考虑的最好特征,如预定的乘客运载量、航线规划、维修计划与消费者服务策略。然而,调查发现,吸收了消费者的团队并不经常参与采购。

6.供应商委员会

许多大公司,如通用汽车与波音,将供应商委员会作为一种管理它们与供应商关系的方式。供应商委员会通常由公司的供应商群的 10～15 个高级主管,还有 6～8 个采购公司的高级管理人员组成。供应商委员会每年召开 2～4 次会议,会议的目标是发展与供应商的关系,为处理采购部门的采购事宜加强交流。供应商委员会允许供应商积极参加采购部门的采购管理活动,与关键采购者就策略问题进行有效讨论与交流,确定与供应商群相关的问题,并在成本、质量、交货的提高方面达成具有竞争性的目标。

7. 采购委员会

采购委员会一般由公司的高级采购人员组成,建立的初衷就是为了促进事业部、公司与工厂之间的协调。许多公司把采购委员会作为在各分权单位间共享信息的一种方式,或是作为牵涉到许多采购团队的某个特定问题的协调方式。委员会的目标就是要适当地管理采购者——供应商有关部门并促进其稳步前进。

威尔曼多元酯纤维与 PET 树脂的采购通过合作采购委员来执行。威尔曼有一个采购分支机构,每一个分支的采购情况都会向本地的经理汇报。合作采购委员会制订年度采购商业计划,为各端点提供标准化的货物与服务,简化合理化原料加工过程,发挥低价采购的杠杆作用。

8. 联合会

一个采购联合会是"由两个或更多的独立组织正式或非正式地联合在一起,或通过一个独立的第三方将它们各自的对物料、服务与资产的采购需要联合起来,以影响外部供应商的价格、服务、技术价值追加,其影响远远大于每个公司单独采购货物与服务"。采购联合会是一个合作采购组织形式,作为一种以较低总成本在较大范围内进行交付服务的方式,它经常被私人或公立的部门组织使用。采购联合会可采取许多形式,包括定期开会讨论采购事宜的非正式群体和以管理成员的供应活动为目的的正式集权化联合会。

联合会在非盈利组织中很普遍,尤其是教育协会与健康保健组织。例如,1999 年对美国的 221 个药店医院采购主管的调查发现,在供应、服务与原料方面占总耗费的 72%(有 1.280 个亿)的物资都是通过联合采购组织来进行的,如美国网络与普热米尔有限公司。高级采购研究中心对大的私人企业主与服务组织的采购联合会的调查发现,131 家公司中的 28 家,即 21%,都参加了一个或多个采购联合会。

➩ 案例分析

Devillier 集团的采购组织结构

Devillier 集团的总部设立在英国,它涉足 4 个特定的工作领域,每一个领域作为一个运营分部。这些分部是建筑和民用工程设计、铁路和运输服务、专业工程设计以及设备管理等。分部的总经理负责每个分部的业务业绩,与集团执行总裁允诺一个 5 年存续业务计划。Devillier 集团的总营业额是 98 亿英镑,其中 88% 是在英国创造的,余下的 12% 主要在法国和德国创造。集团已任命一位新的运营总裁来审视现行的组织结构,自然也包括采购部门。

现有采购职能的组织结构包括:

1. 集团

设有一个集团采购部经理,他被公认为缺少采购方面的经验。任命是在两年前签发的,那时从没有协商过集团的采购战略。已经存在对集团采购概念的阻力,尤其是来自分部的总经理们,他们争论如果他们是利润中心,则必须被允许按照他们认为合适的方法去控制开支。

只有两部分交易获得实施。第一部分是差旅费,但是全部差旅开支中只有15％是通过集团的合同。第二部分是车辆,去年有1500辆新汽车、客车和货车通过反向拍卖程序购买。这一项比以前的成本节约了30％,并且把250万英镑计入集团利润账中。

2. 建筑和民用工程设计

这个分部主要从事大型工程项目,包括新建的建筑物、高速公路、桥梁和管道架设。

分部中的每家公司设有一个首席采购员和支持人员。实际上,多数的采购由评估师和数量勘查员进行。采购是交易型的并且订单是与众多的供应商签订的,而这些供应商是以逐个项目为基础来进行选择的。

分部的总经理已经公开地表示不会支持集团的集中采购,因为集团采购部不会对他的分部的需要作出反应。

3. 铁路和运输服务

该分部只有两家公司,每家公司有一个采购经理。在集团中这是最先进的一个分部,它的总经理非常支持集团采购。除了IT、车辆和办公设备外,其开支不同于集团中的其他分部。

4. 专业工程设计

这个分部是通过收购一个极其专业的工程设计集团后,于3年前成立的。这个设计集团曾服务于一级方程式汽车赛,并为先进的核工业研究项目进行工程设计和研究,分部所属公司中没有一个正式的采购机构,但是分部赢利情况非常好,取得40％的资本回报率。

分部总经理的观点是,技术的和资金的能力比"削减几个百分点的采购价格"更重要。

5. 设备管理

这个分部是集团中成长很快的部分。预期未来5年会实现每年20％的增长。它在取得中央和地方政府以及私营公司的外包合同中实现业务增长。费用开支是基于采购大量的服务业务,包括保安、建筑物维护、电话呼叫中心等,而有趣的是,采购的服务中还包括采购职能本身(也就是采购作为一种服务业务,它也被外包了)。

目前,该分部的采购董事的职位空缺。无论是对于集团还是分部,这可能是一个重大的进步。这个决定是在没有集团采购执行经理的参与下做出的。

(案例来源:肯尼斯·莱桑斯,布莱恩·法林顿.采购与供应链管理.北京:电子工业出版社,2007.)

⊡▷ **思考题**

1. 采购组织模式有几种，各有何特点？
2. 机械组织、有机组织和网络组织的结构特点是什么？
3. 采购组织的影响因素是什么？在企业发展的不同时期如何变化？
4. 采购团队成员如何组建？

第 5 章

采购供应商选择与评价

📖 **本章要点**

　　本章首先介绍了采购供应商选择的需求和原则,然后重点阐述了供应商选择的要素、策略和步骤,在综合国内外采购供应商的评价指标基础上,从评价的目标、主体、方法和评价步骤等方面全面分析了采购供应商的评价体系。

5.1　采购供应商选择的需求与原则

5.1.1　采购供应商选择的需求

　　1.供应商的评价选择是供应链合作关系运行的基础

　　供应商的业绩对制造企业的影响越来越大,在交货、产品质量、提前期、库存水平、产品设计等方面都影响着制造商的效益。传统的供应关系已不再适应全球竞争加剧、产品需求日新月异的环境,企业为了实现低成本、高质量、柔性生产、快速反应,就必须重视供应商的评价选择。供应商的评价、选择对于企业来说是多目标的,包含许多可见和不可见的多层次的因素。

　　选择好的供应商是供应链管理的关键环节。对于生产企业而言,供应商的数量较多,层次参差不齐,如果对供应商选择失误,就会对其生产带来不利,造成中断生产计划、增加存货成本、延迟运送零件或原料、出现缺货或残次物品、引发成品的运送延迟等不良后果。如果企业建立完整的供应商选择与评价体系,就可以掌握供应商的生产情况和产品价格信息,获取合理的采购价格、最优的服务,确保采购物资的质量和按时交货,可以对供应商进行综合、动态的评估,甚至把供应商结合到产品的生产流程中去,和供应商建立长期的交易伙伴关系以达到效益最优化。

　　2.供应商是企业的战略合作伙伴

　　选择好的供应商不仅是为了保障日常物资的供应,从传统重视的质量、价格、服务和柔性方面选择优秀的供应商,更多的是从战略的角度考虑和供应商的关系。供应链管理思想的发展和越来越多的外包使得采购的地位日益突出,促使企业将供应商管理水平作为企业的竞争优势,因此在选择供应商时考虑的因素也随之增加。

3.供应商与生产企业关系的转变

在传统关系模式中,供应商和生产企业是一种简单的买卖关系,其模式是价格驱动。采购策略是:买方同时向若干供应商购货,通过供应商之间的竞争获得利益,同时也保证了供应的连续性;买方通过在供应商之间分配采购数量对供应商进行控制;买方和供应商保持的是一种短期合同关系。现在很多企业都采纳了将供应商看做合作伙伴的观点,就是和少数可靠供应商保持稳定关系,建立起一种战略伙伴关系,即双赢关系模式。这种模式强调合作中的供应商和生产商之间共享信息,通过合作协调相互的行为。生产商对供应商给予协助,帮助供应商降低成本、改进质量、加快产品开发进程。通过建立相互信任的关系提高效率,降低交易和管理成本,以长期的信任代替短期的合同,双方有比较多的信息交流。可见,保持好的供应商关系已经成为维持竞争优势的重要因素。

5.1.2 采购供应商选择的原则

许多成功企业的实践经验表明,做好目标明确、细致深入地调查研究,全面了解每个候选供应商的情况、综合平衡、择优选用是开发新供应商的基本要点。一般来说,开发新供应商应遵循以下几方面的原则:

1.目标定位原则

这个原则要求新供应商评审人员应注重对供应商考察的广度和深度,应依据所采购商品的品质特性、采购数量和品质保证要求去选择供应商,使建立的采购渠道能够保证品质要求,减少采购风险,并有利于自己的产品打入目标市场,让客户对企业生产的产品充满信心。

2.优势互补原则

优势互补原则即开发的供应商应当在经营方向和技术能力方面符合企业预期的要求水平,供应商在某些领域应具有比采购方更强的优势,在日后的配合中能在一定的程度上优势互补。尤其在建立关键、重要零部件的采购渠道时,更需对供应商的生产能力、技术水平、优势所在、长期供货能力等方面有一个清楚的把握。只有那些经营理念和技术水平符合或达到规定要求的供应商,才能成为企业生产经营和日后发展的忠实和坚强的合作伙伴。

3.择优录用原则

在相同的报价及相同的交货承诺下,毫无疑问要选择那些企业形象好、可以给世界驰名企业供货的厂家作为供应商。信誉好的企业更有可能兑现所承诺的事情。

4.共同发展原则

如今市场竞争越来越激烈,如果供应商不以全力配合企业的发展规划,企业在实际运作中必然会受到影响。若供应商能以荣辱与共的精神来支持企业的发展,把双方的利

益捆绑在一起,这样就能对市场的风云变幻作出快速、有效的反应,并能以更具竞争力的
价位争夺更大的市场份额。

5.2　采购供应商选择策略与步骤

5.2.1　采购供应商选择策略

通过对供应商科学的评价,选择合格的供应商,具体策略如下:

1.稳定策略

选择综合素质较好的供应商作为合作伙伴,并不断加强两者关系,以便于长期合作。
采用这种策略可使企业货源稳定,产品的质量、数量、交货期等得以保证,使企业能稳定
地经营。

2.动态选择策略

企业面临的经营环境总是在不断变化,面对以下两种情况,企业要重新选择或开发
新的供应商。

①市场的需求是多变的,为了满足市场的需要,企业的产品组合要不断地调整,导致
企业采购的物品结构也要不断地调整,当原来供应商的经营范围与企业的需要不适应
时,需调换供应商。

②与供应商建立长期稳定的关系固然重要,但一些长期老关系的供应商的信誉会发
生变化。为使企业不上当吃亏,应淘汰一些不合格的供应商,选择开发更好的供应商,与
之建立合作关系,也促进供应商不断调整自己,提高信用。

3.对应策略

针对不同的产品、不同的市场态势,应分别采取对应的策略。

①科技含量较高的产品,在评价和选择供应商时,质量、服务因素权数大,而价格权
数小;对一般大宗商品在质量一定时,价格权数较大。

②市场有三种态势,针对不同态势,在选择供应商时要采取不同的对应策略。

• 供小于求的紧俏产品。因该种产品较紧俏,不及时购买就会买不到,影响企业的
经营,所以在选择评价供应商时,质量的权数适当放小,否则不采购。

• 供大于求的滞销产品。因为是买方市场,企业采购时,可选择的余地大,要货比多
家,在选择评价供应商时将质量、价格的权数适当放大。

• 供求平衡的平稳产品。评价选择供应商时,质量因素是主要的,其次才是价格
因素。

5.2.2　供应商选择要素

要选择合作的供应商,必须考虑以下几方面的因素:

1. 技术水平

衡量一个企业素质高低,关键因素是企业的创新能力。影响企业创新能力的一个重要因素是技术水平,供应商技术水平的高低,决定了供应商能否不断改进产品,是否能长远发展。

2. 产品的质量

供应商提供的产品质量要求能满足企业的需要,常言道:"一分钱,一分货。"量太低,虽然价格低,但不能满足企业的需要;质量太高(精度太高),价格也高,会给企业带来浪费。另外,要求供应商提供的产品质量稳定,以保证生产经营的稳定性。

3. 生产能力

要求具有一定的规模和发展潜力,能向企业提供所需的一定量的产品,且与企业的发展规模相适应。

4. 价格

价格是构成采购成本的一个重要部分。价格太高,会提高采购成本,影响企业的经济效益。当然也不是价格越低越好,这里的低价指的是在其他条件相同的情况下,选择价格低的供应商。

5. 服务水平

从现代营销观念看,企业采购回来的不仅是产品,而且还包括服务,特别是采购一些技术含量较高的产品(如机电产品)时,一定要选择能提供配套服务的供应商。

6. 信誉

在选择供应商时,应该选择有较高声誉、经营稳定、财务状况好的供应商,以避免给企业造成不应有的损失。

7. 结算条件

在市场经济条件下,市场竞争越来越激烈,客户对企业的要求越来越高,交货期越来越短,企业要求供应商能有较好的响应能力,能及时满足企业的需要。

8. 快速响应能力

在市场经济条件下,市场竞争越来越激烈,客户对企业的要求越来越高,交货期越来越短,企业要求供应商有能力,能及时满足企业的需要。

9. 其他

地理位置、交货准确率、提供产品的规格种类是否齐全,同行企业对供应商的评价、供应商的管理水平、供应商是否愿为企业构建库存等也是应考虑的因素。总之,要合理选择供应商,必须综合考虑以上各因素,通过一定的评价选择令人满意的供应商。

5.2.3　供应商选择步骤

供应商选择过程共分为七步:承认供应商选择的重要性、确认关键的资源需求、确定资源战略、确定潜在的供应源、限制供应商的范围、确定供应商评价和选择的方法、选择供应商(见图 5-1)。

1. 承认供应商选择的重要性

评价和选择步骤的第一步通常包括承认为了项目和服务,存在评价和选择供应商的

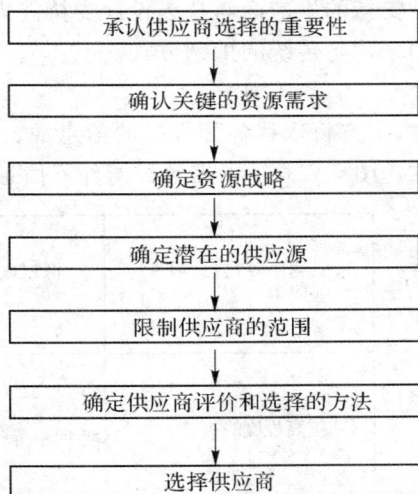

承认供应商选择的重要性

确认关键的资源需求

确定资源战略

确定潜在的供应源

限制供应商的范围

确定供应商评价和选择的方法

选择供应商

图 5-1 供应商选择步骤

需求。我们说通常的原因是,在未来采购需求的条件下,采购经理进行供应商评价是可能的。通过参加产品开发团队,采购商可以较早地洞察到新产品开发计划。在这种情况下,工作人员可以提供所需的物料类型、服务或程序的初步规格说明,但是不会有具体细节。不过要预计将来的物料需求,使用这种初步信息合理地着手评价潜在的供应源已经足够了。承认采购需要经常在接受标准化的采购需求时出现。采购需求是一份企业文件,该文件是由为有特定采购需求的物料使用者完成的。发出需求是因为在现存的供应库中没有供应商能满足采购需求,或者使用者没有发现可能存在的合格的供应商。所需采购的复杂性和重要性将会影响买方评价潜在供应资源的范围。如果现存的供应商不能满足需要,因此可能会提出选择新的供应商的决定。我们称这种变更供应商的行为是供应商转换。

2.确认关键的资源需求

通过供应商评价和选择程序了解关键的采购需求是很重要的。在项目之间、企业之间和产业之间,这些需求变化经常是很大的。后面关于关键的供应商评价标准的内容里讨论了各种各样的供应商绩效区域,在各区域里,买方应该确定其关键的资源需求。当每一个评价区域存在着不同的需求时,特定类型——供应商品质、成本、交付绩效和技术能力——便会处于最低限度的评价。

3.确定资源战略

没有任何一种单一的资源战略能够满足所有的采购需求。正因如此,某种特定项目或服务所需的采购战略都会影响到供应商评价和选择步骤中所采用的方法。我们已经提出把商品战略和全面经营战略联系起来时应采取的规范程序。在这一点,我们有足够理由说商品获取战略为获取该商品的整体目标提供了一个方向,如将要利用的供应商的数量、合同类型等。当为了采购而评价采购需求时有几种战略可供选择:

①单点的与多点的供应源。

②短期的与长期的采购合同。

③选择能提供产品设计支持的供应商与缺乏设计支持能力的供应商。

④发展亲密工作联系的采购与传统的采购方式。

4.确定潜在的供应源

在确定潜在的供应源时,买方将依赖各种各样的信息源。买方所寻找的供应商信息的深度是一个多变量的函数。图 5-2 概括了在各种条件下信息搜索的强度。

高	低到中等程度的信息搜索 I	低程度的信息搜索 II
基于成本、配送方式、技术和服务需要的现存供应能力	III 较高程度的搜索	IV 低到中等程度的信息搜索
低		

图 5-2　供应源分类

第一、四象限一般需要低到中等程度的信息搜索,第三象限需要较高程度的搜索。在第一象限,已存的供应商有能力满足战略或非常规的采购需求。在这种情况下,采购人员必须寻求额外的信息去证实他(她)认为最有可能的供应源。因为采购人员拥有既定供应商和满足要求能力的供应商信息,信息搜索并不像第三象限那么集中。在第四象限,采购需求已形成惯例或者战略性不强,但是采购人员没有现成的能够满足采购需求的供应商联系的渠道。在这个象限,在采购性质不定期的条件下,搜索需求低于第三象限但高于第二象限。后面我们将讨论在评价满足新采购需求的潜在供应商中所用到的各种信息源。

5.限制供应商的范围

信息收集的结果是根据考虑到的项目,买方可以从许多潜在供应源中选择。但是供应商的绩效能力变化很快,同样限制更深入鉴别或评价所有潜在供应源。在进行彻底的正式评价之前,对潜在供应商的最初评价是简要评价名单上的所有供应商。根据最新的可用信息,首先削减那些明显不能胜任的供应商。首次削减可能会用到以下几个标准。

(1)财务风险分析

大多数买方至少要完成对供应商的初步财务分析。虽然财务情况并非评价供应商的唯一标准,但是财务状况不良反映了严重的问题。供应商评价阶段进行的财务分析比在最后的供应商评价阶段进行的分析要缺少综合性。在这个阶段,买方努力对供应商的整体财务状况有个大致了解。买方经常查阅 D&B 的报告等外部信息源去支持评价活动。

(2)先前(和现存)供应商绩效的评价

未来供应商可能已建立了明确的绩效记录。买方也许以前已同某供应商有合作,或者供应商可以同时向公司的另一个部门提供物料。供应商同样会向买方提供其他类型的商品或服务。根据以前的经验,采购经理可能因为不同类型的商品或服务认定供应商。另外,集中的采购数据库在提供供应商绩效的记录方面会有用途。

（3）评价供应商提供的信息

买方经常需要直接来自潜在供应商的特定信息。所需信息（被称为 RFI）涉及对供应商基本情况进行的调查。这在收集先于常规供应商评价的信息时是很重要的手段。买方利用这些信息去了解每位供应商，并且确定买方的要求是否与供应商的能力相匹配。买方需要关于供应商的成本结构、工艺技术、市场份额、质量绩效或者其他对于买方作出决定来说比较重要的信息。当供应商提供有关本身的虚假信息时，可能会使买方失去兴趣。无论是通过直接检查供应商还是对供应商的产品进行检测，买方最终会发现供应商的真实绩效能力。

6. 确定供应商评价和选择的方法

一旦最初的筛选去掉了不胜任的供应商，采购人员或商品采购团队就必须决定如何评价那些剩余的相对合格的供应商，这涉及许多供应商评价方法和标准，将在下面的部分进行详细介绍。

5.3　采购供应商选择指标

国际上，对供应链管理理论进行系统的研究主要集中在 20 世纪 80 年代末和 90 年代初期，主要有 Hau L. Lee(1992)、Stevens(1992)、Phillip & Wendell(1996)等，他们都对供应链提出了许多定义，但各自的侧重点不同，涉及的范围也不同，所以没有形成统一的定义，但普遍都强调了供应链的增值作用。Hammond(1994)等人认为，企业应根据不同的营销渠道设计不同的供应链，以达到精确响应的目的；Fisher(1997)等人认为应围绕市场产品需求设计供应链，应以满足用户需求为目标；Evans(1995)和 Towill(1996)等提出了各自的重构模型。另外，信息技术(information technology,IT)在供应链管理中的应用问题得到了一定的研究，Hau L. Lee(1997)指出了供应链管理中信息失真的牛鞭效应，阐述了信息技术的发展对供应链管理的巨大影响，讨论了信息为什么及怎样在企业中共享，并给出了信息共享的三个可转换的系统模式。与此同时，供应链管理得到理论界的普遍关注，至今仍是学术界研究的一个热门领域。《国际生产规划与控制》(*International Journal of Production Planning and Control*)杂志 1995 年出了一期"供应链管理"专刊；《国际工业工程会刊》(*IIE Transactions*)也于 1997 年出了一期"供应链管理"专刊；同年，权威的《管理科学》(*Management Science*)顺应这一潮流，从第四期开始将"供应链管理"专门开辟为一个独立的研究领域，以便更好地处理这方面的研究成果；世界权威杂志《财富》(*Fortune*)，将供应链管理能力列为企业一种重要的战略竞争资源。就目前而言，经济全球化与电子商务的迅猛发展，导致了以顾客为中心的市场环境，市场呈现出顾客(customer)主导、竞争(competition)激烈、变化(change)快速的"3C"特征。顾客个性化需求的增强迫使企业从大规模生产(mass production)和定制化生产(customized production)向大规模定制(mass customization)转变，以规模化的手段生产定制化的产品，追求更高的赢利空间。但由于单体企业能力的局限性，仅凭资源纵向一体化配置难以有效实现大规模定制,资源配置趋向于朝横向一体化转变。这样,电子商务推动了虚拟企业、动态联盟等以供应链为代表的组织模式的发展,企业之间的竞争上升为供应链之间的竞争,供应链竞争日益成为竞争的主导模式。

对供应商选择问题,已有的研究也主要集中在两个方面:供应商选择的指标体系研究和供应商选择的模型与方法研究。关于第一个方面的研究,Dickson(1966)从研究采购问题的文献中,很容易归纳出 50 种不同的影响因素(影响供应商绩效的特征),同时整理出 23 项评价供应商的准则(见表 5-1)。他向美国采购经理协会的 273 位采购经理与采购代理进行了调查,收集到回复信息的有 170 位,占总人数的 62.3%。Dickson 的研究论文发表以后,世界制造业的制造方式发生了巨大的变化,大批量制造方式日益成熟,顾客对产品的要求从价格低转变为质量好、便利交易、多样化、个性化等。制造企业的战略重点从成本控制转变为质量控制、时间控制。在此基础上,先后出现了全面质量管理(TMQ)、先进制造技术(AMT)、柔性制造方式(FMS)、精简制造方式(LM)、敏捷制造方式(AMS)等多种新型的制造方式,这些新的制造方式也影响了选择供应商的准则。1991年,Weber 总结了 Dickson 对选择供应商的准则的研究进展,在对研究文献的统计基础上,选择了从 1967 年到 1990 年出现的 74 篇文献,这些文献从不同的角度研究了 Dickson 提出的 23 种评价供应商的准则。多数文献研究评价供应商的多种准则,从一个方面也反映了供应商选择问题的多准则决策的特点。Yahya & Kingsman(1999)运用层次分析法,试图得到供应商评价准则及其相应权重,表 5-2 中列出了 Yahya & Kingsman 的评价标准和权重。但他们的选择指标与 Dickson 给出的选择准则差别并不大,从中可以发现很多供应商选择过程中共性的指标。

表 5-1　Dickson 供应商选择的标准

排　序	准　则	均　值	评　价	文献数
1	质量	3.51	极端重要	40
2	交货	3.42	相当重要	44
3	历史记录	3.00	相当重要	7
4	供货保证	2.84	相当重要	0
5	生产设施/能力	2.78	相当重要	23
6	价格	2.76	相当重要	61
7	技术能力	2.55	相当重要	15
8	财务管理	2.51	相当重要	7
9	遵循报价系统	2.49	一般重要	2
10	沟通系统	2.43	一般重要	2
11	美誉度	2.41	一般重要	8
12	业绩预期	2.26	一般重要	1
13	管理与组织	2.22	一般重要	10

续表

排序	准则	均值	评价	文献数
14	操作控制	2.21	一般重要	3
15	维修服务	2.19	一般重要	7
16	服务态度	2.12	一般重要	6
17	服务形象	2.05	一般重要	2
18	包装能力	2.01	一般重要	3
19	劳工关系记录	2.00	一般重要	2
20	地理位置	1.87	一般重要	16
21	往来业务量	1.60	一般重要	1
22	培训	1.54	一般重要	2
23	往来安排	0.61	稍微重要	2

表 5-2　Yahya 和 Kingsman 的供应商选择准则

序列号	选择准则	子准则
1	质量(0.246)	质量问题(0.696)
		质量体系认证(0.304)
2	响应(0.031)	紧急交货(0.413)
		平均交货期(0.587)
3	纪律性(0.036)	诚信(0.671)
		程序遵循度(0.329)
4	交货(0.336)	
5	管理(0.048)	服务态度(0.795)
		业务技能(0.205)
6	技术能力(0.084)	技术问题解决能力(0.814)
		产品广度(0.186)
7	设施(0.152)	机器设备(0.67)
		基础设施(0.13)
		布局(0.20)

　　国内研究工作已走在实践的前列,起到了理论指导实践的作用。清华大学、上海交大、华中理工大学、大连理工大学和浙江大学都把供应链管理纳入了 863/CIMS 的研究主题。马士华(2000)等人全面论述了供应链管理的起源、发展和具体的运作方法,构建

集成化供应链管理的理论模型,并对我国企业在选择合作伙伴时的标准进行了调查研究[①]。马丽娟(2002)提出供应商的选择标准由 9 个评价指标组成:产品质量、产品价格、售后服务、地理位置、技术水平、供应能力、经济效益、交货情况及市场影响度。

钱碧波(2000)等人指出在进行敏捷虚拟企业的供应商影响时一般认为,时间(time,T)、质量(quality,Q)、成本(cost,C)、服务(service,S)是成功的关键因素。同时,为了保证动态联盟的敏捷性,需要对新产品的需求作出快速的反应,要求组成联盟的企业具有较强的创新能力(innovation,I),在计算机与信息技术应用的先进性(advancement,AD)上应具有较好的一致性,企业的管理水平与文化(management & culture, M & C)应具备较好的兼容性,为了适应可持续发展的要求,环境因素显得越来越重要。

5.4　采购供应商的评价

5.4.1　采购供应商评价管理的目标

现代企业处于一种动态的环境之中,必须随时根据内外环境的变化调整其行动方略。供应商管理也是如此,企业从选择供应商开始就必须将其纳入整个企业管理系统之中。在今天,供应商的业绩对制造企业的影响越来越大,在交货、产品质量、提前期、库存水平、产品设计等方面都影响着采购能否成功。因此,企业需要对供应商的开发、控制、评价、评定及重新确定双方合作关系等多方面进行跟踪,保证企业供应链系统的稳定和高效运作。基于此,供应商评价管理便有了以下具体的目标:

1.获得符合企业总体质量和数量要求的产品和服务

每一个采购方企业都会有一整套的战略规划和方针。在选择供应商时,必须充分考虑该供应商与本企业的发展方向是否一致,它所提供的产品和服务能否满足本企业的质量及数量的要求。

2.确保供应商能够提供最优质的服务、产品及最及时的供货

企业在选择供应商并确立双方的供需关系后,都必须将以上几点作为评价供应商的根本原则。

3.力争以最低的成本获得最优的产品和服务

企业总是以追求最大利润为根本目标。因此,在供需关系发生后,采购方也会采取多种措施来降低自己取得最优产品和服务的成本,能够提供最大供应价值的供应商是所有采购方都希望与之合作的。

4.淘汰不合格的供应商,开发有潜质的供应商,不断推陈出新

采购方与供应商之间并非是从一而终的既定关系。双方都会不断地衡量自身利益是否在和对方的合作中得以实现,不符合自身利益的合作伙伴最终会被摒弃。

---

①　马士华,王许斌.确定供应商评价指标权重的一种方法.工业工程管理,2002(6):5-8.

5.维护和发展良好的、长期稳定的供应商合作关系

越来越多的企业意识到,同供应商发展战略伙伴关系更加有利于自身的发展,这是经过市场检验的基本规律,采购方谋求的应该是同供应商的长期的伙伴关系。

5.4.2　采购供应商评价主体

对供应商进行评价的基础是确定评价的内容和方法。基于供应商在企业供应链条中的地位和作用,可以从以下几方面对此问题加以考虑:

1.供应商是否遵守公司制定的供应商行为准则

供应商行为准则是企业对供应商最基本的行为约束,也是二者保持合作关系的基本保障,这是进行供应商评价的首要内容。

2.供应商是否具备基本的职业道德

供应商是否具备基本的职业道德,主要包括以下方面:

①供应商是否遵守与企业签订的保密协议。

②供应商是否通过不正当手段获得采购人员的信任。

③供应商是否通过不正当手段邀请采购人员到不健康场所娱乐。

④供应商是否串联相关其他企业哄抬物料价格。

⑤供应商所提供的物料是否以次充好,能否达到合同约定的品质。

⑥供应商是否让采购人员持有供应企业股份以达到对其进行贿赂的目的。

3.供应商是否具备良好的售后服务意识

采购物料在装配使用和运输过程中可能因为质量或是使用方式不当等原因而导致损坏。在发生这种情况时,供应商应及时修理,提供相关的售后服务支持,而不应借故拖延,或者让采购企业蒙受损失。

4.供应商是否具备良好的质量改进意识和开拓创新意识

随着市场竞争的加剧,企业的技术创新、产品创新层出不穷。尤其是在高新技术企业中,产品更新换代的速度可谓日新月异。企业的创新意识离不开供应商的支持和原材料品质和技术的进步,有时供应商的创新甚至是推动企业创新的原动力之一,它为企业提供了更大的利润空间。

5.供应商是否具备良好的运作流程、规范的企业行为准则和现代化企业管理制度

管理混乱、行为规则不健全的供应商企业是很难在激烈的竞争中维持生存并发展的,因为这些存在不利于和采购方建立长期稳定的合作关系。

6.供应商是否具有良好的沟通和协调能力

企业之间的合作要建立在双方良好沟通和协调的基础之上。在生产和管理中,企业可能因为多种原因需要得到供应商的配合和帮助,例如计算机制造企业和汽车制造企业,因为技术具有专用性,就需要在专业人员的操作指导下进行组装生产。

7.供应商是否具有良好的企业风险意识和风险管理能力

有些物料的市场需求很难确定,可能有大量需求,也可能仅具有研发阶段的供应。具有良好风险管理能力的供应商有能力在不确定的市场环境中以合适的价格提供企业

所需要的物料和产品,保证本企业生产活动的正常进行。

8.供应商是否具有在规定的交货期内提供符合采购企业要求货品的能力

这是企业评价供应商的最低标准。无论是具有长期合作关系的供应商还是短期的供货合同,这一点都是至关重要的。

5.4.3 采购供应商评价的步骤

对供应商进行评价的内容涉及许多方面,不同企业对此有各自的具体要求和期望。对于大型企业尤其是跨国集团来讲,供应商选择的成功与否关系企业整个系统的正常运作,因此他们对供应商进行评价时有更多、更严格的标准和更广泛的内容。而中小企业对供应商的要求则相对较为宽松。另外,就评价内容而言,有些方面是可以量化的,有些则只能由企业在长期的动作中观察来得到。许多企业根据自身规模和运作,根据实际情况形成了对供应商进行考评的指标体系。国内外学者将供应商选择、步骤划分为七个阶段(如图 5-3、5-4 所示),对供应商进行动态评价。

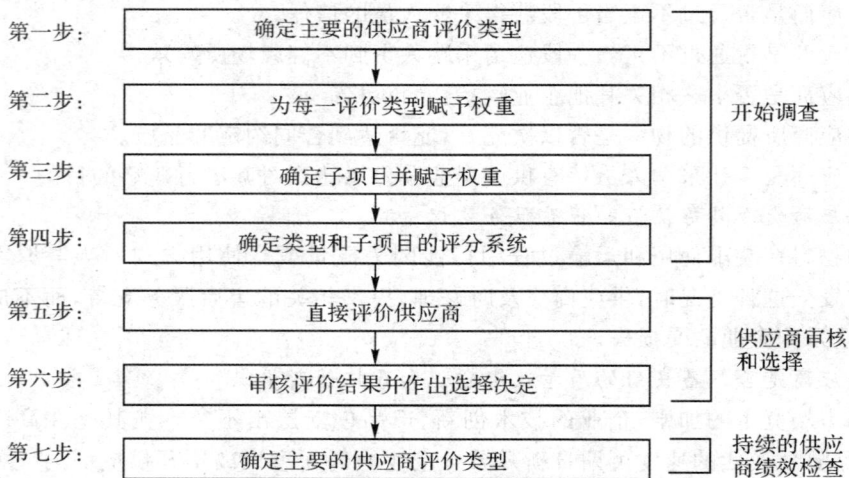

第一步:	确定主要的供应商评价类型	
第二步:	为每一评价类型赋予权重	开始调查
第三步:	确定子项目并赋予权重	
第四步:	确定类型和子项目的评分系统	
第五步:	直接评价供应商	供应商审核和选择
第六步:	审核评价结果并作出选择决定	
第七步:	确定主要的供应商评价类型	持续的供应商绩效检查

图 5-3 供应商评价步骤

数据来源:罗伯特·M.蒙兹卡,罗伯特·J.特伦特,罗伯特·B.汗德菲尔德.采购与供应链管理.北京:中信出版社,2004.

供应商的评价选择程序可以归纳为如图 5-3 所示的七个步骤。在实际评价时,企业必须确定各个步骤的开始时间。每一个步骤对企业来说都是动态的(企业可自行决定先后和开始时间),是一次改善业务的过程。主要功能如下:

步骤 1:分析市场竞争环境。

要想建立基于信任、合作、开放性交流的供应链长期合作关系,必须首先分析市场竞争环境。这样做的目的在于找到针对哪些产品市场开发供应链合作关系才有效,企业必须知道现在的产品需求是什么、产品的类型和特征是什么,以此来确认客户的需求,确认是否有建立供应链合作关系的必要。如果已建立供应链合作关系,则根据需求的变化确

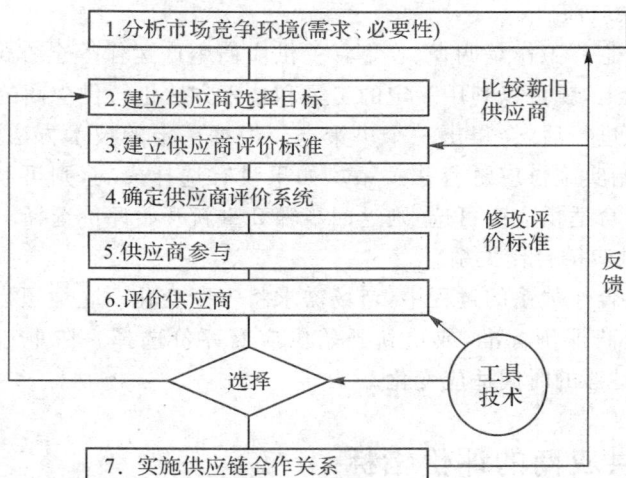

```
┌─────────────────────────────────────────┐
│ 1.分析市场竞争环境(需求、必要性)          │◄──┐
└─────────────────────────────────────────┘   │
   ┌─────────────────────────────┐    比较新旧  │
┌─►│ 2.建立供应商选择目标         │    供应商    │
│  └─────────────────────────────┘             │
│  ┌─────────────────────────────┐◄─           │
│  │ 3.建立供应商评价标准         │             │
│  └─────────────────────────────┘             │
│  ┌─────────────────────────────┐   修改评     │
│  │ 4.确定供应商评价系统         │   价标准     │
│  └─────────────────────────────┘          反  │
│  ┌─────────────────────────────┐          馈  │
│  │ 5.供应商参与                 │             │
│  └─────────────────────────────┘             │
│  ┌─────────────────────────────┐             │
│  │ 6.评价供应商                 │             │
│  └─────────────────────────────┘             │
│           ◇ 选择 ◇ ◄──── ( 工具技术 )        │
│              │                                │
│  ┌─────────────────────────────┐             │
│  │ 7.实施供应链合作关系         │─────────────┘
│  └─────────────────────────────┘
```

图 5-4　供应商评价、选择步骤

数据来源：王成,刘慧,赵媛媛.供应商管理业务.北京:机械工业出版社,2002.

认是否有改变供应链合作关系的必要。

步骤 2:建立供应商选择目标。

企业必须确定供应商评价程序如何实施,而且必须建立实质性的、实际的目标。供应商评价、选择不仅仅是一个简单的过程,它本身也是企业自身的一次业务流程重构过程。如果实施得好,就可以带来一系列的利益。

步骤 3:建立供应商评价标准。

供应商评价体系是企业对供应商进行综合评价的依据和标准,是反映企业本身和环境所构成的复杂系统的不同属性的指标,是按隶属关系、层次结构有序组成的集合。不同行业、企业,不同产品需求和环境下的供应商评价应是不一样的,但不外乎都涉及以下几个可能影响供应链合作关系的方面:供应商的业绩、设备管理、人力资源开发、质量控制、成本控制、技术开发、客户满意度和交货协议。

步骤 4:建立评价小组。

企业必须建立一个专门的小组来控制和实施供应商评价,这个小组的组员以来自采购、质量、生产、工程等与供应链合作关系密切的部门为主。这些组员必须有团队合作精神,而且还应具有一定的专业技能。另外,这个评价小组必须同时得到采购方企业和供应商企业最高领导层的支持。

步骤 5:供应商参与。

一旦企业决定实施供应商评价,评价小组就必须与初步选定的供应商取得联系,来确认他们是否愿意与企业建立供应链合作关系,是否有获得更高业绩水平的愿望。所以,企业应尽可能早地让供应商参与到评价的设计过程中来。然而,企业的力量和资源毕竟是有限的,只能与少数关键的供应商保持紧密地合作,所以参与的供应商应该尽量少。

步骤6：评价供应商。

评价供应商的主要工作是调查、收集有关供应商生产运作等全方位的信息。在收集供应商信息的基础上，就可以利用一定的工具和技术方法进行供应商的评价了。

在评价的过程进行后，会得出一个决策点。根据一定的技术方法选择供应商，如果选择成功，则可开始实施供应链合作关系。如果没有选择成功，则可开始实施供应链合作关系。如果没有合适供应商可选，则返回步骤2重新开始评价选择。

步骤7：实施供应链合作关系。

在实施供应链合作关系的过程中，市场需求将不断变化。企业可以根据实际情况的需要及时建立供应商评价标准，或重新开始供应商评价选择。在重新选择供应商的时候，应给予供应商足够的时间适应变化。

5.4.4 采购供应商的评价指标

虽然供应商的考评指标很多，但是归纳起来也不过四大类：供应商质量考评指标、供应商价格考评指标、供应商经济指标以及供应商支持与服务考评指标。下面我们各举几例来进行说明。

1. 质量指标

质量是用来衡量供应商的最基本的指标。每一采购方在这方面都有自己的标准，要求供应商遵从。供应商质量指标主要包括来料批次合格率、来料抽检缺陷率、来料在线报废率和供应商来料免检率等。

来料批次合格率＝（合格来料批次/来料总批次）×100%

来料抽检缺陷率＝（抽检缺陷总数/抽检样品总数）×100%

来料在线报废率＝［来料总报废数（含在线生产时发现的）/来料总数］×100%

来料免检率＝（来料免检的各类数/该供应商供应的产品总种类数）×100%

其中，尤以来料批次合格率最为常用。此外，也有一些公司将供应商质量体系、供应商是否使用以及如何运用SPC于质量控制等也纳入考核。例如，如果供应商通过了ISO9000质量体系认证或供应商的质量体系审核达到某一水平则为其加分，否则不加分。还有一些公司要求供应商在提供产品的同时也要提供相应的质量文件如过程质量检验报告、出货质量检验报告、产品成分性能测试报告等，并按照供应商提供信息完整、及时与否给予考评。

2. 供应指标

供应商的供应指标又称企业指标，是同供应商的交货表现以及供应商企划管理水平相关的考核因素，包括准时交货表现以及供应商企划管理水平相关的考核因素，其中最主要的是准时交货率、交货周期、订单变化接受率等。

(1)准时交货率

准时交货率是指下层供应商在一定时间内准时交货的次数占其总交货次数的百分比。

准时交货率＝（按时按量交货的实际批次/订单确认的交货总次）×100%

（2）交货周期

交货周期是指自订单开出之日到收货之时的时间长度，一般以单位来计算。

（3）订单变化接受率

订单变化接受率是衡量供应商对订单变化灵敏度的一个指标，是指在双方确认的交货周期中供应商可接受的订单增加或减少比率。

$$订单变化接受率＝（订单增加或减少的交货数量/订单原定的交货数量）\times 100\%$$

值得我们注意的是，供应商能够接受的订单增加接受率与订单减少接受率往往并不相同。其原因在于前者取决于供应商生产能力、生产计划安排与反应快慢、库存大小与状态（原材料、产品）大小以及因减少订单带来可能损失的承受力。

此外，有些公司还将本公司必须保持的供应商供应的原材料部件的最低库存量、供应商的企划体系水平、供应商所采用的信息如 MRP、MRP2 或 ERP 以及供应商是否同意实施"即时供应（JIT）"等也纳入考核。

3. 经济指标

供应商考核的经济指标主要是指采购价格与成本。同质量与供应指标不同的是，质量与供应考核按月进行，而经济指标则常常按季度考核。另一个与质量和供应指标不同的是，经济指标往往都是定性的，难以量化，而前两者则是量化的指标。下面我们就介绍经济指标的具体考核点。

（1）价格水平

企业可以将自己的采购价格同本公司所掌握的市场行情比较，也可以根据供应商的实际成本结构及利润率等进行主观判断。

（2）报价行为

主要包括报价是否及时、报价单是否客观、具体、透明（分解成原材料费用、加工费用、包装费用、加工费用、包装费用、运输费用、税金、利润以及相对应的交货与付款条件）。

（3）降低成本的态度与行动

供应商是否自觉自愿地配合本公司或主动地开展降低成本活动、制定成本改进计划、实施改进行动，是否定期与本公司审查价格等。

（4）分享降价成果

供应商是否将降低成本的利益与众分享（如本企业）。

（5）付款

供应商是否积极配合响应本公司提出的付款条件、付款要求以及付款办法，供应商开出付款发票是否准确、及时，是否符合有关财税要求。有些单位还将供应商的财务管理水平与手段、财务状况以及对整体成本的认识也纳入考核范围。

4. 支持、合作与服务指标

同经济类指标一样，考核供应商在支持、合作与服务方面的表现也都是定性的考核，一般来说可以每个季度考核一次。考核的内容主要有反应与沟通、合作态度、参与本公司的改进与开发项目、售后服务等等。

（1）投诉灵敏度

供应商对订单、交货、质量投诉等反应是否及时、迅速，答复是否完整，对退货、挑选等要求是否及时处理。

（2）沟通

供应商是否派出合适的人员与本公司定期进行沟通，沟通手段是否符合本公司的要求（电话、传真、电子邮件以及文件书写所用软件与本公司的匹配程度等）。

（3）合作态度

供应商是否将本公司看成是其重要客户，供应商高层领导或有关人物是否重视本公司的要求，是否经常走访本公司，供应商内部沟通（如市场、生产、计划、工程、质量等部门）是否能整体理解并满足本公司的要求。

（4）共同改进

供应商是否积极参与或主动提出与本公司相关的质量、供应、计划等改进项目或活动，是否经常采用新的管理办法，是否积极组织参与公司共同召开的供应商改进会议、配合本公司开展的质量体系审核。

（5）售后服务

供应商是否主动征询顾客意见，是否主动走访本公司，是否主动预防可能发生的事，是否及时安排技术人员对发生的问题进行处理。

（6）参与开发

供应商是否主动参与本公司的各种相关开发项目，如何参与本公司的产品或业务开发过程，表现如何。

（7）其他支持

供应商是否积极接纳本公司提出的有关参观、访问、实地调查等事宜，是否积极提供本公司要求的新产品报价与送样，是否妥善保存与本公司相关的机密文件等不予泄漏，是否保证不与影响到本公司切身利益的相关公司或单位进行合作等。

5.4.5 采购供应商评价方法

对供应商的评价方法有多种，主要包括成本法、线性规划法、非线性规划法、模糊规划、多目标规划法、各种智能方法和实践方法。

1. 线性权重方法

线性权重法（linear weighting models）是一种广泛应用于解决单资源问题的方法。它的基本原理是给每个准则分配一个权重，权重越大表明其越重要。供应商的积分为该供应商各项准则的得分与其权重乘积之和，积分最高者为最佳供应商。例如 Gregory 和 Timmerman 用一种分类法（categorical method）来评价供应商，给供应商的每个准则简单的判断为"满意（＋）"、"可以（0）"、"不满意（－）"，然后计算供应商的总积分。这种方法人为判断因素过大，且不同的准则权重相同，因在实际中很少发生而缺少实际的应用价值。

Kasilingam R. M. 提出了基于经验的方法，包括因素分析法和加权因素分析法。

20 世纪 70 年代初美国运筹学家 Saaty 教授提出层次分析法（analytic hierarchy process，AHP），它是一种定性与定量分析相结合的多目标决策分析方法。该方法简单、实用、有效，得到了广泛的运用。这种方法充分发挥人的主观能动性，在不确定的环境下，依据人的经验、直觉和洞察力作出判断，把一些定性的因素以定量的形式表示出来。该方法可以考虑许多无法直接量化的因素，尤其是一些对未来合作发展有长远意义的因素。因而，AHP 法被广泛应用于质量控制系统、优先级评价、企业发展规划的选择方面，它适用于长期合作伙伴的评价选择。

还有 Schinnar（1980）提出利用只有投入指标的数据包络分析模型来解决供应商的选择问题。他将供应商输出指标转变为越小越好的表示方式，与生产过程中投入品的特点一致。

2. 成本方法

成本方法（total cost approaches）是用来解决单项目问题的一种常用方法，其基本思想是对能够满足要求的供应商，计算其采购成本，包括销售价格、采购费用、运输费用等各项费用的总和。通过对各个不同供应商的采购成本的比较，选择成本较低的供应商的一种方法。

基于成本的供应商选择方法有很多种。Timmerman 提出用成本比率法（the cost ratio）计算与成本有关的质量、运输、服务等项目的总成本来进行供应商选择。这种方法的思想是通过计算出每一项准则的成本占总成本的百分比来确定最终要选择的供应商。

1996 年，Roodhooft 和 Konings 提出了用作业成本法（activity based costing，ABC），对供应商进行选择和评价。此后 ABC 法得到一定程度的应用。通过分析企业因采购活动而产生的直接和间接的成本来选择供应商。

ABC 的本质就是以作业作为确定分配间接费用的基础，引导管理人员将注意力集中在成本发生的原因及成本动因上，而不仅仅是关注成本计算结果本身，通过对作业成本的计算和有效控制，可以较好地克服传统制造成本法中间接费用责任不清的缺点，并且使以往一些不可控的间接费用在 ABC 系统中变为可控。所以，ABC 不仅仅是一种成本计算方法，更是一种成本控制和企业管理手段。在其基础上进行的企业成本控制和管理，称为作业管理法（activity-based management，ABM）。

3. 数学规划方法

数学规划方法是解决单资源和多资源优化问题的一种非常重要的方法，包括多目标规划、线性规划、混合整数规划等。数学规划方法可分为单目标规划和多目标规划，接着细划，又可分为线性和非线性规划。

（1）单目标规划

1）线性规划模型

由于线性规划方法描述简单，又有成熟的软件来优化，因而在供应商选择问题的描述和方法中，应用较广。1974 年，Gaballa 首次将线性规划方法用于供应商选择问题，他以澳大利亚邮局的多项目采购为例，建立了混合整数规划模型，以采购成本为目标，考虑为需求和供应商能力问题及全额数量打折情况。随后，越来越多的人从事这方面的研究与应用。Pan 通过订单分解的策略来选择供应商以增加供应的稳定性，建立了以成本为目标的线性规划模型,将价格、质量、服务作为约束。Turner 建立了英国煤炭采购计划的线性规划模型,以总成本为目标,以需求、最大/ 最小订单数量、地理位置为约束条件,同时考虑数量打折情况。由于线性规划在规模较大时计算时间过长,采用了启发式算法求解。Chaudhry 研究了多资源网络问题,建立了混合整数规划模型,以采购总成本为目标,把质量和交货作为约束,讨论全额和超额数量打折情况。Bender 等人在 IBM 建立了混合整数规划模型,并以采购、运输、库存成本为目标,以供应商能力和政策为约束,综合考虑了多项目、多时间段、多产品和数量打折情况,但没有给出算法。Rosenthal 等人研究了不同产品绑定销售打折情况,建立了以最小化采购成本为目标的混合整数规划模型,考虑了价格、质量、交货和供应能力作为约束条件。

2)非线性规划模型

相对于线性模型来讲,非线性模型较少。Benton 在考虑了多项目、多供应商、多客户、资源有限和数量打折情况下建立了一个供应商选择非线性模型,目标是最小化总采购成本、库存成本和订单成本,把存储能力和资金作为约束,用拉格朗日松弛法求解。Ghodsypour 和 O'Brien 考虑了在供应能力有限情况下的多资源问题,提出了一个混合整数非线性规划模型来选择供应商和确定采购数量,目标函数是最小化采购、存储、运输、订单成本,将质量和供应能力作为约束。Narasimhan 和 Stoynoff 建立了非线性的混合整数规划模型,目标是最小化运输和惩罚费用,需求和供应商供应能力作为约束,并得出总成本与采购数量和提前期成反比的结论,没有给出具体的算法。Pirkul 和 Aras 建立了在资源约束情况下的多项目非线性模型,目标是总采购费用、库存搬运费用、订单费用总和最小,并考虑了全额数量打折情况,用拉格朗日松弛法求解。

从以上文献可以看出:无论是线性还是非线性的单目标模型都以成本为目标,多数考虑的约束是价格、质量、交货、服务、供应能力和需求,Benton 考虑将资金和存储能力作约束;只有 Gaballa,Turner,Bender,Benton,Pirkul 和 Aras 考虑了数量打折问题;求解算法集中在线性规划、分支定界、拉格朗日松弛法和启发式算法求解。由于单目标模型只追求成本最低,难以指导选择供应商多准则的要求,因而人们探索新的理论和方法来指导采购实践。

(2)多目标规划

用多目标规划模型可以协调解决供应商选择过程中相互冲突的目标问题,模型可分为线性规划和非线性规划两种。

1)线性规划模型

Weber 和 Current 用多目标线性规划模型进行供应商选择,将价格、质量、交货作为目标,供应商能力、需求、政策、资金、供应商数量为约束。此模型被后来的研究者广泛引用。由于多目标线性规划模型更贴近采购实际,因而得到了广泛应用。Buffa 和 Jackson 建立了多目标线性规划模型,综合考虑质量、价格、服务和交货情况。Ghodsypour 和 O'Brien 用 AHP 与线性规划相结合的方法选择最好的供应商并优化订单数量,目标是使总采购价值最大化,将供应能力、质量作为约束。Ghodsypour 和 O'Brien 研究了在供应能力有限情况下的多资源问题,建立了以成本和质量为目标的多目标模型,但没有给出算法。

2）非线性规划模型

这方面的研究较少，唯有 Sharma 等人用价格、质量、交货和服务为目标建立了非线性混合整数多目标规划模型。

由于对社会、生产和经济系统的复杂性和非确定性，缺少足够的理论支持和足够的历史数据等，导致许多问题无法抽象出清晰的数学模型和精确的数学方法求解，同时，在问题较大且复杂的情况下很难得到精确的解析解。

Manoj Kumar（2004）利用模糊优化理论对供应商进行选择，从三个方面建立约束：最小净成本、最大满意度和最小延迟时间。

2002 年，Zeger 对供应商选择方法进行了总结分析，主要包括：基于活动的成分分析法（ABC）、线性加权法（LW）、数学规划法（MP）以及统计方法（S）。

2004 年，Joe Zhu 利用买卖双方二阶段博弈模型，对 DEA 方法进行简化，建立了一个效率区间，对供应商进行选择。

4．其他方法

由于具体问题的复杂性，解析的方法难以解决许多优化决策问题。人们尝试采用各种非解析方法来解决供应商选择过程中存在的问题，智能方法是近年来逐渐发展起来的一种很有潜力解决供应商选择问题的方法。Khoo 等人提出用智能软件代理的方法选择供应商。Cook 提出了案例分析系统（case-based reasoning）来制定采购决策，通过积累的大量信息来训练系统的能力，从而选择出合理的供应商。Albino 和 Garavelli 提出了一个基于神经网络（neural networks）的决策支持系统。Isao Shiromaru 等人采用了模糊理论处理供应商选择中的模糊目标问题，并以日本发电厂煤炭采购为实例建立了模糊目标模型，用遗传算法求解模型。Ronen 和 Riet Sch 研究了在提前期不确定的情况下的订单政策，他们采用统计的方法进行供应商选择。Weber 和 Desai 提出数据包络分析法（data envelopment analysis，DEA）来评价已经选择的供应商，它是在相对效率评价概念的基础上建立起来的一种系统分析方法，在进行供应商选择时，需要把确定的选择准则转化为输入变量和输出变量，然后建立数据包络分析模型，计算各采购供应商的相对效率，从而选择合适的供应商。之后进一步研究了用 DEA 和数学规划相结合的方法来协调选择供应商。

国内在这个方面的研究成果主要有：林勇（1999）讨论集成化供应链管理模式下供应商综合评价指标及选择方法；蒋洪伟（2001）等人建立了供应商选择准则并对评价方法进行了研究；霍佳震（2001）分别从供应链整体、核心企业、供应商及分销商四个角度研究了它们的绩效及评价体系；王瑛等人（2002）从相对劣值隶属度出发，建立加权向量的概念，将备选方案与最不理想方案的几何偏差作为优选的依据，提出基于欧氏范数的供应商评价方法；马士华等人（2002）针对已有的评价方法中确定指标权重方法的某些不足，提出了一个灰色关联模型来解决评价指标权重的选择方法；还有王家顺、王田苗等人（2001）提出的一种基于模糊层次分析法的供应商选择。

⑤ 案例分析

西门子公司的供应商管理策略

西门子在世界范围内拥有分属于大约 2500 名采购职员的 12 万家供应商,并且在 256 个采购部门中拥有 1500 名一线的采购人员。其中的 2 万家供应商被指定为第一选择,他们的数据被存储到了西门子内部的电子信息系统中。

1. 对供应商分类的依据

为了确定采购活动的中心,西门子依据以下两个方面对这些供应商进行分类:

(1)供应风险——这是按照供应商的部件的技术复杂性和实用性来衡量西门子对该供应商的依赖程度的标准。它要求询问:"如果这家供应商不能够达到性能标准,那对西门子意味着什么?"对一个特定的供应商的供应风险的衡量标准包括:

• 供应部有多大程度的非标准性;

• 如果我们更换供应商,需要花费哪些成本;

• 如果我们自行生产该部件,困难程度有多大;

• 该部件的供应源的缺乏程度有多大。

(2)获利能力影响或是采购价值——影响西门子的供应商关系的底线的衡量标准是与该项目相关的采购支出的多少。

2. 建立评估矩阵

根据供应风险和获利能力影响的标准可以建立一个带有四种可能的供应商分类的评估矩阵,如图 5-5 所示:

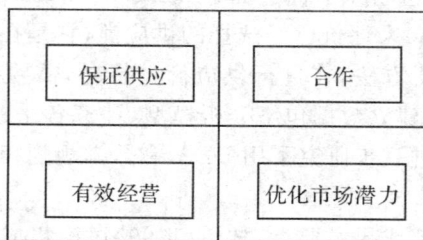

图 5-5　西门子的供应商分类

3. 对供应商产品的分类

西门子将供应商的产品分为以下四类:

(1)高科技含量的高价值产品,如电力供应、中央处理器(CPUs)的冷却器、定制的用户门阵列(gate array,一种封装在一个芯片里的许多逻辑门的几何结构,制造时可以在内部把门相互连接起来去执行一种复杂的操作,因而可以作为标准产品使用。一种经编程后可以实现某种特殊目的的门阵列通常称为用户门阵列。

(2)用量大的标准化产品,如印刷电路板、集成电路存储器(ICs)、稀有金属、镀锌的锡片。

(3)高技术含量的低价值产品,如需要加工的零件、继电器、变压器。

(4)低价值的标准化产品,如金属、化学制品、塑料制品、电阻器、电容器。

4.不同产品的导购策略

西门子与供应商的关系的性质和密切性程度由上述四种分类来决定。

(1)高科技含量的高价值产品

采购策略是技术合作型,其特点是:

- 与供应商保持紧密关系,包括技术支持和共同负担研发经费;
- 长期合同;
- 共同努力以实现标准化和技术诀窍的转让;
- 集中于制造过程和质量保证程序,如内部检验;
- 通过电子数据交换(EDI)和电子邮件实现通信最优化的信息交流;
- 在处理获取基础材料的瓶颈方面给予可能的支持。

(2)用量很大的标准化产品

采购策略是储蓄潜能的最优化,其特点是:

- 全球寻找供应源;
- 开发一个采购的国际信息系统;
- 在全世界寻求相应的合格供应商;
- 列入第二位的资源政策;
- 安排接受过国际化培训的最有经验并且最称职的采购人员。

(3)高技术含量的低价值产品

采购策略是保证有效率,其特点是:

- 质量审查和专用的仓储设施;
- 保有存货和编制建有预警系统的安全库存计划;
- 战略性存货(保险存货);
- 在供应商处寄售存货;
- 特别强调与供应商保持良好的关系。

(4)低价值的标准化产品

采购策略是有效地加工处理,其特点是:

- 通过电子系统减少采购加工成本;
- 向那些接管部分通常的物流工作,如仓储、编制必备需量的计划、报告等工作的经销商或供应商外购产品;
- 增加对数据处理和自动订单设置系统的运用;
- 即时制生产,运送到仓库,运送到生产线的手续;
- 努力减少供应商和条款的数目。

在第四种分类中,西门子把首选供应商的地位授予了从总共 80 家经销商中选出的 3 家。这一安排规定了经销商将负责提供仓库、预测和保管存货、向西门子报告存货和用货量。

显然,任何一个有望成为西门子供应商的公司都必须认真地考虑客户会如何对其产品进行归类。正如上面所描述的,对于一个供应商而言,西门子公告的采购政策在维持双方关系的可能性方面具有相当大的暗示。任何一个将西门子列为核心客户而其产品却被划入第 2 或第 4 类的供应商的管理人员都很难与西门子结成特殊关系;发展协作伙伴关系取决于客户与供应商双方。因而必须以某种方式通过差别化使客户对产品的感知得到提高,进而促使西门子与其形成首选供应商的关系。

　　除了完成采购职能的一般任务之外,西门子还有一个专设的团队进行采购营销。他们的一项主要职能就是使西门子成为潜在供应商的一个更有吸引力的客户。他们会以这种身份涉足市场研究,找出新的供应商并进行评估,还会与现有的供应商研究新的合作领域,这样对双方的利益都有好处,例如,依照最节省成本的生产批量对订单要求的数量加以排列将会使双方获益。另外,供应商可能会应邀对西门子的产品设计和生产方法进行技术考察,目的是减少特殊部件的数量,同时增加标准部件的数量,因为标准部件更易于仓储和生产。通过这种方式,供应商提高了效率并且将通过提高效率带来的这部分利益传递给西门子,使它能够在自己的市场上进行有利的竞争。

（案例来源:蒋长兵. 现代物流管理案例集. 北京:中国物资出版社,2006.）

⮕ **思考题**

　　1.采购供应商选择的标准有哪些?

　　2.采购供应商如何评价? 评价的步骤如何?

　　3.采购供应商评价方法是什么?

　　4.试根据你调研的企业,说出其供应商评价的准则。

技 术 篇

第6章

采购与供应工具和技术

☞ **本章要点**

　　本章重点介绍了采购与供应的五种管理工具和技术：项目管理的规划方法和流程、学习曲线的要素、范围和应用技术、数量折扣的分析方法和实例、采购模型和模拟的定义和运作方法。

6.1　项目管理

6.1.1　项目管理概述

1.定义

　　项目是指为实现一个既定目标，在既定时间范围内，按计划执行的一个或一组业务活动。在达到目标后，该业务活动便立即终止了。

　　项目管理是指评估、计划和控制管理一个项目的功能，使项目按时完成，符合规范标准，并且保持在预算范围内。

2.项目种类

　　Lock 将项目分为四大类：

　　①民用工程、土木建筑、石油化工、采矿以及采砂类项目。这类项目通常都在原材料现场开展，直接接触原材料，且远离合同签订的办公地点。

　　②制造类项目，旨在生产机器设备、船只、飞机、陆地车辆或其他特殊设计的硬件设施。

　　③管理类项目，即涉及各种业务活动的管理和协调运作，它们所产生的最后结果基本上不能看做是某种硬件或某项设施，比如，办公室搬迁、新的计算机系统的安装等。

　　④研究类项目，旨在拓展现存科学知识领域。这种项目的风险很大，原因是其成果具有不确定性。

3.采购与项目管理

尽管不是每次都明确指定,但项目经理有义务负责项目的总方向,并负责管理具体的项目及项目涉及的成员。这些成员的结构可以是:矩阵型为基础的或以职能/团队型为基础的。

无论采用哪种结构,采购部门都应努力确保项目按时完成、符合标准且不超出预算。达到这些目标可以通过以下方式进行:

①在项目的每个阶段,与该项目结构下相应的成员(如项目经理、建筑师、设计师、咨询顾问、质量监督员、现场工程师等),就有关合同所需物资、设备和服务的规范购买和计划安排等进行密切合作。

②协议采购在何处进行、由谁负责的问题。Lock对此指出,采购代理商可以是合同方采购部门中的一个独立机构,甚至就是客户自己的采购部门。这些安排也可以有不同的组合。在国际承包项目中,客户的采购部门与全球供应商有联系的合同方总部可以一起下订单给本地供应商(全球采购时利用海外采购代理商的地理位置与当地的经验来运作,可能更为便利)。

③提议最经济实惠的购置方式,如决定是购买还是租用固定资产设备。

④协助拟定招标中的产品规范并参加分包商谈判。项目中用于分包的典型部分包括砖墙活、民用工程公共排水系统、电路、电气安装、供暖和通风系统、喷漆和装潢、地下管道系统、建筑管道系统公司和建筑钢架结构。

⑤评估供应商和招标后的谈判。

⑥签订订单和分包合同,确保其条款和条件与主合同协调一致。

⑦加速订单发放,满足交货需求。

⑧检验所收到的物资,并做好质量记录。

⑨处理来自供应商和分包商的有关价格和差额方面的询问。

⑩管理"自由项"的供给,即由顾客或用户自己提供的、用于项目中的物品,例如玻璃制造商自己提供用在修建新办公楼合同中的玻璃。

⑪审批支付由外部供应商或分包商提供的货物和服务的发票。

6.1.2　项目管理规划流程

从项目概念形成到项目完成,会经过不同阶段。表6-1按照每个阶段包含的活动,总结了六个阶段的特征。随着项目的进展,各个阶段也将会逐渐细化。

1.概念形成阶段

在项目管理过程的早期,项目计划者必须给项目定义一个广义的概念。一般而言,项目目标是在特定的时间和预算内为特定的市场开发新产品。项目计划者还要确定项目的约束条件。在概念形成阶段作出的预算估计与最终的预算目标,通常相差30%左右。

表 6-1 项目管理过程

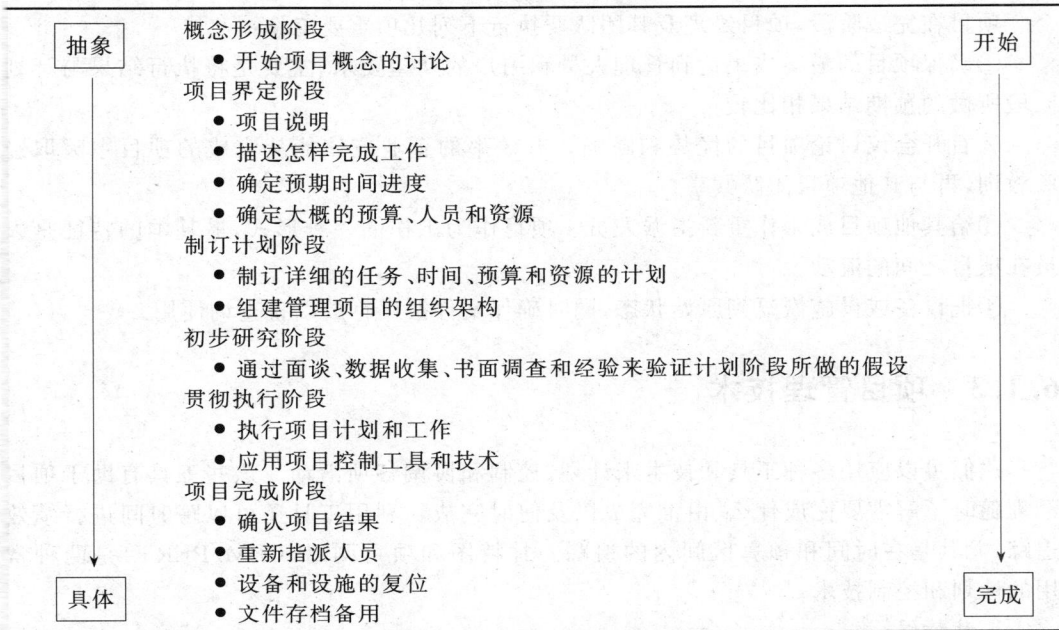

抽象	概念形成阶段	开始

概念形成阶段
● 开始项目概念的讨论
项目界定阶段
● 项目说明
● 描述怎样完成工作
● 确定预期时间进度
● 确定大概的预算、人员和资源
制订计划阶段
● 制订详细的任务、时间、预算和资源的计划
● 组建管理项目的组织架构
初步研究阶段
● 通过面谈、数据收集、书面调查和经验来验证计划阶段所做的假设
贯彻执行阶段
● 执行项目计划和工作
● 应用项目控制工具和技术
项目完成阶段
● 确认项目结果
● 重新指派人员
● 设备和设施的复位
● 文件存档备用

抽象 → 具体　　开始 → 完成

2. 项目界定阶段

如果项目是可行的,下一步就是进入项目界定阶段。项目界定阶段要求能提供比概念阶段更为详尽的项目描述。项目描述需要包括的内容有:怎样完成工作,怎样组织项目,项目需要的人员,预期的时间进度,预算计划等等。在这个阶段作出的预算估计比上一阶段准确得多,与最终预算目标通常仅相差 5%～10% 左右。

3. 制订计划阶段

制订计划阶段是指准备详细的工作计划。计划应该确定出工作任务、时间进度、预算以及完成每一项任务所需的资源。这个阶段创建执行项目的组织,这一组织通常由项目团队组成。由于有效计划和项目成功与否密切相关,所以制订计划阶段非常重要。

在概念形成阶段和项目界定阶段产生的计划通常不够详尽,不能为项目完成阶段提供具体指导。详细的计划规定了每个人在整个项目过程中的职责和作用。企业必须界定组成项目的各项任务和各种活动,以及完成项目的各种方法。

4. 初步研究阶段

开始项目之前的最后一个阶段是验证项目计划中所做的假设,包括书面调查、面谈和收集相关数据。这个阶段可以确定(或者不能确定)计划能否按期进行。一旦项目经理或团队认可了计划阶段所做的假设,那么就可以开始进行项目了。

5. 贯彻执行阶段

贯彻执行阶段包括执行项目计划、对管理人员和用户持续报告工作结果。有效的计划将可以增加实际执行结果达到预期效果的可能性。项目经理在项目的整体协调中发挥着举足轻重的作用。按照项目类型、时间和所用资源来衡量,贯彻执行阶段是 6 个阶段中最长的阶段。

6.项目完成阶段

项目在完成阶段,项目经理及其团队要执行下列几项重要工作:

①确保项目的最终成果达到管理人员和用户的期望要求,主要是将执行结果与计划阶段所做的预期结果相比较。

②召开会议讨论项目的优势和缺陷。有效率的企业应该能从完成的项目中吸取经验教训,再与其他项目团队共享。

③给其他项目或工作重新指派人员。项目作为工作的一种形式,最基本的特征是人员在项目之间的流动。

④把设备或设施恢复到原始状态,同时确保文件按序存放以备查询使用。

6.1.3 项目管理技术

我们可以应用多种工具和技术来计划、控制和协调各项活动。这些工具有助于项目经理随时了解需要完成什么、由谁完成以及何时完成。利用工具还可以跨时间进行绩效追踪,尤其是在时间和预算区间内的追踪。甘特图和项目网络(CPM/PERT)是两种常用的计划和控制技术。

1.甘特图

甘特图以亨利·甘特(Henry Gantt)的名字命名,它说明的是一系列与项目相关的任务和时间组合。甘特图的形式是条形图,其中横轴为时间或日期,纵轴为需要完成的任务。甘特图的优势是图形化概要,易于理解,能传递大量信息。它的劣势是当处理大型项目时,很难使用或者即时更新。在这种情况下,我们可以采用其他项目管理技术,如CPM/PERT,图 6-1 说明了甘特图在资源外包项目中将设备运往供应商时的应用。

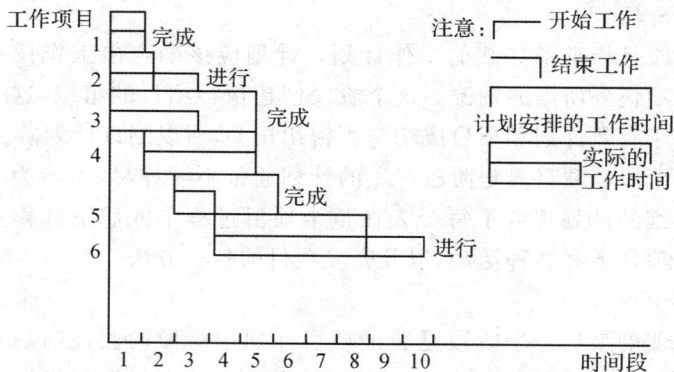

图 6-1 甘特图

2.项目网络

关键路径法(CPM)和计划评审技术(PERT)是两种常见的项目控制技术,尤其对于复杂的多任务项目更有效。这些技术要求用户首先确定组成项目的任务,以及任务的执行顺序。

（1）项目管理网络构建规则

图形网络可以用来表示每个 PERT 或 CPM 项目。网络采用图形表示法，描述每个活动在时间和顺序上与所有其他活动的关联。网络表示法功能强大，它可以说明个体活动如何完成一个项目。PERT 和 CPM 项目网络的建立遵循着通用的规则和惯例。在这一部分后面的内容中，我们将利用一个采购项目的例子来说明这些规则的应用，当然，这些规则仅适用于项目管理网络的建立，还不能用来估计时间。

网络规则：

①识别项目内的每项活动，并用大写字母与这一活动唯一对应。

②用唯一的分支或者箭头表示项目的每项活动，用小圆或圆点表示事件。例如：

这是活动 A 的分支图。有时我们计算事件的总数，即一段时间内点的个数。与活动有关的事件表示活动的起始和完成。

③下面的图表示仅当 A 事件完成 B 事件才能开始。分支表明不同事件之间的关系。分支的长度在这里没有具体含义。

但是一系列分支的组合意义就重大了。

④分支的方向表示事件从左到右的进行顺序。

⑤如果有多个活动结束于一个事件，那么仅当这些活动都完成，这个事件的下一活动才可以开始。

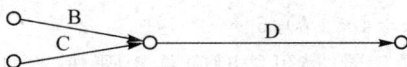

仅当活动 D 之前的所有活动都完成，活动 D 才可以开始。在上例中，仅当 B 和 C 都完成，D 才能开始，我们说 B 和 C 是 D 活动的前提。

⑥两个或两个以上的活动在图中不能同时开始并同时完成。

不允许：

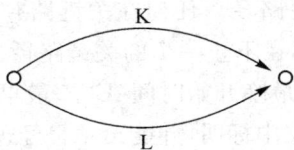

允许：

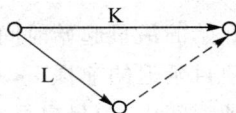

这条规则需要我们构造一个虚拟活动，作为其前导活动的延伸。在这个例子中，虚拟活动是活动 L 的延伸。虚拟活动不占用时间，它仅仅传递其前导活动的时间。

⑦网络必须起始于一个事件,并结束于一个事件。

不允许的起始:　　　　　　不允许的结束:

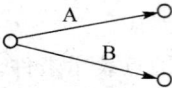

允许的起始:　　　　　　　允许的结束:

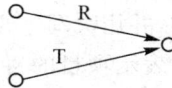

在这个例子中,项目分别以两个活动开始和结束(以 A 和 B 开始,R 和 T 结束)。这条规则要求网络以一个事件开始或结束,而对于事件中包含的活动个数没有限制。

(2)估计可变时间的 PERT 网络

①确定项目期间需要完成的各项活动以及这些活动之间的关系。这是关键的一步,活动的规模不能太大,也不能太小,活动必须是界定了起始点的任务,并且符合项目目标。

②利用前面讨论过的规则构建网络,反映各项活动之间的优先顺序关系。

③确定每项活动的三种时间估计值(最优值$=a$,最差值$=b$,最可能值$=m$),最优值和最差值是连续区间上的端点。这些时间实际发生的概率只有 10%～20%。精确的时间估计非常关键,不精确的时间估计或者变动较大都会削弱控制过程的可靠性。

④利用下面的公式计算每项活动的期望活动时间:

$$期望活动时间=(a+4m+b)/6$$

如果活动 G 最优时间是 5 周,最可能时间是 6 周,最差时间是 13 周,则期望活动时间$(5+24+13)6/=7$。

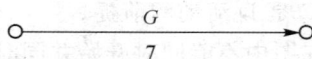

⑤将期望活动时间放在网络中相应的活动分支下方,确定关键路径。关键路径是贯穿整个网络的一连串活动的最短路径。任何在关键路径上的活动延迟都会影响到项目的顺利进行。一个项目中可以存在不止一个的关键路径。

⑥确定最早开始时间(ES)、最晚开始时间(EF)、最早完成时间(LS)和最晚完成时间(LF)。这些时间同样在活动分支中标明,并能给项目经理提供更多大量信息。

最早开始时间:一个活动可以开始的最早起始时间点。

最晚开始时间:在不造成整个项目延迟的前提下,一个活动可以开始的最晚时间点。

最早完成时间:在给定期望活动时间内,项目最早完成时间点。

最早完成时间=ES+期望活动时间

最晚完成时间:在不耽误项目进程的前提下,活动能够完成的最晚时间。

最晚完成时间＝LS＋期望活动时间

3.项目管理举例

一个跨职能的团队应该能够完成供应商的选择,并且进行管理组织开发工作。项目的主要目标是:①按照评价供应商绩效的评价系统制定一套绩效评价标准;②为重要商品确定、评价和选择供应商;③开发信息技术系统对所选供应商的绩效进行连续评价。

项目经理确定需要满足上述三个目标的任务,如表 6-2 所示。

表 6-2　项目管理任务

活　动	标　志	前导活动
组建项目团队	A	
确定可能的商品供应商	B	A
制定供应商评价标准	C	A
制定供应商检查形式	D	C
对供应商进行初步财务分析	E	B
实地考察供应商	F	E,D
汇总实地考察的结果	G	F
界定电算化供应商绩效系统的需求	H	A
进行详细的系统分析和规划	I	H
检验电算化系统	J	I
界定最终供应商	K	G

(1)构建项目管理网络

图 6-2 说明了进行供应商选择的网络规划。这个项目共有三条路径可以完成:A－B－E－F－G－K;A－C－D－F－G－K;A－H－I－J(路径 A 是从项目开始到结束的必经之路)。项目经理必须对三条路径作出评价,确保实现项目的最初预期目标。通过图6-2,我们可以看出网络规划的一个最重要的作用:识别项目中所有任务之间的关系。

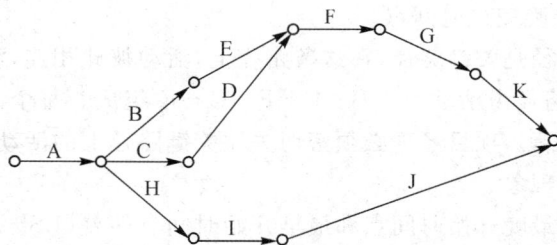

图 6-2　项目管理网络

(2)计算每项活动的估计时间

利用前面讲过的内容,我们现在就可以估计时间(以周为单位)了,计算每项活动的期望时间。项目计划者在项目管理的计划阶段就要测算出这些时间的估计值(见表6-3)。

表 6-3　项目管理估计时间

任　务	最　优	最可能	最　差	期望活动时间
组建项目团队(A)	1	2	3	2
确定可能的商品供应商(B)	3	6	9	6
制定供应商评价标准(C)	2	4	5	3.8
制定供应商审计形式(D)	2	3	4	3
对供应商进行初级财务分析(E)	1	2	4	2.2
实地考察供应商所在地(F)	4	8	12	8
汇编实地考察的结果(G)	2	5	8	5
确定电算化供应商绩效系统的需求(H)	2	4	8	4.3
进行详细的系统分析和规划(I)	8	10	16	10.7
检验电算化系统(J)	2	3	5	3.2
选择最终供应商(K)	1	2	3	2

　　(3)计算关键路径

　　图 6-3 表明了项目中涉及的所有时间。首先,我们从网络起始处从左往右来计算最早开始时间点(ES)和最早完成时间点(EF)。然后,我们在网络中间处从右往左计算最晚完成时间点(LF)和最晚开始时间点(LS)。注意所有的项目都是从时间 0 开始,而不是从 1 开始。

　　活动 E 和活动 D 在同一事件处会合,这意味着必须完成 E 和 D 之后,活动 F 才可以开始。两个或两个以上活动在同一事件处完成是很常见的。发生这种情况时,下一活动(活动 F)的最早开始时间点(ES)就是其前提活动的最早完成时间点(EF)中的最大值。如果前面的活动未能全部完成,后面的活动就无法开始。网络中部从右往左推算,得到最晚完成时间点和最晚开始时间点,我们看到三个活动(B、C、H)是从同一事件开始的。这时,三者最晚开始时间点(LS)中的最小值就是活动 A 的最晚完成时间点(LF)。这里两周就是活动 A 的最晚完成时间点。

　　网络中的最长路径是关键路径,在这条路径上,活动彼此相连,没有闲置。在上面的例子中,项目的关键路径由活动 A－B－E－F－G－K 组成。每个活动时间上的延迟都会导致整个项目的延迟。项目经理必须密切关注关键路径上的活动,因为这条路径上的活动绝不能出现闲置现象。

　　闲置时间定义为最晚开始时间点和最早开始时间点的差(LS－ES)或者最晚完成时间点和最早完成时间点的差(LF－EF),是活动在不延误整个项目的条件下允许时间延迟的最大值。在关键路径上的活动(A、B、E、F、G、K)不允许有任何闲置时间,非关键路径上的活动允许有闲置时间。

　　项目经理关心的是项目的路径闲置时间,即在不造成整个项目延误的条件下,整条路径中所允许时间延迟的总量。在我们的案例中有三条路径,表 6-4 表明三条路径各自

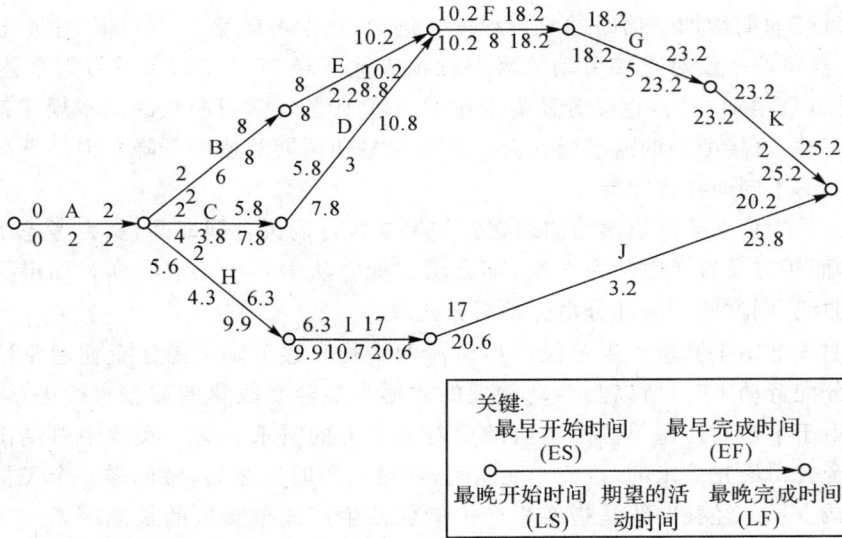

图 6-3　显示所有时间的供应商选择项目管理网络的案例说明

的路线和时间,其中,A－B－E－F－G－K 是最长路径,为 25.2 周。在这条路径上,不允许有任何闲置时间的现象出现。

表 6-4　项目的关键路径和时间跨度

路　　径	时间跨度
A－B－E－F－G－K	25.2 周
A－C－D－F－G－K	23.8 周
A－H－I－J	20.2 周

　　路径的跨度等于该路径上各项活动的期望活动时间的总和。路径 A－C－D－F－G－K 的长度为 23.8 周,所以该路径上的活动 D 和活动 C 各有 2 周的闲置时间。需要注意的是,并不是说该路径总的闲置时间为 4 周,而是总共为 2 周。如果活动 C 用 7.8 周完成,而不是原先的 5.8 周,那么活动 D 就没有闲置时间了,它必须等到 C 在 7.8 周完成后才能开始。

　　项目管理工具在管理大规模项目时极其重要。采购人员要面对越来越多的项目,管理多个功能分区和大量资源。为了有效管理,采购部门必须掌握项目管理的工具和技术。

6.2　学习曲线

6.2.1　学习曲线意义

　　学习曲线就是指基于学习而促使改善的程度。当提到学习性改善时,学习效率就意味着生产量较前期增加一倍时的改善程度。例如,当学习效率为85%时,生产总量每增加一倍,生产单位产量对直接劳动的需求就相应地下降15%。如果学习效率达到90%时,生产总量每增加一倍,直接劳动需求量就下降10%。学习曲线的基本规律就是当生产总量翻一番,直接劳动的需求量就会按照所观察和预期的速度下降。但是下降速度却会根据状况的不同而存在差异。

采购人员为什么要注重学习曲线呢? 如果在履行购买合同期间,卖方考虑了学习曲线的影响,而买方没有考虑学习曲线,那么卖方就会从学习中谋取利润。如果买方也考虑了学习曲线,则这些利润部分也会被买方获取。

学习曲线被用于测量产生单位产出所需的平均直接劳动。由于企业通常给具体物品或项目分配劳动工时,所以与劳动相关的数据是最容易收集的数据。过去,学习曲线一般是指由于学习而使每单位产出所减少对劳动力的需求。这一实践中总结出来的概念是由波音公司最先提出的,该公司注意到,经过一段时期之后,做同样一个飞机模型所需的时间减少了。经验曲线是指在生产中能促使生产成本降低的长期因素。这些影响因素包括短期的劳动力因素和长期的产品及过程的调整。

6.2.2 学习曲线要素

学习曲线的第一个要素是劳动力,是指工人在工作中通过不断努力和增加效率而达到改善的学习能力以及管理层为达到生产效率目标而付出的劳动。

另一个要素是生产过程的调整。因为通过劳动提高生产效率很快就达到极限,管理必须依赖生产过程的改进而实现不断改善。管理层通过引进新的生产方法,提高生产自动化程度,以更好地进行成本控制而寻求垂直整合。有些公司在产品生命周期尚未终结时就更新生产工艺,以充分利用新设备提供的优势。例如,为供应商提供大量购买的长期合同,会鼓励供应商进行设备投资,从而降低生产成本。

6.2.3 学习曲线应用范围

并非所有的流程或项目都会从学习曲线中获益或有明显改善。如果不恰当地应用学习曲线,将有可能导致明显低估真实的生产成本。学习曲线只适用于一些特定的运作环境。

当供应商采用新的生产工艺或者首次生产某种产品时,可以应用学习曲线。随着供应商的劳动员工对新工艺的不断熟悉,生产率也会随之提高。学习曲线还适用于首次生产技术复杂的产品。此外,当产品有很高的直接劳动含量时,也可以应用学习曲线。

在生产初期就起用的人力资源要在应用学习曲线的过程中保持高度稳定。如果人员更换频繁,那么很难达到预期的学习效率。例如:20 世纪 60 年代,道格拉斯飞机(Douglas Aircraft)公司在生产 DC-9 型号的飞机时,由于当时的劳动力紧缺,公司就大量招聘新的雇员。公司没能意识到劳动效率已经被计入了飞机的销售价格。结果,比预期高得多的成本给公司带来严重的财务负担。

学习曲线要求精确汇总有关费用和劳动力的相关数据,尤其是在生产初期。买方必须确信学习效率是不变的,任何改进都是通过雇员的学习产生的。产生的原始数据为签订期望效率和计划降价的合同提供了重要依据。

6.2.4 学习曲线应用实例

【实例1】

表6-5提供了采购项目中的直接劳动数据,其中产出水平呈增长态势。有些学习曲线的例子极其复杂,尤其在用对数关系表示单位产出和所需劳动之间的关系时更为复杂。下面这个简单的例子说明相对稳定的学习效率对平均劳动的需求所产生的影响。

表6-5 有关供应商学习曲线的数据

(A)产出单位	(B)总劳动工时	(C)单位产出平均工时	(D)学习效率
1	20	20.0	—
2	34	17.0	15.0%
4	58	14.5	14.7%
8	100	12.5	13.8%
16	168	10.5	16.0%
32	288	9.0	14.3%
64	493	7.7	14.4%

平均改善率:15%,或者学习曲线:85%

- A列:一段时间内的产出总量。本例中,总产出为64个单位。
- B列:生产给定单位产品所需的总劳动工时(TLH)。这个例子中的供应商用288个工时生产了32个单位的产品,生产64个单位的产品却仅用了493个工时。
- C列:用总劳动工时除以生产量,得出的数字表示生产单位产品所需的平均劳动工时。
- D列:产量翻番时的学习效率的估计值。

例如,产出从1个单位增加到2个单位时的学习效率等于:

(20TLH−17TLH)/(20TLH)=0.15 或者 15%

产出从2个单位增加到4个单位时的学习效率等于:

(17TLH−14.5TLH)/(17TLH)=0.147 或者 14.7%

依次类推,可以计算出各产出水平上的学习效率。

上面的分析说明,供应商在这种商品上的学习曲线大约为85%,即产出加倍时,生产一个单位产品所需的劳动力将减少15%。当学习效应的影响很大时,生产者就会意识到通过及早增加产量可以实现极大的学习性改善。

要想成功地应用学习曲线,我们就必须知道何时应用以及怎样应用这项技术。买方必须利用此项工具来确定随着产量的增加,预期劳动力成本是多少。只有收集了基本的生产数据,我们才能确定学习效率。如果没有数据,我们可以参照历史学习效率或者以往观察到的供应商的学习效率。

【实例 2】

案例 6-1 列出了学习曲线在采购项目中的应用。在这个案例中,由于学习效应,单位价格从 228 美元降到 170 美元,买方希望将单位购买价格定在购买 600 单位产品的价格上。买方能否达成每单位 170 美元的购买价格要看谈判的结果。谈判中,供应商争论认为对于额外的订货管理费用下降,仍然保持在每单位 50 美元。当直接人工成本和管理费用减少时,如果利润率仍然占总成本的 20%,这时供应商的利润就会受影响。而买方由于购买了大量物料,因而要求降低物料成本。无论谈判结果如何,关键是买方现在有了与供应商谈判的价格范围。

学习曲线分析阐明了买方从少数供应商处购买大量产品的原因。精明的买方都知道,如果产量增加,由于学习曲线的存在,它们可以获得相对低的购买价格。

【案例 6-1】　　　　　　　　　　　　**学习曲线问题**

XYZ 公司准备购买一种新产品,已知学习曲线为 80%。买方下了 200 件的订单,收到报价是每件 228 美元。买方计算的每单位成本为:

物料	90 美元	
劳动力	50 美元	(单位产品平均每小时 10 美元,共 5 小时)
管理费用	50 美元	(假设是劳动力的 100%)
总成本	190 美元	
利润	38 美元	(单位价格和总成本的差,等于总成本的 20%)
单位价格	228 美元	(报价)

如果买方想再追加 600 单位的订单,总订货量为 800 单位。给定学习曲线的期望收益,每单位产品的价格是多少(学习曲线影响对劳动力的需求)?

1.计算 800 单位产品的平均劳动工时:

最初订货 200 单位,平均每单位需要 5 个工时;如果学习率是 80%,则 400 单位所需工时为 200 单位时的 80%,这时平均每单位需要 4 个工时;同样道理,800 单位产品所需每单位的工时为 3.2 个小时(4 小时的 80% 是 3.2 小时)。学习曲线的一个原则是,每当产量加倍,劳动力成本即按给定的学习效率减少。

2.计算 800 单位所需的时间,再减去最初 200 单位所需的时间:

800 单位×3.2 小时/单位＝2560 小时

200 单位×5 小时/单位＝1000 小时(最初 200 件计单时所需劳动工时总量)

2560 小时－1000 小时＝1560 小时(再订货 600 单位的时间)

3.计算 600 单位的总劳动力成本和单位劳动力成本:

1560 小时×10 美元/小时＝15600 美元(总人工成本)

15600 美元×600 单位＝26 美元/单位

4.计算第二次的 600 单位订货的每单位价格:

物料	90 美元	(不考虑大批量生产会降低单位物料成本的因素,假设物料成本不变)
劳动力	26 美元	
管理费用	26 美元	(等于劳动力的 100%)
总成本	142 美元	
利润(总成本的 20%)	28.40 美元	
单位价格	170.40 美元	

6.3　数量折扣分析

6.3.1　数量折扣分析定义

数量折扣分析（QDA）是检验在供应商的报价范围内，成本是如何随采购数量增加而下降的一种技术，它能够说明数量折扣的合理性。利用数量折扣分析技术，买方通过了解单位成本增量来与供应商谈判购买价格。数量折扣分析有两种基本类型，分别是在特定数量的价格折扣和一定数量范围内的价格折扣。

6.3.2　数量折扣分析实例

案例 6-2 说明购买特定数量产品时怎样应用数量折扣分析。案例 6-3 说明购买一定数量范围内的产品时怎样应用 QDA。案例 6-2 和案例 6-3 都是说明如何正确计算数量折扣。

进行数量折扣分析时，关键是计算在不同数量水平上，每增加一个单位产品，成本会增加多少。在案例 6-2 中，尽管 3 个数量水平上的价格是逐渐降低的，但是 7—10 单位的产品成本增量（67.50 美元）却比 4—6 单位产品（60 美元）的成本增量高。在案例 6-3 中情况也是一样的。买方面对这种定价方法时，可能不理解为什么单位成本增量呈增长趋势，而不是下降。通常，供应商也不能确定具体成本为什么那么高。

QDA 为买方提供了利用数量折扣降低价格的可能。数量折扣分析通常在增量价格周围作上下波动。通过数量折扣分析，我们可以更好地理解买方和卖方的报价。如果供应商的报价随数量的增加，增量成本也呈递增趋势，那么采购方就不应该接受这种报价，除非供应商能给出合理的解释。

【案例 6-2】　　　　　　　　数量折扣分析（总量折扣价格）

1. Avco 在各个数量的报价
　　1 单位：85 美元/单位
　　3 单位：80 美元/单位
　　6 单位：70 美元/单位
　　10 单位：69 美元/单位

2. 说明：

第 1 行：在相应的列中，列出数量点，每一列代表一个数量，假设订货量为 0 是任意项，便于数量折扣的计算。

第 2 行：在相应的列中，列出各数量的单位报价。

第 3 行：第 1 行与第 2 行相乘，得出每批的总价格。

第 4 行：将第 3 行的某列与其前一列相减，得出总价格差。对于 A 列，是 85－0＝85；对于 B 列，是 240－85＝155。

第 5 行：第 1 行两列的差。

第 6 行：第 4 行除以第 5 行。

3.具体数量的价格(单位:美元)

供应商 ___Avco___ 零部件名称 & 编号 ___压缩器 04273999___ 日期 ___2001/10/24___

	A	B	C	D	E	F	G	H
每批的采购数量	0	1	3	6	10			
单位价格(洽谈价格)	0	85	80	70	69			
每批的总价格	0	85	240	420	690			
每批之间的价格差		85	155	180	270			
每批之间的数量差		1	2	3	4			
每批之间的单位价格差		85	77.50	60	67.50			

4.数量折扣分析(单位:美元)

数量	总成本	增量	增量成本
1	85	1	85
		2	77.50
3	240	3	77.50
		4	60
		5	60
6	420	6	60
		7	67.50
		8	67.50
		9	67.50
10	690	10	67.50

【案例6-3】 数量折扣分析(批量折扣价格)

1. Dynamic Industries 集团公司在不同数量范围的报价

范围	范围内单位价格	范围	范围内单位价格
1—5	10.00 美元	21—100	7.60 美元
6—10	8.00 美元	101—500	7.00 美元
11—20	7.80 美元	500 以上	6.90 美元

2.说明

第1行:在各列中是供应商提供报价的不同数量范围,代表供应商提供的一个数量范围。

第2行:在相应的列中是每个数量范围内的产品报价,这一行的数据来自于供应商的报价单。

第3行:"每批量小订货量的总价格"等于第1行中数量范围的最低数量乘以第2行中的单位价格。例如:第3行C列(数量范围为11—20)的值=11×7.80=85.80 美元。

第4行:该行某列的值等于第3行中该列的后一列的"订货总价格"除以该列的单位价格所得的商的整数值。例如:A列的最大订货单位=48/10=4.8;B列的最大订货单位=85.80/8=10.7,依次类推,求出其他列的值。

第5行:用该列第2行乘以第4行。

第6行:该列值等于第5行中后一列的值减去该列的值,得到的就是最大订货单位的价格差。例如:B列(数量范围为6—10)的"最大订货价格"是80美元,而A列(数量范围是1—5)的"最大订货价格"是40美元,两者的差是40美元,列在第6行的A列。按照这个方法计算其他各列的值。

第7行:第4行该列的值与前一列值的差,是从一个数量范围到下一个数量范围的最大订货的差。

第 8 行：该列的第 6 行除以第 7 行，它表示在该数量范围内每单位产品的增量价格。

3. 不同数量范围的价格（单位：美元）

供应商 Dynamic Industries　　零部件名称 & 编号　wedge 04336280　　日期　2001/9/14

	A	B	C	D	E	F	G	H
1. 订货数量	1—5	6—10	11—20	21—100	101—500	500＋		
2. 单位报价	10	8	7.80	7.60	7.00	6.90		
3. 订货总价格（用最小数量）	10	48	85.80	159.60	707	3450		
4. 最大订货量	4	10	20	93	492	—		
5. 最大订货量的总价格	40	80	156	706.80	3444			
6. 最大订货量价格差	40	40	76	550.80	2737.20			
7. 最大订货数量差	4	6	10	73	399	—		
8. 每批订货数量折扣的单位价格	10	6.67	7.60	7.55	6.86			

4. 数量折扣分析

数量	报价	数量范围	增量价格
1—5	10.00 美元	前 5 个单位	10.00 美元/单位
6—10	8.00 美元	接下来的 5 个单位	6.67 美元/单位
11—20	7.80 美元	接下来的 10 个单位	7.60 美元/单位
21—100	7.60 美元	接下来的 80 个单位	7.54 美元/单位
101—500	7.00 美元	接下来的 400 个单位	6.86 美元/单位
500 以上	6.90 美元	—	—

6.4　模型和模拟

6.4.1　模型和模拟的定义

模型是一种概念化的架构，用来解释现实的某一特定方面。因此，牛顿的万有引力定律就可以被认为是解释物体间相互吸引的数学模型。

模拟是通过建立数学模型来展示实际过程或状态的运作。模拟的目的是发掘各种规则对模型的影响，以此来推断现实中可能发生的情况，而不需承受试验的费用或风险以及实际去做了而出错的代价和风险。

英国运筹研究协会对运作研究（operational research，OR）的定义是：应用科学方法处理复杂的问题，这些问题产生在指导和管理工业、商务、政府和防御等大型系统中的人员、机器、物资和金钱上。典型的方法是开发一个带有衡量各种因素标准的系统的科学模型,如机会与风险,以此来预见和比较各种替代的决策方案、战略策略或控制管理所带来的结果。其目的是协助管理层科学地制定他们的政策与措施。

在这里,"研究"一词取其狭义,即"应用新的数学模型、方法和技巧来解决商务或其他方面的问题"。

该定义强调以下几个方面:

①运作研究关心的是组织机构问题和资源调配问题,包括人员、机器、物资和金钱,以此来实现一个既定目标。

②可以建立一个模型或系统。

③OR 是服务于管理层面的。

④可参照效率的某些衡量标准来评估各种替代决策。

6.4.2 运作研究的步骤

量化技巧也被看做是运作研究对管理实践的运用。一个运作研究项目的主要阶段可分成如下几步:

①公布需要解决的问题。

②建立数学模型来模拟真实系统(即符号模型或模拟系统)。OR 模型的最一般形式是:$E = f(x_1, y_1)$。其中,E 代表系统效率,x 和 y 分别代表系统中可控和不可控变量。

③通过改进数学模型的方法或大量的迭代运算来计算出变量的可能值和等式的解答。在这样的基础上从模型中选出优化的解决方案。

④测试模型和测试解决方案。

⑤建立方案控制法,即指出不可控变量值的变化规律,或可导致方案无效的变量间关系规律。

⑥实施,即将经过测试的解决方案转化为一套容易理解和掌握并由专人负责使用的操作步骤。

6.4.3 OR 和供应

本书中已提到过的 OR 技巧的应用有:初级库存控制、网络分析、物资需求规划以及替代原理和资本支出评估。

许多供应问题可以采用 OR 领域中诸如线性编程、排队原理及概率论等予以解决。OR 在供应工作中的应用已计算机化了,可以很容易地处理大量的变量和数据,如库存控制中各类存货。事实上,计算机的逐步推广和专用软件的开发,使采购人员在没有计算机专家的辅助时,也可以直接完成 OR 分析。表 6-6 介绍了上面提及和未提及的一些 OR 的应用。

表 6-6　OR 的应用

OR 的一些方面	在供应中的典型应用
• 线性编号（linear programming，LP），是一种数学技巧，用来决定如何优化配置诸如资本、原材料、劳动力等资源，或者如何做计划，以达到期望的目标，如当使用替代资源存在疑问时，如何以最低成本运作或获得最大效益。线性编程还可以帮助分析替代目标，如替代资源的经济性。	• 分析各个供应商的报价，因资源有限，每家只能接收一部分业务组合。线性编程可以计算报价组合来尽可能降低采购开支。 • 决定低价位但迟交货的高风险与高价位但准时交货之间的相对优势关系。
• 排队原理，这是一种数学分析的方法和解决问题的方法。通过排队来决定是优先安排生产还是优先满足服务需求，是优化到达率还是服务率或者是两者都优化。	• 排列和计划零部件交货的先后顺序，将成本减低到最低程度。 • 最经济合理地安排仓库人员以减少谈判等候时间。作出决定的基础是假设谈判对方总是很精明，且总是想方设法使对手获得最少的利益。
• 游戏原理，是竞争状态下作决定的数学技巧，这种竞争的结果不仅取决于管理者的作为而且取决于其竞争对手的作为。游戏旨在设立一个增加回报减少损失的策略。	
• 决策树，是一种流程图或视觉辅助工具，用来总结在复杂的决策过程中各种不同的替代决定或选择。决策树包括三部分：(i)起始决定点；(ii)表示不同结果的分支；(iii)路径，可能包含有几个分支，分别表示某个特别结果的各种可能性和经过事件。整棵树代表决定的问题。决策树的目的不是寻找最佳解决办法，而是视觉上明确地展现一个范围很广的，可用于具体政策和步骤的各种替代方式。	• 一组双方互相排除的决定。 • 就每个决定，都有一组可能性结果，同时还伴有对每个结果可能的发生概率的估测。 • 每个结果的收入或成本。
• 预测，这是依据过去经验来预估未来需求数量的过程。预测的运作研究方法包括应用指数平滑、移动平均、趋势分析、多重回归分析、曲线拟合等。	• 适用于任何涉及预测未来需求的供应问题，如库存水平、采购开支、仓库空间、不同市场条件下敏感物品的采购。
• 概率论，这是一种基于数学技巧作预测的方法，目的是决定某些事件发生的概率。任何一个事件发生的概率分布在 0 到 1 的范围，0 代表一定不会发生，1 代表一定会发生。	• 统计技术的运用，例如取样可用来作为控制质量的一种手段。 • 确定物资或零部件的寿命期望值。 • 预计给定库存水平基础上脱销的可能性。

6.4.4　OR 的局限性

从一系列可能的方案中选出未来行动的路线方针的过程或活动叫做决策制定。决策分不同种类，如策略性的、具体运作的和行政性的，也可按可编程和不可编程来分。可编程决策的所有变量都可量化，且有明确的决策规则或限定，因此可通过计算机运算来作出决策。而不可编程决策则无法量化，需要由人的智慧来进行判断。因此，认识到 OR 局限于有效地分析和比较可以以数学模型表达的可控和不可控变量的关系，其意义重大。

有时，制定决策的人的主观判断可能与 OR 所得出的结果背道而驰。比如说，OR 给出合理的经济订单数量和最经济实惠的原材料及零部件的库存量，但此时，采购部门接到罢工威胁的通知，可能会造成生产的中断，因此就不能启用 OR 给出的数据，除非他们能获得足够的供应来确保至少在一个短期内产出的连续性。

⊡ **案例分析**

西门子公司的采购技术

西门子是一家大型国际公司,其业务遍及全球190多个国家,在全世界拥有大约600家工厂、研发中心和销售办事处。公司的业务主要集中于6大领域:信息和通讯、自动化和控制、电力、交通、医疗系统和照明。西门子的全球业务运营分别由13个业务集团负责,其中包括西门子财务服务有限公司和西门子房地资产管理集团。此外,西门子还拥有两家合资企业——博世—西门子家用电器集团和富士通西门子计算机(控股)公司。

西门子采取的是全球统一采购制度。过去,西门子的通讯、能源、交通、医疗、照明、自动化与控制等各个产业部门(division)根据各自的需求独立采购。随着西门子公司的逐渐扩大和发展,采购部门发现不少元部件需求是重叠的,即通讯产业需要订购液晶显示元件,而自动化和控制分部也需要购买相同的元件。由于购买数额有多有少,选择的供应商、产品质量、产品价格与服务差异非常大。

精明的西门子人很快就看到了沉淀在这里的"采购成本"。于是,西门子设立了一个采购委员会(procurement council),来协调全球的采购需求,把六大产业部门所有公司的采购需求汇总起来,这样,西门子可以用一个声音同供应商进行沟通。大订单在手,就可以吸引全球供应商进行角逐,西门子在谈判桌上的声音就可以响很多。

对于供应商来说,这也是一个好事情。以前一个供应商,可能要与西门子的六个不同产业部门打交道,而现在只需要与一个"全球大老板"谈判,只要产品、价格和服务过硬,就可以拿到全球的订单,当然也省下不少时间和精力。

西门子的全球采购委员会直接管理全球材料经理(commodity manager),每位材料经理负责特定材料领域的全球性采购,寻找合适的供应商,达到节约成本的目标,确保材料的充足供应。"手机市场的增长很快,材料经理的一项重要职责就是找到合适的、能够与西门子一起快速成长的供应商。"西门子认为,供应商的成长潜力在其他成熟产业可能并不重要,但是在手机产业,100%可得性是选择供应商的重要指标。

西门子在全球采购方面有许多世界级采购方法与工具(见图6-4)。

全球中心化采购策略有利于采购资源整合,从战略上或更高的层面上调整供应商结构,谋求从更广泛的市场范围内调控资源渠道,提高资源的保障度。对西门子这样的跨国企业来说,把采购管理看做是供应链管理的关键环节,中心化采购又使供应链管理在更广、更大、更深的空间内实施,使跨地区、跨行业的企业业务团队联系更加频繁,互通有无,信息共享,供应链更加顺畅,更加高效。正是基于全球经济一体化加速发展的背景以及跨国公司寻求全球扩张和最大限度利用全球优势资源的内在要求,全球中心化采购就成为许多国际企业和国际化供应链非常重要的战略选择和策略手段。采购活动是企业经营活动中最大的成本领域,采购质量与效率的高低在很大程度上决定着企业最终产品的价值和竞争力。

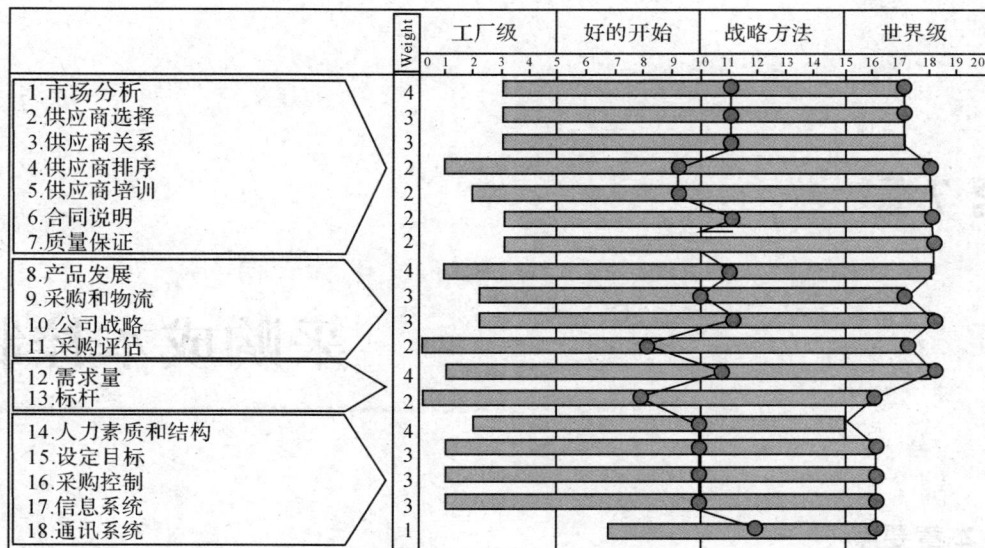

图6-4 西门子世界级采购方法与工具

（案例来源：西门子公司网站，http://www.siemens.com.cn/）

⇨ **思考题**

1. 项目规划的方法如何？流程如何？
2. 学习曲线的意义和要素是什么？
3. 数量折扣分析的定义是什么？
4. OR 的局限性是什么？

第 7 章

采购成本控制

⤷ **本章要点**

　　本章首先介绍了采购价格的构成要素和成本组成,然后分别阐述了生命周期分析法、目标成本法、吸收成本法、ABC 成本法、TCO 等成本分析方法,最后从目标定价、综合采购、结构化成本、成本/价格分析技术的选择等方面探讨采购成本管理方法。

7.1　采购成本组成

7.1.1　采购价格组成

　　采购人员要想知道供应商的实际成本结构并不容易,而了解供应商的价格影响因素及定价方法无疑有助于供应商的成本结构分析。要真正掌握成本结构分析方法并据此来判断供应价格的合理性,还必须了解国际通行的工业企业成本结构。反映企业成本结构的最直接的工具是财务损益表,它包括产品销售收入、产品销售成本、产品销售毛利、销售费用、管理费用、财务费用、产品销售利润、所得税、净利润等主要项目,其计算方法为:

　　　　产品销售毛利=产品销售收入−产品销售成本

　　　　产品销售利润=产品销售毛利−(销售费用+管理费用+财务费用)

　　　　净利润=产品销售利润−所得税

　　产品销售毛利与产品销售收入之比是反映企业盈利能力的一项重要指标,称为毛利率;销售费用包括市场营销、广告及销售部门的固定资产折旧等费用;管理费用则包括企业内所有管理人员的工资、部门费、固定资产折旧、能耗等;财务费用包括利息、汇兑收支等。产品销售利润是反映企业生产经营好坏的财务指标。

　　此外,工业企业在开发新产品或投资建厂时都会进行盈亏平衡分析(even point analysis)。盈亏平衡分析又叫量本利分析或保本分析,它是通过分析生产成本、销售利润和生产量之间的关系来了解盈亏变化并据此确定产品的开发及生产经营方案(见图 7-1)。生产成本(包括工厂成本和销售费用)可分为固定成本和可变成本。可变成本是随着产品的产量增减而相应提高或降低的费用,包括原材料、能耗等;而固定成本则在一定时期内保持稳定,不随产品产量的增减而变化,包括管理费用、设备折旧等。

　　根据量本利之间的关系,有:

销售收入(S) = 产品的产量(Q) × 单价(P)

生产成本(C) = 固定费用(F) + 可变费用(V)

= 固定费用(F) + 产品产量(Q) × 单位产品可变费用(C_v)

式中:S——销售收入;

Q——产品的产量;

P——产品的单价。

当盈亏达到平衡,即销售收入等于生产成本或单价等于单位产品成本时,有

$$S_0 = Q_0 P = F + Q_0 C_0$$

从而有保本产量 Q_0 和保本收入 S_0:

$$Q_0 = F/(P - C_0)$$

$$S_0 = F/(1 - C_0/P)$$

式中:S_0——保本收入;

Q_0——保本产量;

C_0——可变费用;

$P - C_0$——单位产品销售收入扣除可变费用后的剩余,叫做边际贡献或毛利;

$1 - C_0/P$——单位产品销售收入可帮助企业吸收固定费用,实现企业利润的系数,叫边际贡献率或毛利率。

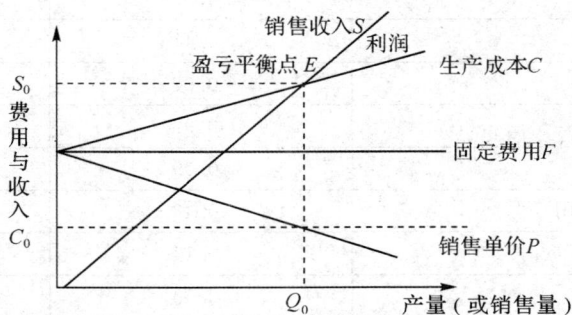

图 7-1　产品的成本与盈亏平衡

　　毫无疑问,供应商在制定产品的价格时都会考虑到其边际贡献率或毛利率应该大于零,也就是说产品的单价应该大于成本(单位固定费用摊销与单位产品可变费用之和)。作为采购人员要了解供应商的成本结构,就要了解其固定费用及可变费用的内容。

一般来说,在产品的成本构成中,固定成本比例越高,价格的弹性就越大,随市场季节变化及原材料的供应而波动也就越强烈,因而这些产品在采购时可采用加大订购数量、在消费淡季订购等方法来降低采购成本。而对于可变成本比例较高的产品则要下力气改善供应商,促进其管理水平的提高并降低管理费用。

7.1.2 采购成本组成

1.采购价格(供应价格)与采购成本

首先要明确两个概念,即采购价格和供应价格,它们是从采购方和供应方对同一数值的不同叫法。在采购过程中,原材料或零部件的采购价格固然是很重要的财务指标,但作为采购人员,不要只看到采购价格本身,还要将采购价格与交货、运输、包装、服务、付款等相关因素结合起来考虑,衡量采购的实际成本。对于生产用原材料或零部件,采购成本除价格外,还应明确或考虑的因素包括价格的稳定性或走向、不同订购数量的价格变化、付款方式与结算方式、币种、交运成本、交货地点、保险、包装与运输、交货库存、质量水平与技术要求、即时供应条件、独家供货条件、风险承担、推广与产品宣传协助、供应商考察与认可费用、供应商样品测试费用、循环使用包装材料、售后服务等。

表 7-1 为某单位采购电视机玻壳的采购成本分析。由表 7-1 中数据可知,采购单价为 37.20 美元,而实际采购成本则为 68.50 美元,采购价格仅占采购成本的 54.31%。

表 7-1 某单位玻壳采购成本分析

项　目	单价或单位费用(元)	该项目占总采购成本之比
玻壳采购价(发票价格)	37.20	54.31%
运输费	5.97	8.72%
保险费	1.96	2.86%
运输代理	0.03	0.04%
进口关税	2.05	2.99%
流通过程费用	0.41	0.60%
库存利息	0.97	1.42%
仓储费用	0.92	1.35%
退货包装等摊销	0.09	0.13%
不合格品内部处理费用	0.43	0.63%
不合格品退货费用	0.14	0.20%
付款利息损失	0.53	0.77%
玻壳开发成本摊销	6.20	9.05%
提供给供应商的专用模具摊销	5.60	8.17%
包装投资摊销	6.00	8.76%
其他费用	0	0.00%
总　计	68.50	100%

对于非生产用原材料(如设备、服务等)的采购,除以上因素外,影响采购成本的还有维修与保修、备件与附件、安装、调试、图纸、文件与说明书、安全证明、使用许可证书、培训、专用及备用工具等。

2.采购成本

采购成本又称为战略采购成本,是除采购成本之外考虑到原材料或零部件在本企业产品的全部寿命周期过程中所发生的成本,它包括采购在市场调研、自制或采购决策、产品预开发与开发中供应商的参与、供应商交货、库存、生产、出货测试、售后服务等整体供应链中各环节所产生的费用对成本的影响。概括起来,采购成本是指在本公司产品的市场研究、开发、生产与售后服务各阶段,因供应商的参与或提供的产品(或服务)所导致的成本,它包括供应商的参与或提供的产品(或服务)没有达到最高水平而造成的二次成本或损失。作为采购人员,其最终目的不仅是要以最低的成本及时采购到质量最好的原材料或零部件,而且在本公司产品的全部寿命周期过程中,即产品的市场研究、开发、生产与售后服务的各环节,都要将最好的供应商最有效地利用起来,以降低整体采购成本。

按功能来划分,采购成本发生在以下的过程中:开发过程、采购过程、企划过程、质量过程和服务过程。

(1)开发过程中可能发生的采购成本

在开发过程中,因供应商介入或选择可能发生的成本有:

①原材料或零部件对产品的规格与技术水平的影响。

②供应商技术水平及参与本公司产品开发的程度。

③对供应商技术水平的审核。

④原材料或零部件的合格及认可过程。

⑤原材料或零部件的开发周期对本公司产品的开发周期影响。

⑥原材料或零部件及其安装等不合格对本公司产品开发的影响等。

(2)采购过程中可能发生的成本

采购过程中可能发生的成本有:

①原材料或零部件采购费用或单价。

②市场调研与供应商考察、审核费用。

③下单、跟货等行政费用。

④文件处理及行政错误费用。

⑤付款条件所导致的汇率、利息等费用。

⑥原材料运输、保险等费用等。

(3)企划过程中可能发生的成本

企划(包括生产)过程中可能因采购而发生的成本有:

①收货、发货(至生产使用点)的费用。

②安全库存仓储费、库存利息。

③不合格来料滞仓费、退货和包装运输费。

④交货不及时对本公司生产的影响及对仓管等工作的影响。

⑤生产过程中的原材料或零部件库存。

⑥企划与生产过程中涉及原材料或零部件的行政费用等。

(4)质量过程中可能发生的成本

质量过程中可能发生的采购成本有：

①供应商质量体系审核及质量水平确认(含收货标准)。

②检验成本。

③因原材料或零部件不合格而导致的对本公司的生产、交货的影响。

④不合格品本身的返工或退货成本。

⑤生产过程中不合格品导致的本公司产品的不合格。

⑥处理不合格来料的行政费用等。

(5)服务过程中可能发生的成本

售后服务过程中因原材料或零部件而发生的成本有：

①零部件失效产生的维修成本。

②零部件供应给服务维修点不及时而造成的影响。

③因零部件问题严重而影响本公司的产品销售。

④因零部件问题导致本公司的产品理赔等。

在实际采购过程中，采购成本分析通常要依据采购物品的分类模块按 80/20 规则选择主要的零部件进行，而不必运用到全部的采购物料。采购成本分析需要由有经验的采购、企划、开发、生产、品质、经济、成本人员一起组成跨功能小组共同进行。一般是先在现有的供应商中选择最重要的进行综合采购成本分析，找出实际整体采购成本与采购价格之间的差距，分析各项成本发生的原因，在此基础上提出改进措施。通过对现有主要供应商的整体采购成本分析的规律性总结，在新产品的开发过程中再综合运用于"上游"采购，以达到有预防性地降低整体采购成本的目的。

7.2 采购成本分析方法

7.2.1 生命周期成本分析法

1. 定义

从成本管理的角度出发，就每件产品形成乃至消亡的历程而言，它所经历的是从产品策划、开发设计、生产制造到用户使用、废置处置这样一种循环。产品生命周期成本有狭义和广义之分，狭义的产品生命周期成本是指企业内部及相关联方发生的由生产者负担的成本，包括成本策划、开发、设计、制造、营销、物流等过程中的成本。广义的产品生命周期成本不仅包括上述生产者及其相关联方发生的成本，而且还包括消费者购入后所发生的使用成本、废弃成本和处置等成本。如果从更广义的角度来看产品的全生命周期成本，还包括社会责任成本。社会责任成本并不是一种单一成本，它是贯穿在产品生产、使用、处理和回收等过程中的成本,主要是环境卫生、污染处理等所发生的成本支出。传统意义上的产品成本的概念通常指的是制造成本,现代意义上的产品生命周期成本应该是属于企业战略成本的一部分,应该具有面向未来、长期性、以保持竞争优势为目的。

因此,周期成本就是那些涉及购置、使用、保养和报废物理资产的成本,包括可行性研究、调查、开发、设计、生产、维护、更新和报废等成本,以及在资产拥有期间相关的支持、培训和运作等成本。

2. 生命周期成本法的重要性

如果不考虑产品生命周期的含义,就会产生将交货时的初期成本作为选择具体资产唯一标准的错误。而这种看似简单的做法,却为计算该产品整个周期成本埋下隐患。

周期成本对基于技术迅速发展变化的产品是至关重要的。从生产者的角度看,飞速的科技变革意味着销售利润可能不抵初期设计和开发上的投资。而从采购者的角度看,投资的产品,在投入资金获得回报之前,可能或多或少已过时了。

因此,负责置办固定资产项目的采购主管应参考如下建议:

①确保技术规范中包含可供参考的资产拥有所连带的费用因素,如维护保养费用、零配件获得的难易程度带来的费用等。

②就某一特定领域的开发工作与供应商架起交流桥梁。

③将初期成本视为在众多因素中唯一一个会增加整个周期成本的因素。

④在推荐购置某项特定资产之前,确保对所有可能引起整个周期成本增加的因素都给予应得的考虑。

3. 生命周期成本法的应用

除了采购资本设备外,生命周期成本法可以用于以下几个方面:

①购置的控制管理——评估大规模购置的未来成本。

②选项管理——比较一系列花费在可选项目上的回报情况。

③定价——除了直接的和一般管理成本(不包括折旧)外,应保证销售价格中包括利息的支付,这反映了满足所有资本提供者所需的全部资本成本,因此,固定资本的年度等效成本应涵盖折旧和使所有资本提供者满意的利润空间。

④项目分析——以相对目标成本来衡量项目的成本。

⑤产品设计——为周期成本分析提供数据,使得设计人员能调整或改进设计,进而提高消费者对产品的满意度,以及相对同类产品竞争者而言,其产品有更大的成本优势。

⑥置换更新的决策——因为随着年份增加,使用和维护有形资产的成本就会相应增加,周期成本分析能够帮助确定何时报废某一有形资产比较有利,以及何时采购一个更新的置换物,而不再去花费不断增长的维护成本。

⑦供应商的支持——由供应商(用分析法)提供对他们的产品作生命周期的比较评估。

4. 生命周期成本分析法

生命周期成本分析法涉及三个基本步骤。

①识别所有相关成本。如图7-2所示,这些成本首先可以分为购置成本和运作、维

护、报废成本两大类,然后再细分下去。

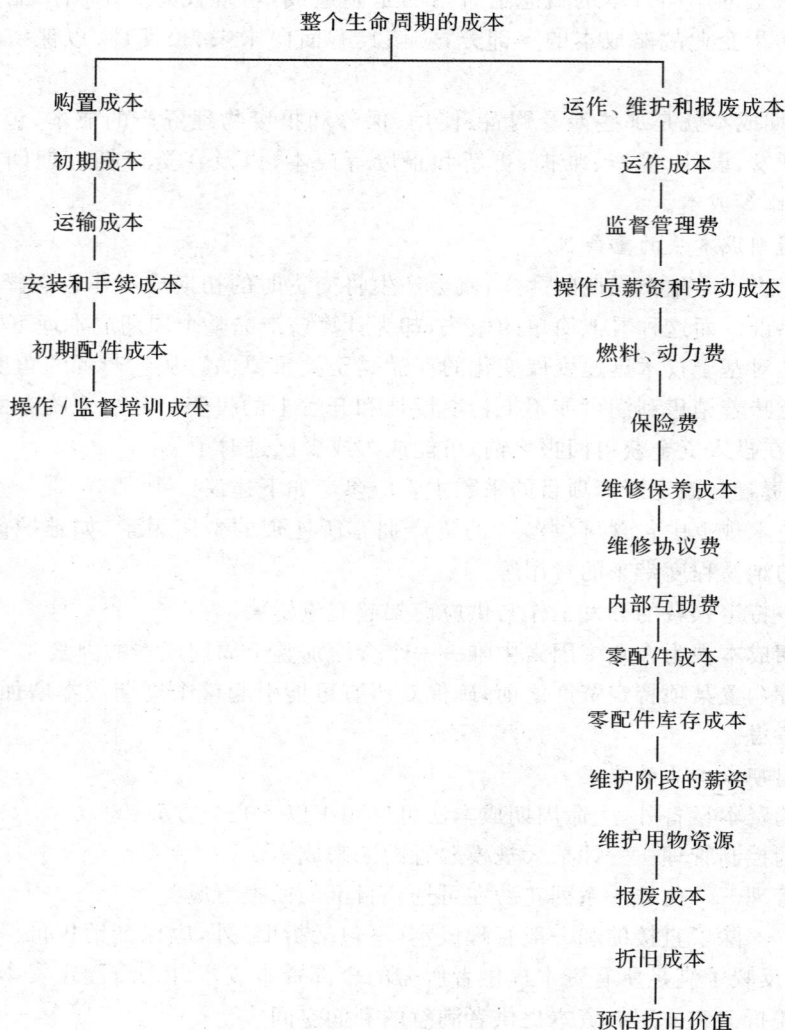

```
                        整个生命周期的成本
            ┌──────────────────┴──────────────────┐
         购置成本                            运作、维护和报废成本
            │                                      │
         初期成本                              运作成本
            │                                      │
         运输成本                             监督管理费
            │                                      │
       安装和手续成本                      操作员薪资和劳动成本
            │                                      │
        初期配件成本                         燃料、动力费
            │                                      │
      操作/监督培训成本                        保险费
                                                   │
                                               维修保养成本
                                                   │
                                               维修协议费
                                                   │
                                               内部互助费
                                                   │
                                               零配件成本
                                                   │
                                              零配件库存成本
                                                   │
                                              维护阶段的薪资
                                                   │
                                               维护用物资源
                                                   │
                                               报废成本
                                                   │
                                               折旧成本
                                                   │
                                              预估折旧价值
```

图 7-2　生命周期成本细分结构

②根据上述所列各项,计算资产在其预期使用寿命内的成本,可以是:已知费率,如操作员薪资、维修费;根据过去历史上的数据或其他经验性数据估算出的费率;根据告知的意见或观点进行猜测估计。

③使用贴现来将未来成本调整为当前成本,即作采购决定时的成果。这样做可以减少所有的不确定性,使成本分析统一到共同的基础上来,确保公平地进行比较。

5.生命周期成本分析案例

某部门需购置 50 台复印件,单机每月复印能力要求为 4 万张。

调查表明有两种品牌的复印机完全可以满足该部门对技术规格和质量的要求。复印机的预期使用寿命均为 5 年。

供应商提供的按单张计量的成本中包含了维护费和所有其他费用。两家分别的报价如下：

	复印机 A	复印机 B
以 50 台订购的单价	10745 英镑	8625 英镑
5 年现金价计量单价以每张计算	0.9 便士	1.0 便士

为查明在使用寿命期内，哪个品牌更经济实惠，就需运用生命周期成本法。进行分析时，使用实际中 6% 的贴现率（即通货膨胀率），该分析给出如下贴现因素，如表 7-2 所示：

表 7-2　5 年的贴现计算

当　年	1
第 1 年	0.943
第 2 年	0.890
第 3 年	0.840
第 4 年	0.792

下面运用具体的例子来说明进行成本分析的主要步骤。所有成本都以当年价格计。员工成本与消费几乎与通货膨胀成正比。在这 5 年中，现金价不动的成本需要用预计通货膨胀率来调整至当年价格，该贴现率可由财务部提供。本例中，我们假设通货膨胀率为 4%。同时，我们假定复印机买来后是分配到办公大楼的不同部门，而不是放在不间断工作的专门复印室中。如果是放在专门复印室中，就有必要考虑配置备用设施来保障大量复印所需的水准。

步骤 1：做一个成本细分结构图（见图 7-3）。

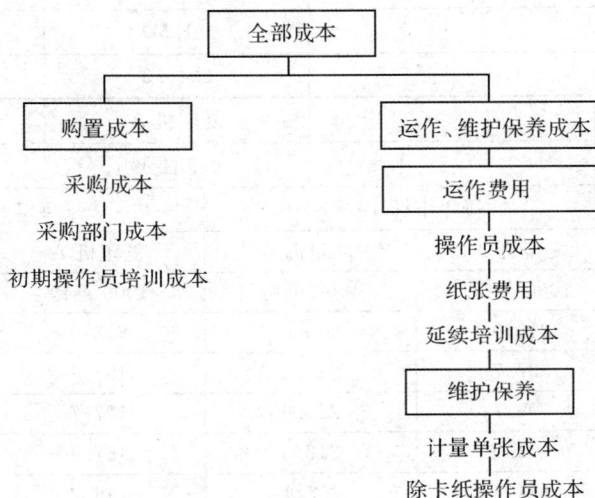

图 7-3　成本细分

步骤 2：做一个成本估算，如表 7-3 所示。

表 7-3 成本估算

购置	复印机 A(1000 英镑)	复印机 B(1000 英镑)
采购成本	537.25	431.25
采购部门成本(2 人/周)	2.5	2.5
(每机所需操作员的培训时间)	(3 小时)	(2 小时)
全部培训成本(每机 2 位操作员,每小时 10 英镑,按 50 台算)	3	2
总购置成本	542.75	435.75
运作(5 年)	复印机 A	复印机 B
运作成本	1000 英镑	1000 英镑
当年	600.0	600.0
第 1 年	565.8	565.8
第 2 年	534.0	534.0
第 3 年	504.0	504.0
第 4 年	475.2	475.2
复印 1000 张 5 英镑		
当年	120.0	120.0
第 1 年	113.2	113.2
第 2 年	106.8	106.8
第 3 年	100.8	100.8
第 4 年	95.0	95.0
延续培训费	1.5	1.5
总运作成本	3216.3	3216.3
维修保养(5 年)	复印机 A	复印机 B
计量单张成本	0.9 便士	1.0 便士

	每年下调 4%		再以 6%贴现	
	复印机 A	复印机 B	复印机 A	复印机 B
	1000 英镑	1000 英镑	1000 英镑	1000 英镑
当年	216.0	240.0	216.0	240.0
第 1 年	207.7	230.8	196.7	217.4
第 2 年	199.7	221.9	177.7	197.2
第 3 年	192.0	213.3	161.3	179.2
第 4 年	184.6	205.1	146.2	162.5
除卡纸操作员成本				
卡纸间歇平均复印张数(按过去经验)		5000	3000	
平均停工时间		0.5 小时	1 小时	

续表

5 年按每小时 10 英镑计	1000 英镑	1000 英镑
当年	24.0	80.0
第 1 年	22.6	75.4
第 2 年	21.4	71.2
第 3 年	20.2	67.2
第 4 年	19.0	63.4
总维修保养成本	1004.1	1353.7
5 年总周期成本	4.831×10^6 英镑	5.080×10^6 英镑

分析:结果表明,维修保养费用远高于购置费用。操作成本尽管可观,但只要购进就已含带,而且不受品牌的影响,因此,不必考虑这类费用,无论选择哪家都会有同样的成本。维修保养费是主要成本驱动器,且采购对此有一定控制力。这里,计量成本与操作员如何保持甚至延长不卡纸时间是同等重要的。

在最终定夺前,应对品牌的运作性能进行评估。主要评估准则是在同样性能情况下,哪台机器正常运转的时间长。可以用下面公式计算:

正常运转时间率＝运作时间/总时间

根据以下数据,如表 7-4 所示:

表 7-4 两种复印机的比较

	复印机 A(小时)	复印机 B(小时)
预计正常运转的总时间	176	176
每月每台停工更换零配件时间(根据供应商手册中获得)	3	4
每月每台操作员除卡纸时间(根据用户经验)	4	13.3
每月每台停工专业工程师维修时间	5.4	10.8
每月每台平均停工时间	12.4	28.1
运作时间/总时间	(176−12.4)/176	(176−28.1)/176
正常运转时间率	93%	84%

步骤 3:得出结论。

复印机 A 尽管在购买时比复印机 B 贵了 10 万英镑,但以生命周期来分析,5 年下来,它节约了 24.9 万英镑(A、B 机器操作和维护差价)。另外,A 机质量可靠,比 B 机正常运转时间平均长 9%。换言之,B 机停工时间比 A 机长了一倍。因此,购买时多付的价格实际上在使用寿命周期内得到了回报。

7.2.2 目标成本法

1.定义

目标成本法由 CIMA 定义为:源于市场竞争价格推导出的产品成本估算,它被用来不断改进和更新技术及生产程序,以降低成本。

2.目标成本程序

目标成本,简而言之就是目标价格与目标利润之差。

目标成本法具有如下特性:

①具有主动性和前瞻性,不同于被动的和传统的标准成本。

②变化性,因为目标成本不仅在设计和开发阶段就不断变动,而且贯穿于产品和服务的整个生命周期。强调不断改进意味着目标成本应在整个过程里呈递减趋势。

③以市场为驱动力,这意味着目标成本相对于竞争对手的成本而言是固定的。

④目标成本与功能分析联系紧密。功能分析通过减少或改善产品、服务的功能来进行成本管理。功能分析是由设计、工程、生产、采购、市场和管理职能部门共同组成的团队来承担的,它用来决定如何管理和控制成本以获得预期的目标。

每一成本的组成要素均由团队共同研究商讨,确定如何通过以下过程修改目标成本或提高产品的竞争力:改进设计规范,改进生产技术,替代材料,产品功能的简化或合并,控制包装、营销和运输的成本,通过提高产品可靠性而降低售后服务成本。

3.目标成本法和采购

目标成本法主要是与寻找产品制造商和服务提供商的竞争能力相关联的。但目标成本法也可被采购方以下述方式用在谈判中:

①透露给供应商采购方欲支付的目标价格。

②与供应商一起,明确如何获得含有合理利润的目标价格的途径。

③在双方同意的时间间隔或在合同续签时,将改进产品或价格的条款在合同中明确加注出来。

④向供应商提供核心产品的生命周期的预估值,核心产品中也把外购零部件或组装件一并考虑在内。这样就可以估计在这一特定时间段内供应商所期待的所有需求。这种整体需求可用来协商批量优惠、价格复核以及培训安排。

4.目标成本法和 Kaizen 成本法

Kaizen 成本法是一种日本人用来减少和管理成本的方法。目标成本法和 Kaizen 成本法之间的基本区别在于:目标成本法应用于设计阶段,而 Kaizen 成本法应用于产品生命周期的制造阶段。目标成本法聚焦于产品本身,通过产品设计寻求降低成本的办法。因此,在日本丰田公司,目标成本法是使用价值工程减少产品成本的严格的工程过程。Kaizen 成本法则聚焦在生产过程,而成本减少是通过改进制造的有效性来达到的。Kaizen 成本法的目标是通过精确的数量来减少零部件的成本和生产过程的成本。

7.2.3 ABC 成本法

1.定义

传统的成本计算系统对间接成本的分配是以直接的人工和原材料为基础的。作业成本计算(ABC 方法)对产品或服务的成本的分配是根据与特定的产品或服务的生产相关的特殊作业进行的。对分配到特定产品的成本进行仔细分析时可能会发现,有些供应商的工程间接费用被分配到工程所不需要的已经到期的产品上。

2.ABC成本法组成

(1)作业

作业是指需要进行操作并因此消耗资源的流程或程序。比如给供应商打电话订购就是一个作业。

(2)成本动因

成本动因是工作的直接原因。成本动因反映了产品或其他成本对象对作业的需求。如果作业是交付货物,成本动因就是将要被交付的货物的数量。成本动因应该与度量单位联系起来,并且容易度量。它们之间的联系会对作业和交易成本的关系产生影响,即作业是否会影响交易成本。简易的度量可以很容易度量出作业成本的多少、作业的产品或者服务的使用情况。采购作业的一般成本动因包括申请所要求的货物数量、零件规格的数量、进度表变动的数量、供应商的数量和延迟交付的数量。

(3)成本对象

需要考核绩效的实体,比如产品、顾客、市场、分销渠道和项目。

(4)作业清单

产品或其他的成本对象所需要的作业及其相关成本的清单。

3.ABC成本法实例

表 7-5 中,有两种产品 L 和 S,产品 L 有 1500 个单位,产品 S 有 150 个单位。每种产品都需要进行 2 次生产转换,估计每次转换所需的成本是 900 美元。生产 1 单位的产品 L 需要 2 美元,生产 1 单位的产品 S 需要 3 美元。

表 7-5 ABC 成本法案例(例 1)

	产品 L	产品 S	合计
产　量	1500	150	1650
转换次数	2	2	4
转换成本/单位	900 美元	900 美元	3600 美元
原材料成本/单位	2.00 美元	3.00 美元	3450 美元
常规间接费用/单位	2.08 美元	3.12 美元	
ABC 间接费用/单位	1.20 美元	12.00 美元	

使用常规成本计算方法,生产转换的总成本是 3600 美元(900×4＝3600),总的原材料直接成本是 3450 美元(1500×2＋150×3＝3450),那么每美元原材料所分配的转换成本就是 1.04 美元。产品 L 的常规间接费用就是 2.08 美元(1.04×2＝2.08),产品 S 的常规间接费用就是 3.12 美元。采用这种方法,产品 L 分摊了产品 S 的变动成本,因为产品 L 虽然只负责 1800 美元的转换成本,但是它却分摊了 3120 美元(1500×2.08＝3120)的生产转换成本。

作业成本计算方法识别的成本动因是生产转换的数量,并用它来分配单位成本。产品 L 的分摊额是每单位 1.20 美元(2×900÷1500＝1.20)。产品 S 的分摊额是每单位 12 美元(2×900÷150＝12)。这样与每个产品生产相关的成本就被分摊了。

表 7-6 提供了另一个成本计算方案。假设产品 L 和 S 都有 1500 个单位,但是产品 L 需要 2 次生产转换,产品 S 需要 10 次生产转换。产品 L 使用 2 美元的直接原材料,产品 S 需要 3 美元的直接原材料。采用常规成本计算,生产转换的总成本 10800 美元(12× 900)将被分摊到价值 7500 美元(2×1500＋3×1500)的原材料总成本上。分摊结果是每单位的产品 L 是 2.88 美元(2×1.44),每单位的产品 S 是 4.32 美元。同样,产品 L 又分摊了高于其份额的成本,即 12000 美元中的 7200 美元,尽管它只发生 2000 美元的工程转换成本。采用作业成本计算方法,产品 L 的分摊额是每单位 1.20 美元(2×900÷1500),产品 S 的分摊额却上升到每单位 6 美元(10×900÷1500)。因此,如果你的供应商不使用 ABC 方法,那么你的产品就会因为分摊了与该产品不相关的成本,而使产品的成本比必需的成本高或低。

表 7-6　ABC 成本法(例 2)

	产品 L	产品 S	合　计
产　量	1500	1500	3000
转换次数	2	10	12
转换成本/单位	900 美元	900 美元	10800 美元
原材料成本/单位	2.00 美元	3.00 美元	7500 美元
常规间接费用/单位	2.88 美元	4.32 美元	
ABC 间接费用/单位	1.20 美元	6.00 美元	

7.2.4　总拥有成本(TCO)法

总拥有成本(total cost of ownership,TCO)是与生命周期成本计算较为相似的成本计算方法。总拥有成本不仅包括产品或服务的支付价格,而且还包括申请成本、所有权成本、使用和处理成本。

采购中对质量的重视使经理们越来越认识到,产品或服务的质量不可能高于来自供应商的产品质量。总拥有成本更强调包括效用、担保和利润在内的采购总成本。总拥有成本通过分析供应链的成本和供应链的价值等关系,有助于最终确定供应商。全球竞争力的增强使企业逐渐意识到对总成本的管理不仅要以采购为基础,而且还要以最终产品为基础。

1.确定所有权成本的方法

确定总拥有成本有两种常用的方法。第一种方法是以金额为基础的方法,它收集、分配与真实成本相关的总成本元素。以金额为基础的方法有两种:直接成本方法和方程式方法。直接成本方法是以真实成本为基础的,对它的测算取决于追踪成本的真实来源的能力。这需要使用 ABC 系统来理解所涉及的成本动因。直接成本方法适用于供应商选择、供应商数量的减少、私有化和外购的选择以及流程改进。直接成本模型的主要优点是能与具体的决策环境相适应,而且灵活性强、控制决策复杂度的能力强,以及在识别关键问题方面有效。这种模型的缺点包括模型生成所需时间比较长,不能用于重复性决策,以及对货物和服务的总价值比较低的采购不具有成本效益。

以模型为基础的方法是使用模型分摊真实成本。这些模型是以完成特定工作所需的付出或资源水平为基础而建立的。因为它是可以推广普及的,所以它适用于重复性决策。它还适用于供应商的数量分配、供应商数量的减少、连续的供应商评估以及流程改善。这种方法在模型生成后,使用起来比较容易,并且对重复性决策也是有效的。这种方法的缺点是模型生成所需要的时间比较长,需要定期地检查模型,每种决策方法都需要一种新模型,并且这些模型仅适用于一系列特定的情况。

第二种方法是以价值为基础的,它把定量的数据和定性的数据结合起来,这些模型与成本—供应商评估模型相似,但是它还包括一些其他因素。这种方法主要应用有:供应商选择、私有化和外购的选择以及流程改进。它的优点是可以测定出成本所不能测定的一些问题,可以作为加权因子表示不同要素的重要程度,还可以简便地用于重复性的决策。另一方面,这种模型的产生比较耗时,只适用于重要的或重复性的决策,要素权重的确定是比较困难的。

2.标准的和独特的总拥有成本曲线

总拥有成本曲线可以分为标准的曲线和独特的曲线。独特的曲线适用于对比较特殊的采购活动进行评估,它不能用来分析不同环境下的问题,对灵活性要求比较高和建模需要一系列要素的情况也不能适用。标准曲线更适用于具有类似问题的不同采购活动,它是具有用户友好性的曲线,具有自动分析系统需求,分析重复性采购需求等作用。

尽管总拥有成本曲线中可能包括许多成本,但是通常包括的最主要的成本项目是:价格、交付成本、服务成本、供应商电子数据交换能力、申请成本,还有包括检验在内的质量成本、不一致成本和质量程序。

表 7-7 用标准的总拥有成本法对固定资产采购进行了分析。分析时设定了一些标准的假设数据。固定资产由两个供应商 A 和 B 提供。唯一的主要成本差异在于采购价格和选择成本。年固定成本是由固定资产费用的总额除以有效的生命期的年数而得。在本例中,年数是 4 年,并对每个供应商的"第一年的成本"进行了评估。供应商的总拥有成本分析表明:供应商 A 的设备总成本比供应商 B 的设备总成本低。

表 7-7　资本采购的标准 TCO 模型

标准假设				
全部分摊的人工费用率			设备标准	
不包括:经理	36.00 美元		每英尺的空间价值	2650 美元
不包括:工程师等	36.00 美元		每年的运行周数	52 周
程序员	24.00 美元		财务标准	
技术人员	40.00 美元		有效生命周期	4 年
每小时:操作员	12.00 美元		资金成本	12.8%
管理人员	15.00 美元		税率	38.0%

设备成本	供应商 A	供应商 B
资本化费用		
采购价格	657059 美元	746785 美元
选择和更新	2915 美元	479 美元
服务合同	14815 美元	14815 美元
安装	229630 美元	229630 美元
运费/税	70000 美元	70000 美元
包装	1481 美元	14815 美元
其他	—	—
分摊期间	4 年	4 年
资本化成本/年	247309 美元	269131 美元

第一年支出的成本	供应商 A	供应商 B
工程开支	—	—
备用成本	8400 美元	48000 美元
采购成本	39000 美元	39000 美元
培训	—	—
差旅费	20000 美元	20000 美元
其他		
设备开支		
第一年	67400 美元	107000 美元
总拥有成本	317709 美元	376131 美元

3. 实施 TCO 的不利因素

总拥有成本模型存在着很多弊端,主要包括以下几个方面:数据的可得性、模型的复杂性、用户的抵制和企业文化。即使企业愿意使用总拥有成本模型,仍然有可能得不到必需的数据,甚至不能确定需要什么数据。由于模型的复杂性,生成模型需要的时间比较长,因此简便易用的模型难以生成,再加上相关因素不断变化,用户专家又普遍缺乏。用户对标准模型的抵制方式主要有:对可能失去的权力的不安,对模型可能过于理论化的担心等。同时,企业文化也是难以改变的。为了克服这些不利因素,采购方需要不断地学习新技术,并做好企业间的沟通工作。

7.3 采购成本管理方法

7.3.1 结构化成本管理

1. 成本管理转变

目前,管理者越来越趋向于从整个供应链的角度来考虑价格与成本管理的意义(见图 7-4)。过去,许多企业将其成本管理工作集中于企业内部的成本控制。现在,企业要想获得成本降低带来的全部好处,就必须考虑包含其供应链上下游成员的成本降低方法。

供应链的战略成本管理

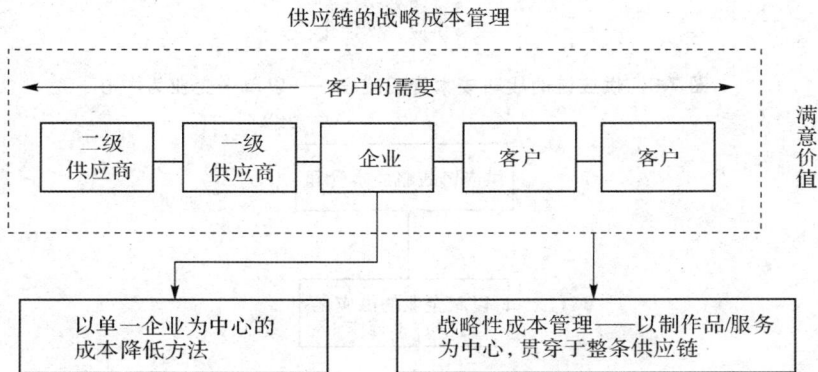

图 7-4 管理方法

这就需要管理人员与雇员从根本上转变思想。然而,由于"以价格为基础"的这种普遍思想在传统的财务管理者心中已经根深蒂固,要完全实现思想转变尚需时日。图 7-4 阐释了以企业内部成本降低为中心的方法,这是目前大多数企业采用的方法。其中许多做法在本书的其他部分已有论述,包括价值工程、价值分析、商品战略、流程改进及建立成本模型。但是"新一代"的成本管理方法正在发展,并把供应链的上下游企业都包括在内。如图 7-5 所示,这种方法通常包括两个或更多个供应链成员的直接参与,他们合作改进流程,降低整个供应链的成本。具体做法包括以团队为基础的价值工程、供应商的改进、跨企业的成本改进、联合头脑风暴、供应商建议方案以及供应链的再设计等。这些方法是刚刚在供应链管理中发展起来的。

战略性成本管理的方法会随着产品所处生命周期阶段的变化而改变。如图 7-6 所示,在产品生命周期的不同阶段适用不同的方法。在最初的概念与开发阶段,采购对建立成本目标起到积极的作用。目标成本/目标价格最早产生于 20 世纪 80 年代的日本,是为了抵消日元对其他货币的升值的影响而发展起来的。目标价格、职能配置与技术共享都是该阶段使用的降低成本的有效方法。随着产品或服务进入设计与投向生产的阶段,供应商的参与、标准化、价值工程与生产设计为使用标准部件与技术、产量调整创造

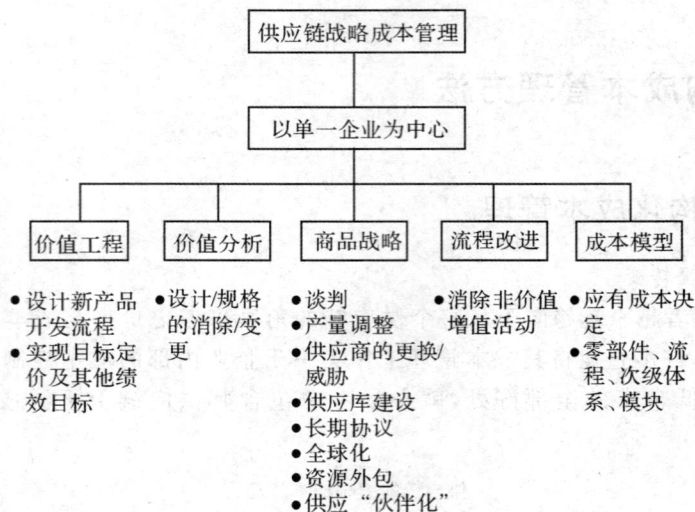

图7-5 供应链的战略成本管理流程——以单一企业为中心

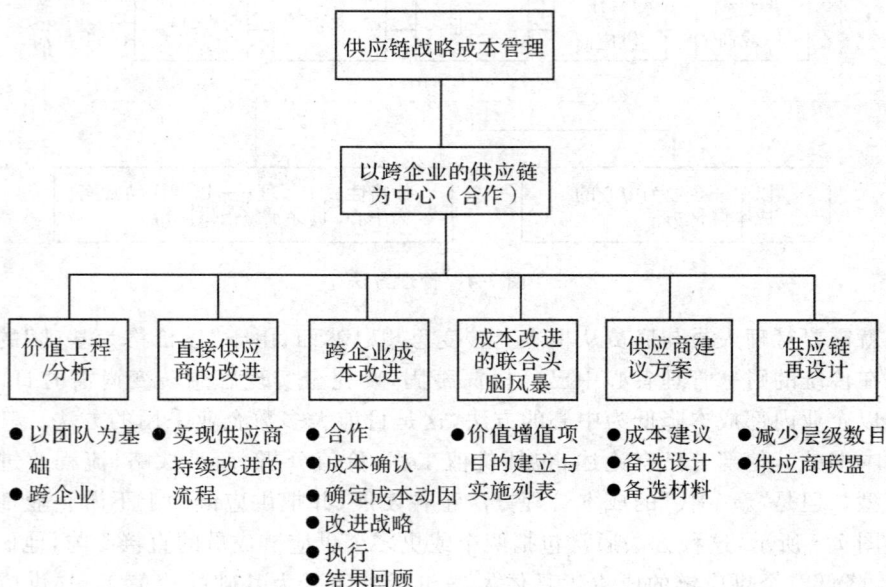

图7-6 供应链战略成本管理流程——以供应链为中心

了更多的便利,从而有利于降低成本。在产品或服务投向市场的阶段,采购将采取较为传统的降低成本的方法,如竞争性招标、谈判、价值分析、数量调整、以节约为目的的服务合同,以及与拓展合同相关的长期定价方法。随着产品接近生命末期,采购时不能忽视环境方法论的潜在价值,应回收或再生产废弃产品。例如,打印机生产者,如施乐和惠普公司,开发了一种新技术,从客户那里回收激光墨粉盒,然后再翻新并重新使用,节省了垃圾处理费用。

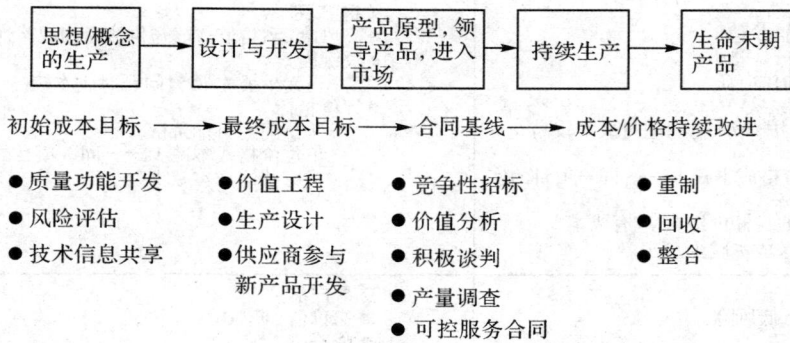

图 7-7　生命周期各阶段成本管理

2. 结构化成本分析框架

当确定降低成本工作的先后次序的时候，企业常使用一种结构化的成本分析框架，类似于图 7-8。如图 7-9 所示，依据价格与成本的比较，每种方法都要求不同的战略重点。一般来讲，对低价值的普通产品，存在竞争性市场，应当以降低总运送价格为重点，而没必要浪费时间对不能产生很大回报的低价值产品作详尽的成本分析。相反，对价值高而且具备竞争性市场的交易产品，可通过传统的招标方法取得。特殊产品面临着不同的挑战，这些产品的供应商极少，企业必须力争降低它们的成本。然而，它们的价值还是较低，如特殊扣件、专用纸、专用 MRO 等。对这类产品，买方应以降低运送成本为重点，也可寄希望于把索价过高的供应商筛除。

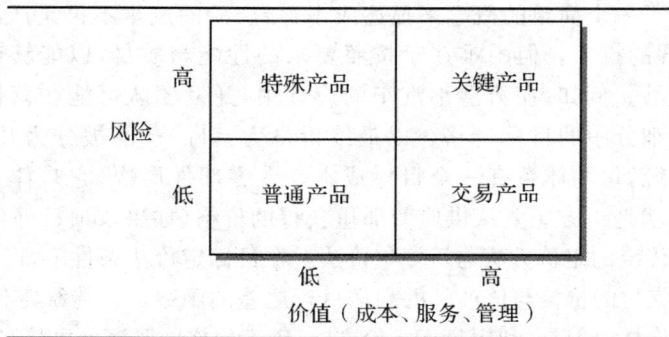

图 7-8　价格/成本管理框架

买方降低成本的分析重点应当是关键产品，它们的供应商相对较少，但是价值较高。管理者应花时间进行成本研究，包括价值分析/工程、成本节省的分享、成本驱动因素的共同确认以及在产品发展周期的早期与供应商的整合。

| 特殊产品
●高风险、低价值
●战略
　　较好的供应商
●关键因素
　　当发生成本/质量问题时成本较高
●评价指标
　　单位价格成本减少——同一项目的实
　　际价格
　　实现的目标价格，"应有成本"
　　总运送成本减少 | 关键产品
●高风险、高价值战略与供应商的战略性伙伴关系
●关键因素
　　当发生成本/质量问题时成本较高
●评价指标
　　所达到的目标价格
　　单位价格成本减少——同一项目的实际价
　　格比共同成本减少 |
| 普通产品
●低价值，低风险
●战略
　　标准化/模块化
●关键因素
　　降低资源获取成本
●评价指标
　　总运送成本的减少
　　售出商品成本改进的百分比
　　运输成本的减少 | 交易产品
●高价值、低风险
●战略
　　影响较优的供应商
●关键因素
　　材料成本减少
●评价指标
　　与市场指数相对照，改进价格 |

图 7-9　价格/成本管理方法

7.3.2　目标定价法

目标定价法是在新产品发展周期初始阶段，在买方与卖方之间建立合同价格的一种新方法。日本的制造商为了推动工程师选择生产成本低的设计而创立了目标定价法。这些制造商提出了一个简单的概念来描述成本：新产品的成本不再是产品设计过程的产出，而是这一过程的投入。但困难在于按照要求的性能与质量，以能够产生合理利润的成本设计一种产品。例如，在新型小汽车的设计中，开发团队可能和营销部门一起决定新车型在其市场细分中的目标价格。以最终价格为基础，产品被分为几个主要体系，如发动机和动力系统，每一体系有一个目标成本。在零部件层次（它是体系层次的进一步分解），目标成本就是买方想要从供应商那里获得的价格（如果该项目外包）。

下面将比较传统的定价方法与目标定价法。在目标定价法条件下，产品可接受的成本是目标市场愿意支付的价格与该产品的利润目标之差的函数。在传统定价方法下，产品成本＋利润＝销售价格。但是，利用目标定价方法，销售价格－利润＝可接受的产品成本。

一般来讲，第一次谈判通常不能让供应商实现目标成本。并且，供应商提供产品或服务的当前价格可能高于买方企业设定的目标价格。这两个数字之差就是战略性的成本削减目标。第一差距必须通过双方的共同工作来弥合，如价值工程、质量功能配置、生产/装配的设计与标准化等工作。如果在产品层次设置的目标成本太具掠夺性，目标成本就不能实现。如果设置的战略性成本削减的挑战性太低，就很容易实现目标成本，但是会损害市场竞争地位。在设置目标价格与目标成本时，新产品开发团队应当在头脑中保持着目标成本法的基本准则：目标成本不容违背。另外，即使工程师们找到一种方法能改进产品功能，也不能做这些改进，除非它们能抵消额外成本。一旦买方与供应商就合同的第一年建立了一个目标价格，产品的生命周期之内剩下的成本削减就可以通过成本定价法来实现。

由于现实的以目标和成本为基础的定价协议既长又复杂,下面的例子仅说明这种战略性成本管理方法的基本原理。

买方想购买一种定制的零部件,作为构成最终产品的一部分。通过与营销部门的商量,最终产品的销售价格确定了,这一价格已经被分解到了零部件层次,双方都同意该零部件第一年的目标采购价格(或销售价格)是 61 美元。买方以这个价格为目标,作为实现最终产品总目标价格的一部分。

成本定价方法以最有效的生产程序为基础确定其成本结构。这种方法不奖励无效工艺或生产。此例中,供应商的成本与回报要求成为决定既公平又具竞争性的价格的基础。双方都同意谈判协定基于成本的方法,因为双方建立了密切的工作关系来分享详细的成本数据。

表 7-8 给出了建立成本基础购买合同所需的成本与投资的数据。双方必须确认与所购零部件相关的成本与供应商投资,确认供应商的资产回报要求并达成一致,确认供应承诺的年绩效改进目标。这些图表为在合同的整个生命周期内评价成本和价格提供了基础。

表 7-8　目标定价法主要数据举例

第一年的目标价格 61.00 美元		
谈判/分析的成本结构		
材料		20 美元/单位
劳动价格率		8.5 美元/单位
间接费用率*		直接劳动的 200%
废品率		10%
销售费用,一般费用和管理费用率		制造成本的 10%
有效率的产量范围		125000+/-10 单位
计划产品寿命		2 年
协定的投资回报率		30%
	第 1 年	第 2 年
供应商投资	300 万美元	200 万美元
供应商总投资		500 万美元
供应商改进责任		
直接劳动		每年降低 10%
废品率		每年降低 50%
协定的绩效改进所带来的改善:按 50/50 分配		

　*"间接费用"是会计术语,用来描述不能与确切的产品或产量对应的制造或生产成本,是非直接的或分摊的成本。

表 7-9 给出了合同每年的成本分解明细和随之而来的零部件价格。第一年的数据包括表 7-9 所示的谈判或分析的信息。在第一年,发生的如下事件,会影响第二年开始时的销售价格:

- 由于物料涨价,总物料成本增长 4%。
- 价值评价合作小组发现了一种替代物料,它能使每单位物料成本降低 1.5 美元。
- 由于安排好的供应商工资增长合同的规定,每单位产品的工资率增长 3%。
- 供应商通过减少废品和提高劳动生产率实现了协议的生产率改进目标。

第二年的数据包括了这些事实:价值分析小组确认的 1.5 美元的原材料降价中,供应商获得了 50%。第二年的利润数据中包含了供应所分享的物料成本的降低,第二年开始时的销售价格变成 56.27 美元。鉴于共同、持续的成本改进,在物料和人工成本实际上上涨的时候,采购价格却降低了。此例以计算机行业的真实案例为基础,说明通过联合的成本/价格分析可以挖掘绩效改进的潜力。

在设计与开发的早期,建立成本与价格的协议有助于通过合作降低物料成本。利用成本定价法可以推进合作,实现共同目标。买方降低了所购产品的成本曲线,并且为持续的成本改进建立了基础。供应商也从长期合同中得到了好处,以其投资为基础获得了合理利润,并在买方的分析与帮助下改进了绩效,竞争力不断提高。

表 7-9 成本定价法实例中成本与利润的分解明细　　　　　　　单位:美元

	第 1 年	第 2 年	
物料成本	20.00	19.24	物料价格下降 1.50 美元,加上总物料的 4% 的增长 [(20.00−1.50)×1.04]
人工成本	8.50	7.88	降低 10%——按合同目标所作的改进加上 3% 的增长(8.50×0.9×1.03)
间接费用(200%×人工成本)	17.00	15.76	
总物料成本、人工成本与间接费用	45.50	42.88	
废品率(10%)	4.55	2.14	废品率从 10% 降到了 5%——合同目标(42.88×0.05)
生产成本	50.05	45.02	
销售成本与管理费用(10%)	5.00	4.50	
总成本	55.05	49.52	
利润*	6.00	6.75	包括从共同的物料价格降低中分享的 0.75 美元 [6+(1.5÷2)]
销售价格	61.50	56.27	第 1 年的事件发生以后的新售价

*利润以买卖双方协定的投资额的 30% 为回报基础。
利润=(两年的总投资 500 万美元×0.3)/总产量 250000 单位
　　=6.00 美元每单位利润

7.3.3 成本/价格分析技术的选择

本章研究了大量的成本分析技术,比如生命周期成本计算、学习曲线、目标成本计算和总拥有成本,也论述了竞争性招标、与公布的价格的对比、历史对比和成本估算等价格分析技术。读者很自然地会问:"应使用哪种技术?"Lisa Ellram 博士(C. P. M.)建议应考虑采购的性质和期望与供应商建立的关系。可根据与供应商建立的关系类型生成以下关系矩阵,关系矩阵被分成四个象限,分别命名为杠杆作用、战略性的、低影响的和关键的(见图 7-10)。

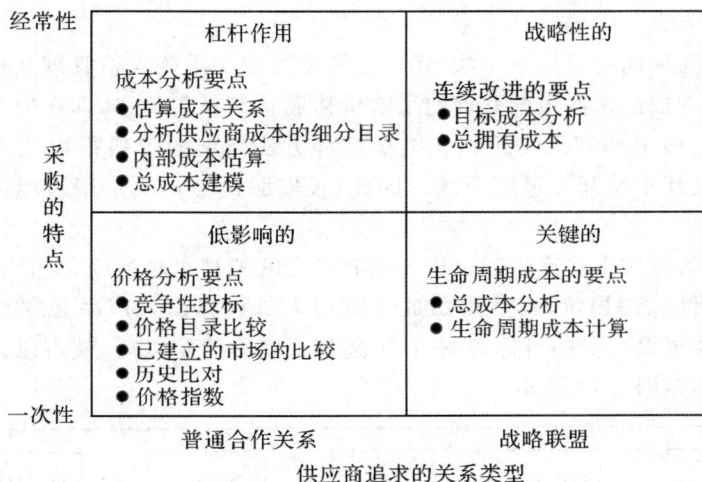

```
经常性    ┌─────────────────────┬─────────────────────┐
          │     杠杆作用          │      战略性的         │
          │                     │                     │
          │ 成本分析要点          │ 连续改进的要点         │
          │ ● 估算成本关系        │ ● 目标成本分析         │
   采     │ ● 分析供应商成本的细分目录│ ● 总拥有成本          │
   购     │ ● 内部成本估算        │                     │
   的     │ ● 总成本建模          │                     │
   特     ├─────────────────────┼─────────────────────┤
   点     │     低影响的          │      关键的           │
          │                     │                     │
          │ 价格分析要点          │ 生命周期成本的要点      │
          │ ● 竞争性投标          │ ● 总成本分析          │
          │ ● 价格目录比较        │ ● 生命周期成本计算      │
          │ ● 已建立的市场的比较    │                     │
          │ ● 历史比对           │                     │
  一次性   │ ● 价格指数           │                     │
          └─────────────────────┴─────────────────────┘
              普通合作关系              战略联盟
                    供应商追求的关系类型
```

图 7-10 成本/价格分析技术

资料来源:Ellram,L. M. What Tool to Use When? ISM Insights,1996:6−7.

1.杠杆作用采购

杠杆作用采购是正在进行的采购,这种采购方法比较安全。因为这些物资是相对重要的,采购方的要点是成本分析。相关的工具包括估算成本关系、总拥有成本和内部成本估算。

2.低影响采购

低影响采购是一次性采购量很少的采购行为,它对企业成功的影响比较小。这些类型的产品或服务可使用快速和较低的历史成本、公布价格的对比或竞争性招标等价格分析技术。

3.战略性采购

战略性采购是重要的、持续发展的采购,采购方希望与供应商保持紧密的关系,比如生产原材料。适当的分析工具是总拥有成本、历史对比和内部成本估算。

4.关键采购

关键采购通常是大的、一次性的很少见的采购,它对企业的成功非常重要,比如固定资产或者计算机系统。最适当的成本计算技术是总拥有成本。

⤷ **案例分析**

长安汽车股份有限公司的采购成本优化管理

从汽车企业成本发生的类型来看，主要有采购成本、加工成本和管理成本等。供应商的采购成本根据所从事行业的不同，分别占到总成本的 55％～70％，主机厂采购成本所占比例更是高达 70％，如果能有效降低采购成本，就抓住了成本优化的关键。长安汽车股份有限公司决定以增强供应链竞争力的采购成本优化管理为突破口，全面实施成本优化战略。

1. 优化管理方案

采用以市场为导向的目标成本法，建立新车型配套件采购价格管理新模式。汽车行业通常采用成本加成法来制定配套件的采购价格和整车销售价格，即在完全成本的基础上加一个利润额，构成所制定的价格。按照这种方法制定的价格很可能得不到市场接受，也不容易满足新车型开发进度要求。因此，长安股份公司决定用目标成本法取代成本加成法。

确定单车材料总成本。首先通过市场调研确定既能被市场接受，又符合公司战略意图的新车型单车目标销售价格，然后由成本管理人员计算出该产品必须承受的制造成本、期间费用以及可以接受的目标利润，在上述指标基本确定以后，就可以计算出新车型单车材料总成本，如图 7-11 所示。

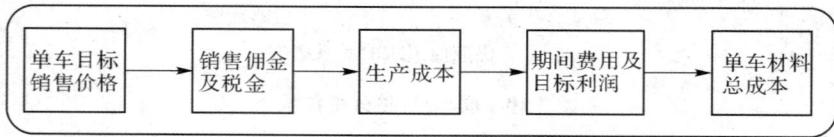

图 7-11 单车材料总成本推算流程

制定零部件技术系数。零部件价格系数是指单一零部件占整车材料成本的比重。技术系数是在基准车型零部件价格系数的基础上，经产品开发部门根据结构、材料、工艺等技术因素的变化，综合评估每个零部件的变化程度，将原价格系数给予适度修正后确定的该零部件占新车型整车材料成本的比重。

采用招、议标相结合，价、量相结合的方法制定"已定点未定价"和改型配套件的采购价格，建立价、量、点三合一的改型车配套件采购价格管理新模式。"已定点未定价"的零部件属于遗留问题。改型配套件的定价任务也很重，虽然公司现在生产的车型只有一个平台，但衍生车型品种却有数百个，它是新品定价的重要组成部分。

该公司针对配套零件供货状态及质量状况的复杂性，将招标和议标相结合。对配套供应商生产能力不均衡、"假两家，真独家"或产品质量状况不稳定的情况，采用以财务部主导，相关部门参与的议标方式确定价格。议标方式的引入，使得整个"改进方法"能够处理各种复杂情况。对生产能力均衡，产品质量状况稳定，没有特殊保护需要的零部件采用招标的方式制定价格。

对需要议标的零部件,财务部先制定目标价格,然后由供应商报价,公开开标后按供应商报价高低排出第1标和第2标顺序,依次和财务部谈价。经过这一轮谈判,如果供应商接受目标价格,就达到了议标的目的,如果都不接受目标价格,直接转为招标。

对需要招标的零部件,确定以"价量结合"的方式来制定配套零部件采购价格。对供应商投标价格最低的,长安公司从订货数量上给予支持,鼓励供应商依靠自身综合实力从规模中找效益。

若一个配套零件有两家供应商供货,一般按7∶3执行第1标和第2标供货比例。有三家配套供应商的,按6∶3∶1的供货比例执行。对一个配套零件存在既有国外引进又有国内供应商供货的情况,首先明确引进数量比例,剩余部分再由国内供应商通过招、议标方式投出的价格确定订货比例分配方案。

利用成本函数原理,建立价量曲线指导成熟车型配套件降价运作管理新模式。单位产品成本会随产量的增加而逐步降低,主要在于固定成本摊薄。如果能准确建立零部件的成本—产量模型,便可以根据整车产量的变化,准确测算零部件的成本下降幅度。

按零部件的加工工艺分类,成立了以财务和技术为核心的机加、冲焊、电器、橡塑、总装杂件和发动机共6个调研小组,抽调了财务、技术和配套处等部门40多位业务骨干人员参加。

调研小组按零部件价值排序,分别从成本构成、加工工艺和技术含量三个方面分层逐步筛选,结合产品重要性和降价潜力性分析,选择了100个零部件进行调研,其价值覆盖了采购总价值的70%,保证了样本量足够大。

以公司的采购总金额和供应商的成本费用数据作为基准,将所有采购零部件分为汽车、发动机两大系列,每个系列再细分为机加、冲焊、电器、橡塑、总装杂件5大行业,分别建立起分行业的成本—产量数学模型,计算出当采购金额在各种不同增幅情况下固定成本的下降幅度,就可以绘制出各个行业的价量曲线,用以指导与供应商的谈判与合作。

2.实施效果

通过实施采购成本优化管理,长安汽车股份有限公司的供应链成本结构得以优化,和供应商的关系得以紧密,供应链的综合竞争能力显著增强。新车型开发比基准车型单车采购成本下降22%,至今已为公司节约采购成本5千万元。运用目标成本法制定零部件价格,客观上也促使供应商积极采取措施,不断挖潜降低成本,供应商在成本下降中获利30%。通过这样持续的努力,促使主机厂和供应商都成为行业的成本领先者。

(案例来源:刘圣华,马士华.汽车企业的采购成本优化管理.中国物流与采购,2008(2):70-71.)

☞ 思考题

1.采购成本组成要素是什么?

2.采购成本的生命周期法如何分析成本?

3.TCO、目标成本法、吸收成本法的区别是什么?

4.采购成本如何管理?各方法的优缺点是什么?

第8章

采购质量管理

☞ **本章要点**

　　本章首先介绍采购质量管理的内涵、基本内容和保证体系,然后从质量检验和试验、工序质量控制、供应商认证三方面探讨质量管理方法,最后分别阐述了图表法、失败模式和后果分析法、质量机能展开、ISO 质量检验、过程统计控制等采购质量控制方法。

8.1　采购质量管理概述

8.1.1　质量定义

　　质量的定义有多种。ISO8402 把质量定义为:产品特征与特性的总和,它影响到满足给定要求的能力。此定义中,"产品特征与特性"代表了一种能力,即识别质量的哪些方面可以被衡量或被控制的能力,或构筑一个被认可的质量水准(acceptable quality level,AQL)的能力,而"满足给定要求的能力"涉及产品的价值或向客户提供的服务,其中包括经济价值以及安全性、可靠性、耐用性和其他相关特性。

　　Crosby 把质量定义为"与要求的一致性,而非其精良性"。他还强调,对质量的定义除非是完全建立在客户要求的基础上,否则就没有任何意义,也就是说,一件产品只有在符合客户要求时才成为有质量的产品。

　　Juran 把质量定义为"适用的性能"。这个定义包含了设计质量、与要求的一致性、可用性和良好的现场服务质量。然而,到目前为止,对质量并没有一个统一的定义。例如,Garvin 总结了定义质量概念的 5 个法则及衡量质量的 8 个尺度。这 5 个法则是:

　　(1)绝对法则

　　质量是绝对的并被统一认可的。此概念同产品属性与特性息息相关。

（2）基于产品的法则

质量是一个精确的和可衡量的变数。在此法则中质量的差别反映了某产品某些特征的量的差别。

（3）基于可用性的法则

质量被定义为"适用性"或"完成指定功能的程度"。

（4）基于制造的法则

质量是"同规范相符的性能"，即由产品设计者确定的指标和误差。

（5）基于价值的法则

质量被定义为成本与价格。在这里，一件有质量的产品就是以其可接受的价格提供某种功能或其功能同其成本相符的产品。

这些对质量的不同定义经常互相重合并可能互相抵触。随着产品由设计阶段向市场阶段的推进，对质量的看法也有所变化。正是由于这些原因，在构架全面质量理论的时候，全盘考虑上述几个观点就显得尤为重要。

Garvin 的 8 个衡量质量的尺度是：

①技术性能——产品的操作性能。

②可靠性——在规定的使用条件下，在规定的时间周期内产品正常工作的概率。

③维修性——自行修理或送予他人修理的速度、可行性及难易程度。

④一致性——所提交的产品能符合事先约定的标准的程度。

⑤耐久性——衡量产品在其损坏之前的特定工作周期内的使用情况。

⑥特色性——即"锦上之花"或是产品基本功能之外的高级特色。

⑦审美性——有关一件产品外观、手感、音色、口味或气味之类的个性化判断。

⑧概念性质量——这同生产商的信誉密切相关。和审美观点一样，这是个性化的评价。

以上各个特性的相关重要性将视具体情况而定。但是，在商业的或工业的采购决定中起最重要作用的因素将是技术性能、可靠性、一致性、可用性和可维修性。

能决定一个具体应用中"合格质量"的其他因素有：

• 价格——具有竞争力的产品价格将决定组成该产品的零部件的买入价。

• 客户要求的规范，或由法定的或类似组织机构作出的规范。

• 耐久性也影响到对零部件的质量要求，例如，若最终产品要求使用寿命只是 3 年，在有便宜替代品的情况下，就没有意义使用具有 5 年寿命的零部件。产品的信誉必须成为优先考虑的因素。

质量是通过均衡适用性、技术性能、安全性和可靠性等技术因素和包括价格可用性等在内的经济因素来决定的。因此，在具体应用中应当寻求最适度质量，而非最高的质量。

正如英国标准协会（the British Standards Institution，BSI）指出的那样，在规划质量要求时，目标应总是定在适度质量的下限（而非最高的质量），为的是不增加不必要的成本开支，不约束生产制造过程，以及不限制可能的替代品的使用。

8.1.2　采购质量管理内涵

质量是反映实体满足明确和隐含需要的能力的特性总和(ISO8402—1994)。

根据哈佛商学院大卫·加温(David Garvin)教授的观点,它至少包括七种含义:

①性能:产品或服务的主要功能。

②特征:附加到产品或服务上的各种次要的感知性能。

③耐久性:在一定时期内失灵的概率。

④合格性:满足规格。

⑤服务性:维护性和容易安装。

⑥美学性:外观、气味、感觉和声音。

⑦印象质量:顾客眼中的形象。

而从采购的角度看,应该具有第8个含义,即"可采购性",也就是市场上长期和短期以及在合理价位上的可获得性和产品性能不断改进的能力。

质量就是顾客需求被满足的程度。当供应商和消费者对产品的要求达成一致并且要求被满足时,就认为产品或服务满足质量需求。为此,质量包含了产品的技术性能以及用户的易使用性、易操作性,还包括产品的包装和运输、售后服务等内容,是一个广义的概念。

采购质量对采购活动提出了必须面对和解决的三个问题:第一,怎样把质量管理原理运用在采购部门的动作中;第二,怎样与供应商合作,不断改进和提高产品的质量;第三,怎样建立采购管理质量保证体系。因此,采购质量就是指一个组织通过建立采购质量保证体系,对供应商提供的产品进行控制和评价,确保采购的产品符合规定的质量要求。

质量管理是为保证和提高产品质量所进行的调查、计划、组织、协调、控制、检查、处理及信息反馈等各项活动的总称,它的实质是通过企业一系列的管理工作来保证和提高产品质量,从而让用户满意放心。

采购质量管理的主要内容是对采购部门本身的质量管理和对供应商的质量保证。因此,采购质量管理就是通过对供应商质量的评估和认证,建立采购管理质量保证体系,为保证企业的物料供应质量所进行的计划、组织、控制和协调等各项活动的总称。

8.1.3　采购质量管理基本内容

采购质量管理是采购管理工作的重要内容,它直接影响到物料使用部门能否生产出合格的产品,这对企业来说是生死攸关的大问题。

要实现质量保证的目标,采购质量管理工作的主要内容包括三个方面:一是采购部门的质量管理;二是对供应商的评估和认证;三是采购质量保证体系的建立和运转。

1.采购部门的质量管理

采购部门本身的质量管理是企业质量管理的一项基本管理活动,它的根本任务是根据生产的需要,保证采购部门适时、适量、适质地向生产部门提供各种所需的物料,做到方便生产,服务良好,提高经济效益。

(1)物料采购供应的计划工作

在面临较复杂的采购情况下,针对多品种多批次的需求,采购部门进行需求分析,涉及企业各个部门、工序、材料、设备、工具及办公用品等各种物料,进行大量的、彻底的统计分析,在此基础上编制物料采购计划,并检查、考核执行情况。

(2)物料采购供应的组织工作

依据物料采购计划,按照规定的物料品种、规格、质量、价格、时间等要求,与供应商签订订货合同或者直接购置。

①运输与组织到货。确定供应商与采购方案后,根据采购计划内容(包括质量、运输方式、交货时间、交货地点等)要求,组织运输与到货,并尽量在合理时间内提前完成。

②验收。物料到货后,根据有关标准,经有关部门对进厂的物料进行品种、规格、数量、质量等各方面的检验核实后方可入库。对于质量连续不合格的物料供应商,一方面提请供应商进行质量改进,另一方面,如果供应商的物料质量已经达到极限,则应从物料设计系统入手,选择适合大批量生产的物料种类。对于质量连续符合标准的物料供应,则可以考虑对供应商实行免检。实行免检的物料事先要签订"质量保证协议",并列出相应的处罚措施,从合同上对供应物料质量进行制约,提高供应产品的质量。

③存储。对已入库的物料,要按科学、经济、合理的原则进行妥善的保管,保证质量完好、数量准确、方便生产。

④供应。根据生产部门的需要组织好生产的物料准备工作,按计划、品种、规格、质量、数量进行发送。

(3)物料采购供应的协调工作

在一个企业中,采购部门与生产部门由于分工往往会产生一些矛盾与冲突,对这些矛盾与冲突就需要进行协调,协调的对象归根到底是人际关系,应通过沟通来克服障碍,从企业的目标和利益出发进行协调,从而达到提高产品质量和经济效益的目的。

(4)物料采购供应的控制工作

由于采购活动涉及资金的流动以及各方的利益关系,为了减少贿赂所带来的采购物料质量差以及采购活动所带来的风险,必须加强采购控制工作,建立采购预计划制度、采购请求汇报制度、采购评价制度、资金使用制度、到货付款制度、保险制度等。

2. 供应商的评估和认证

在供应链管理的环境下,为了降低企业的成本,往往需要减少供应商的数量,当然,供应链合作关系也并不意味着单一的供应商。从供应链管理的需要和采购产品的质量出发,企业采购质量管理要求进行供应商的评估和认证。

采购质量管理的重点之一在于正确地选择供应商,因此首先是供应商的评估。

(1)供应商评估

为了对供应商进行系统、全面的评估,就必须建立一套完善的、全面的综合评估指标体系。

（2）建立供应商评估指标体系

为了对不同行业、不同产品、不同背景的供应商进行合理的评价,可以从一些基本的共性出发,确定评估的项目、标准以及所要达到的目标。因此,评估指标体系主要包括供应商的业绩、管理水平、人力资源开发、成本控制、技术开发,特别是质量控制、交货期、运输条件、用户满意度等指标。在此基础上成立评估小组,制定相应的评估管理办法。

（3）供应商分类及评估

我们可以把供应商分成两类:一类是现有的供应商,第二类是潜在的供应商。对于现有的合格供应商,每个月进行一次调查,着重对价格、交货期、合格率、质量等进行正常的评估,1～2年进行一次详细的评估。对于潜在的供应商,其评估的内容要详细一些,首先是根据产品设计对原材料的需求,寻找潜在的供应商,由其提供企业概况、生产规模、生产能力、经营业绩、ISO9000认证、安全管理、样品分析等基本情况,然后进行报价,接着对供应商进行初步的现场考察,考察时可以按照ISO9000系列标准进行,然后汇总材料小组讨论,在进行供应商资格认定之后,一般考察三个月,如果没有问题,再确定为正式的供应商。

3.采购认证体系的建立与运转

采购认证是针对采购流程的质量而言的,对采购的每个环节从质量的角度进行控制,从而控制供应商的供应质量。

（1）对选择的供应商进行认证

具体内容包括以一定的技术规范考察供应商的软件和硬件。软件是指供应商的管理水平、技术水平、工艺流程、合作意识等,硬件是指供应商设备的先进程度、工作环境的完善性等。

（2）对供应商提供的样品进行试制认证

具体分两个阶段:第一阶段,对供应商外协加工的过程进行协调控制,例如设计人员制定的技术规格和供应商实际生产过程是否存在出入;第二阶段,认证部门会同设计、工艺、质量管理等部门相关人员对供应商提供的样品进行评审,看其是否符合基本规格和质量要求。

（3）对供应商提供的小批量物料进行中试认证

这是由于对物料的质量检验主要是通过测量、监察、试验、度量,与以往规定的标准进行比较看其是否吻合,但是样品认证合格并不代表小批量物料就能够符合质量要求,往往小批量物料的质量与样品的质量存在差异,因此,中试认证是必要的。

（4）对供应商提供的批量物料的批量认证

其质量控制表现在两个方面:一是控制新开发方案批量生产的物料供应质量的稳定性;二是控制新增供应商的批量物料供应质量的稳定性。

（5）保持动态平衡

在供应链管理的前提下,企业的需求和供给都在不断地变化,因此在保持供应商相对稳定的情况下,应该根据实际情况及时修改供应商评估标准,或者进行新的供应商评估。因此,合格的供应商队伍应当始终保持动态,形成一种激励机制和竞争机制,从而促使供应商注重和改进产品质量。

(6)以质量为前提

在评估指标体系中,质量是最基本、最重要的前提,虽然价格也很重要,但只有在保证质量的前提下,讨论价格才有意义。此外,供应商评估指标体系中,在行业中的地位、声誉、信用状况、领导的素质也具有很重要的参考价值。

建立供应商评估指标体系的优点是可以避免在选择供应商时掺入过多的主观成分,从而加强质量管理,选择出优秀的供应商。

8.1.4 采购质量管理保证体系

采购质量保证体系是企业质量保证体系的一个组成部分,是专项质量管理体系之一,它具有目的性、集合性、相关性、整体性、适应性等特征。

1. 采购质量管理机构

为了使采购质量保证体系能够卓有成效地运转,使采购部门所采购的产品符合规定的要求,就需要建立一个负责采购质量的组织、协调、督促和检查工作的部门,作为采购质量保证体系的组织保证。这个就是专职的采购质量管理机构。它能起到协调技术部门、使用部门与采购部门,供应商与采购部门的作用,使各部门配合得更好。因此,设立采购质量管理专职机构能够避免各自为政,发挥综合优势,更好地提高采购质量。

采购质量管理专职机构在组织开展采购质量保证体系活动中的主要作用有:

①统一组织协调采购质量保证体系的活动,帮助和推动各方面采购质量管理工作。

②提高采购质量管理活动的计划性,把采购质量保证体系各方面的活动纳入计划轨道。

③对各部门的采购质量管理的职能和采购质量保证的任务,进行经常性的检查和监督。

④统一组织采购质量管理信息的流通和传递,并使之充分而有效地发挥作用。

⑤研究和提高采购质量保证体系的功效。

⑥掌握采购质量保证体系的动态,积极促进组织内部及组织与供应商之间新的协调和平衡。

采购质量管理专职机构在采购质量保证体系中的主要职责是:协调采购副总经理进行日常采购管理工作;开展采购质量管理宣传教育;组织采购质量管理活动,编制采购质量管理计划;督促检查采购质量计划的完成情况;制定降低质量成本的目标和方案,协同财务部门进行质量成本的汇集、分类和计算;协调有关部门的采购质量管理活动;研究和推广先进的采购质量管理方法;指导质量管理小组的活动;组织供应商的评估,采购产品的质量调配,进行采购质量评价等。

2. 采购质量管理制度

通过对采购管理工作中有关质量管理的业务工作流程进行分析,使其合理化,并固定下来,这就是采购质量管理制度。建立采购质量管理制度可以使采购质量管理条理化、规范化,避免职责不清、互相推诿,所以它既是采购管理质量保证体系的重要内容,也是建立采购管理质量保证体系的一项重要的基础工作。

（1）加强进货检验

加强进货检验的质量管理包括：进货的验收、隔离、标识；进货检验或试验的方法以及判断依据；所使用的工具、量具、仪器仪表和设备维护及使用的要求；对检验员、试验员的技能要求。

（2）做好采购质量记录

做好与采购质量有关的记录：一是与接收产品有关的记录，如验收记录、进货检验与试验报告、不合格反馈单等；二是与可追溯性有关的质量记录，如发货记录、检验报告、使用记录等。

（3）采购质量的检查

采购质量检查的主要内容有：是否与供应商建立并保存采购质量控制的局面程序；审查供应商的资格的供货能力，对按 ISO9000 要求选择的供应商，要对其质量体系进行审核；对供应商要进行供货能力的评估和持续供货能力的评估，并保存好供应商的档案。

（4）制作采购文件

采购文件在制作前，首先应对采购的物料进行验证，对供应商进行验证，并保存好记录、验证合同；对采购物料的适用性进行认真的审核。

（5）达成详细的质量保证协议

要与供应商达成明确的质量保证协议，其中的要求是要得到供应商的认可，质量要求要充分适当，综合考虑其有效性、成本、风险等方面的因素。通常质量保证协议包括供应商的质量体系、货物的检验、试验数据以及过程控制记录、供应商进行全检或批次抽样检验的记录。企业对供应商的质量体系要进行评估，对接受的货物要进行检验。

（6）达成采购物料验证方法的协议

采购物料验证方法协议的作用是对供应商提供的产品的验证方法作出明确规定，同时防止由于验证方法的不一致所产生的对产品质量评价的争议。

企业要与分承包方达成明确的验证方法的协议，协议中规定的质量要求和检验试验与抽样方法应得到双方的认可和充分理解。通常验证方法协议的内容有检验或试验依据的规程（规范）、使用的设备工具和工作条件、判断的依据、双方交换检验数据和试验数据方面的协议和方法以及双方互相检查检验或试验方法、设备、条件和人员技能方面的要求。

8.2 采购质量管理方法

8.2.1 质量检验和试验

检验和试验可以在采购过程的不同阶段进行。在供应商作出承诺之前，有必要对样品进行试验，以检查它们是否能够满足期望的用途。类似地，当有多个不同的产品来源时,可以通过比较试验来决定哪个产品更好。在作出购买承诺后,可能还需要进行检验以确保运送的产品满足初始的规格条件。

1. 试验和样本

在作出购买承诺之前,对商品进行试验是很有必要的。因为最初选定一个产品的时候,可能只是基于某次试验或者只是经过初步的试用。

当供应商提供样品进行试验时,采购者所遵循的一般规则是:只接受那些有合理机会被采用的样品。既然采购者一直在试图寻找那些能够被证明比现用的更优良的产品,他就可能更倾向于接受样品而不是拒绝它们。然而,由于各种各样的原因,对此想法还是要小心应对。样品成本会使供应商产生一定的费用,采购方也不希望销售人员期望过高。有时,采购方也会由于缺少足够的检验和试验设施而产生一定的费用。为了满足这些目标,一些企业坚持要求对所有接受试验的产品支付货款。这一方面是因为,采购方觉得当这一样品通过普通贸易渠道售出时,将不得不再增加一个代表性的样品;还有一部分原因是,这样采购方就不会感到对供应商有任何购买义务。有一些企业只有当样品的价值很高时才为其付款;另一些企业则遵循这样的规则:谁最先要求试验,谁就为试验的样品付款;还有一些企业只有当测试结果令人满意时才为样品付款。然而通常的规则是由供应商承担样品费用,理由是:如果供应商确实想获得这笔交易并且也对其产品有足够的信心,那么他们应该承担起免费提供测试样品的费用。

试验的种类也随着一些因素的变化而不同,这些因素包括:采购方对各种试验类型的费用所持有的态度、待试验的产品类型、产品的相对重要性以及采购方的试验设施等。有时候,做一次试验就已经足够了,比如油漆和地板蜡。试验的一个优点是:可以在产品将被使用的具体条件下,试验它能否满足期望的专门用途。然而风险依旧存在:如果试验失败,可能要付出昂贵的代价,也可能会中断运作和生产。这种试验可能由商业性测试机构完成,或者是在企业自己的质量控制部门进行。对零售商而言,可能会在一个或更多个商店开展这种试验,以验证顾客需求是否大到足以令商家经营这种产品。

实际的样品处理程序没有必要在这里给出。重要的是对于接到的每件样品,都应该作出完整的记录。这些记录应该描述出产品的试验类型、试验条件、试验结果以及供应商关于这个结果所作的任何说明。比较好的做法是,与供应商代表讨论试验的结果,以便让其知道样品已经得到了公平的评价。

2. 检验

检验的最理想情况当然是产品根本就不需要检验。它实现的可能性大于:采供双方合作实施的质量保证措施已经使产品质量有了出色表现,也验证了供应商产品记录的可靠性。但是,并非所有企业都能达到令人满意的结果,所以论述一下与检验和产品质量有关的常见观点还是很有用处的。

正如详细描述产品规格是为了向供应商提供所出售商品的详细信息一样,检验的目的是为了使采购方确信供应商运送的商品满足其所描述的产品特性。尝试新的供应商的时候,对其产品和服务必须给予特别关注,直到它们被证明可靠时为止。然而,生产方式和技能总是不断改变,即便供应商也是如此。操作工人会变得漫不经心,错误又经常发生,供应商还时常试图减少成本导致产品质量受损。因此,由于一系列的原因,对采购方而言,忽视检验手段和程序是件很糟糕的事情。单是耗费时间和财力制定出令人满意的产品规格没有任何意义,除非再制定出详细条款,监督供应商的产品能够达到这些规格标准。

检验的种类、频率以及彻底程度依情形而定。比较可行的办法是,采供双方在制定规格时,也同时制定出检验和试验程序,以保护采供双方的利益。采供双方需要制定出抽样程序以及所进行试验的步骤、性质及流程。这样,不管双方谁来进行试验,都会得出相同的试验结果。尽管在质量控制上,有时采购方做得比较精细,有时供应商做得比较精细,但在检验问题上,双方进行合作是比较理智的。

有时候,需要进行的检验可能比较复杂或者昂贵,因此在采供双方内部都无法令人满意地完成试验。在这种情形下,比较可行的办法是接受商业检测实验室提供的服务,尤其是与新生产过程或新材料有关的实验室,或者是辅助制定产品规格的实验室。同样,使用一家不带任何偏见的检测机构会为检验结果增加可信度。例如,空气、水以及土壤样本就经常被送到商业实验室以检测是否符合环境保护协会的标准。

另外,常用产品的标准检测报告可以从几家商业检测实验室得到。它们等同于顾客的检验报告,只不过是商业性的,因此可以作为一个有价值的参考。

3.检验方法

当前人们对质量的高度重视,再加上企业对顾客满意度、成本、竞争力、员工士气以及技术规格的日益关注,已经促使企业努力去寻求更合适的检验方法。

现在可以获得大量专门的、关于质量控制和检验方法这个专题的书籍。本书只介绍一些基本的质量控制的概念。尽管专门用于统计质量控制的数学已经出现了几十年,但其应用却并没有期望的那么广。在过去30多年中,各式各样的无缺陷项目开始出现。最初的目标只是用于国防和太空计划中。显然,这些地方发生任何一点意外都会产生严重后果。当前,人们对质量问题的重视更增强了企业实现无缺陷的动力,它已经成为采供双方为了相互利益而共同追求的目标。如果采购方能够确信供应方的一切产品都不存在缺陷,那么他就没必要额外多订货和进一步检验,因为供应方的物料或零部件可以直接投入使用。同时,采购方也可以集中精力确保自己的产品或者服务能满足所需要的质量目标。这样理想的目标,不在管理方面付出很大努力是很难实现的。为了追求无缺陷的目标,在与供应方寻求合作的过程中,采购的作用仍然不容忽视。

同样,物料管理人员也应该非常熟悉本企业以及供应商常用的检验方法。只有这样,他们才能为实现企业的质量目标作出自己应有的贡献。

检验耗费是巨大的。如果部件的质量合格,那么检验业务并不能创造价值。检验意味着拖延,意味着额外的成本,甚至可能在处理过程中发生错误或者造成损坏。显然,最佳的选择是第一次就准确生产,而不是通过"检验质量"从不合格产品里分离出合格产品来,这样太浪费。而且,从一些企业的经验来看,在成功实施质量改进项目的同时,也会带来显著的产量提高。

既然几乎所有的产出都来自生产或某种转换过程,那么工序质量控制就应该成为我们的首要论题。工序质量控制是全面质量管理的主要方面,我们将在下一节中讨论。

8.2.2　工序质量控制

在重复性的生产过程中,质量控制图相当重要。产出可以通过检查均值和离差来测量,X 和 R 的均值表对检测总体的均值和离差情况很有用。

戴明博士是美国著名的质量管理专家,他帮日本生产企业实施了统计质量控制。戴明博士认为,多数机器的运行表现倾向于服从统计分布,而在实施控制之前,必须先了解机器在无人干预情况下的运行表现。在事先设定控制上限和下限后,只有当生产过程或者机器运行处于正常的运行范围之外时,才需要操作人员来干预。采用统计质量控制技术的质量管理包括随机抽样技术和利用统计数据来确立标准表现和少数工序。

工序能力是指生产工序能够连续地达到质量要求的能力。因为任何工序都不可能在每天运行时生产出完全相同的产品,因此,找出工序中发生变化的类型,并且尽可能地消除这种变化就很重要。通过对工序能力的研究发现了两种变化:①一般成因或随机变化;②特殊成因。

变化的一般成因可能是机器、人或者与生产有关的因素,比如机器润滑、工具磨损以及操作人员的技艺等。这些一般成因通常是生产系统的一部分,并且不会上下波动。减少一般成因的唯一方法是改变生产工序。在考虑了一般成因后,产品围绕着平均质量水平而分布,这就是某一特定工序的自然加工能力。

特殊成因或者称为外部的、非随机的因素,包括机器磨损或开裂、材料差异以及人员过失等。它们也必须予以及时发现和消除,否则,产品就会落在可接受的质量范围之外。统计工序控制主要关注于发现和消除特殊成因。

在确定一个工序是否平稳时,供应商必须明确工序的自然能力以及这样的上下限规格能否满足采购方的要求。当工序可以控制时,供应商就可以预测产品质量围绕均值的分布情况。若想使工序有能力和处于可控状态,就必须消除造成产出变化的所有特殊成因。造成变化的一般成因也必须尽量减少,直到能满足采购方规定的、可接受的质量范围为止。

当工序可控、稳定、可以预测,并且在既定规格内平均达到了一系列标准偏差的要求时,这一工序就是有能力的。

X 和 R 图被广泛地用来协助工序控制。图中可以设定上下控制限,使得只有当工序或机器落于操作域正常范围之外时才有控制动作发生。图 8-1 显示了钢铁厂的这种“徘徊”类型的动作。轧制操作控制钢材的厚度,每一小时操作员都收集数据,通过计算工序中样本的平均值,把数据画入 X 图中。R 图是样本中的一块区域,如果平均值或范围落在可接受的范围之外,就停止工序,并采取行动确定变化的原因以纠正错误。

控制图采用随机抽样技术,适用于大多数产出较大的生产运作中,这种生产过程也没必要检查生产的每件产品。例如,控制图在轧钢部分或保险公司的应用。

在选择供应商以及评价供应商连续的经营表现时,采购方关注的是怎样判断和确保供应商能提供满足要求的质量规格。一个重要的工具是检查供应商的工序能力,并把这个能力与采购方制定的质量规格进行比较。只要采购方的质量规格处在供应商的工序

钢材的平均厚度

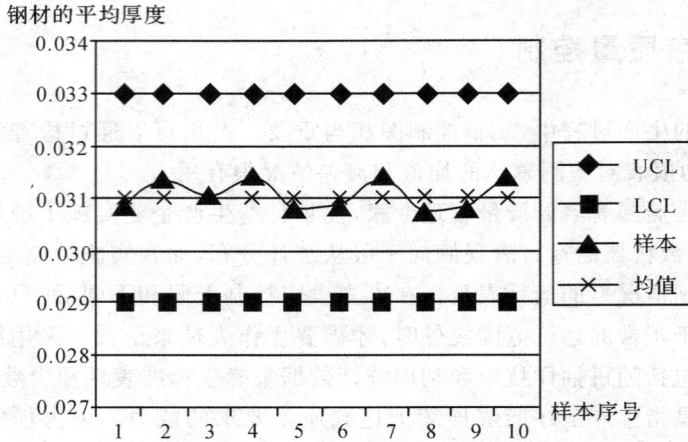

图 8-1　工序控制

能力之内,采购方就有足够的理由确信能够收到合格满意的产品。但是,如果采购方规定的质量范围很小,小于供应商所能达到的工序能力时,采购方可能就会更多地为检查、返工和报废耗费精力。

质量保证的第一步是,先确定供应商的工序能力以及采购方质量范围的大小。如果供应商工序能力的自然范围大于采购方规定的质量范围时,采购方就必须与供应商协商,使其通过改进生产工艺,如培训员工、改良机器等,缩小质量波动的自然范围。如果这在经济上不可行,或者供应商不能或因某种原因不愿意改进时,那么采购方应该寻求另外的供货商,以免后来在检验、返工和报废方面发生额外费用。

1. 工序能力系数(C_{pk})

工序能力系数(C_{pk})统计量是在规格要求相对固定时,用来衡量、描述机器和工序能力的一种技术工具。它是通过计算满足设计规格的产品占全部产出品的比率来衡量的。C_{pk} 则取下列两个值中的较小者。

$$\frac{规格上限 - 工序过程的平均值}{工序过程的极差} \quad 或 \quad \frac{工序过程的平均值 - 规格下限}{工序过程的极差}$$

式中,工序过程的极差等于产品规格的标准偏差的三倍,或者是产品规格在平均值某一侧的偏差。C_{pk} 越低,工序过程就越能一致地生产出符合既定规格的产品。

2. 筛选

检验产品质量基本上有两种主要方式:一种是检查生产的每件产品,另一种是抽样。

传统的观点认为,百分之百检验或者叫筛选,是已知检验方法中最令人满意的一种。这种想法是不对的。经验表明,在从不合格产品中分离出合格产品方面,或者在准确测量变量方面,百分之百检验的方式很少能达到完全令人满意的效果。实际上,为了实现这个目标,不得不检验两次、三次甚至更多。从错误的严重性来看,由于失误而丢弃一件合格的产品要比错误地将一件不合格产品放过更容易让人接受。在某些行业,使用这种极端的检验方式可能会极大地增加部件成本。比如,在某些高科技领域,每个部件都要逐个检验并贴上检验标签。这样,一个价值 0.75 美元的工业用零件就会耗费 50 美元甚至更多，可它们的功能却还是一样。日本的 Shigeo Shingo 所作的众多贡献之一就是发明了一种称为 Poka yoke 的傻瓜式的简单装置。它可以既经济又迅速地完成百分之百检验而保证无缺陷。

3. 抽样

替代逐个检验的一种方式是抽样。如何抽样取决于产品和工序的不同。抽样的目的始终是为了获得样本，使其能代表被试验的总体。随机抽样是一种最常用的技术。

随机抽样的方式依被测产品的特性而定。如果接收的一批货物中，所有产品都能完全混合，那么从混合后的产品中任选一部分作为样本，都是有效的随机样本。比如，假设一批货物中有 1000 只特征完全相同的球，它们被彻底地混合在一起。从里面随机地抽取 50 个球检验，发现 5 只存在缺陷，那么，这批货物中很可能有 10% 的球存在缺陷。

如果一种产品的特性决定了它很难彻底地混合在一起，或者当这种做法根本就不切合实际时，那么应该先为每件产品连续编号，然后通过使用抽样数值表（有几种）或者使用标准的计算机程序，通过选取数值来确定抽取的样本并进行详细检验。

统计学家认为，在随机抽样时应遵循的一般规则是：所有被检验的产品中，每件产品都应该享有均等的被抽中的机会。

4. 顺序抽样

在接受和拒绝的决策中，顺序抽样可以缩小被检验的产品数量而不会降低准确程度。每当样品中增加一件受检产品时，对产品总体所了解的信息也就越多。顺序抽样的基础也正是信息的这种累积效果。在每件产品被检验后，可能会有三种决策：拒绝、接受或者再取一个样本。沃尔德（A. Wald）是开发顺序抽样的先驱者之一。他估计，与一次抽样相比，使用这种抽样方法时，平均的样本规模可以减少一半。

在顺序抽样中，可以先对总体抽取 10% 进行检验。如果样本可以接受，那么总体就可以接受。如果样本不能接受，并且在第一次抽样的基础上还不能作出拒绝的决策时，可以再抽取 10% 进行检验。

5. 计算机检验程序

有很多关于质量控制的计算机程序可以利用。它们解除了大量计算的烦恼，并且可以应用在许多场合。所有的计算机厂商以及许多服务机构都为顾客提供这些程序。以标准程序为例，它可以选择抽样计划、计算样本统计量、绘制直方图，还可以随机选取部件、画出运行特性曲线并且确定置信区间。

8.2.3　供应商认证

1. 供应商认证流程

供应商认证是供应商管理的一项重要内容。在供应商认证之前，供应商至少要满足三个方面的条件：供应商提交的文件已经通过认证、价格及其他商务条款符合要求、供应商审核必须合格。

新供应商认证往往需要企业高层管理者批准、财务部门调查、客户指定的需出具确认函件、供应商调查等文件。作为供应商而言，需要提供的信息包括工商文件（工商营业执照、税务登记证、资信等级证明、注册资本、经营范围）、行业资质和资格证书、产品质量文件、资源（工厂分布、运输、技术支持、服务等级）、客户名单、公司 SWOT 分析等。企业在必要时可由资信调查公司对供应商进行财务状况、信用等级调查，也可以安排专门项目调查小组进行市场调查。

具体来说，供应商的认证流程如下：

（1）供应商自我认证

对供应商进行认证之前应要求供应商先进行自我评价。一般是先发信函给供应商，让供应商先对自己作出自我评价，然后再组织有关人员进行认证。

（2）成立供应商认证小组

收到供应商自我认证的资料后，应着手成立供应商认证小组。供应商认证小组应包括不同部门成员，主要有质量管理、工程、生产等部门。认证小组成立后应确认对供应商认证采取的形式和认证的指标体系。

（3）针对谁的内容，确定相应的指标评分体系

对于供应商的认证要针对不同的供应商采取不同的评分体系。但一般情况下供应商认证的评分体系包括领导班子和风格、信息系统及分析、战略计划、人力资源、过程控制、商务运作、客户满意程度、供应管理、销售管理、时间管理、环境管理等子系统。

（4）汇同质量、工程、生产等部门进行现场调查

对供应商的现场调查中，要了解供应商的管理机构设置情况，各个部门之间的分工及汇报流程；考察供应商质量控制与管理体系、生产工艺、顾客服务、环境体系等内容。在现场考察的同时应根据预先设置的评分体系，进行子系统的评价，并给出相应的分值。

（5）各部门汇总评分

进行现场考察后，各个部门应通过现场观察情况，并结合供应商的相关文件、先前的市场调查情况、与供应商的客户和供应商的会谈情况，进行综合评分，得出供应商最终认证的总成绩。各部门进行汇总评分后，组织现场调查的部门应写出考察报告，呈报上级领导，并且将考察的资料进行备案并存档。

（6）将认证情况反馈给供应商

对供应商进行认证的最终结果应反馈给供应商，让供应商明白自己的不足之处，以便进行改进与提高。

（7）供应商认证跟踪

对供应商认证后，要进行跟踪。供应商的认证不仅仅是审查和评估的过程，而且也是一个反馈与跟踪的过程，要随时监测供应商的执行情况，不断督促供应商改进。总之，供应商的认证是一个长期、动态的过程，是通过评估来确认和培养供应商的过程。

2.供应商认证的主要内容

（1）供应商的基本情况认证

供应商的基本情况认证具体包括：

①企业的经营环境，主要包括企业所在国家的政治、经济和法律环境的稳定性、进出

口是否限制、货币的可兑换性、近几年来的通货膨胀情况、基础设施情况、有无地理限制等内容。

②企业近几年的财务状况,主要包括各种会计报表、银行报表、企业经营报告等。

③企业在同行业中的信誉及地位,主要包括同行对企业产品质量、交货可靠性、交货周期及灵活性、客户服务及支持、成本等各项的评价。

④企业近几年的销售情况,包括销售量及趋势、人均销售量、本公司产品产量占行业总产量的比例。

⑤企业现有的紧密的、伙伴型的合作关系,包括与本公司的竞争对手,与其他客户或供应商之间的关系。

⑥地理位置,主要包括与本公司的距离和海关通关的难易程度。

⑦企业的员工情况,主要有员工的教育程度、出勤率、工作时间、平均工资水平、生产工人与员工总数的比例等。

（2）供应商的企业管理情况认证

对供应商企业管理情况的论证要考虑以下因素:

①企业管理的组织框架,各组织之间的功能分配,以及组织之间的协调情况。

②企业的经营战略及目标、企业的产品质量改进措施、技术革新的情况、生产率及降低成本的主要举措、员工的培训及发展情况、质量体系及是否通过 ISO9000 论证、对供应商的管理战略及情况等。

（3）供应商的质量体系及保证认证

对供应商企业管理情况的论证要考虑以下因素:

①质量管理机构的设置情况及功能。

②供应商的质量体系是否完整,主要包括质量保证文件的完整性与正确性、有无质量管理的目标与计划、质量的审核情况、与质量管理相关的培训工作等。

③企业产品的质量水平,主要包括产品质量、过程质量、供应商质量及顾客质量投诉情况等。

④质量改进情况,主要包括与顾客的质量协议、与供应商的质量协议、是否参与顾客的质量改进、是否参与供应商的质量改进、质量成本控制情况、是否接受顾客对其质量的审核等。

（4）供应商的设计、工程与工艺情况认证

这部分内容主要包括:

①相关机构的设立与相应职责。

②工程技术人员的能力,主要包括工程技术人员受教育的情况、工作经验、在本公司产品开发方面的水平、在公司产品生产方面的工艺水平、工程人员的流失情况。

③开发与设计情况,主要有开发设计的试验、试验情况、与顾客共同开发的情况、与供应商共同开发的情况、产品开发的周期及工艺开发程序、对顾客资料的保密情况等。

（5）供应商的生产情况

供应商生产情况论证的主要内容包括生产机构、生产工艺过程及生产人员的情况。

①生产机构的设置情况及职能。

②生产工艺过程情况，主要有工艺布置、设备（工艺）的可靠性、生产工艺的改进情况、设备利用率、工艺的灵活性、作业指导情况、生产能力等。

③生产人员的情况，主要有职工参与生产管理的程度、生产的现场管理情况、生产报表及信息的控制情况、外协加工控制情况、生产现场环境与清洁等。

（6）供应商的企划与物流管理情况认证

这部分内容主要包括：

①相关机构的设立情况。

②物流管理系统的情况，主要包括物流管理、物料的可追溯性、仓储条件与管理、仓储量、MRP 系统等。

③发货交单情况，主要包括发货交单的可靠性、灵活性、即时供应能力、包装及运输情况，交货的准确程度等。

④供应商管理情况，主要有供应商的选择、审核情况、供应商表现考评的情况、供应商的分类管理情况、供应商的改进与优化情况等。

（7）供应商的环境管理情况认证

这部分内容主要包括：

①环境管理机构的设置及其管理职能。

②环境管理体系，主要有环境管理的文件体系、环境管理的方针与计划等。

③环境控制的情况，主要有环境控制的运作情况、沟通与培训情况、应急措施、环境监测情况、环境管理体系的审核情况等。

（8）供应商对市场及顾客服务支持的情况认证

这部分内容主要包括：

①相关机构的设置情况。

②交货周期及条件，主要有正常交货的周期、交货与付款的条件、保险与承诺等。

③价格与沟通情况，主要包括合同的评审、降低价格与成本的态度、电子邮件与联系手段、收单与发货沟通的情况等。

④顾客投诉与服务情况，主要包括顾客投诉的处理程序、顾客投诉处理的情况与反应时间、顾客的满意程度、售后服务机构、顾客数量及伙伴顾客的数量等。

8.3　采购质量控制方法

8.3.1　图表法

1.查验清单

查验清单用来收集有关质量的数据，这样收集到的信息可以直接从表格中反映出来,而不需要进一步处理。只要把如规范限制等数据也列入表中,不合格产品的数量就可以一目了然。

2. 原因和效果图表

这些也被称为 Ishikawa 图表或者"鱼骨"图,它是以一位发明该图的日本工程师 Kaoru Ishikawa 命名的。如图 8-2 所示,这样的一个图就像一个鱼骨头,问题形成了鱼头,延伸开来是脊骨。从脊骨伸展开来的是其他骨头,代表着可能的原因,而可能有其他骨头代表大原因中的分原因。这个方法在集思广益的讨论分析会上十分有用,它被设计用来发现组织机构的问题,并且确定原因何在。

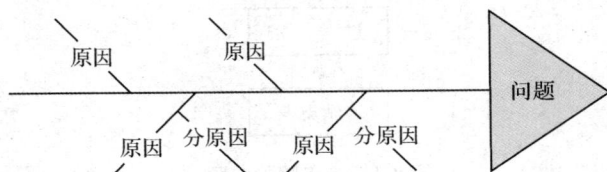

图 8-2　鱼骨形的原因和效果

3. 控制图

由贝尔电话公司的 Walker Shewart 博士在 20 世纪 20 年代建立的控制图是技术上最成熟的质量管理统计(statistical quality management, SQM)工具。典型的控制图如图 8-3 所示,它是一个从样品中计算出来的质量特征的图形展示。该图的两条水平线被称做上控制极限(upper control limits, UCL)和下控制极限(lower control limits, LCL),还有一条中央线代表了在垂直轴线上质量特征量度的平均值。极限的选择是要在假设程序得到控制的情况下,让样品在控制图表上画出的值,有很大的可能性(一般大于 0.90)是落在极限内的。

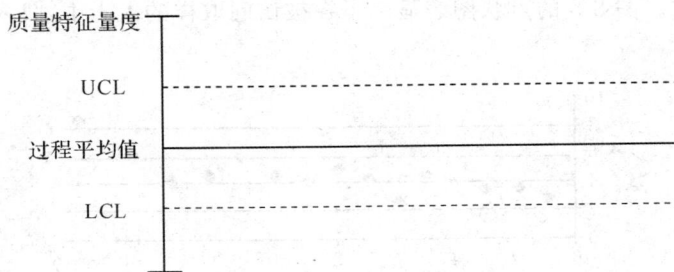

图 8-3　控制图的结构

控制图是根据例外法则建立的,即它们把注意力集中在那些落到控制极限之外的产品或结果上。例外的原因可能是随机的或是特定的。

随机原因影响到第一个同程序有关联的人,并且常常以可以预见的形式在程序中表现出来,如超时、温度变化等。

特定原因不影响每一个人,而且仅仅由于特定情况才发生,因而是可以指出的,如材料差别、操作人员的表现、工具磨损等。

4. 信息流程表

这是流程图的一种形式,它提供了如图 8-4 所示的过程中各步骤的图形表示法。

图 8-4　各步骤的流程

5. 直方图表

直方图表代表了数据分布的形状。它们也被称为柱形图表或条形图表,这里的水平轴线是用来表示等级间隔的,而垂直轴线代表频繁程度。

6. Pareto 图表

Pareto 图表是用来将原因从最重要到最不重要进行排列的图形工具。Pareto 图表记录整个采购过程中的任意缺陷,并通过记录下来的数据判断什么时间、什么位置出现问题,并以灵活的方式快速找出导致缺陷的主要原因。

7. 点状图表

这些图表分析两个变量,特别是原因和效果之间的关系,例如培训与表现、教育与收入、成本与可靠性。图 8-5 的点状图表显示了在被访问取样的人士中,收入和教育有着很大的关联。

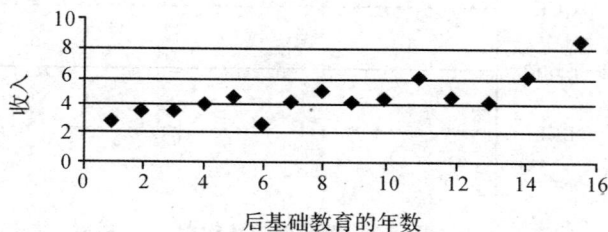

图 8-5　对 17 个 40 岁男性的后基础教育年数的抽样,显示了收入和后基础教育的关系

8.3.2　失败模式和后果分析法(FMEA)

1. 失败模式和后果分析定义

失败模式和后果分析(failure mode and effect analysis,FMEA)起源于美国航空航天工业,它是一种重要的可靠性工程技术。它主要有以下目的:

①确认所有可能出现失败情况的途径。

②估计失败的后果和严重性。

③提出纠正的设计措施。

FMEA 被定义为:一种运用图表法来协助工程师们进行分析思考,以确认潜在的失败模式及其后果的系统方法。

2.FMEA 的类型

这种分析有三种形式:

①系统 FMEA 用来在早期概念和设计阶段对系统和子系统进行分析。系统功能是系统的构想或目的,也是由客户要求衍生而来的。它还可能包括安全要求、政府法规和限制。

②设计 FMEA 用于产品投入生产之前对产品的分析。

③过程 FMEA 用于产品发放给客户之前对产品的分析。

3.FMEA 的准备工作

福特公司是英国第一个要求供应商在其高级质量规划中使用 FMEA 的汽车制造商,它们推荐了一种由负责系统、产品或制造组装的工程师带领团队的方法,工程师要让来自所有受到影响的业务活动中的代表参与进来。团队队员可以从设计、制造、组装、质量、可靠性、服务、采购、测试、供应商和其他方面相应的专家中抽调。团队领导负责及时更新 FMEA。

有关专利设计方面 FMEA 的准备和更新工作由供应商负责。

以设计 FEMA 为例,该小组最初关心的问题是确认一个零件为何没有达到其指定的要求。这种潜在的失败后果的严重程度是按照如图 8-6 所示的 10 级尺度来评定的。

从严重程度最高的失败模式开始,找出 FMEA 小组失败的可能原因:

①该零件是按照工程规范要求制造组装的。

②该零件的设计中可能存在一个缺陷,从而导致了在制造或组装过程中无法接受的变异。然后该小组进一步确认。

③在该零件的寿命内可能出现失败的累计次数。

④可以用来发现已确认的失败原因的设计评估技术。

⑤应推荐用什么样的设计措施来降低严重程度、发生率和发现率。

4.FMEA 方法的优点

FMEA 的优点被福特公司列举为:

①改进了福特产品的质量、可靠性和安全性。

②提高了福特形象和竞争力。

③提高了客户满意程度。

④减少了产品开发的时间和成本。

⑤质量措施的文件化和跟踪机制降低了风险。

5.FMEA 方法的一些缺点

由 UMIST(University of Manchester,Institute of Science and Technology,曼彻斯特大学科技学院)进行的一项研究得出结论,工程师们将 FMEA 看成是一个繁琐冗长的

后 果	严重程度	衡量标准
无影响	1	无影响
极小影响	2	对车辆功能影响极小,客户不受困扰,有时可发现非致命缺陷
较小影响	3	对车辆功能影响较小,客户只受轻微困扰,经常发现非致命缺陷
小影响	4	对车辆功能有较小的影响,缺陷不需要修理,客户可注意到车辆或系统性受到这样的影响,到处有小缺陷
中等影响	5	对车辆功能有中等程度的影响,客户有些不满意,辅件上的缺陷需修理
重要影响	6	车辆性能等级下降,但尚可安全操作,客户意见不佳,非主要部件失灵
主要影响	7	车辆性能严重受损,但可安全驾驶,客户表示不满,子系统失灵
特别影响	8	车辆失灵,但还安全,客户严重不满,系统失灵
严重影响	9	潜在危险隐患,尚能安全停车至逐渐失灵,难以符合政府有关规定
危险性影响	10	具有危险性的影响,有关安全方面的突然失灵,完全不符合政府有关规定
		严重程度的排列是根据潜在失败模式后果的严重性制定的。这里的严重程度只适用于失败模式的后果

图 8-6 设计 FMEA 严重程度的排列表

方法,对其运用应更多地借助计算机的帮助来减轻 FMEA 准备和更新工作的繁杂程度。这里的主要困难同时间上的限制、缺乏对 FMEA 重要性认识、培训和投入等有关。

8.3.3 质量机能展开(QFD)

质量机能展开(quality function deployment,QFD)是目前世界上比较流行的质量管理技术和方法。它采用多层次演绎分析方式,将顾客需求转化为产品开发设计过程中的一系列工程特性,以市场为导向,以顾客需求为依据,在开发初期就对产品的适用性实施全方位保证的系统方法,是顾客满意的定量实现技术,是企业获得竞争力的强有力工具。质量机能展开是一种能够制造出符合顾客需求的产品,并且能够在实施过程中,透过企业内部的市场营销、产品开发、质量设计以及生产制造等相关部门的整合与协调,提升部门间相互沟通与资源共享的质量管理方法。它被认为具有日本式质量管理的特点,也是最重要的现代科学管理方法之一。

1. 质量屋

质量功能展开(QFD)是一种思想,一种产品开发和质量保证的方法论,它要求我们在产品开发中直接面向顾客需求,在产品设计阶段就考虑工艺和制造问题。质量功能展开的核心内容是需求转换,质量屋(house of quality,HOQ)是一种直观的矩阵框架表达形式,它提供了在产品开发中具体实现这种需求转换的工具。质量屋将顾客需求转换成产品和零部件特征并配置到制造过程中,是质量功能展开方法的工具。

通常,狭义的质量屋如图 8-7 所示,它也是日本所称的质量表。一般情况下,狭义的质量屋作为质量功能展开过程的第一个质量屋在产品规划阶段中使用,而广义的质量屋是指质量功能展开过程中的一系列矩阵,广义的质量屋如图所示,它的一般形式由以下几个广义矩阵部分组成。

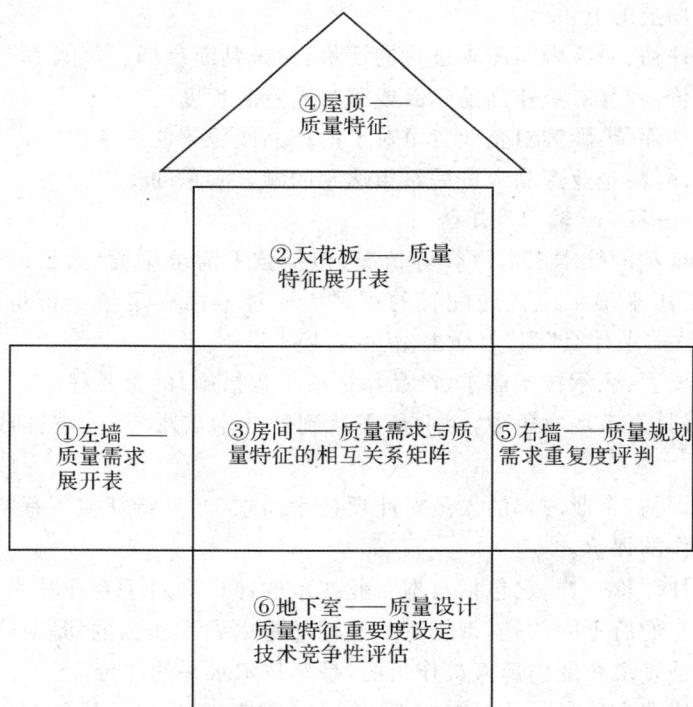

图 8-7　狭义的质量屋

(1)左墙——Whats 输入项矩阵

它表示需求什么,包含顾客需求及其重要度(权重),是质量屋的"什么"。

顾客需求:由顾客确定的产品或服务的特性。

重要度(权重)值:顾客对其各项需求进行的定量评分,以表明各项需求对顾客到底有多重要。

(2)天花板——Hows 矩阵

它表示对需求怎样去做,是技术需求(产品特征或工程措施),是质量屋的"如何"。

技术需求(产品特征或工程措施):由顾客需求转换得到的可执行、可度量的技术要求或方法。

(3)房间——相关关系矩阵

它表示顾客需求和技术需求之间的关系。

关系矩阵:描述顾客需求与实现这一需求的技术需求(产品特征或工程措施)之间的关系程度,将顾客需求转化为技术需求(产品特征或工程措施),并表明它们之间的关系。

(4)屋顶——Hows 的相互关系矩阵

它表示 Hows(技术需求)矩阵内各项目的关联关系。

相关矩阵:表明各项技术需求(产品特征或工程措施)间的相互关系。

(5)右墙——评价矩阵

评价矩阵指竞争性或可竞争力或可行性分析比较,是顾客竞争性评估,从顾客的角度评估产品在市场上的竞争力。

市场竞争性评估:对应顾客需求进行的评价,用来判断市场竞争能力。

企业产品评价:顾客对企业当前产品或服务满意的程度。

竞争对手产品评价:顾客对企业竞争对手的产品或服务的满意程度。

改进后产品评价:企业产品改进后希望达到的顾客满意的程度。

(6)地下室——Hows 输出项矩阵

它表示 Hows 项的技术成本评介等情况,包括技术需求重要度、目标值的确定的技术竞争性评估等,用来确定应优先配置的项目。通过定性和定量分析得到输出项——Hows 项,即完成"需求什么"到"怎样去做"的转换。

技术需求重要度:表示技术需求(产品特征或工程措施)的重要程度。

目标值:为了具有市场竞争力,企业所需达到的技术需求(产品特征或工程措施)的最低标准。

技术竞争性评估:企业内部的人员对此项技术需求(产品特征或工程措施)的技术水平的先进程度所作的评价。

同市场竞争性评价一样,它包括对本企业技术的评价和对手企业技术的评价及改进后技术的评价。它们所不同的是,市场竞争性评估是由顾客作出的,是对产品特性评价;而技术竞争性评估是由企业内部人员作出的,是对技术水平的评价。

通过上述组成建立质量屋的基本框架,给以输入信息,通过分析得到输出信息,从而实现一种需求转换。

质量机能展开技术受到世界各国的重视,已经在美国、日本等许多国家得到广泛应用。根据日、美等工业先进国家的文献报道,应用质量机能展开方法不仅能够提高产品质量,保证产品质量一次开发成功,而且能够使产品开发周期缩短 1/3,成本减少 1/2,绩效十分显著。

2. 质量机能展开在供应商选择中的应用

对供应商的选择是一个较为成熟的研究课题和实践问题,对供应商选择可分为两种方法:数量化方法和非数量化方法。非数量化方法是采购方依据与供应商的关系、对供应商的了解或者一些关键指标来选择供应商,其特点是不用较为复杂的数量分析模型,适宜于不太重要的供应商选择。

数量化方法是首先建立一些评价指标体系,然后对各可选供应商在各个指标体系打分,最后用数量分析来得出一个结果,适宜于比较重要的供应商选择。利用数量化方法选择供应商有以下两种思路:①以采购商的需求作为评价指标体系,依据供应商对这些需求的满足能力来评判供应商的满足能力;②根据采购商的要求抽取对供应商的资源能力要求,将这些对供应商的资源能力要求作为评价指标,然后通过专家打分等方法确定指标权重,最后评价。

思路一存在着以下问题:采购商一般要求一个方面和供应商资源能力的多个方面相对应,而评价方法没有抽出这些供应商资源的能力,当评价时仅模糊地评判供应商对采购商的满足能力,很不精确。思路二则存在着以下问题:采购商一般要求一个方面和供应商资源能力的多个方面相对应,而直接由专家确定各资源能力重要度则忽略这种一对多的影射关系,确定的重要度是否符合实际值得商榷。

质量机能展开(QFD)则能把采购方的要求转化为供应方资源能力要求,并把这些资源能力进行排序。它是一种用于供应商评价的比较精确的数量化方法。它体现了以市场为导向,以最终顾客要求为供应商选择唯一依据的指导思想。

质量机能展开(QFD)在供应商评价中具体是这样运用的:

①采购商根据客户的要求,结合自身的情况提出自身的需求,这些需求构成质量屋左墙;采购商对这些因素作出重要度评估,构成质量屋的右墙。

②根据质量屋左墙的这些要求,抽出与这些要求相关的供应商资源能力(这些资源能力应该是容易比较的),这些资源能力构成了对供应商的评价体系,将这些评价体系指标作为质量屋的天花板。

③对左墙采购商需求和天花板供应商资源能力评价体系指标的相关关系作出评判,这构成质量屋的房间。

④通过相关的数学计算得到资源能力指标优先顺序,构成质量屋的前墙。

需要指出的是,此方法仅仅告诉采购商供应商能力评价指标的优先次序,并没有告诉采购商具体的采购结果。采购商仍需要依据供应商资源能力评价指标的优先次序和供应商的各指标对可选的供应商做出评价。

3. 质量机能展开(QFD)在供应商和采购商合作开发产品中的应用

在全球供应链环境下,供应链的质量管理是一个紧迫的理论和实践问题。对供应商的质量控制已经从事后的检验向设计和制造的过程质量过渡。据研究,一个产品成本的 $70\%\sim80\%$ 是由设计阶段确定的,产品的设计质量非常重要。实现供应链环境下的采购质量的第一个先决条件就是做好供应链下的产品设计。采购商和供应商合作设计产品是一个较为满意的方法。

传统的做法是采购商自己独立设计后,再告诉供应商具体的参数;供应商拿到这些参数时可能发现有更好的设计方案,或者这些参数在工艺上实现困难,也就是设计黑箱和制造黑箱的矛盾。合作设计中双方充分贯彻了并行工程的思想;能够大大减少供应商在制造过程中的工艺不可能性,有利于消除设计黑箱和制造黑箱的矛盾;同时,供应商参与设计工作,可以增大采购商自己的研发力量,有利于采购商设计出质量更高的产品。

质量机能展开(QFD)的方法是实现合作开发的一种良好的数量化方法。

质量机能展开(QFD)在合作设计中是这样运用的:

①采购商和供应商共同分析采购商的要求,整理出质量屋的左墙项,并结合有关内容算出重要度。

②采购商提出自己的系统设计方案,征求供应商的意见,最后确定系统设计方案。

③结合系统设计方案,由质量屋的左墙项抽出系统优先次序以及系统部件的功能指标。

④专家确定房间内相关关系矩阵的数据。

⑤算出系统和功能指标的优先次序,作为质量屋的前墙的一部分。

⑥根据系统优先次序和功能指标优先次序,结合功能成本等有关各方面的知识,具体确定各系统部件的功能指标的具体数值,各系统部件的接口方式和参数作为质量屋的前墙的一部分。

⑦依据质量屋前墙中的设计目标,给供应商提供采购标准。

这种设计方法能够避免设计和制造环节的脱离,使后续的制造工作能够很好地进行。供应商通过与采购商的充分沟通和交流,充分了解了顾客的需求,从而也有助于供应商的产品改进。虽然在制造过程中原有的设计方案也会有更改,但其更改的次数明显低于其他方法,并且更改的幅度也小。

8.3.4 ISO9000 质量检验

1. ISO9000 的简介

ISO9000 质量管理体系是国际标准化组织质量管理和质量合格证技术委员会质量体系分类委员会制定并于 1987 年发布的质量管理体系标准,现在已经发展到了第三版,也就是 2000 版,主要由 ISO9000(质量管理体系基础和术语)、ISO9001(质量管理体系要求)和 ISO9004(质量管理体系业绩改进指南)三个核心标准组成。2000 版在 1994 版的基础上,从总体结构和原则到具体的技术内容作了全面的修改,在结构上引入"过程方法模式",取代 1994 版 ISO9001 中的 20 个要素,以过程的观点来叙述质量体系,克服了 1994 版标准偏向于制造业的倾向。该过程模式体现了 PDA 循环,更大程度地强调持续改进和顾客满意,更具通用性和灵活性。

ISO9000 标准诞生于市场经济环境,总结了经济发达国家企业的先进管理经验,为企业完善管理、提高产品或服务质量提供了科学的指南,同时为企业走向国际市场找到了"共同语言"。该标准明确了市场经济条件下客户和企业共同的基本要求。企业通过贯彻这一系列标准,实施质量管理体系认证,保护消费者的合法权益发挥了积极的作用。

在 2000 版的 ISO9000 标准中明确地提出了当今世界范围质量界普遍接受的质量管理八项基本原则。这八项质量管理原则形成 ISO9000 族质量管理体系标准的基础,表现在:

①以顾客为关注焦点。组织依存于顾客,因此,组织应当理解顾客当前和未来的需求,满足顾客要求并争取超越顾客期望。

②领导作用。领导者确立组织统一的宗旨及方向。他们应当创造并保持使员工能充分参与实现组织目标的内部环境。

③全员参与。各级人员都是组织之本,只有他们的充分参与,才能使他们的才干为组织带来收益。

④过程方法。将活动和相关的资源作为过程进行管理,可以更高效地得到期望的结果。

⑤管理的系统方法。将相互关联的过程作为系统加以识别、理解和管理,有助于组织提高实现目标的有效性和效率。

⑥持续改进。持续改进总体业绩是组织的一个永恒目标。

⑦基于事实的决策方法。组织与供方是相互依存的,互利的关系可增强双方创造价值的能力。

2. ISO9000 对采购与供应的质量控制的有关描述

ISO 对采购的产品作了界定:采购的产品既包括硬件,也包括软件;既包括采购品,也包括服务或过程(如外包服务过程);既包括产品的组成部分,也包括支持或服务于产品的部分。

因为采购产品的质量会影响自身的质量及以后相关和最终产品的质量,所以组织应依据影响程度来控制采购的产品的质量,使之符合规定的要求。

供方的管理体系、过程直接影响采购产品的质量。组织应该加强对供方的控制,制定选择、评价和重新评价供方的准则,根据供方按组织的要求提供产品的能力,包括管理能力、过程能力,评价和选择供方。

为了确保采购的产品符合规定的采购要求,组织提供的采购信息应准确表述拟采购的产品,规定采购的要求。采购信息一般体现在采购文件中。组织在与供方沟通前,应确保所规定的要求是充分与适宜的。采购信息包括产品的程序、过程和设备的批准要求,人员的资格要求,质量管理体系的要求等。

此外,对采购产品的验证也是必不可少的。可采用供方现场验证,查验供方合格证明、进货检验等一种或多种方式。为确保采购的产品符合规定的要求,组织应该确定并实施所需要量的检验和其他必要的活动。当组织或其顾客拟在供方的现场验证时,组织立在采购信息中对拟验证的安排和产品放行的方法作出规定。

ISO 不仅对采购过程、采购信息和采购产品的验证作了原则性的规定,作为 ISO 基础的八项原则的第八项还为与供应商建立关系提供了指导。

第八项原则是"与供方的互利关系","组织与供方是相互依存的,互利的关系可增强双方创造价值的能力"。

供方提供的产品对组织向顾客提供满意的产品可以产生重要的影响,因此把供方、协作方和合作方都看做组织经营战略同盟中的合作伙伴,形成共同的竞争优势,可以优化成本和资源,有利于组织和供方共同得到利益。为此,应当做到:

①识别与选择关键供方。

②权衡短期利益与长期利益,确立与供方的关系。

③与关键供方或合作伙伴共享专门技术和资源。

④建立清晰和开放的沟通渠道,确定联合行动。

⑤鼓励、激发改进和承认成果。

3. ISO9000 在采购与供应质量控制中的应用

ISO9000 是针对企业内部的质量管理体系标准,但采购与供应是企业之间发生的业务。虽然 ISO9000 对采购与供应质量的控制作了一些描述,但都是一些理论的框架性的指导,并没有告诉我们具体可行的方法。

今后结合 ISO9000 的八项基础原则,研究 ISO9000 在企业间采购与供应的质量管理方法,不仅是企业关注的一个问题,也是 ISO9000 自身发展的要求。

8.3.5 过程统计控制(SPC)

过程统计是在产品的生产过程中检测样本,因此,如果质量下降,操作人员就可以采取措施,在必要的时候停止生产。当然,产品有需要控制的指标,应该尽量清楚地说明这些指标。所要求的标准就是能够使顾客满意的质量要求。需要评估的指标可能是重量、尺寸或厚度,这取决于具体产品。在许多情况下,"采取措施"可能仅仅是作细微的调整,而生产和配送继续进行;然而,如果不及时作这些调整,之后的补救措施就可能导致生产线的停止或一连串生产的浪费。

1. 过程统计控制的理论依据

我们来分析一下与连续变量(如尺寸或重量)有关的支持过程统计控制的理论。在前面几节里,我们已经讨论正态分布,以及如何应用平均值和标准偏差预测数值位于离平均值 X 位标准偏差区间内的概率。

究竟为什么使用过程统计控制?确实,机器一旦投入运转,它们将自动地按照需要的标准进行生产。事实上,在任何生产过程中,都会有偏移,一种产品的任意一个度量值都会在平均值两侧变动。变动可能是由于随机因素,也可能是由于特殊原因。

随机因素(random causes)在整个生产过程中都可能出现,这会引起它的取值在平均值附近变动。这是预料之中的。特殊原因(special causes)会使变量值落在设定的限值之外,对这些变动需要分析和矫正。特殊原因有:使用的原料变质、机器变化和操作人员绩效改变。

抽样之后,检测样本的平均值和极差,然后计算出样本的平均值和标准偏差。一旦完成这些工作之后,就可以设定限值(limits),以取得要求的绩效水平:中线表示该质量指标所有数据的平均值或期望值,上下限值取中线上下三倍标准偏差的值。这直观地表示了期望的变动幅度。控制线预示了该工艺如何运行,因为它们建立在工艺实际运转状况,而不是"期望的"状况的基础上。

例如,某产品平均长度为 3.36mm,标准偏差为 0.50。

- 中线将是 3.36
- 上限应取 3.36+3×0.5=4.86
- 下限应取 3.36-3×0.5=1.86

实际操作中,样本值的极差常用来近似标准偏差,因为标准偏差的计算很繁琐。根据抽样数量,取极差的一个比例。极差图的下限常取 0,因为偏移可以尽可能小,重要的是极差的上限,它可以反映偏移是否变得过大。

2. 控制图(control chart)

控制图是判断一工艺过程是处于受控状态还是失控状态的有力、简单直观的工具。处于受控状态的过程只表现出控制限以内的随机偏移,而失控过程则会因为特殊原因的出现,表现出异常的变动。平均值和极差分别画在平均值图(mean chart)和极差图(range chart)中。控制图可帮助确定工艺过程的平均值和极差是否处在恒定的水平上。因为这些图能够区别出偏移是由随机还是特殊原因引起的,从而可以让我们集中精力解决那些真正需要解决的问题。

极差图显示了样品之间某一度量值的变化。极差为零,意味着所有的样品完全相同。如果样品间差别变大,极差大于零,这就意味着质量不稳定,它也是过程失控的一个指示器。一个有效的工艺过程,极差值比较接近平均值,极差图中的数值也会很接近零。

操作人员抽取少量样品,比如 5 个样品,在图中作出平均值和极差。每个工作日他都重复这样做。例如,某天他抽取样品的长度值为:

2.2	2.1	2.05	2.0	3.1

则样品的平均长度为 11.45÷5=2.29;极差为 3.1-2=1.1

将每天抽取样本的平均值和极差画入相应的图 8-8(描述了 9 天的抽样结果)。如果发现图中有数值超过了上下限,可能表明工艺失去控制,操作人员就得立即采取措施。

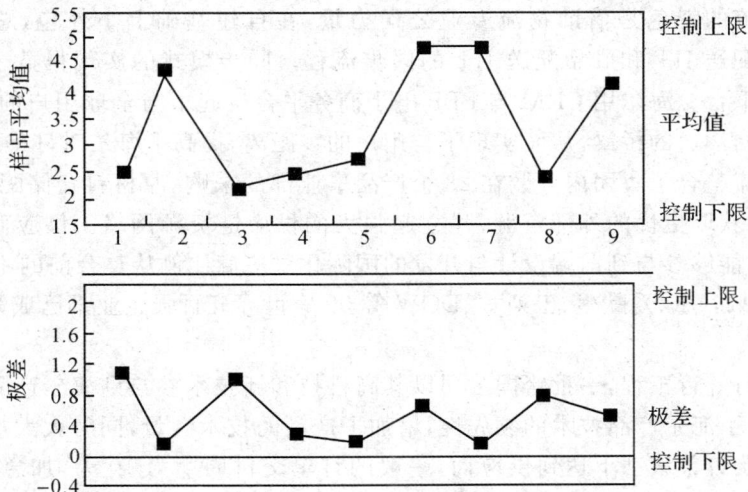

图 8-8 平均值和极差

3.过程统计控制的优点

过程统计控制的优点有以下几个方面：

①过程统计控制在生产中进行，出现问题可随时采取补救措施。

②与现有的其他方法相比，过程统计控制更能节约成本。

③可以提高质量水平。

④产品同一性水平更高。

⑤操作人员可以看出他们的工作是否精确，因而可能提高绩效。

⑥抽样可以反映机器或工具的磨损是否影响工艺过程。

4.用过程统计控制产品特性

一个电子元件，如一块计算机内存条，可能有一个重要特性，它决定了该元件运转良好或是一堆垃圾。一张商业发票要么是准确的，要么是错误的。在这种检验中，我们关心的是从百分比而不是平均值方面检测产品。可以采用泊尔松分布确定警报及措施上限，或者，如果拒绝率很高，使用正态分布近似替代泊尔松分布。在这种情况下，不需要设定警报下限，因为接近于零的拒绝率是人们所希望的，而不需要我们关注。

5.计算机软件

计算机软件可以用于计算必要的限值，作出曲线，以及在数据图上进行检验，作出总结。数据经分析后，就可以根据该工艺过程的细节知识，找出偏移原因。比如，操作人员没有得到很好的培训，导致每次操作方式不一致；或机器运转情况不稳定，需要修理。在这些情况下，工艺过程的变动幅度会随时间而改变。

▷ 案例分析

海尔的准时采购

海尔物流的特色是借助物流专业公司力量，在自建基础上小外包，总体实现采购JIT、原材料配送 JIT 和成品配送 JIT 的同步流程。同步模式的实现得益于海尔的现代集成化信息平台。海尔用 CRM 与 BBP 电子商务平台架起了与全球用户的资源网、全球供应链资源网沟通的桥梁，从而实现了与用户的零距离，提高了海尔对订单的响应速度。

海尔物流整合了集团内分散在 28 个产品事业部的采购、原材料仓储配送，通过整合内部资源，来获取更优的外部资源，建立起强大的供应链资源网络。供应商的结构得到根本的优化，能够参与到前端设计与开发的国际化供应商比例从整合前的不到 20% 提高到目前的 82%，GE、爱默生、巴斯夫、DOW 等 59 家世界五百强企业都已成为海尔的合作伙伴。

海尔实行并行工程，一批跨国公司以其高科技和新技术参与到海尔产品的前端设计中，不但保证了海尔产品技术的领先性，增加了产品的技术含量，同时大大加快了开发速度。海尔采购订单滚动下达到供应商，一般的订单交付周期为 10 天，加急订单为 7 天。战略性物资如钢材，滚动每个月采购一次，但三个月与供应商谈判协商价格。另有一些供应商通过寄售等方式为海尔供应，即将物资存放在海尔物流中心，但在海尔使用后才结算，供应商可通过 B2B 网站查询寄售物资的使用情况，属于寄售订单的海尔不收取相关仓储费用。

海尔的 BBP 采购平台由网上订单管理平台、网上支付平台、网上招标竞价平台和网上信息交流平台有机组成。网上订单管理平台使海尔 100% 的采购订单由网上直接下达,同步的采购计划和订单,提高了订单的准确性与可执行性,使海尔采购周期由原来的 10 天减少到了 3 天,同时供应商可以在网上查询库存,根据订单和库存情况及时补货。网上支付平台则有效提高了销售环节的工作效率,支付准确率和及时率达到 100%,为海尔节约了近 1000 万的差旅费,同时降低了供应链管理成本,目前海尔网上支付已达到总支付额的 20%。网上招标竞价平台通过网上招标,不仅使竞价、价格信息管理准确化,而且防止了暗箱操作,降低了供应商管理成本,实现了以时间消灭空间。网上信息交流平台使海尔与供应商在网上就可以进行信息互动交流,实现信息共享,强化合作伙伴关系。除此之外,海尔的 ERP 系统还建立了其内部的信息高速公路,实现了将用户信息同步转化为企业内部的信息,实现以信息替代库存,接近零资金占用。

在采购 JIT 环节上,海尔实现了信息同步,采购、备料同步和距离同步,大大降低了采购环节的费用。信息同步保障了信息的准确性,实现了准时采购。采购、备料同步,使供应链上原材料的库存周期大大缩减。目前已有 7 家国际化供应商在海尔建立的两个国际工业园建厂,爱默生等 12 家国际化分供方正准备进驻工业园,与供应商、分供方的距离同步有力保障了海尔 JIT 采购与配送。

（案例来源:采购之家,http://www.dgcgzj.com/html/cgal/41.htm;中国物流采购联合会采购案例,http://www.chinawuliu.com.cn/news/content/200509/200561993.html)

思考题

1. 采购质量管理的内涵和基本内容是什么?
2. 采购质量管理方法是什么? 如何检验?
3. 采购质量控制方法有哪些?
4. ISO9000 质量检验的内容和标准是什么?

第 9 章

采购绩效评价

⊞ **本章要点**

　　本章首先介绍了采购绩效评估的内涵、目的和内容,然后阐述了评估流程,并从数量、质量、时间、价格、效率等方面探讨采购绩效评估体系,最后分析了采购评估的标准、制度、人员及评估方式。

9.1　采购绩效评估概述

9.1.1　采购绩效评估内涵

1. 绩效评估施行的好处

绩效评估是企业管理者对企业经营运作情况的一个判断过程。这一过程是管理过程中不可缺少的,只有进行科学、合理的绩效评估工作,才能保证企业的经营运作按既定的要求进行,才能保证企业未来的发展方向。具体地说,绩效评估的施行,有如下四方面的好处:

(1)支持更好的决策制定

绩效衡量活动使得绩效和成果更具可见性,公司能够据此制定出更好的决策。如果不清楚哪些领域的绩效达不到标准,开发绩效改善计划将是十分困难的。衡量标准提供了一定时间内采购绩效的追踪记录并直接支持管理层的决策制定。

(2)支持更好的沟通

绩效衡量活动可使采购成员间更好地进行沟通,包括在采购部门内部、在部门之间、与供应商,以及与行政管理层之间。例如,一个采购员必须与供应商清楚地沟通绩效期望。衡量供应商绩效质量的标准反映了采购员的期望。

(3)提供绩效反馈

绩效衡量活动提供了绩效反馈的机会,可以在绩效衡量过程中防止或改正可能出现的问题。反馈也可提供买方、部门、团队或者是供应商在一定时间内为满足绩效目标所进行的努力。

（4）激励和指导行为

绩效衡量活动激励和引导行为向所要求的结果方向发展。一个衡量体系将以多种方式完成这一任务。首先，绩效种类和目标的选择暗示管理人员哪些活动是公司重视的；其次，管理层通过将绩效目标的完成与公司的奖励（如工资的增长）相联系来激励和影响员工行为。

正是由于上述原因，人们逐步开始关注采购功能活动的绩效评价问题，希望通过这项工作来发现采购中存在的问题，不断反馈，不断改进，努力提高采购的绩效水平。

2．采购绩效评估定义

商品采购工作在一系列的作业程序完成之后，是否达到了预期的目标，企业对采购的商品是否满意，需要经过考核评估之后才能下结论。商品采购绩效评估就是立一套科学的评估指标体系，用来全面反映和检查采购部门工作实绩、工作效率和效益。

对商品采购绩效的评估可以分为对整个采购人员个人的评估。对采购部门绩效的评估可以由企业高层管理者来进行，也可以由外部客户来进行；而对采购人员的评估则常由采购部门的负责人来操作。

对商品采购绩效的评估是围绕采购的基本功能来进行的。采购的基本功能可以从两方面进行描述：①可以把所需的商品及时买回来，保证销售或生产的持续进行，就像给一辆汽车加油使其连续奔驰一样；②可以开发更优秀的供应源，降低采购成本，实现最佳采购。

9.1.2 采购绩效评估目的

通过商品采购绩效评估不仅可以清楚采购部门及个人的工作表现，从而找到现状与预设目标的差距，也可奖勤罚懒，提升工作效率以促进目标的早日实现。实际上，若能对采购工作做好绩效评估，通常可以达到下列目的：

1．确保采购目标的实现

各个企业采购目标各有不同，例如，国有企业的采购除注重降低采购成本外，还偏重于"防弊"，采购作业以如期、如质、如量为目标；而民营企业的采购单位则注重兴利，采购工作除了维持正常的产销活动外，非常注重产销成本的特征。因此，各个企业需要针对采购单位所追求的主要目标加以评价，并督促目标责任制的实现。

2．提供改进绩效的依据

企业实行的绩效评估制度，可以提供客观的标准来衡量采购目标是否达成，也可以确定采购部门目前的工作绩效如何。正确的绩效评估，有助于指出采购作业的缺陷所在，从而据以拟订改善措施，起到惩前毖后的作用。

3．奖惩的参考依据

良好的绩效评估方法，能将采购部门的绩效独立于其他部门而显示出来，并反映采购人员的个人表现，成为各种人事考核的参考资料。依据客观的绩效评估，进行公正的奖惩,可以激励采购人员不断前进,发挥团队合作精神,使整个部门发挥整体效能。

4. 协助甄选人员与训练

根据绩效评估结果,可以针对现有采购人员的能力缺陷,拟改进计划。例如,安排参加专业性的教育训练,如果在评估中发现整个部门缺乏某种特殊人才,可以由公司另行内部甄选或向外招募,如成本分析员或专业营销人员等。

5. 促进部门关系

采购部门的绩效,受其他部门配合程度的影响非常大。因此采购部门的职责是否明确,单证、流程是否简单、合理,付款条件及交货方式是否符合公司管理规章制度,各部门的目标是否一致等,都可以通过绩效评估拟定,并可以改善部门之间的合作关系,提高企业整体运作效率。

6. 提高人员的士气

有效而且公平的绩效评估制度,可以使采购人员的努力成果获得适当的回报和认定,采购人员通过绩效评估,可以与业务人员或财务人员一样,对公司的利润贡献有客观的衡量度,成为受到肯定的工作伙伴,对采购人员和采购部士气的提升大有帮助。

9.1.3 采购绩效评估的内容

为了决定应该评价的内容,首先要定义采购行为。为了更明确地阐述,本章把采购行为看做是由两个因素决定的,即采购效果(purchasing effectives)与采购效率(purchasing efficiency),如图 9-1 所示。

1. 采购效果

采购效果可以定义为通过特定的活动,实现预先确定的目标和标准额的程度。承认效果必然涉及人类活动的预期目标和实际效果之间的关系,这非常重要。采购效果与预先确定目标的实现程度有关,一项策略或活动要么有效果要么没效果,目标或实现或没实现,依目标可以用期望达到的水平表示。能够实现更高的策略或活动被认为是更有效果的。

2. 采购效率

采购效率可以定义为为了实现预先确定的目标,计划与耗费之间的关系。采购效率与实现预期目标所需要的资源以及实现这一目标的相关活动有关,因此必然涉及计划和实际成本之间的关系。

3. 采购行为

采购行为可以定义为在耗费公司最少资源的前提下,采购业务实现预定的目标的程度。

因此,测量和评价采购业务必须依据下面四个尺度:采购价格/成本尺度、采购产品/质量尺度、采购物流尺度和采购组织尺度。

(1)采购价格/成本尺度

采购价格/成本尺度主要是指支付材料和服务的实际价格和标准价格之间的关系。在这里,必须区别下面两个概念。

```
                                      ┌─────────────┐
                                 ┌────│物料价格/     │
                  ┌──────────┐   │    │成本控制      │
               ┌──│采购物料  │───┤    └─────────────┘
               │  │成本/价格 │   │    ┌─────────────┐
               │  └──────────┘   └────│物料价格/     │
               │                      │成本削减      │
               │                      └─────────────┘
               │                      ┌─────────────┐
               │                 ┌────│采购参与到新  │
               │  ┌──────────┐   │    │产品开发之中  │
  ┌─────────┐  ├──│产品/质量 │───┤    └─────────────┘
  │采购效果 │──┤  └──────────┘   │    ┌─────────────┐
  └─────────┘  │                 └────│采购和全面    │
               │                      │质量控制      │
               │                      └─────────────┘
               │                      ┌─────────────┐
               │                 ┌────│全面的再次询问│
               │  ┌──────────┐   │    └─────────────┘
               └──│采购物流  │───┤    ┌─────────────┐
                  └──────────┘   ├────│订货和库存政策│
┌──────┐                         │    └─────────────┘
│采购绩效│                        │    ┌─────────────┐
└──────┘                         └────│供应商交货    │
               │                      │可靠性        │
               │                      └─────────────┘
               │                      ┌─────────────┐
               │                 ┌────│人员          │
               │                 │    └─────────────┘
               │  ┌──────────┐   │    ┌─────────────┐
               │  │采购组织  │   ├────│管理          │
  ┌─────────┐  │  └──────────┘   │    └─────────────┘
  │采购效率 │──┴─────────────────┤    ┌─────────────┐
  └─────────┘                    ├────│程序和政策    │
                                 │    └─────────────┘
                                 │    ┌─────────────┐
                                 └────│信息系统      │
                                      └─────────────┘
```

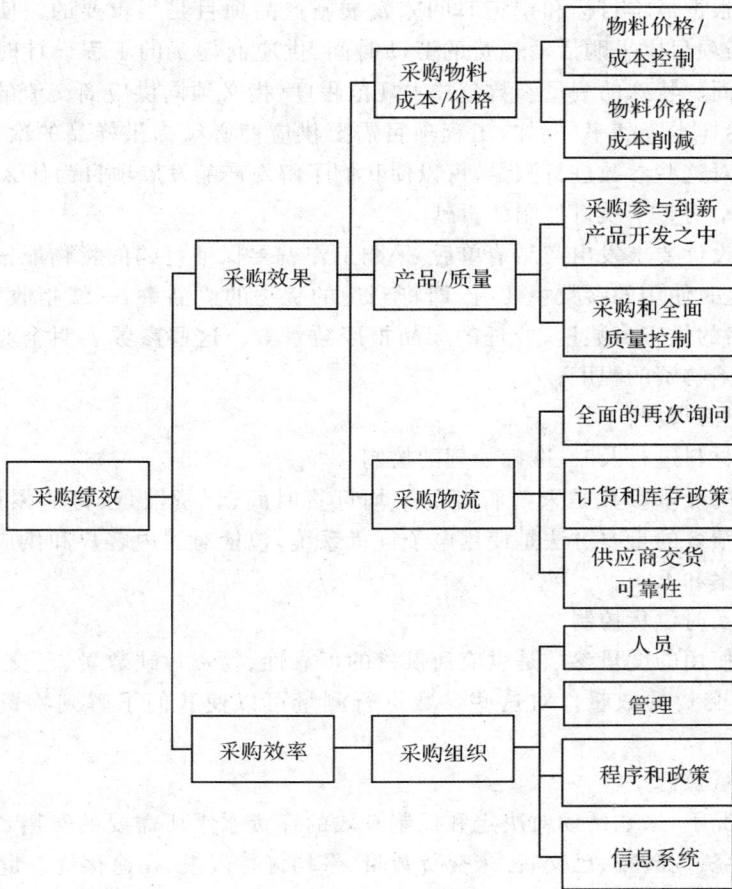

图 9-1　采购行为的评定

1)价格/成本控制

它主要是指连续不断地监控和评估供应商分布的价格以及价格增长情况。使用的方法和参数主要有 ROI 测量、材料预算、通货膨胀报告以及差异报告等。主要目的是监控采购价格、防止价格失控。

2)价格/成本减少

它主要是指通过结构化的方式,对与采购材料和服务相关的活动进行连续不断的监控 减少成本支出。主要措施有寻找新的供应商和替代材料、价值分析、在公司之间协调采购需求等。主要目的是监控那些减少材料成本的活动。

(2)采购产品/质量尺度

早期,人们对与采购物资的质量有关或无关的采购责任的定义太过于狭隘。本节把采购在发展新产品中所扮演的角色和采购在整个质量控制中所扮演的角色区别开来,使供应商能够遵从公司的产品清单和质量要求及时可靠地运送货物。

1)采购活动涉及新产品的发展

它主要是指采购活动有利于产品的革新,很明显这对于在所有的控制活动中(包括供应和采购),根据成本目标和销售时间来发展新产品项目是很重要的。使用的测量参数主要有:革新项目中采购活动耗费的劳动时间、供应商耗费的工程设计时间以及项目的生产准备时间。特殊的测量参数是技术规范程度(指必须同供应商交流的工程技术的变化量)和初始样本废品率(例如,工程项目需要供应商必须提供样品的次数)。依据成本和销售时间对这些参数进行测量,可以使我们了解新产品发展项目为什么会失控。

2)采购活动对整个质量控制的贡献

根据工程设计要求发出产品清单后,采购工作就要保证订购的货物能按照公司的要求及时到达,这时使用的参数主要有:即将到运的货物的废品率、一线拒收率、认可的供应商数量、合格的供应商数量、处理的废品报废数量等。这些参数表明企业能够从供应商处获得无缺陷物资的程度。

(3)采购物流尺度

1)对需求材料进行及时、准确处理的控制

需要使用的度量参数是采购管理的平均订货时间、订货数量、订购累计未交付额。改善这一领域绩效的重要方法是使用电子订货系统,包括对国内客户和供应商引入的电子商务解决方案和 EDI。

2)供应商及时供货控制

这里需要使用的度量参数是供应商供货的可靠性、物资短缺数量、已交货数量/尚未交货数量、JIT 交货的数量。对这些参数进行测量可以使我们了解到物资的流动控制水平。

3)交货数量控制

在某些情况下,采购活动对决定和控制有效的存货水平所需要的费用负责。此时使用的参数为:存货周转率、已交货/未交货数量、平均订货规模、在途存货总量等。

依据材料的质量和交货的可靠程度,可以使用对供应商和卖方评级的方法来监控和改善供应商活动。上面提到的许多采购绩效将成为企业的供应商评估系统的一部分。

(4)采购的组织尺度

这一尺度包括了完成采购业务目标所要使用的重要资源,即:

1)采购人员

采购人员主要指采购人员的背景、培训、发展程度以及积极性。

2)采购管理

采购管理主要指采购部门的管理方式,包括采购策略的质量和有效性、行动计划、报告程序等,还涉及管理风格和交流体系。

3)采购程序和指导方针

采购程序和指导方针主要是指采购程序和采购人员的工作指令,保证采购工作有效地进行。

4)采购信息系统

这一主题与改善信息系统绩效所付出的各种努力活动有关。这些活动应该支持采购人员和其他部门人员的日常工作,并且能够产生与采购活动和绩效有关的管理信息。

表 9-1 全面总结了采购绩效评价的关键领域,并列举了评估领域应用的一些绩效评价实例。对任何采购组织进行综合性评估,都必须单独地或全面地关注这些领域的每一个方面。因此,一个全面的采购绩效评价系统应当对采购效率进行监控,并且应当包括对每个关键行为活动的测量。

表 9-1　采购绩效实例说明

领　域	评定目标	连续发生/附带发生	实　例
采购物资的成本和价格	采购物资的成本控制采购成本的减少	连续	物资预算、差异报告、价格波动、报告、采购周转
采购物资的产品/质量	早期采购涉及的产品的设计和发展将要进行的质量控制和担保检查	连续	在设计和工程设计中采购所花费的时间,初始样本废品率(%)
采购物流和供立	运送可靠性需求的监控(质量和数量)	连续/附带	采购管理的订货间隔期、订货累计未交货额(每一客户)紧急订货,每个供应商运送可靠性索引、材料短缺量、存货周转率、准时交货量
采购人员和组织	采购人员的培训和激励机制、采购管理质量、采购管理和程序、采购调查	连续	采购部门的工作量和实践分析、采购预算、采购和供应审计

上面介绍了四种尺度之间相互作用。例如,如果在较低的价格方面施加了太大的压力,这时可能会最终影响材料的质量。相反,如果对材料具有很高质量要求,最终会导致材料价格偏高。无论怎样,结果都可能是更低的全部材料成本或更高质量要求。

最后,这四种尺度中的每一种都可以在不同的总体水平上进行测量和评估。比如,明细支出水平、单个供应商水平、单个采购员水平、部门水平和整个公司水平。

由于评价方式是根据企业不同的要求进行的,所以采购绩效的评价体系会明显表现出不同程度的差异。

9.2　采购绩效评估流程

下面讲述采购绩效测量的具体实施步骤。

采购绩效评估系统的开发需要领导的支持和高层管理者的承诺,他们需要提供系统必需的财务资源。管理层也要求所有的采购点尽量运用相同的系统结构,这能减少重复的工作并节约开发与实施成本。开发并实施采购绩效评估包括如下一系列活动:

①确定需要评估的绩效类型。

②具体绩效测量指标设定。

③建立绩效测量标准。

④选定绩效评估人员。

⑤确定绩效测量时间和测量频率。

⑥实施测量并将结果反馈。

9.2.1 确定需要评估的绩效类型

在采购绩效测量中,第一步就要确定公司所需评估的绩效类型。一个企业要根据自身的实际情况选择不同的绩效类型进行组合,所选择的绩效类型必须与公司及采购部门的目标和任务相结合。选择绩效类型是开发采购绩效评估系统的关键一步。

采购绩效通常分为三个方面测量:采购职能部门绩效测量、采购人员绩效测量和供应商绩效测量。这三个方面的绩效均包括多个绩效类型,例如,采购职能部门的绩效类型包括财务节约、客户服务和采购系统能力,每个绩效类型可以设定不同的指标进行测量(见图 9-2)。

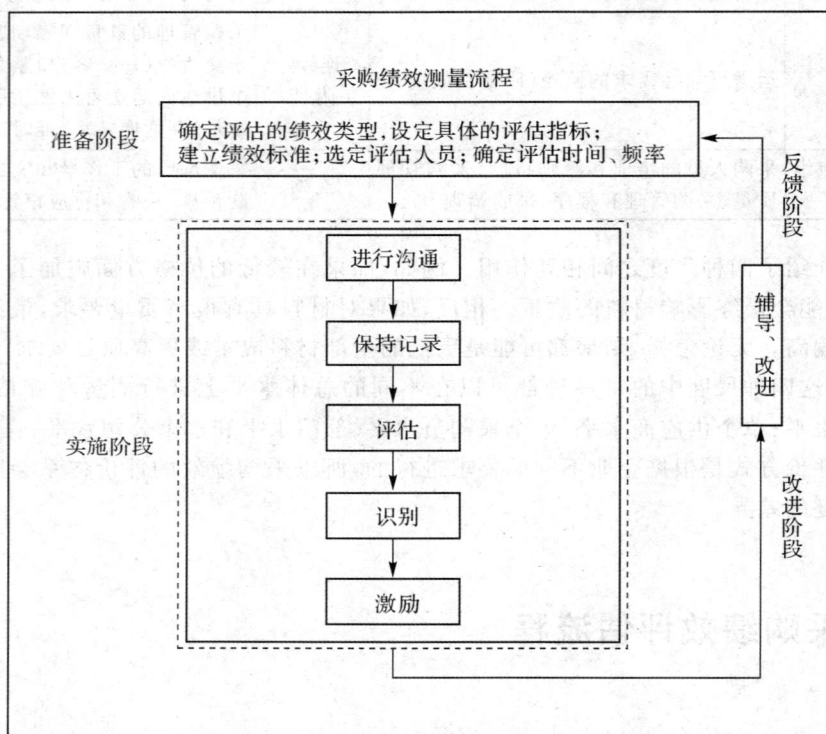

图 9-2　采购绩效测量流程

9.2.2 具体绩效测量指标设定

一旦确定了绩效测量类型,接下来的工作就是确定具体的绩效测量指标,成功的采购绩效测量指标必须清晰、可衡量。所谓的清晰就是员工必须正确理解该指标的含义,并认同该指标,这样才能引导绩效按期望的结果发展。所谓可衡量是指建立的估计指标必须是能够准确测量、估计和计算的。

9.2.3　建立绩效测量标准

为每一项指标建立相应的绩效标准也是十分重要的,制定得不可能完成的标准会打消积极性,太容易达到的标准又不能发挥潜能,因此,好的绩效评估标准一定要适度。绩效测量标准必须是现实的,能够反映企业内外部的实际情况,这意味着标准是具有挑战性的,并且经过刻苦努力是可以实现的。

采购绩效测量标准通常有四种设定方法:

1. 历史标准

选择公司历史绩效作为评估目前绩效的基础,是相当正确、有效的做法。但是只有当公司的采购部门,无论是组织、职责或人员等,在均没有重大变动的情况下,才适合使用此项标准。由于现在公司的发展变化都比较快,历史绩效标准往往要经过适当调整后才可以更好地被应用。

2. 预算标准

根据公司历史数据对下一年度发展进行规划,包括预算基本信息表、可行性报告和相关附件。数据资料可以参照往年标准,并对未来进行规划。

3. 行业平均标准

如果其他同行业公司在采购组织、职责以及人员等方面与本企业相似,则可与其绩效进行比较,以辨别彼此在采购工作成就上的优劣。数据资料既可以使用个别公司的相关采购结果,也可以应用整个行业绩效的平均标准。

4. 目标绩效标准

预算或标准绩效是代表在现有情况下,“应该”可以达成的工作绩效;而目标绩效则是在现有情况下,非经过一番特别的努力,就无法完成的较高境界。目标绩效代表公司管理人员对工作人员追求最佳绩效的“期望值”。一般说来,目标绩效的制定有助于鼓舞相关人员的士气,目标绩效的确定要有一定的挑战性,但千万不能高不可攀。

9.2.4　选定绩效评估人员

采购绩效的评估工作是一项系统工作,需要各个方面的人员来参与,主要包括:

1. 采购部门主管

采购主管对所管辖的采购人员最为熟悉,而且所有工作任务的指派以及工作绩效的优劣,都在其直接监督之下。因此,由采购主管负责评估,可以注意到采购人员的个别和通常表现,体现公平客观的原则。但是采购主管进行评估会包含很多个人情感因素,有时因为“人情”而使评估结果出现偏颇。因此,在采购部门主管负责的前提下,一定要有其他人员的协同参与。

2. 会计部门或财务部门

当采购金额占公司总支出的比例较高时,采购成本的节约对公司利润的贡献非常大。加之现今很多行业都已经进入了微利时代,从源头上控制成本已经成了许多企业关注的事情。会计部门或财务部门不但掌握公司产销成本数据,对资金的获得与付出也进行全盘管制。因此,会计和财务部门也可以对采购部门的工作绩效进行评估。

3.生产与工程部门

采购工作最终是为生产服务的,采购的成效在很大程度上影响着生产与工程部门的工作。因此,生产与工程部门也应该参与到评估工作中来。

4.供应商

有些企业通过正式或非正式渠道,向供应商探询其对本企业采购部门或人员的意见,以间接了解采购作业绩效和采购人员素质。

5.外界专家或管理顾问

为避免公司各部门之间的本位主义或门户之见,可以特别聘请外部采购专家或管理顾问,针对企业的采购制度、组织、人员及工作绩效,作客观的分析与建议。

9.2.5 确定绩效测量时间和测量频率

好的采购绩效测量系统要对不同的绩效类型设定不同的评估时间和频率,这样才能保证评估的结果及时有效。因此,管理者必须确定什么样的频率对不同的绩效类型更有效。比如一个对入库运输状况的评价就必须是频繁的(每天或是实时的),而对于供应商绩效的总评价则可以按每周一次或每月一次的频率进行,时间可选在每周一或月初。

9.2.6 实施测量并将结果反馈

实施测量是一个系统工作,需要很多部门的良好沟通与配合,实施的结果要及时反馈。这时候管理者要思考的问题是如何才能更好地利用反馈的结果。结果一方面表明了采购部门所取得的成绩,另一方面也揭示了采购中存在诸多问题。在肯定成绩的同时也要着力解决发现的问题。只有这样,才能达到实施采购绩效评价的目的。图9-2中,虚线框中是采购绩效评估的实施阶段,一般包括:

①进行沟通。评估参与各方进行有效、持续、正式和非正式的评估沟通。这在评估的实施阶段是非常重要的,良好的沟通是后续工作的基础。

②保持记录。观察绩效表现,收集绩效数据,将任何表现采购绩效的痕迹、印象、影响、证据、事实完整地记录下来,并做成文档。

③评估。通过检查、测评、绩效考核、绩效会议等进行对比、分析、诊断、评估。

④识别。识别在各个领域中的缺点和优点,并加以确认。

⑤激励。激励包括正激励、负激励、报酬、教导、训诫、惩罚等手段。

在完成绩效评估之后,对评估中发现的问题要及时改进,这往往是最容易忽视的环节,却又是最重要的环节。最后要将改进后的结果反馈给相关部门,在下一轮的绩效测量中,采购绩效的标准就会有所提高,也只有这样,才能从真正意义上提高采购绩效。

9.3　采购绩效评估体系

采购作业必须达成适时、适量、适质、适价及适地等基本任务,因此,采购绩效评估一般均以"5R(质量、数量、时间、价格、效果)"为中心,并以数量化的指标作为衡量采购绩效的指标。

具体地,商品采购绩效的衡量可根据采购工作范围的划分、采购能力与采购结果等概括成采购效率指标及采购效果指标两大类。商品采购效率指标是与采购能力相关的衡量采购人员行政机构、方针目标、程序规章等指标,具体包括质量、数量、时间及价格四大类绩效指标;而采购效果指标是指与采购结果,如采购成本、原材料质量、交货等相关的指标,这一类的指标称为采购效果指标。

9.3.1　数量绩效指标

当采购人员为争取数量折扣,以达到降低价格的目的时,可能导致存货过多,甚至发生呆料、废料的情况。

1. 储存费用指标

储存费用是指存货利息及保管费用之和。企业应当经常考核现有存货利息及保管费用与正常存货水准利息及保管费用的差额。

2. 呆料、废料处理损失指标

呆料、废料处理损失是指处理呆料、废料的收入与其采购成本的差额。存货积压的利益及保管的费用愈大,呆料、废料处理的损失愈高,显示采购人员的数量绩效愈差。不过此项数量绩效,有时受到公司营业状况、物料管理绩效、生产技术变更或投机采购的影响,并不一定完全归咎于采购人员。

9.3.2　质量绩效指标

质量绩效指标主要是指供应商的质量水平以及供应商所提供的产品或服务的质量表现,它包括供应商质量体系、来料质量水平等方面。

1. 来料质量

来料质量包括批次质量合格率、来料抽检缺陷率、来料在线报废率、来料免检率、来料返工率、退货率、对供应投诉率及处理时间等。

2. 质量体系

质量体系包括通过 ISO 9000 的供应商比例、实行来料质量免检的供应商比例、来料免检的价值比例、开展专项质量改进(围绕本公司的产品或服务)的供应商数目及比例、参与本公司质量改进小组的供应商人数及供应商比例等。同时,采购的质量绩效可由验收记录及生产记录来判断。验收记录指供应商交货时,为公司所接受(或拒收)的采购项目数量或百分比;生产记录是指交货后,在生产过程发现质量不合格的项目数量或百分比。

$$进料验收指标＝合格(或拒收)数量/检验数量$$

若以进料质量控制抽样检验的方式进行考核,拒收或拒用比率愈高,显示采购人员的质量绩效愈差。

9.3.3 时间绩效指标

这项指标是用以衡量采购人员处理订单的效率,及对于供应商交货时间的控制。延迟交货,固然可能形成缺货现象,但是提早交货,也可能导致买方发生不必要的存货储存费用或提前付款的利息费用。

1．紧急采购费用指标

紧急运输方式(如空运)的费用是指因紧急情况采用紧急运输方式的费用。将紧急采购费用与正常运输方式的差额进行考核。

2．停工断料损失指标

停工断料损失是指停工生产车间作业人员工资及有关费用的损失。除了前述指标所显示的直接费用或损失外,还有许多间接损失。例如,经常停工断料,造成顾客订单流失、员工离职,以及恢复正常作业的机器必须做的各项调整(包括温度、压力等);紧急采购会使购入的价格偏高,质量欠佳,连带也会产生赶工时间,必须支付额外的加班费用。这些费用与损失,通常都没有估算在此项指标内。

9.3.4 价格绩效指标

价格绩效是企业最重视及最常见的衡量标准。透过价格指标,可以衡量采购人员议价能力以及供需双方势力的消长情形。采购价差的指标,通常有下列数种:

1．实际价格与标准成本的差额

实际价格与标准成本的差额是指企业采购商品的实际价格与企业事先确定的商品采购标准成本的差额,它反映企业在采购商品过程中实际采购成本与采购标准成本的超出额或节约额。

2．实际价格与过去移动平均价格的差额

实际价格与过去移动平均价格的差额是指企业采购商品的实际价格与已经发生的商品采购移动平均价格的差额,它反映企业在采购过程中实际采购成本与过去采购成本的超出额或节约额。

3．使用时的价格与采购时的价格之间的差额

使用时的价格与采购时的价格之间的差额是指企业在使用材料时的价格与采购时的价格差额。它反映企业采购材料物资时是否考虑市场价格的走势,如果企业预测未来市场的价格走势是上涨的,那么应该在前期多储存材料物资;如果企业预测未来市场的

价格走势是下跌的,那就不应该多储存材料物资。

另外,将当期采购价格与基期采购价格的比率与当期物价指数与基期物价指数的比率相比较,该指标是动态指标,主要反映企业材料物资价格的变化趋势。

9.3.5 采购效率指标

以上质量、数量、时间及价格绩效是就采购人员的工作效果来衡量的,此外还可以就采购效率来衡量。

1.年采购金额

年采购金额是企业一个年度商品或物资的采购总金额,包括生产性原材料与零部件采购总额、非生产采购总额(包括设备、备件、生产辅料、软件、服务等)、原材料采购总额占总成本的比例等。其中最重要的是原材料采购总额,它还可以按不同的材料进一步细分为包装材料、电子类零部件、塑胶件、五金件等,也可按采购类型不同确定其采购额度。原材料采购总额按采购成本结构又可划分为基本价值额、运输费用及保险额、税额等。此外,年采购额还可分摊到各个采购员及供应商,算出每个采购人员的年采购额、年人均采购额、各供应商年采购额、供应商年平均采购额等。

2.年采购金额占销售收入的百分比

年采购金额占销售收入的百分比是指企业在一个年度里商品或物资采购总额占年销售收入的比例,它反映企业采购资金的合理性。

3.订购单的件数

订购单的件数是指企业在一定时期内采购商品的数量,主要是按 ABC 管理法,对 A 类商品的数量进行反映。

4.采购人员的人数

采购人员的人数是指反映企业专门从事采购业务的人数,这是反映企业劳动效率指标的重要因素。

5.采购部门的费用

采购部门的费用是一定时期采购部门的经费支出,它反映采购部门的经济效益指标。

6.新供应商开发个数

新供应商开发个数是指企业在一定期间采购部门与新的供应商的合作数量,它反映企业采购部门工作效率。

7.采购计划完成率

采购计划完成率是指一定期间内企业商品实际采购额与计划采购额的比率,它反映企业采购部门采购计划的完成情况。

8.错误采购次数

错误采购次数是指一定时期内企业采购部门因工作失职等原因造成错误采购的数量,它反映企业采购部门工作质量的好坏。

9.订单处理的时间

订单处理的时间是指企业在处理采购订单的过程中所需要的平均时间,它反映企业采购部门的工作效率。

9.4 采购绩效评估制度

9.4.1 采购绩效评估制度的定义

采购绩效评估是对采购工作进行全面系统地评估、对比从而判定采购所处整体水平的做法,可通过自我评估、内审、管理评审等方式进行。评估审核一般依据事先制定的审核评估标准或表格,对照本公司的实际采购情况逐项检查、打分,依据实际得分对照同行或世界最高水平找出薄弱环节进行相应改进。

9.4.2 采购绩效评估制度的成功条件

采购绩效评估制度的成功条件包括以下几个方面:

1.公开化

企业应该以公正无私的立场来制定采购绩效评估制度,绝对不能使绩效评估制度成为采购部门本位主义的产物。

2.有个性

必须带有企业个人色彩,切实符合企业特性。

3.评估的目的必须明确化

目的明确化有助于:

①显示采购业务重要性,这是企业采购最基本的评估目的。主要包括提高对企业利益的贡献度和促进业务营运绩效(如生产、销售等)的提高(如减少缺货率等)。

②物料采购业务的改善与发展。评估绩效的结果,能够展示现在应加以改善的缺陷所在,以利于业务改善与发展的实施。

③作为人事考评、目标管理的基础。

④制定评估基准。

⑤评估方法的具体化。

⑥将评估结果活用于提高物料采购业务的品质。

⇨ 案例分析

Metalcraft 公司的采购供应商评分卡

Metalcraft 公司创建于 1967 年,为世界上最大的几家汽车生产商供应零配件。公司的员工约 8 万,分布在世界 27 个国家。公司是一家汽车零配件设计和生产企业,供应的产品有:汽车玻璃、底盘、温控系统、仪表盘、悬挂系统、动力控制系统、远程通讯/多媒体系统。2001 年,公司的销售收入和净收入(重组费用调整后)分别达 128 亿美元和 3000 万美元。公司的业务范围遍及全世界,但北美的销售额约占总销售额的 80%。

Metalcraft 公司是最大的几家汽车生产商的第一级供应商。这些汽车生产商都要求供应商提供零缺陷供应。对 Metalcraft 公司而言,实现零缺陷供应绝非易事,因为它在全世界有 84 家工厂,每天每个工厂接收的零配件近百万。而且与管理上游供应商相关的成本很难客观地进行量化,包括:质量问题、零配件配送延误、认证,以及保修费用。对于大多数零配件,供应商不用承担保修费用。通过提供最低的零配件价格,供应商通常能在竞标中获胜。然而,考虑到质量风险和配送延误所造成的额外成本,中标的供应商的零配件价格实际上要超过其他一些竞争对手的投标价。因此,Metalcraft 要在很多方面对潜在的供应商进行评估。为了能够持续地对供应商进行评估和监督,Metalcraft 公司开发了 Metalcraft 供应商计分卡。

Metalcraft 公司希望在供应链中使用基于互联网技术的评分卡,以应对质量监控问题。作为汽车零配件的第一级供应商,要想取得成功,Metalcraft 需要极低的产品缺陷率。最大的几家汽车制造商要求其供应商能够提供零缺陷供应。该评分卡对供应商绩效从三个纬度——质量、时机、配送——提供了一个单一的、世界范围的参考值。该评分卡上还有供应商的联系信息。

新的评分卡改善了先前的供应商评级体系。不是仅仅通过单一的审计对供应商进行评级,该系统通过几方面的度量持续地对供应商绩效进行评价。正如 Metalcraft 公司供应商开发部门(SD)经理马克·莱切特所说:"基于连续的质量表现数据,通过(Metalcraft 供应商)质量评分卡获得,我们表现最好的供应商现在被认为是'首选',而不是基于某一时点的绩效,评定为 1 级"。

(案例来源:哈佛商学院. 供应链管理——哈佛商学院案例. 宋华等译. 北京:中国人民大学出版社,2007.)

➯ 思考题

1. 采购绩效评估的目的是什么?
2. 如何设定采购绩效指标?
3. 采购绩效评估制度的成功条件是什么?

运 作 篇

第 10 章

采购外包和供应商管理

⇨ **本章要点**

　　本章首先介绍外包的内涵、特征和决策,然后概述供应商管理的行为、目标、意义,阐述了采购供应商关系的演变和分类,最后探讨了采购供应商培育的内涵、壁垒、培育过程和措施。

10.1　外包概述

10.1.1　外包概念

　　"外包"(outsourcing),英文一词的直译是"外部寻源",指企业整合并利用其外部最优秀的专业化资源,从而形成一种降低成本、提高效率、充分发挥自身核心竞争力和增强企业对环境的迅速应变能力的管理模式。企业在内部资源有限的情况下,为取得更大的竞争优势,仅保留其最具竞争优势的功能,而把其他功能投入到整合中,利用外部最优秀的资源来实现其效用是十分必要的。企业内部最具竞争力的资源和外部最优秀资源的结合,能产生巨大的协同效应,使企业最大限度地发挥自有资源的效率,获得竞争优势,提高对环境变化的适应能力。我国的台湾宏基就是一个典型的成功外包的案例。他们进行了流程再造,将在台湾生产的系统转变为在台湾生产主板、外包装和监视器等关键零部件,其他部件则外包给市场的本地厂商生产,通过市场本地的组装销售,把产品提供给世界各地的消费者。这种模式推出后,库存时间从 100 天降到 50 天,资金周转率提高了一倍,新产品提前上市一个月,产品也更能迅速满足消费者的个性需求。

　　"外包"这种管理模式是工业经济时代已经形成的社会分工与协作组织在当今知识经济条件下的发展与演化。早在 20 世纪 20 年代,美国福特公司就形成了产品零部件标准化基础上的流水作业线,生产出具有规模效益的 T 型车辆的生产组织实践,并实现了零部件供应的外部化。发展到20世纪下半叶,标准化、全球化的组装生产模式已普及全球。从工业时代的全球化的协作生产到知识经济时代的战略性外包,这是一个不断演进、从量变到质变的连续过程,这种变化有其产生的必要性和必然性。

1.市场的环境特点是企业实行"外包"的根本原因

目前,市场竞争环境有两个显著特点:①市场的变异性增强,买方市场上顾客购买欲望呈现个性化和多样化的特征。由于技术变革速度加快,产品生命周期缩短,新产品层出不穷,从而导致企业竞争加剧,市场竞争焦点由成本竞争转向产品性能、服务质量乃至新产品的开发速度的竞争。在这种急剧变化的市场环境中,创新成为企业保持竞争优势的永恒主题。以制药业为例,开发一种重要的药物,由于开发成本的上升,失败概率的增大,所有大制药公司所采取的一种对策是,与一些有前途的生物技术研发公司进行合作,甚至与竞争对手合作,即把研发这块业务部分外包给他人。采用这种战略,就能够很快在市场上推出新产品。②竞争的范围逐渐由个体区域转向全球市场。在全球建立一种有效的市场困难相当大,它不仅需要优质的产品、卓越的营销手段,还需要构建和控制业务以确保企业的全球利益。这不是仅凭企业自己的力量就可以完成的,它要求企业采取某种管理模式能够整合分布在世界各地的资源,而外包就是其中的一种模式,如上述的宏基公司正是采用这种模式才取得了成功。

2.信息技术的发展为"外包"提供了技术基础

信息技术的发展从根本上改变了企业管理模式,扩张了企业的界限。过去由于市场交换中的信息搜寻、协作分工而付出的成本比较高昂,所以企业必须把研发、生产、销售等一系列活动集中在自己的内部进行。随着网络技术的兴起,管理信息系统的完善,集成制造技术的普及,电子商务的发展,使得企业间跨越时空障碍的合作日益便利,大大降低了企业协作的交易费用,企业可以和其他的企业结成动态联盟,把精力和资源集中在自己最擅长的活动上,而把自己不擅长的工作交给合作伙伴来完成。以信息网络为依托,通过把企业的内部优势资源和外部优势资源进行迅速有效的整合,企业可以创造出更大的竞争优势。

3.战略管理理论的发展为建立外包模式提供了思想指导

以资源为基础的理论是现代企业战略管理主导理论,该理论认为企业的竞争优势是由其能力所决定的。一家公司的能力的差别是特殊能力与一般能力的差别。特殊能力也叫核心竞争力,其最重要的特点是竞争对手无法仿制,或仿制起来难度很大。不可仿效这种特征的战略意义在于:核心能力使企业处于竞争优势地位。一个企业要想获得可持续的发展,就必须发现并创造自己的核心能力。这种由核心能力所产生的竞争优势就是绝对优势。

面对激烈的竞争环境,一个企业特别是新成立的企业,很难具有全面的资源优势。企业如果把资源分散到各个环节上,必然会造成资源的浪费,不利于迅速建立自己的竞争优势。而采用外包模式,一方面企业通过集中资源与力量,选择自己专长的领域,并在该领域形成技术优势和规模优势,既充分利用了资源,又有利于建立自己的核心优势;另一方面外包企业可以突破企业内部资源约束,减少建设核心竞争力的时间成本。

10.1.2 外包特征

外包作为一种企业实现变革的方式,具有以下特征:

1.并行的作业分布模式

由于企业把非专长的经营活动交给其他企业完成,这使得传统企业运作方式中时间和流程上处于先后关系的有关职能和环节得以改变。企业的各项活动在空间上是分布的,但在时间上却可以并行。比如企业在研究和开发的同时,合作伙伴可能正积极地生产或营销该企业产品。这种并行的作业模式提高了企业的反应速度,有利于企业形成先动优势。

2.在组织结构上,实行"外包"的企业由于业务的精简而具有更大的应变性

对实行"外包"的企业来讲,由于大量的非专长的业务都由合作伙伴来完成,企业可以精简机构而变得更加精干,中层经理传统上的监督和协调功能被计算机网络所取代,金字塔式的总公司、子公司的组织结构让位于更加灵活的对信息流有高度应变性的扁平式结构。这种组织结构将随着知识经济的发展越来越具有生命力。

3.以信息技术为依托实现与外部资源的整合

实行"外包"的企业以信息网络为依托,选用不同公司的资源,与这些具有不同优势的企业组成依靠电子手段联系的经营实体,企业成员之间的信息传递、业务往来和并行分布作业模式都主要由信息网络提供技术支持。例如在企业协调方面,计算机支持和群体协同工作环境为"外包"企业提供全新的协调管理方式,它综合应用计算机和通信技术、分布式技术、人工接口技术、管理科学和社会科学等理论成果,提供系统服务、基本协同服务和任务协同服务三种基本的协调功能。在企业决策方面,实行"外包"的企业采用基于并行工程环境的群体决策模式,包括充分利用互联网信息服务和服务器/客户端模式、利用内部局域网建立企业决策支持系统以及利用多智能决策模式等。

4.外包可以专注于核心竞争力的发展

外包目的在于巩固和扩张自己的核心竞争力,以建立自己的优势。外包明显区别于兼并,后者聚焦于市场的外部扩张行动,如通过兼并企业扩展市场规模,而"外包"有时甚至是规模减缩的过程。这种内部化过程不需要核心竞争力要素的长期积累,直接把原有的资源应用于巩固、发展核心竞争力上,从而迅速地建立核心竞争优势,可以说通过外包是建立竞争力的最有效的途径。

10.1.3 外包决策分析

外包决策的制定对企业的影响是巨大的。在制定决策前必须慎重,以下是决策中需要考虑的一些因素。

1.动态成本收益分析

外包的前提和假设是不断变化的,因此必须对当初的成本收益进行调整。随着环境的变化,成本收益的调整也在不断进行,呈现出动态的方式。在进行成本收益分析时,公

司有必要先了解企业的需要和对外包贡献的目标要求。

2.流程分析

外包的目的是降低企业的交易规模和流程复杂性。在进行是否外包的决策前,公司决策层有必要回答一些问题。以下是一些被认为关键而又十分有价值的具体问题:

- 外包是否能给公司的其他部分带来持续的竞争优势,其战略价值是什么?
- 外包公司是否会成为本企业的竞争对手?
- 外包公司能够获得哪些竞争优势,对本企业会产生哪些影响?
- 当前经营中的基本衡量标准是什么?如何衡量企业绩效,例如成本、速度、服务质量等?公司的业务流程是什么?每个流程的客户是谁?流程的绩效目标和关键的成功因素是什么?目标的设置是否合理?可以实现吗?具有挑战性吗?
- 这些流程如何为公司增加价值?
- 哪些假设的变动会导致流程的变动成为必然而又必须进行的事情?
- 实现这些改进需要采取什么行动?
- 当前的流程和信息系统能否充分支持你成为期望的跨国组织?
- 组织希望从流程改进中获得何种收益水平?
- 采取行动需要怎样的行动方案,是否需要进行外包?
- 外包提供了哪些利益,其重要性如何,能实现我们的目标吗?
- 为了实现战略目标如何对流程进行整合?
- 建立一种成功的战略联盟伙伴关系的可能性有多大?

从以上这些问题中我们可以看出,制定外包决策应该首先分析企业的基本业务流程,了解企业的具体运作,并充分考虑建立联盟或者运营和未来需求等战略的各种驱动因素。有一些外包是非战略性的,如办公室设计、员工餐厅、复印或印刷等;也有一些外包是战略性的,如与供应商进行联合研究和开发,这就需要组织与供应商建立一种良好的合作伙伴关系。战略性的联盟需要得到企业更多的关注,企业需要有一系列具体标准以明确为了实现战略目标什么时候适宜采取外包业务,什么时候还是采用自制的方式。这其中有一些标准是必须针对公司内部的,还有一些是专门针对外包方的,其他的则需要双方共同遵守。在回答了以上问题后,如果得出了以下结论则可以而且应该考虑外包:

- 外包确实对企业战略有直接贡献。
- 外包能为公司带来先进的技术、观念和方法,从而带来意想不到的收益。
- 公司与其外包伙伴对未来投资达成共识,愿意共同承担风险,并分享收益,也就是说外包公司愿意与公司建立一种良好的合作伙伴关系。
- 公司和外包伙伴都愿意公开地分享关键和确切的企业信息,从而提高绩效和生产率。
- 外包伙伴将能够为公司的整个经营和服务网络提供支持。

10.1.4 采购外包

MRO(maintenance，repair，and operation)采购外包如今已迅速发展为一个全新的

"最佳实践"。许多公司发现有 $50\%\sim80\%$ 的供应链采购行为涉及 MRO,MRO 采购的管理因其独特性必须有别于其他产品采购。图 10-1 显示了 MRO 适合供应链采购的总体框架,这个象限模型以公司获得的价值和采购产品或服务过程中的风险的对比为基础。一般来说,MRO 通常被看做是一个低价值、低风险的服务活动,非常特殊和独特的 MRO (过度的或非常特殊的)项目一般处于左上象限部分。

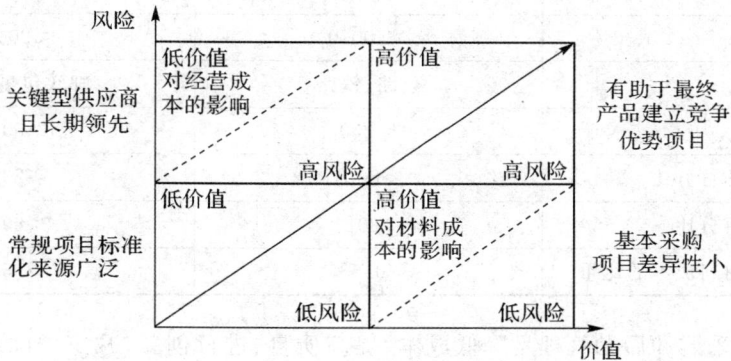

图 10-1　MRO 与供应链采购的关系

一般而言,MRO 定义包括的材料和服务主要包含以下一些内容:

①电力和机械材料(包括修理用配件、仪器装置以及那些支持资本项目的材料)。

②电子仪器(如一些元件、仪器、计算机和终端设备)。

③专业设施(包括实验仪器和应用仪器)。

④工业供应品(包括通常的维护供应品)。

⑤安全和保健器械。

⑥机械应用件(如工业机器、设备和工具)。

⑦办公用耗材和设备。

⑧化学供应品和设备。

⑨自动化和散装元件、设备和供应品。

MRO 材料自身的价值占采购总成本的比例还不到 25%,但所有运输、库存、应收账款和应付账款及交易过程成本却超过 75%。获取这些低价值、低风险、高交易费用的材料采购项目的过程成本经常超过了材料本身的成本。一般来说,MRO 是个无差异市场,有上千个销售者和采购者,总成本中 75% 存在于运输、储存、库存中,它的特征通常是长时间无价值的拖延和许许多多的隐藏成本。销售者关注较多的是订货管理成本、后勤成本和财务风险,采购者关注的则是材料成本、管理成本和质量标准。表 10-1 概述了直接生产材料和 MRO 之间的一些不同。

表 10-1　直接生产材料和 MRO 的不同

项　目	直接生产材料	MRO
前景	好	稀少
订货形式	数据	电话或传真
订货频率	有规律	无规律
平均单价	>40000	<20000
运输方式	公路、铁路	邮政包裹、航空
供应商数目	<250	>5000
占采购支出的百分比	>80%	<20%
占交易量的百分比	<20%	>80%
管理成本占材料成本的比重	<0.5%	>25%

　　MRO 的采购和后勤管理是降低成本、提高质量、进行创新、减少中间环节周转时间的一个重要目标领域。美国一些机构的调查显示，超过一半公司的 MRO 交易额还不到整个公司和组织采购额的 2%，每笔交易的平均支出低于 50 美元，而获取及管理的平均成本却高达 65 美元。

　　大多数的 MRO 项目可以有效地外包出去。最初，许多公司都认为大多数 MRO 项目应该在当地完成，因此很难进行任何联合、标准化或是向外承包的工作。事实上，几乎80% 的 MRO 项目都可以而且应当独立于当地业务部门。实践经验表明，MRO 完全可以进行联合、标准化或者是外包，而且比当地化的成本更低，服务质量更高。事实上，一些将 MRO 项目进行联合、标准化或者是外包的企业实现了将材料、存货和人力成本节约10%～35%（材料成本的百分比）的目标。

　　MRO 的采购和后勤服务外包发展的原因包括：

　　①许多公司的高级管理层已经开始接受这种观点：在许多情况下，第三方可以更加有效地提供采购和后勤服务。

　　②一些公司曾利用第三方提供采购和后勤服务作为降低人力成本的一个途径，良好的实践结果鼓舞他们将这一决策推行到底。

　　③新技术的飞速发展，尤其是采购和后勤信息系统的迅速发展使得采购和后勤管理分工更细，为第三方提供了一些机会。

　　④MRO 供应商有能力进行广泛的联合行动，并在大客户中分散其采购和后勤成本，使这些公司能更有效地集中于核心业务。

　　1995 年，美国对最大的 1000 家公司的财务总监和后勤总监进行了一项调查，调查结果表明：美国公司目前所定义的外包职能在传统意义上被认为是竞争很激烈，而边际利润又较低的一类职能，这些公司首先对供应链的后勤服务实行外包。目前，美国公司的外包业务所占比重如下：客户清洁 45%，货物清点 47%，运输 37%，库存保管 31%，货物付款 30%。当调查问及 MRO 产品和服务时，15% 的公司承认正在外包这些业务，而74% 的公司则认为 MRO 应该被外包。通用电气和 IBM 已经将其工厂的 MRO 外包出去,福特、贝尔等公司重新评价了 MRO 采购的会计支出,开始考虑将 MRO 外包出去。以上这一切都足以说明高级财务人员和经营管理人员已经认识到 MRO 采购和后勤是一种主要的外包形式。

在现代的经营环境当中,公司为了适应变化,经常不断地调整公司结构,合理安排供应链中的每一个环节以获得成本优势,此时 MRO 是降低人力、投资、资产、设备和管理成本的一个重要目标。有效的 MRO 外包需要对使用者进行培训和教育,需要对绩效进行反馈。如果制度完善,大多数 MRO 外包关系会获得良好的结果。

10.2　供应商管理概述

供应商管理是企业保证物资供应、确保采购质量和节约采购资金的重要环节。供应商管理很早就受到企业的重视,随着经济环境的变化,不断地出现新的内容,现在供应商管理已经有了很多新的理论和实践成果。从传统的供应商管理发展到供应链供应商管理,企业在供应商管理方面有了很大的创意。供应商管理最主要的两个内容是供应商的选择和供应商的关系管理。因此,供应商管理不仅包括区分供应商级别,对物资供应渠道进行选择,以及从质量、价格、售后服务、交货期等方面对供应商进行综合、动态的评估,还包括如何管理同供应商的关系。在此基础上,我们可以确定供应商管理的目标及战略。

在近 60 年间,企业在供应商管理方面有了很大的创新。在对物流管理越来越重视的今天,优秀的企业将供应商管理提高到战略的高度,并且在实践中不断寻求更好的方法。因此,供应商管理,就是对供应商的了解、选择、开发、使用和控制等综合性的管理工作的总称。其中,了解是基础,选择、开发、控制是手段,使用是目的。供应商管理的目的,就是要建立起一个稳定可靠的供应商队伍,为企业生产提供可靠的物资供应。

10.2.1　供应商管理行为

供应商管理是一个复杂的过程,其环节涉及供应商选择、供应商审核、供应商评价与考核、供应商培育与开发、供应商关系管理、供应商成本、竞争、合约、股权、价格等控制管理、供应商品和项目进程控制等环节,其过程示意图如图 10-2 所示。其行为又可分为传统供应商管理行为、新兴供应商管理行为、先进供应商管理行为和世界级供应商管理行为。

1. 传统供应商管理行为

传统供应商管理行为通常包括:

①大量、分散的供应商。

②几乎没有建立特定关系。

③认为供应商之间是充分竞争的,可互相替代。

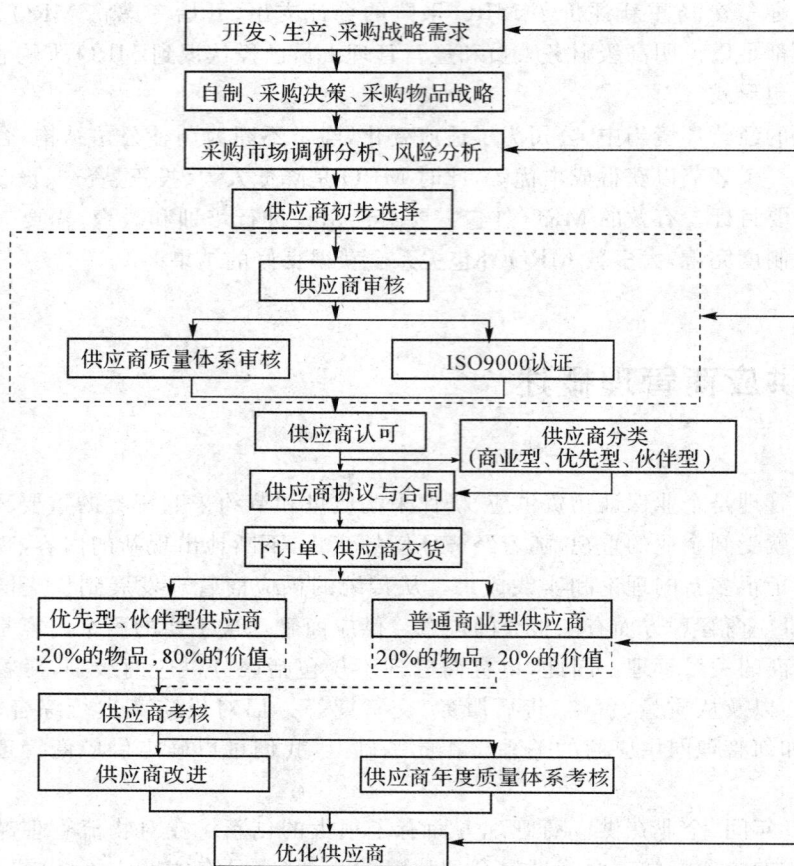

图 10-2 供应商管理过程

数据来源:徐杰.采购与仓储管理.北京:清华大学出版社,2004:88;鞠颂东,徐杰.采购管理.北京:机械工业出版社,2005:123-124.

④没有正式的供应商行为评估。

⑤以价格和质量为主要的选择标准,但还是更突出价格因素。

2.新兴供应商管理行为

新兴供应商管理行为通常包括:

①偏爱数量有限的关键供应商。

②有供应商评估系统和大量双向沟通。

③突出供应质量。

④巡视现场。

⑤调查供应商。

⑥与供应商有限地合作。

3.先进的供应商管理行为

先进的供应商管理行为通常包括:

①正式的供应商认证。

②制定服务协议。

③包括行为规范和正式评估。

④理解供应商成本构成。

4. 世界级供应商管理行为

世界级供应商管理行为通常包括：

①供应商自我认证。

②关键供应商账户管理。

③战略性配合。

④系统化的评估反馈。

⑤同步双向沟通。

⑥和供应商一起优化供应链。

10.2.2　供应商管理的意义、目标和战略

1. 供应商管理的意义

供应商管理的重要意义可以从两个层面来考虑，即技术层面和战略层面。

(1)从技术层面意义分析

1)供应商管理有利于降低商品采购成本

据美国先进制造研究报告表明，采购成本在企业总成本中占据着相当大的比重，对美国制造企业而言，原材料采购成本一般占产品单位成本的 40%～60%，大型汽车制造企业更高。研究报告指出，采购成本所占比例将随着核心能力的集中和业务外包比例的增加而增加，因此，供应商作为供应链中的结盟企业直接关系着产品的最终成本。美国采购经理们预测，未来 5 年，竞争压力将迫使制造商们每年降低 5%～8% 的产品成本(除去通货膨胀因素)。但这仅仅依靠制造商是无法实现的，制造商必须与供应链另一生产型企业——供应商联合才能实现产品成本的降低。

2)有利于提高产品质量

有研究表明，30% 的质量问题是由供应商引起的。因此，提高原材料、零配件的质量是改进产品质量的有效手段。

3)从降低库存的角度

减少库存的压力使制造商将前端库存转嫁到供应商身上，将后端库存转嫁到销售商身上，不利于合作伙伴关系的建立，供应商管理可以进行协调库存管理。

4)从缩短交货期的角度

据统计，80% 的产品交货期延长是由供应商引起的，缩短产品交货期应从源头做起。

5)从制造资源集成的角度

信息技术和计算机网络技术，尤其是全球性网络 Internet 的迅速发展为现代制造企业跨地域、跨行业实现信息和技术的实时传递与交换，提供了必要条件。制造业面临的是全球性的市场、资源、技术和人员的竞争，制造资源市场已成为一个开放型的大市场。制造资源应被集成起来发挥作用早已是人们在制造生产中得到的共识。

（2）从战略层面意义分析

1）从集成供应链的角度

即将供应商放在供应链网络结构模型中考虑,供应链是由节点企业组成的,节点企业在需求信息的驱动下,通过职能分工与合作实现供应链的价值过程。从系统论的角度来看,制造资源是整个制造系统的输入,而供应商的行为和要素市场的规范与制造资源的质、量密切相关,所以供应商管理问题是制造的出发点,也是制造成败的关键之一。

2）从提升核心能力的角度

随着企业越来越注重于核心能力的培养和核心业务的开拓,从外部获取资源,通过供应商介入进行新产品开发以提升自身的核心能力的情况也逐渐增多。

3）从新产品开发的角度

据美国采购经理们预测,未来 5 年,新产品上市时间将缩短 40％～60％,仅仅依靠制造商或核心企业的能力是远远不够的,与供应商合作已势在必行。

2. 供应商管理的目标

供应商管理的目标包括:

①获得符合企业质量和数量要求的产品或服务。

②以最低的成本获得产品或服务。

③确保供应商提供最优的服务和及时的送货。

④发展和维持良好的供应商关系。

⑤开发潜在的供应商。

3. 供应商管理的战略

供应商管理的战略包括:

①设计一种能最大限度地降低风险的合理的供应结构。

②采用一种能使采购成本最小的采购方法。

③与供应商建立一种能促使供应商不断降低成本、提高质量的长期合作关系。

10.2.3 供应商关系的演变

供应商和采购方之间的关系,除了各种明显的相互作用以外,还有其他的存在形式。例如产品和服务的相互适应、运营衔接以及共同的战略意图。所有这些构成了供应商和采购方间相互关系的本质,并使这种关系保持稳定,得以发展。理解与供应商的关系对评估经营机会及促进企业发展具有十分关键的意义。企业需要了解在供应商那里所处的位置,以及将会承担什么样的角色。不同的供应商采用不同关系管理模式,加强与供应商的沟通和联系,适应市场动态变化。

采购商与供应商之间的买卖关系可以说是历史悠久,从企业建立之初便已存在了。最初,采购商与供应商之间是一种"零和"的竞争关系。最近几十年,"双赢"观念开始在企业中处于上风,而供应商伙伴关系的观念也只是近十几年的事。很难具体说出是由谁或哪家公司创立了供应商伙伴关系的实践与理论,但是,大家都比较认同的是日本在第二次世界大战结束后致力于民族工业的振兴,在开展全面质量管理、实施即时生产的过程中意识到供应商的重要性,认为企业所面临的竞争不仅是企业与同行之间的竞争,而且是整个供应链同另一个供应链的竞争。相反,美国与西欧的制造商则坚持认为供应商必须依靠自己并经常以此来威胁采购商,从而导致日本的汽车产业迅速崛起并渗透到世界各地。如果说将采购注意力由关心成本转移到不仅关心成本,而且更注重供应商的产品质量与交货及时性是采购管理的一大进步的话,那么帮助敦促供应商改进产品设计,促使供应商主动为自己的产品开发提供设计支持,则标志着供应商管理进入了真正的战略合作伙伴关系阶段。1977 年 7 月,英国 BCG 的报告曾经谈到:"在 1974 年,日本本田汽车公司通知一些零部件厂商,未来的 5 年内本田不希望零部件涨价,同时本田将密切地同供应商合作,帮助他们改革和优化零部件设计,而且本田还将新的生产方法技术提供给供应商。"这是我们可以找到的与供应商合作伙伴关系相关的较早记录了。换句话说,供应商的战略合作伙伴关系的概念和实践萌芽于 20 世纪 70 年代后期的日本汽车业,发展于 80 年代中期,成熟于 80 年代后期。到了 90 年代,美国与欧洲许多企业在供应商管理方面吸取了日本的经验,并开始青出于蓝而胜于蓝。表 10-2 描绘了供应商关系的演变阶段。

表 10-2　供应商关系的演变

	20 世纪 60—70 年代	20 世纪 80 年代	20 世纪 90 年代
特　征	竞争对手	合作伙伴	探索/全球平衡
市场特点	许多货源,大量存货,买卖双方是竞争对手	合作的货源,少量存货,买卖双方互为伙伴,实现"双赢"	市场国际化,不断调整双方的伙伴关系,在全球经济中寻找平衡与发展
采购运作	以最低的价格买到所需产品	· 采购总成本最低 · 供应商关系管理 · 整体供应链管理 · 供应商参与产品开发	· 供应商策略管理 · "上游"控制与管理 · 共同开发与发展 · 供应商优化 · 信息、网络化管理 · 全球"共同采购"

资料来源:梁军.采购管理.北京:电子工业出版社,2006:204.

　　因此,传统环境下的供应商关系就是传统的竞争关系,其受价格驱动,是一种短期的、松散的、竞争对手的关系。在这样一种基本关系之下,采购方和供应商的交易如同"0—1"对策,一方所赢则是另一方所失,与长期互惠相比,短期内的优势更受重视。采购方总是试图将价格压到最低,而供应商总是以特殊的质量要求、特殊服务和订货量的变化等为理由尽量提高价格,哪一方能取胜主要取决于哪一方在交易中占上风。例如,采购方的购买量占供应商销售额总量的百分比很大,采购方可容易地从其他供应商那里得到所需物品,改换供应商不需要花费多少转换成本等情况下,采购方均会占上风;反之,则有可能是供应商占上风。

　　相反,另一种与供应商的关系模式,即合作模式,在当今受到了越来越多企业的重视,尤其是这种模式在日本企业中取得了很大成功并广为流传之后。在这种模式之下,采购方和供应商互相视对方为"伙伴",双方保持一种长期互惠的关系。两种模式的特点对比可如表 10-3、10-4 所示。

表 10-3 传统环境与供应链管理环境下的供应商关系比较

项　目	传统供应商关系	供应链合作关系
相互交换的主体	物料	物料、服务
供应商选择标准	单一强调价格	多标准并行考虑(交货的质量和交货期等)
稳定性	变化频繁	长期、稳定、紧密合作
合同性质	单一	长期合同具开放性
供应批量	小	大
供应商数量	多	少(少而精、长期紧密合作)
供应商规模	小	大
信息交流	信息专有	信息共享(电子化连接、共享各种信息)
质量控制	输入检查控制	质量保证(供应商对产品质量负全部责任)
选择范围	当地投标评估	在国内外广泛评估可增值的供应商

资料来源:霍红,华蕊.采购与供应链管理.北京:中国物资出版社,2005:176.

表 10-4 供需之间"竞争模式"与"合作模式"的比较

名　称	主要特征	缺　陷
竞争模式	(1)采购方以权势压人来讨价还价。采购方以招标的方式挑选供应商,报价最低的供应商被选中;而供应商为能中标,会报出低于成本的价格 (2)供应商名义上的最低报价并不能带来真正的低采购成本。供应商一旦被选中,就会以各种借口要求采购方企业调整价格,因此,最初的低报价往往是暂时的 (3)技术、管理资源的相互保密。由于采购方和供应商之间是受市场支配的竞争关系,因而双方的技术、成本等信息都小心加以保护,不利于新技术、新管理方式的传播 (4)双方的高库存、高成本。由于关系松散,双方都会用较高的库存来缓解出现需求波动或其他意外情况时的影响,而这种成本的增加,实际上最后都转嫁到了消费者身上 (5)不完善的质量保证体系。以次品率来进行质量考核,并采取事后检查的方式,造成查到问题时产品已投入市场,仍要不断地解决问题 (6)采购方的供应商数目很多。每一种物料都有若干个供应商,供应商之间的竞争使采购方从中获利	由于采购方和供应商之间的讨价还价,双方缺乏信息交流,成本难以降低,质量也不能很好地满足要求,难以适应快速响应市场的要求

续表

名　称	主要特征	缺　陷
合作模式	(1)供应商的分层管理。采购方将供应商分层,尽可能地将完整部件的生产甚至设计交给第一层供应商,这样采购方企业的零件设计总量则大大减少,有利于缩短新产品的开发周期。这样还使采购方可以只与数目较少的第一层供应商发生关系,从而降低了采购管理费用 (2)双方共同降低成本。采购方与供应商在一种确定的目标价格下,共同分析成本,共享利润。采购方充分利用自己在技术、管理、专业人员等方面的优势,帮助供应商降低成本。由于通过降低成本供应商也能获利,因此调动了供应商不断改进生产过程的积极性,从而有可能使价格不断下降,在市场上的竞争力不断提高 (3)共同保证和提高质量。由于买卖双方认识到不良产品会给双方都带来损失,因此能够共同致力于提高质量。一旦出现质量问题,采购方会与供应商一起通过"5W"等方法来分析原因,解决问题。由于双方建立起了一种信任关系,互相沟通产品质量情况,因此采购方甚至可以对供应物料不进行检查就直接使用 (4)信息共享。采购方积极主动地向供应商提供自己的技术、管理等方面的信息和验收报告,供应商的成本控制信息也不再对采购方保密。除此之外,供应商还可以随时了解采购方的生产计划、未来的长期发展计划以及供货计划 (5)JIT 式的交货。即只在需要的时候按需要的量供应所需的物品。由于买卖双方建立起了一种长期信任的关系,不必为每次采购谈判和讨价还价,不必对每批物料进行质量检查,而且双方都互相了解对方的生产计划,这样就有可能做到 JIT 式的交货,而这种做法使双方的库存都大为降低,从而得益 (6)采购方只持有较少数目的供应商。一般一种物料只有 1~2 个供应商,这样可以使供应商获得规模优势。当来自采购方的订货量很大,又是长期合同时,供应商甚至可以考虑扩大设施和设备能力,并考虑将新设备建在采购方附近,这样几乎就等于采购方的一种"延伸"组织	(1)如果一种材料只有 1~2 个供应商,那么供应中断的风险就会增加 (2)保持长期合同关系的供应商缺乏竞争压力,从而可能缺乏不断创新的动力 (3)JIT 式的交货方式有中断生产的风险

资料来源:鞠颂东,徐杰.采购管理.北京:机械工业出版社,2005:140.

10.3　供应商关系分类

10.3.1　供应商关系分类管理的意义和必要性

　　在建立与供应商的长期协作伙伴关系的基础上,实现供应商的分类管理,可以提高企业的生产效率和经济效益。从理论角度出发,一个成功的企业与供应商的战略伙伴关系对企业产生的影响,与企业间的纵向整合类似。也就是说,通过上、下游企业间的合作或合并,使企业在生产、销售、采购、控制等各个领域里都获得经济效益或提高生产效率。长期的伙伴关系通过把完全的市场交易行为转变为两个企业组成的统一体系的内部交易,有助于双方通过内部控制和内部协调,提高企业运营的经济效益。从企业出发,所需的产品在供货的及时性和质量方面具有一定的保证;从供应商出发,其产品销售也具备了相当的稳定性;从整个供应链的角度,降低了整个供应链中的不确定性。

我们可以从以下几个方面讨论供应商管理的必要性。

1.有助于提高客户对需求和服务的满意度

目前,很多企业与供应商之间仍然是相互对立而非合作伙伴关系,其交易过程仍是典型的非信息对称博弈过程。企业作为委托人,构成博弈甲方;供应商作为代理人,构成博弈乙方,双方因利益冲突而博弈。在这样的博弈过程中,从经济学的角度看,存在着机会主义倾向。根据委托—代理理论,机会主义倾向一般表现为道德障碍。道德障碍是指代理人利用自己的资源占有优势,通过减少自己的要素投入来实现自我利益最大化的目的,使得企业不得不在采购环节加大检验、监督管理力度,无形中加大了管理成本,减缓了对顾客需求的响应速度。只有加强供应商管理,让采购方与合格的供应商建立合作伙伴关系,通过信息共享,才能达到低成本、高柔性的目标,才能提高客户对需求和服务的满意度。

2.有助于提高供应商对客户需求反应的敏捷性

零库存管理、准时制生产、精益物流等逐渐占据生产领域、流通领域、管理领域,在这样的环境中,供应商对客户需求反应的敏捷程度成为衡量供应商综合绩效的重要指标,这一指标将决定供应商能否在激烈的市场竞争中站稳脚跟。在产品和服务需求方面,企业在希望越来越短的交货期的同时,更看中供应商的快速满足顾客需求的敏捷能力。为提高敏捷性,靠单独哪一个组织是不可能做到的,必须运用供应链管理的思想(supply chain management),使供应链上各节点的各组织专注于自身的一两项核心竞争力,最大化地利用其他节点组织的竞争优势,迅速适应不断变化的市场。作为供应商,要具有控制资源市场的能力;作为客户,则要充分发挥采购职能的优势。只有加强供应商管理,让采购方与供应商建立合作伙伴关系,才能提高供应商对客户需求反应的敏捷性。

3.有助于保证采购质量、降低采购成本

供应商产品的质量是客户生产质量和研发质量的组成部分,供应商的质量管理体系同时也就是客户的质量管理体系。另外,从成本角度考虑,供应商的成本一定程度上也是采购方的成本。供应商成本增加,势必最终将附加的成本转移到采购方手中,这是不言自明的"真理"。所以,加强供应商管理,选择合适的供应商,使供应商在竞争的环境中保持提高产品质量、合理降低成本的竞争状态,对保证采购质量、降低采购成本有积极的意义。

10.3.2　供应商关系分类

1.从供应商关系发展史细分为交易性竞争关系、合作性适应关系和战略性伙伴关系

(1)交易性竞争关系

传统思想总是认为供应商之间的竞争对于采购方是有利的,因为这样可以从供应商处获得更低的价格,所以供应商越多也就越有利。同时和多个供应商有着往来不仅能获得低价的好处,也能保证供应的连续。这其中唯一的控制因素就是一份产品规格说明书,这也就使得供应商之间的竞争最大化了。在这种思想的指导下,供应商与采购方之间的关系只能是交易关系。这种关系是一种对立的关系。就同一项产品而言,有多

个供应商供货,他们在采购方的采购总量中所占的份额也就完全取决于他们的价格高低。

如果一个大公司进行采购,那么拥有上千家供应商也就不足为奇。在这种情况下,供货的质量就容易参差不齐。因为不同的供应商之间的供货可能不是完全兼容的,而且买卖双方都很少关注到将质量控制作为一个主要管理内容。其实,由于要保持多家供应商,并管理这种复杂的关系,公司的采购成本肯定会增加,也会导致质量的下降。

(2)合作性适应关系

到了 20 世纪 80 年代早期,采购管理的工作重心已逐渐转向质量和顾客满意。质量标准也从最终顾客的角度来制定。采购企业对订货制定了更为复杂的标准,不仅包括产品本身,也包括交货、技术服务、售后支持等。采购企业开始依靠更少的供应商,但是对于供应提出了更高的要求,他们要求供应商在最短的时间里,在合适的地点,以合适的方式去为他们做某件合适的事情。然而,在某种程度上,这种供应商与采购方之间的关系仍然是对立的。各个供应商之间也是对立的关系。采购者所制定的产品的规格、标准越来越复杂,但是供应商却少有介入其制定过程的。

(3)战略性伙伴关系

20 世纪 80 年代,战略性伙伴型的供应商与采购客户之间的关系,也称为"实时供应"关系,却迅速发展起来。少数的,甚至唯一的供应商与采购客户进行合作。合作的领域可能会涉及经济活动的很多方面,如生产、工程技术、设计、采购、营销。供应商积极参与了采购客户的产品设计和规格的制定过程。这种合作的形式也是在不断更新变化的。一揽子采购协议,或者是其他更加非正式化的一些订购协议都日益普遍。

2.ABC 分类管理分类(从产品角度)

应用经典理论告诉我们,20%的供应商需要 80%的管理精力。在供应商管理中,并不是每个供应商都需要同等的关注。在资源有限的情况下,企业的注意力应该放在起关键作用的因素上,加强管理的针对性,提高管理效率。在上述管理思想的指导下,对供应商的重要性进行分类,找出关键的少数供应商,进行重点管理。企业可以依据表 10-5 对供应商进行 ABC 划分。

表 10-5　供应商分类依据表

类　　别	供应商占总供应商数量的比例	物资价值占总采购物资价值的比例
A 类	10%	60%～70%
B 类	20%	20%
C 类	70%	10%～20%

在保证供应方面,对这三类供应商的要求是一致的。但 A 类供应商,为公司提供了重要的物资供应且数量少,对其加强管理是降低采购成本的潜力所在,所以要投入主要精力,进行重点管理。而对于 B、C 类供应商,因其所提供的物资比重小、数量多,不是降低采购成本的重点,可以作一般管理。但是,这里需要强调指出的是,ABC 分类管理无法真正反映供应商提供物资的重要性和物资市场的复杂程度。假如某些 C 类供应商,提供

市场上的短缺物资,就要对其作重点管理;假如某些 A 类供应商提供价值高但为买方市场的物资,则可采取简单管理方法,以节省成本。在应用 ABC 分类管理方法的同时,要综合考虑这些因素,切实做好供应商的管理工作。

3.从信息网络角度,可分为公开竞价型、网络型、供应链管理型

(1)公开竞价型

公开竞价型是指采购商将所采购的物品公开地向若干供应商提出采购计划,各个供应商根据自身的情况进行竞价,采购商依据供应商竞价的情况,选择其中价格低、质量好的供应商作为该项采购计划的供应商,这类供应商就称为公开竞价型供应商。在供大于求的市场中,采购商处于有利地位,采用公开竞价选择供应商,对产品质量和价格有较大的选择余地,是企业降低成本的途径之一。

(2)网络型

网络型供应商是指采购商通过与供应商长期的选择与交易,将在价格、质量、售后服务、综合实力等方面比较优秀的供应商组成供应商网络,企业的某些物品的采购只限于在供应商网络中进行。供应商网络的实质就是采购商的资源市场,采购商可以针对不同的物资组建不同的供应商网络。供应商网络的特点是采购商与供应商之间的交易是一种长期性的合作关系,但在这个网络中应采取优胜劣汰的机制,以便长期共存,定期评估、筛选,适当淘汰,同时吸收更为优秀的供应商进入。

(3)供应链管理型

供应链管理型是指在供应链管理中,采购商与供应商之间的关系更为密切。采购商与供应商之间通过信息共享,适时传递自己的需求信息;而供应商根据实时的信息,将采购商所需的物资按时、按质、按量地送交采购商。

4.从战略角度,可分为短期目标型、长期目标型、渗透型、联盟型、纵向集成型

(1)短期目标型

短期目标型是指采购方与供应商之间的关系是交易关系,即一般的买卖关系。双方的交易仅停留在短期的交易合同上,各自所关注的是如何谈判、如何提高自己的谈判技巧使自己不吃亏,而不是如何改善自己的工作,使双方都获利。供应商根据交易的要求提供标准化的产品或服务,以保证每一笔交易的信誉,当交易完成后,双方关系也就终止了;双方只有供销人员有联系,而其他部门的人员一般不参加双方之间的业务活动,也很少有什么业务活动。

(2)长期目标型

长期目标型是指采购方与供应商保持长期的关系,双方有可能为了共同的利益对改进各自的工作感兴趣,并在此基础上建立起超越买卖关系的合作。长期目标型的特征是建立一种合作伙伴关系,双方工作重点是从长远利益出发,相互配合,不断改进产品质量与服务质量,共同降低成本,提高共同的竞争力。合作的范围遍及各公司内部的多个部门。例如,采购方对供应商提出新的技术要求,而供应商目前还没有能力,在这种情况下,可以对供应商提供技术资金等方面的支持;同时,供应商的技术创新也会促进企业产品改进,所以对供应商进行技术支持与鼓励有利于企业长期发展。

（3）渗透型

渗透型供应商关系是在长期目标型基础上发展起来的，其指导思想是把对方公司看成自己的公司，是自己的一部分，因此对对方的关心程度又大大提高了。为了能够参与对方活动，有时会在产权关系上采取适当的措施，如互相投资、参股等，以保证双方利益的共享与一致性。同时，在组织上也采取相应的措施，保证双方派员加入到对方的有关业务活动中。这样做的优点是可以更好地了解对方的情况，供应商可以了解自己的产品是如何起作用的，容易发现改进方向；而采购方可以知道供应商是如何制造的，也可以提出改进的要求。

（4）联盟型

联盟型供应商关系是从供应链角度提出的，其特点是在更长的纵向链条上管理成员之间的关系，双方维持关系的难度提高了，要求也更高。由于成员增加，往往需要一个处于供应链上核心地位的企业出面协调各成员之间的关系，因而它也被称为供应链核心企业。

（5）纵向集成型

纵向集成型供应商是最复杂的关系类型，即把供应链上的成员整合起来，像一个企业一样，但各成员是完成独立的企业，决策权属于自己。在这种关系中，要求每个企业在充分了解供应链的目标、要求，以及充分掌握信息的条件下，能自觉做出有利于供应链整体利益的决策。有关这方面的知识，更多的是停留在学术上的讨论，而实践中的案例很少。

5.供应商关系谱

供应商关系谱是将供应商分为不可接受的供应商、可接受的潜在供应商以及五级不同层次的已配套的供应商（见表 10-6）。

第一层次的供应商为"触手可及"的关系，因采购价值低，它们对本单位显得不是很重要，因而无需与供应商或供应市场靠得太紧密，只要供应商能提供合理的交易即可。处理这类供应商的关系可采取现货买进方式。

第二层次的供应商要求企业对供应市场有一定的把握，如了解价格发展趋势等，采购的主要着力点是对供应市场保持持续的接触，在市场竞争中买到价格最低的商品。

第三层次的供应关系必须做到双方运作相互联系，其特征是公开、互相依赖。一旦这类供应商选定，双方就以坦诚的态度在合作过程中改进供应、降低成本。通常这类供应商提供的零部件对本单位来说属于战略品，但供应商并不是唯一的，本单位有替代的供应商可选择。这类供应商可以考虑长期合作。

第四层次的供应商关系是一种共担风险的长期合作关系，其重要的特征是双方都力求强化合作，通过合同等方式将长期关系固定下来。

第五层次是互相配合形成的自我发展型供应商关系。这种关系意味着双方有着共同的目标，必须协同作战，其特征是为了长期的合作，双方要不断优化协作，最具代表性的活动就是供应商主动参与到本单位的产品开发业务中来，而本单位也依赖供应商在其产品领域内的优势来提高自己产品开发的竞争力。

表 10-6　供应商关系谱

	层　次	类　型	特　征	适合范围
供应商关系	5	自我发展型的伙伴供应商	优化协作	态度、表现好的供应商
	4	共担风险的供应商	强化合作	
	3	运作相互联系的供应商	公开、依赖	
	2	需持续接触的供应商	竞争游戏	表现好的供应商
	1	已认可的供应商	现货买进关系	方便、合理的供应商
		可考虑的供应商		潜在供应商
		不可接受的供应商		不合适

6.按供应商的规模和经营品种分类

按供应商的规模和经营品种进行供应商细分的方法也可用矩阵图来表示(见图10-3)。在这种分类方法中,"专家级"供应商是指那些生产规模大、经验丰富、技术成熟,但经营品种相对少的供应商,这类供应商的目标是通过竞争来占领市场。"低量无规模"的供应商是指那些经营规模小、经营品种少的供应商,这类供应商生产经营比较灵活,但增长潜力有限,其目标仅是定位于本地市场。"行业领袖"供

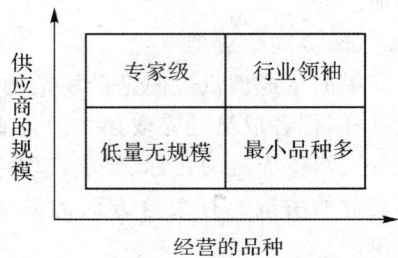

图 10-3　按供应商的规模和经营品种分类

应商是指那些生产规模大、经营品种也多的供应商,其财务状况较好,立足于本地市场,并积极拓展国际市场。"量小品种多"供应商是指那些生产规模较小、品种丰富的供应商,这类供应商财务状况一般不是很好,但是有潜力、可培养。

7.按供应商与采购商关系和行为持续性分类,可分为交易型、合作型和供应联盟型

(1)交易型

双方都不重视其他方的状况。在交易关系中,一方对其他方的良好状态很少关注或不关注。一方的赢得以另一方的失去为代价。

(2)合作型

合作双方对合作的依赖性和必要性有一定的认识。在合作关系中,双方逐渐学习和掌握信任、沟通、共同的努力和相互依赖性的规划和培养。

(3)供应联盟型

通过一张复杂的网,包括正式和非正式的人际关系、信息系统和可以增加知识的内部基层部门,提高供应商之间的技术。表10-7给出了上述几种类型的区别和特点。

表 10-7　两种类型的区别和特点

采购商 — 供应商关系的持续性		
	交　易	联　盟
交流	很可能出问题	系统化地加强交流
竞争优势	低	高
连通性	独立	互相依赖
持续改进	小	重点
对新产品开发的贡献	很少	很多——供应商早期参与
退出的困难	低	难——影响很大
持续时间	短期	长期
处理方式	被动	主动
重点	价格	总成本
整合的水平	很少或没有	高或全部
信任度	低	高
供应商的数量	很多	一个或很少
公开账簿	不	是
质量	进入检查	系统内设计质量
关系	内部寻找	彼此关系很好
资源	少——低技术水平	专业
服务	微小	改进很大
预测共享	不是	是
供应中断	可能	不可能
技术引进	没有	有
影响类型	策略	战略协同

8. 从客户关系角度,按马斯洛需要层次理论,可分为基础阶段、合作阶段、相互依存阶段和集成阶段

(1)基础阶段

在最低层次上,与人们的"生理"需要相对应,客户关系要求对基本实物交易的最低程度的满足,即对交易事务的有效处理,如订单、运输、支付等。一个不能充分管理基本交易事务的供应商,其成功开拓客户的机会就微乎其微。

（2）合作阶段

在相当于马斯洛层次中对安全需要的下一个阶段，客户关系就已经发展到双方都不再常常担心失去关系的水平。双方相互合作，而不是相互怀疑或威胁。随着双方企业相互理解的深入，他们开始能够了解彼此的经营之道，并且能够预测短期的将来，讨论需求前景也就成为可能。

（3）相互依存阶段

这一阶段等同于马斯洛层次中爱和尊重的需要。企业认识到他们的客户关系不断加深，这可以在其对彼此的信心和尊重中得以反映。没有一方企业预期或考虑终止关系，因此，双方都能够采取长期商业行为。

（4）集成阶段

在最高层次上，客户关系发展成为一个不存在内部障碍的统一体，这个阶段的客户关系挖掘双方的潜能，推进竞争力的提升，因而最具创造性。

把客户关系以金字塔的形式加以表示，这表明随着客户关系向更高层次的发展，它仍然要依靠对较低层次需要的不断满足，而不能脱离这些基础（见图10-4）。例如，一个采购方，虽然它与其供应商在战略水平上有着密切的关系，但是仍然希望交易事务能够有效执行。

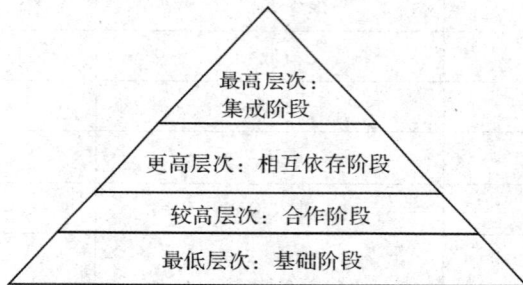

图10-4　客户关系"金字塔"

资料来源：王成，刘慧，赵媛媛.供应商管理业务.北京：机械工业出版社，2002：65.

客户关系并非总是从金字塔的底层开始向上发展的。尽管很难想象相互之间以前没有交往的企业一开始就进入集成阶段的客户关系，但确实有些客户关系是在较高层次上开始的。如果产品或服务非常复杂，或是完全客户化的定制，那么客户关系从一开始就要求相当复杂，这样的客户关系需要在交易之前或探寻阶段花费更长的时间。基础阶段、合作阶段、相互依存阶段、集成阶段的特点如表10-8所示。

表 10-8 客户关系不同发展阶段的主要特征

关系阶段	基础阶段	合作阶段	相互依存阶段	集成阶段
关系重点	交易和价格	以交易为主,但是较积极	相互的和发展的	公开和战略联盟
供应商的地位	可能是几个供应商之一	是更偏好的供应商	首要的或独家的,可能是第二供应商	独家的,可能是首要的
退出的难易度	容易	困难,稍微不方便	困难	很高的退出障碍,分离具有创伤性
信息的共享	没有以交易为基础的信息	有限的	大量的,有些是敏感信息	公开的,甚至有关敏感主题的信息
联系	通过关键客户管理人员和采购人员传递	关键客户管理人员和采购管理人员的业务联系	所有必要的职能	项目小组和工作团队
与客户的接触	有限的	更多,但不充足	充足	经常的
组织和流程调整	标准化	主要是标准化	使流程合理化,对组织作某些调整	联合流程,新的组织
关系成本	有限的	供应商成本费用增加,几乎没有节省	主要是经营成本和投资,可能由节省和增加的交易中得到补偿	可能数目更大,但是容易确认
信任水平	既不信任也不怀疑	不完全信任	开始真正的信任,保护意识降低	在所有层次都值得信任
计划	极少或没有,如果可能有也是短期预测	预测	联合战略计划,尽管不一定都有	长期的联合战略计划
关系潜力	有限的	可能是良好的,但不易赢得	非常好	在年收入和利润方面是非常好以及优秀的

资料来源:王成,刘慧,赵媛媛.供应商管理业务.北京:机械工业出版社,2002:172-174.

10.4 供应商培育与发展

随着生产企业专心致力于提高自己的核心竞争力,而将更多的物料采购、局部组装甚至是成品组装和服务外包出去,他们越来越希望他们的供应商能够将具有创新性、保质保量的产品进行及时准确而成本低廉的配送。而当供应商不能达到这种要求时,买方公司通常有三种选择:①把外包的项目改为自制;②寻找更有能力的供应商;③帮助提高现有供应商的能力。

10.4.1　供应商培育与发展内涵

供应商培育可以定义为,买方公司为帮助供应商提高其绩效和能力以适应买方公司的供应需求所进行的一切活动。买方公司通过一系列活动来提高供应商的绩效,包括:评估供应商的运作,为其提高绩效提供激励措施,引导供应商之间展开竞争以及直接和供应商合作。通过培训或者其他一些方式,供应商开发可能会超出第一级供应商而延伸到第二级或者是第三级供应商,如果必要的话就一直延伸到源头。

在世界级企业中,供应商开发是具有前瞻性的。供应商开发不应该只是帮助供应商迅速解决问题,而应该着眼于在开发过程中帮助供应商掌握学习能力。掌握学习能力对于供应商来说是非常关键的,他们可以借此来持续改善自己的系统。而且,具有学习能力的供应商还可以帮助他自己的供应商提高能力。最后的实际结果,就是形成一个更有能力、更具竞争力的供应链。

10.4.2　供应商培育与发展壁垒

实行有效的供应商开发有许多障碍,如拙劣的沟通和反馈、隐瞒问题、自满、主动性下降、误入歧途、资源限制、客户信誉、"谴责供应商"文化、误解采购权力、缺少信任、缺乏透明度和承诺、机密性问题、没有统一的方法、法律问题、资料来源和度量标准存在偏颇以及权力不均衡。

供应商开发团队的领导者必须在和供应商高层管理当局的初次会晤中就清楚地描述出供应商可能得到的回报。否则的话,供应商可能不会尽全力,不确定开发活动能否给自己带来效益。他们甚至可能开始时同意提案,但是在执行的时候却因投入不足而告失败。

汉得菲尔德等人评述说,"供应商开发面临的一个最大的挑战是建立双方的信任。供应商可能不情愿共享自己的成本和生产过程信息,即使在必须发送这些敏感、机密的信息的时候也夹杂着犹豫。不明确的或者是胁迫式的法定条文和无效的沟通也可能制约供求双方必要的信任的建立"。

10.4.3　供应商培育和发展过程

通过美国、英国、日本和韩国电子和汽车工业得来的调查资料和 60 多家机构咨询策略后,一组研究人员做出如图 10-5 所示的供应商发展过程,其分为八步进行。

第一步,发展的主要商品。

不是所有的公司机构都寻求供应商发展。例如,有些机构通过有效的自制/外包决策和供应商选择,已经找到了一流的供应商,或者有些机构从外部购买的成本只占总成本和销售量的一小部分,以至于对供应商进行投资在战略上和财政上都不合理。因此,管理人员必须分析自己公司的情况以确定进行供应商发展是否有理可依,如果有,需要

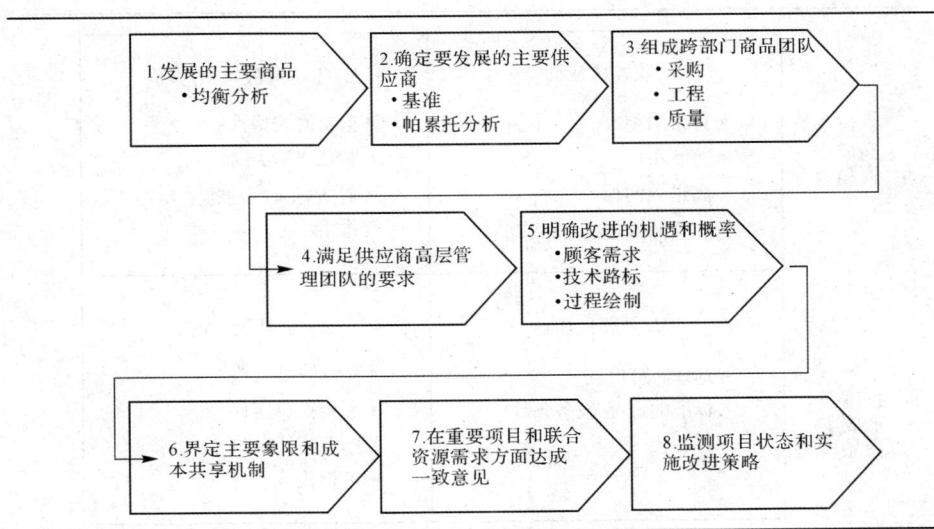

图 10-5 供应商发展过程

资料来源：Robert Handfield，Daniel Krause，Thomas Scannell，and Robert Monczka. An Empirical Investigation of Supplier Development：Reactive and Strategic Processes. Journal of Operations Management，1998，17(1)：39—58.

关注哪些采购品和服务。

高层领导应该考虑如下问题来看供应商的发展是否必要。如果回答的"是"多，就需要进行供应商发展：

①外购产品和服务的金额占总资金周转量的 50％以上了吗？

②供应商是竞争优势的源泉或潜在源泉吗？

③目前的采购或采购计划是根据总成本而不是最初的采购价格吗？

④你现在的供应商在未来 5 年内能满足你的竞争要求吗？

⑤你希望供应商对你的需求有更快的反应吗？

⑥你愿意并且能够更快地反映你的供应商的需求吗？

⑦你计划把供应商看做业务的合作伙伴吗？

⑧你计划与供应商保持公开、诚信的关系吗？

对于公司采购的商品和服务的相对重要性，合作执行指导委员会应该发展一套评价方法确定应该关注哪些发展活动。评价结果是对主要商品（产品或服务）的"组合"分析，特别是对于工业部门来说，这一结果极为重要。这次讨论是公司层次的战略规划的延伸，因此，应该包括其他受采购决策影响的部门的人员。这些部门包括财务部门、市场营销部门、技术部门、会计部门、生产部门和设计部门。项目要求有供应商和采购品的重要性分析。例如，图 10-6 各象限代表所有商品和服务的相对重要性的评价。根据这个过程，公司把机会少/低风险和机会多/高风险商品，以及少量采购和大量采购分开。这种方法有助于确定战略性的商品组，这为专业商品团队提供了有针对性的商品目标。

第二步，确定要发展的主要供应商。

	少量采购	大量采购
高机会 高成本 商品	瓶颈供应商 • 替代困难 • 垄断市场 • 高进入门槛 • 严重的地理/政治障碍	重要的战略供应商 • 重要的战略性 • 替代/更换困难 • 对所有采购均起主要作用
低机会 低成本 商品	非重要供应商 • 充分的可得性 • 标准的产品/服务条款 • 可替代	杠杆供应商 • 充分的可得性 • 可更换供应商 • 标准产品条款 • 可替代

图 10-6　利益投资组合象限

资料来源：Robert Handfield, Daniel Krause, Thomas Scannell, and Robert Monczka. Avoid the Pitfalls in Supplier Development. Sloan Management Review,2000,41(2):37—49.

作为商品组合分析的延伸,供应库绩效评价可以发现商品组内应予以发展的供应商。常用的一个方法是当前供应商绩效的帕累托分析(见图 10-7)。许多公司都根据设备情况考察供应商绩效,将它们从最差到最优分为几个等级。未能满足质量、配送、周期、最后时限、总成本、服务、安全或环境的最低绩效目标的供应商被视为需要分析和改造的对象。买方与供应商一起分析确定问题的原因和所需的纠正行动。一段时期后,如果供应商没有任何改善,就要从另外一家供应商进货。帕累托分析有助于买方剔除绩效不佳的供应商,使供应库合理化。如果策略分析说明供应商发展对公司有利,那么公司必须利用能促进改进的资源。

第三步,组成跨部门商品团队。

要求供应商进行改善前,公司内部的不同部门首先达成一致意见很重要。采购经理要不断强调改进应从"买方关注的"活动开始,即买方公司在期望得到承诺和合作前,必须保证自己内部一致。团队成员可来自技术部门、质量部门,而不仅仅是采购部门。

第四步,满足供应商高层管理团队的要求。

一旦任务确定,需加以改进的供应商对象也已明确,团队就应该与供应商高层管理人员进行讨论,从三个方面对供应商予以发展改进:战略一致、衡量和专业化。战略一致不但要求内部业务部门和技术部门一致,而且要与主要供应商保持一致,在整个供应链中关注客户需求。供应商衡量不但要求关注总成本及信用,还要求买卖双方公司的技术部门、质量部门、信息系统部门和生产部门等主要部门共同合作。在关于改进的业务案例中,凭借与供应商高级管理层进行交流的方式,还能得到各部门的专业化意见,跨部门的专业团队通过营造积极氛围、加强关系、增进交流、提供专业意见、增强信用来保证供

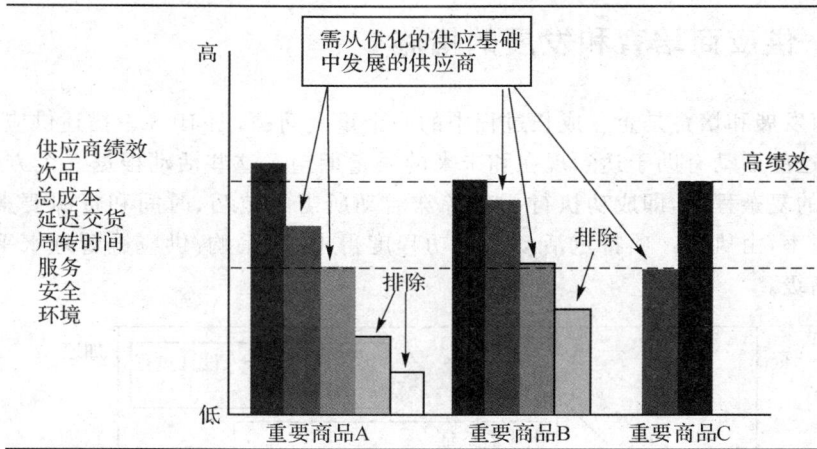

图 10-7　供应商绩效——帕累托分析

资料来源：Robert Handfield，Daniel Krause，Thomas Scannell，and Robert Monczka. Avoid the Pitfalls in Supplier Development. Sloan Management Review，2000，41(2)：37－49.

应链的持续改善。

第五步，明确改进的机遇和概率。

在与供应商高层管理人员的会谈中，买方负责人应指出改进所涉及的领域。在供应库开发过程中，公司采纳战略方法以找出可进行改进的领域。一些情况下，这些领域是客户期望加以改进的领域。

第六步，界定主要象限和成本共享机制。

一旦有潜在的改善机会，就要根据可行性、资源、实施项目的时间和投资的可能回报对改善机会进行评价。这时，双方都想知道项目能否成功，未来的确切目标是什么。其他评价标准有成本/收益分析、买卖双方改进的意愿和能力、产品/服务生命周期、可节约的产品全部成本、产品/服务的战略重要性和其对业务的影响、投资收益、影响分析及标准化。

第七步，在重要项目和联合资源需求方面达成一致意见。

一旦供应商提出一个可行的改进项目，双方必须就执行方法达成一致意见。这些方法包括共同节约成本比例、质量改进比例、配送或周期改善比例、主要产品或服务的绩效目标、技术可得性或系统实施目标。在达成一致意见中的重要部分是改善过程中的明显中间目标和时间跨度。一致意见强调每一方的职责，这些职责保证了项目的成功实施以及资源的配置方式和时间安排。一旦意见一致，项目就按预期开始实施。

第八步，监测项目状态和实施改进策略。

发展项目一旦开始，就要对其过程进行监测和跟踪。此外，持续的信息交换能保证项目实施到最后。为奋斗目标设置明显的中间目标，不断更新流程，最后，在最新流程的基础上重新建立目标。项目规划要对原有规划、附加资源、信息或事件的优先权作修正。

10.4.4　供应商培育和发展的措施

供应商发展和培育是企业成长过程中的一个重大问题,图 10-8 中描述供应商发展的活动等级,这些活动有助于达到现在和未来的质量期望。这些活动根据三个方面划分等级:①实施的复杂程度,即成功执行一项特殊活动所需的技巧、时间和资源要素;②质量改善的期望率,由执行一项特定活动的成功程度得出;③采购/供应链管理水平是初级、中级还是高级。

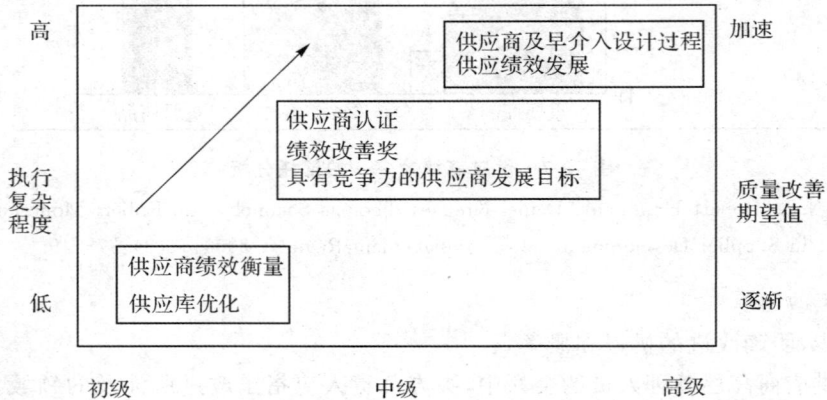

图 10-8　采购/供应链管理活动

具体措施为:

1.优化供应库

实现一流供应商质量的前提是使供应库优化和合理化,这也是确定公司所应保持供应商数量的过程。从历史观点看,这个过程要求公司在短时期内大批量地减少供应商数量。美国在 20 世纪 80 年代后期和 20 世纪 90 年代初期进行过大规模的供应库重建。类似施乐和北方电信(Northern Telecom)这样的公司都强调把减少供应商数量作为实现即时化和全面质量管理的第一步。可是,供应库质量改善要求的不仅仅是降低供应库规模。为什么优化供应库能影响供应商质量呢? 简单地说,与 300 个供应商一起追求增值活动比 3000 个容易。而且,如果公司已经降低了供应库规模,那么优化就能提高供应商质量的平均水平。保留剩下的供应商应该提供更高水平的全面绩效。谁愿意拒绝最优秀的供应商呢? 供应库优化仍然是许多产业不断开展的活动。20 世纪 90 年代初进行的减少供应商努力的结果是从最初的供应库中选出数目较少的一组供应商,却忽视了评价新的供应商。一部分原因是 20 世纪 80 年代中期公司开始受到海外生产商的威胁,迫切要求降低供应库规模。如果买方拓宽供应渠道,那么供应商质量最终的改善结果可能不会像预期的那么好。

优化库仅仅是迈向一流供应商的第一步。高级的供应策略要求买方与卖方密切联系,因而供应库规模过大、供应商数量过多会导致联系不够紧密。执行管理方案时要考虑供应商优化是否为加速供应商质量改善的综合活动打下了基础。

2. 衡量供应商绩效

供应商绩效的连续衡量是个常被忽略的领域。许多公司，不论规模大小，都没有意识到供应链衡量的必要性，这将导致公司的发展资源转向被公司错误地认为更"重要"的领域。供应商衡量系统的质量和能力仍然存在很大差别。一些公司每月执行一次供应商质量绩效评价，而有些公司并不根据绩效目标进行评价或计算供应商产品质量低下所产生的全部成本。有些公司根本就不进行供应商绩效评价。

通过衡量供应商绩效，采购经理人能够发现：①供应商改进机会；②绩效趋势；③选择最好的供应商，这既是为了满足日常采购要求，也是为了公司能从长期采购合同中受益；④将有限的供应商发展资源使用在何处；⑤供应链改进的总体效果。正规的衡量系统是供应链中表达客户（例如买方）要求的有效方式。交货和质量要求成为确定的绩效因素。持续供应商绩效衡量的内容不仅仅是供应商的时间效率，供应商评价和选择过程已为评价供应商绩效和能力提供了机会。认识到绩效衡量的重要性后，执行人员必须考虑何时、何地进行供应链衡量，以及如何使用资料数据帮助供应商改善质量绩效。

3. 提出有竞争力的供应商改进目标

有些供应链管理人员认为供应商改善并不能创造预期的绩效和质量优势。积极进取的改进目标反映了多数公司思想上的转变，尤其当它与供应链管理联系在一起时。可是，增量目标虽有意义，能够使供应商以相同的流程实现一定的增长，但是结果却总是不尽如人意。建立有竞争力的绩效目标（有时称为"拓展目标"）意味着买方希望它的供应商能以更快的速度改进绩效，并超过竞争对手供应商的改进速度。公司经常使用基准来证实拓展目标虽然具有挑战性，但并不是不可能的。在确定供应库必须达到买方希望的绩效改善的期望时，行政管理层发挥着重要作用。例如，摩托罗拉规定供应商必须与它追求同一竞争目标。公司的执行目标是要求现存的供应商绩效有大的改进而不仅仅是作一下微调。它的供应商必须在以下四个方面严格遵循改进的期望：①尽快达到完美的产品质量；②保持产品和流程技术的领先性；③实行即时化生产和配送；④提供有成本竞争力的服务。综合衡量系统证实摩托罗拉的这一方法适应了不断变化的目标。摩托罗拉，以每百万个零部件中只有三四个缺陷产品而闻名，现在追求的质量缺陷水平为以 10 亿个零部件为一批来确定次品数。

促进供应链改进需要绩效衡量系统与有竞争力的供应商改进目标相结合。一旦供应商证明它能满足现有的绩效期望，买方将对其提出更高的期望要求，这反映了持续不断的改进要求。

4. 为优秀供应商提供奖励

认识到奖励与供应商改进的现存关系后，买方应提供与绩效有关的奖励。以前，买方追求供应商绩效改善，但不愿与之利益共享，这导致了供应商仅在内部自我改进。供应商进行内部改进，避免通知买方，从而保留了全部收益。这些供应商也不愿提供改善产品和买卖双方关系的时间和资源，所以没有长期改进的目标。结果，供应链改善和革新程度很小。

克莱斯勒举了一个奖励供应商改进努力的案例。供应商通过登录克莱斯勒的在线供应商成本降低系统提出改进建议。在 1999 年，这个系统为公司和供应商节约了大约

15亿美元的现有和未来成本。节约的成本大多与直接降低成本的质量改进建议有关。克莱斯勒和供应商直接共享利益,这保证了供应商参与的积极性。供应商也了解到克莱斯勒评价了每一个提出的想法,这对程序的成功很重要。

买方为优秀的供应商提供的奖励有多种选择:

①双方分享由供应商改进带来的利益。

②奖励长期采购合同。

③给予大的业务份额。

④公开认可优秀供应商。

⑤为供应商提供新业务的机会。

⑥选出供应商的前10名进行奖励,包括年奖励。

⑦买方为供应商提供运用新技术的途径。

⑧为供应商及早加入新产品开发创造机会,这将使供应商在签订新产品购买合同时占据优势。

例如:考虑一下长期合同为供应商带来了什么以及这些协议如何影响质量。大多数供应商,尤其是规模较小的供应商,都依赖外部资金进行运营和购买资本设备。长期协议是买方对卖方的委托证明,这增强了供应商为购买资本设备融资的可能性。这些合同密切了供应链之间的关系,如果没有奖励制度,这根本不会发生。此外,长期协议能刺激供应商持续改进的要求,这又进一步增加了供应商在资本设备上的投资。奖励能加速质量改善率并且能直接影响供应商质量。这也能使供应商满足买方的特殊采购要求。

5.供应商质量认证

供应商质量认证是证明供应商的流程和方式已经达到稳定质量状态的正式认证程序,这通常要经过不同部门的严格审核。认证表明供应过程和运营方式受到了全面控制,并且已有收据的购入物料、零部件或子系统,不需要再次检查。认证通常只用于特定部分、流程、厂点,而不是全部公司或产品。认证根据评估供应商绩效所采用的方式不同而影响物料质量。当执行认证考核时,买方通常依赖跨部门团队进行严格的审核。考核时,团队通常要表明影响产品质量的绩效改善机会。

认证应当有助于提高供应商的质量水平,通过认证的供应商通常会大受欢迎,没有通过认证的供应商则会失去客户。但是,供应商可能发现每一个大规模的客户都有不同的标准要求,这会使供应商在试图满足不同的需求时降低效率(如ISO 9000标准、马尔科姆·鲍德里奇标准或汽车产业的QS 9000标准)。

对买方来说,发展和执行认证过程所需的资源如人员、时间、旅行预算等都很有限。显然,与小公司相比,大公司更有可能通过认证。一旦供应商通过认证,买方就会对此感到高兴。这反映认证已和质量结合在一起。实际上,供应商也在不断改进管理,更换劳动力。认证只认可现在而不保证将来的绩效,因此,应对资源进行持续的重新审核。福特汽车公司持续对供应商质量进行认证,一旦发现供应商提供的某些设备存在着质量问题,福特公司就撤销与这家供应商的业务。在供应商改正内部质量问题前,福特公司在6~9个月内禁止与这些供应商签订新项目。产业专家分析说,福特此举很有意义,是第一次汽车制造商对多家供应商采取行动。公司能通过认证过程从综合衡量系统中受益,且缺乏持续衡量增加了认证的风险,导致认证无法实现长期的质量改善。

6.指导供应商发展

近几年,最有意义的转变之一是更多的公司愿意提升供应商绩效能力。但大多数公司承认它们仅花费有限的资源发展供应商能力(平均 3.69,1＝有限资源,4＝中度资源,7＝大量资源)。供应商发展是一个将初级和中级供应链与高级供应链分开的领域。发展活动代表了发现、整合及发展主要供应链成员的一贯努力。

公司追求供应商发展的目的是为了改善现有供应商绩效水平,或者是为了开创新的绩效水平。后一种情况中,公司希望市场中能产生新的竞争,以避免供应源单一的情况,或为了减少公司保持的供应商数目。例如,一个汽车制造商通过技术共享,帮助一家供应商开始生产车外自动反光镜,而以前这家供应商主要供应车内反光镜。这家供应商正在做先前需两家供应商完成的工作。

公司的供应库一旦完全合理化,改善就主要通过现有供应商能力的发展而不是大规模更替供应商来进行。可是公司必须注重发展对象的选择,因为并不是所有的供应商都值得援助。一些供应商几乎不会取得很好的绩效;一些供应商经常能够长期保证稳定绩效甚至超过买方的期望,这些供应商不需要买方的过分关注;还有一些供应商不参与任何发展项目。

美国本田公司要求供应商对发展有一个全面的承诺。因为本田 80％的零部件都是通过采购获得的,超过其他任何主要汽车制造商,供应商绩效的改善对保持本田的成功很重要。看看本田对供应商发展提供的资源与活动——两个全职人员帮助供应商培训流程中的员工;40 个全职工程师在采购部门为改善供应商生产率和质量而努力;在塑料技术、焊接、冲压和硬模铸造方面对供应商予以技术支持;特殊团队帮助供应商解决问题;当供应商质量较差时,起草一个“质量向上”计划;直接与供应商行政管理部门合作;本田人员定期参观供应商工厂;每次碰面时,本田和供应商的行政管理人员交换执行计划使得主要负责人能正确对问题予以评价。

7.供应商及早进入产品和流程开发

产品和流程设计需要及早与供应商合作,从供应商的工程、设计、检测、生产能力中实现收益最大化。这种方式认为有竞争力的供应商为买方提供的不仅仅是根据买方产品说明书生产的产品。

使供应商投入全部精力对项目进行开发能够改善产品质量和设计。供应商可提供如何简化产品设计的意见,从而影响产品成本和质量。及早加入产品开发有利于供应商提前开始生产工作,这可以缩短产品发展周期并减少早期生产问题。供应商可以和工程师们一块工作,共同制定零部件耐磨度和提高过程的一致性及产品的可制造性。

美国工业已经认识到在新产品开发中引入供应商的价值。《产业周刊》(Industry Week)引发“美国最好工厂”的竞争发现,90％的竞争优胜者在产品和流程开发中强调了供应商的参与。例如,北汽福田汽车公司为发展本地战略供应商,实现体系升级,确保汽车零部件厂家的技术含量和竞争力上新台阶,实施了“战略供应商培育工程”。从 1999 年到 2008 年,市内配套厂家由 3 家发展到 110 家。属地配套额突破 13 亿元,产业上游主要配套厂家利税过亿元。其中同心实业等前十位的本地配套企业与工厂的总配套额近 6

亿元,大产业中的零部件小集群已经形成。作为整车企业的龙头企业,北汽福田汽车厂从一开始就推出了"战略供应商培育工程",在区域内加强产业分工,拉长产业链条。而工厂本身则专注于研发、焊装、涂装、总装、销售、服务等核心环节,其他配套件从集群配套体系采购。通过整合资源,目前在北汽福田的产业链上已形成了以车身、车架、车桥、货箱、变速箱、板簧、钢圈、汽车电器、内饰、塑料件等主要零部件共同发展的产业集群,也使工厂完成了从办企业到办产业的转变。

10.5 供应商战略管理

供应商战略管理是供应链采购管理中一个很重要的问题。

在传统的市场营销管理中早就提出了关系营销的思想,但是,在供应链环境下的客户关系和传统的客户关系有很大的不同。在市场营销中的客户指的是最终产品的用户,而这里的客户是指供应商,不是最终用户。另外,从供应商与客户关系的特征来看,传统的企业关系表现为三种:竞争性关系、合同性关系(法律性关系)、合作性关系,而且企业之间的竞争多于合作,是非合作性竞争。供应链管理环境下的客户关系是一种战略性合作关系,提倡一种双赢(win-win)机制。从传统的非合作性竞争走向合作性竞争,合作与竞争并存是当今企业关系发展的一个趋势。

10.5.1 两种供应关系模式

在供应商与制造商关系中,存在两种典型的关系模式:传统的竞争关系和合作性关系,或者叫双赢关系(win-win)。两种关系模式的采购特征有所不同。

1. 竞争关系的采购特征

竞争关系模式是价格驱动的。这种关系的采购策略表现为:

①买方同时向若干供应商购货,通过供应商之间的竞争获得价格好处,同时也保证供应的连续性。

②买方通过在供应商之间分配采购数量对供应商加以控制。

③买方与供应商保持的是一种短期合同关系。

2. 双赢关系的采购特征

双赢关系模式,是一种合作的关系,这种供需关系最先是在日本企业中采用。它强调在合作的供应商和生产商之间共同分享信息,通过合作协商相互的行为。这种关系的采购策略表现为:

①制造商对供应商给予协助,帮助供应商降低成本、改进质量、加快产品开发进度。

②通过建立相互信任的关系提高效率,减少交易/管理成本。

③通过长期的信任合作取代短期的合同。

④比较多的信息交流。

10.5.2　双赢关系对采购的意义

从前面对准时化采购原理和方法的探讨中可以看到,供应商与制造商的合作关系对于准时化采购的实施是非常重要的,只有建立良好的供需合作关系,准时化策略才能得到彻底贯彻落实,并取得预期的效果。图10-9显示了准时化采购中供需合作关系的作用与意义。

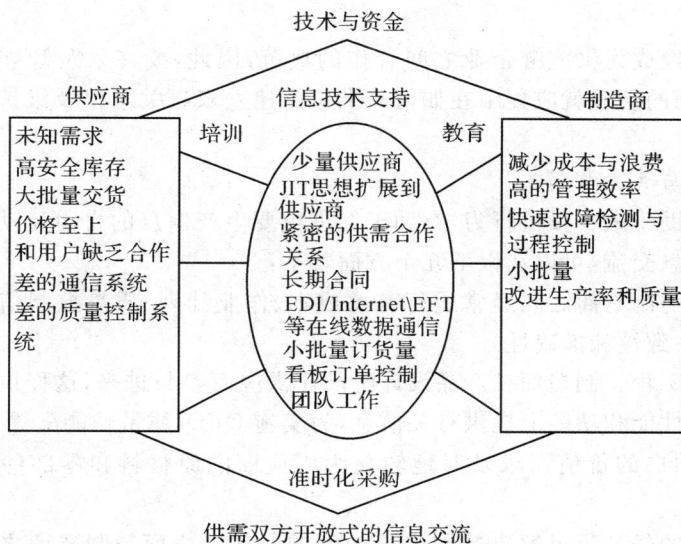

图10-9　准时化采购环境下的供需合作关系

从供应商的角度来说,如果不实施准时化采购,由于缺乏和制造商的合作,库存、交货批量都比较大,而且在质量、需求方面都无法获得有效的控制。通过建立准时化采购策略,把制造商的JIT思想扩展到供应商,加强了供需之间的联系与合作,在开放性的动态信息交互下,面对市场需求的变化,供应商能够做出快速反应,提高了供应商的应变能力。对制造商来说,通过和供应商建立合作关系,实施准时化采购,管理水平得到提高,制造过程与产品质量得到有效的控制,成本降低,制造的敏捷性与柔性增加。

概括起来,双赢关系对于采购中供需双方的作用表现在:

1. 供应商方面

①增加对整个供应链业务活动的共同责任感和利益的分享。

②增加对未来需求的可预见性和可控能力,长期的合同关系使供应计划更加稳定。

③成功的客户有助于供应商的成功。

④高质量的产品增强了供应商的竞争力。

2. 制造商方面

①增加对采购业务的控制能力。

②通过长期的、有信任保证的订货合同保证了满足采购的要求。

③减少和消除了不必要的进购产品的检查活动。

建立互惠互利的合同是巩固和发展供需合作关系的根本保证。互惠互利包括了双方的承诺、信任、持久性。信守诺言,是商业活动成功的一个重要原则,没有信任的供应商,或没有信任的采购客户都不可能产生长期的合作关系,即使建立起合作关系也是暂时的。持久性是保持合作关系的保证,没有长期的合作,双方就没有诚意做出更多的改进和付出。机会主义和短期行为对供需合作关系将产生极大的破坏作用。

10.5.3 双赢供应关系管理

双赢关系已经成为供应链企业之间合作的典范,因此,要在采购管理中体现供应链的思想,对供应商的管理就应集中在如何和供应商建立双赢关系以及维护和保持双赢关系上。

1. 信息交流与共享机制

信息交流有助于减少投机行为,有助于促进重要生产信息的自由流动。为加强供应商与制造商的信息交流,可以从以下几个方面着手:

①在供应商与制造商之间经常进行有关成本、作业计划、质量控制信息的交流与沟通,保持信息的一致性和准确性。

②实施并行工程。制造商在产品设计阶段让供应商参与进来,这样供应商可以在原材料和零部件的性能和功能上提供有关信息,为实施 QFD(质量功能配置)的产品开发方法创造条件,把用户的价值需求及时地转化为供应商的原材料和零部件的质量与功能要求。

③建立联合的任务小组解决共同关心的问题。在供应商与制造商之间应建立一种基于团队的工作小组,由双方的有关人员共同组成,解决供应过程以及制造过程中遇到的各种问题。

④供应商和制造商工厂互访。供应商与制造商采购部门应经常性地互访,及时发现和解决各自在合作活动过程中的困难和出现的问题,便于建立良好的合作氛围。

⑤使用电子数据交换(EDI)和因特网技术进行快速的数据传输。

2. 供应商的激励机制

保持长期的双赢关系,对供应商的激励是非常重要的,没有有效的激励机制,就不可能维持良好的供应关系。在激励机制的设计上,要体现公平、一致的原则。给予供应商价格折扣和柔性合同,以及采用赠送股权等,使供应商和制造商分享成功,同时也使供应商从合作中体会到双赢机制的好处。

3. 合理的供应商评价方法和手段

要进行供应商的激励,就必须对供应商的业绩进行评价,使供应商工作不断改进。没有合理的评价方法,就不可能对供应商的合作效果进行评价,这将大大挫伤供应商的合作积极性和合作的稳定性。对供应商的评价要抓住主要指标或问题,比如交货质量是否改善了,提前期是否缩短了,交货的准时率是否提高了等。通过评价,把结果反馈给供应商,和供应商一起共同探讨问题产生的根源,并采取相应的措施予以改进。

⊡ **案例分析**

NIKE 的采购外包

NIKE 公司非常注重其物流系统的建设,并跟踪国际先进物流技术的发展,及时对其系统进行升级。NIKE 的物流系统在 20 世纪 90 年代初期就已经非常先进,近年来更得到了长足的发展,可以说其物流系统是一个国际领先的、高效的货物配送系统。

NIKE 在全球布局物流配送网络。它在美国有三个配送中心,其中在孟菲斯有两个。在田纳西州孟菲斯市的 NIKE 配送中心,运行于 1983 年,是当地最大的自有配送中心。作为扩张与发展的基础部分,NIKE 建立了一个三层货架仓库,并安装了全新的自动补货系统,使得 NIKE 运动商品能够保证在用户发出订单后 48 小时内发出货物。NIKE 公司在亚太地区生产出的产品,通过海运经西海岸送达美国本土,再利用火车经其铁路专用线运到孟菲斯市,最后运抵 NIKE 运动商品配送中心。所有的帽子、衬衫等产品都从孟菲斯市的配送中心发送到美国各地。每天都要发送 35 万～50 万单位的衣物。

除了美国外,NIKE 在欧洲也加强了物流系统建设。NIKE 在欧洲原有 20 多个仓库,分别位于 20 多个国家。这些仓库之间是相互独立的,这使得 NIKE 的客户服务无法做到非常细致。另外,各国的仓库只为本国的市场销售进行准备,也使得其供货灵活性大打折扣。经过成本分析,NIKE 决定关闭其所有的仓库,只在比利时的 Meerhout 建造一个配送中心,负责整个欧洲和中东的配送供给服务。该中心于 1994 年开始运营。后来随着 NIKE 在欧洲市场的迅速扩大,流量很快就超出了配送中心原设计供应能力,NIKE 决定扩建在欧洲的配送中心。NIKE 与 Deloitte 公司共同制定了欧洲配送中心建造、设计和实施的运营计划。其配送中心有着一流的物流设施、物流软件,以及先进的数据通讯系统,从而使其能将产品迅速地运往欧洲各地。

在 2000 年初,NIKE 开始在其电子商务网站 www.nike.com 上进行直接面向消费者的产品销售服务,并且扩展了提供产品详细信息和店铺位置的网络功能。为支持此项新业务,UPS 环球物流实现 NIKE 从虚拟世界到消费者家中的快速服务。

NIKE 对部分物流业务进行了外包,其中的一个物流合作伙伴是 MENLO 公司。该公司是美国一家从事全方位合同物流服务的大型公司,其业务范围包括货物运输、仓储、分拨及综合物流的策划与管理。该公司拥有 3500 名雇员,年运输批次达到 200 万,运量相当于 110 亿磅,并拥有 800 万平方英尺的仓储设施,业务活动遍及美国 50 个州及加拿大、拉丁美洲、欧洲和太平洋周边地区,其客户群包括 50 个大型国际公司,如 IBM、NCR、惠普、陶氏化学、AT&T、SESRS 等。"我们的目标是在全世界建立综合高效的供应链",MENLO 公司如是说。

NIKE 在日本的合作伙伴——岩井是一个综合性的贸易公司,是全球 500 强之一,公司每年的贸易额高达 715 亿美元。它主要负责日本地区 NIKE 商品的生产、销售和物流业务。

对于原来就比较注重物流,且物流基础设施完善的企业——NIKE 来说,物流业务外包只是对其原有物流系统进行改造,以适应新的业务需求。将部分物流业务外包给第三方物流公司,采取何种战略,主要取决于改造和外包二者分别的运营成本和服务水平对公司的长期影响。但对于新型商业模式,如 B2C,由于其物流作业复杂、琐碎,他们都选择了外包的形式,以降低服务成本并获得良好的顾客服务。

无论是从工作效率还是服务水平上说,NIKE 的物流系统都是非常先进高效的。其战略出发点就是"一个消费区域由一个大型配送中心来服务,尽量取得规模化效益"。NIKE还非常注意物流技术的进步,积极采用新的高效率的科技成果、新的科学管理方法,以此作为降低成本和提高工作效率的最基本手段。

(案例来源:张理. 现代物流案例分析. 北京:中国水利水电出版社,2005.)

⊳ **思考题**

1. 外包的概念和特征是什么?
2. 采购外包的行为特点是什么? 对企业的作用是什么?
3. 供应商关系如何演变?
4. 供应商如何培育和发展?

第 11 章

采购流程

⇨ **本章要点**

　　本章首先概述采购的基本流程的作用及步骤,然后分别详细阐述采购中的各个流程,包括提出需求、描述需求、选择和评价供应商、确定价格和其他采购条件、准备和签发采购订单、跟单和催货、收货和检验、接受和付款以及采购总结评估。

　　采购作业流程(采购流程)是一套工作方法,它讲述如何有次序地一步一步完成某个任务或工作。它又是一种正式的安排,使衔接各层次战略构想的方针政策得以实施。一系列操作组成一个步骤,多个可靠的步骤组成一组步骤群,从而综合地提供信息,同时让员工去实施或让经理去管理控制这些操作。采购作业流程是详细论述部门职责或任务的运营指南,是采购管理中最重要部分之一,是采购活动具体执行的标准。本章首先讲述采购的基本流程,然后分别详细阐述采购作业流程的各个步骤。

11.1 采购的基本流程概述

11.1.1 采购的基本流程

　　企业流程是指为完成企业某一个目标或任务而进行的一系列逻辑相关的跨越时间和空间的活动的有序集合。企业采购通过规范采购流程,加强采购流程每一环节管理,来约束相关采购过程的业务活动,使得各项采购指标在业界最佳,并合理地控制企业采购开支的每一过程,以增强企业的竞争优势。

　　企业在实施采购系统时,需要根据不同采购对象的采购量来确定其优先度,比如制造业的零配件和原材料的采购(用于生产制造的采购)占总采购量的 60%~80%。企业采购的内容可以分成三种类型,见表 11-1 所示。

表 11-1　企业采购的主要类型

采购对象	说　明
原材料	企业生产所必需的生产性直接原材料
零配件	维持企业生产活动持续进行的装配件等间接物料(包括零部件、备件等)
日常用品	维持企业运作所需的行政性日常用品(如写字桌、计算机、灯具以及服务等)

虽然企业生产经营内容不同,采购活动内容不同,采购运用的方法不同,作业细节上有若干差异,但采购发展到现在它们的采购流程大致都是一样的,采购流程的一般模式如图 11-1 所示。

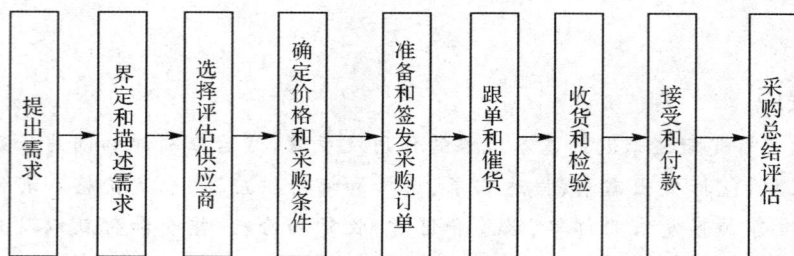

图 11-1　采购流程一般模式

在该流程中,以"准备和签发订单"为中心,前面的流程统称为"订单签订前的准备工作",其后的流程为"订单的执行和总结"。

订单签订前的准备工作包括前四个流程:提出需求、描述需求、选择和评价供应商、确定价格和其他采购条件。订单签订后的执行和总结包括后四个流程:跟单和催货、收货和检验、接受和付款以及采购总结评估。

11.1.2　电子采购

1.传统采购存在的缺点

传统采购流程的低效性表现在:

①繁杂的没有增值作用的文书工作。

②过多的单证操作。

③处理内、外部订单消耗的大量时间。

④纯事务工作耗费的大量成本。

由于以上的低效性,很多组织机构认识到:"在众多组织机构中,行政工作中单证操作仅仅是为了记录事情的经过或提供一个物流的记载。为保持领先,采购部门要通过尽量减少、取消或合并某些工作步骤,将这种行政职能转化为一个增值的过程。"

因此,大多数组织机构都不得不考虑 IT 技术和电子采购的战略意义。某些学者用更普遍的术语"电子供应策略"(e-supply strategy)来泛指一个组织机构应用 Internet 软件的积极性,无论它是应用在采购、物流或供应链的所有方面,还是仅仅用在其中一个方面。

2.电子化供应链管理

电子化的供应链管理(e-supply chain management,e-SCM)是指通过电子化的内部应用,简化和优化整个供应链,目的是确保最大的销售增长和最低可能的成本开支。这中间包括建立一个内部的网上采购系统,并将它连到本行业范围中的电子市场上去,在整个价值链上实施电子化的供应链管理。

毫无疑问,Internet 的应用对供应链的管理和优化,无论是现在还是将来都是十分有益的。采购方和供应商从 e-SCM 中的受益有以下几方面:

(1)采购方的受益

主要是由于电子化后价格的透明度和网上竞争性,以低价采购物资的能力大大提高,无论是直接采购方式,还是间接采购方式。这样,大型采购方能使用杠杆作用获得价值大幅度的下降和优惠,而小型采购方使用 e-SCM 系统也能获得很好的价格,这是由于在电子市场和交易交换中心的媒介上,有许多供应商来竞争采购方的生意,即使它是一个小型的。

商品和服务的采购效率能大大提高,进而能降低总的交易成本。这是因为商务对商务的电子市场通常能给小型采购方提供发现所要的价格较低的商品货物的机会;而这些商品若只用人工方法寻找的话,其费用可能高得让人望而却步。

采购方能与供应商连成紧密的纽带,在市场预测、生产进度、生产计划、共享产品设计资料等方面与供应商合作。

(2)供应商的受益

供应商的受益取决于 e-SCM 的程序是强调合作,还是强调商业机会。商业机会强化了供应商收益,表现在其强化了市场预测能力,有足够的生产能力去满足,甚至超过客户的需求。在合适的时间达到产品和服务的合适组合,以便它们的生产调度、制造能力和库存储备能跟上客户的购买模式。

合作使供应商能从大规模的在线电子市场中获益。如果有大量的购买者出现在这样的电子市场上,供应商就能以有效的成本获取新的客户,从而扩大销售市场,增加销量。

3.电子采购

英国皇家采购与供应学会(CIPS)对电子采购(e-procurement)的定义是:电子采购实质是指使用 Internet 对所需的服务和产品的申请购买、批准订购、接收订货和支付账单等过程所进行的交割方面的操作。

CIPS 的陈述中也指出,电子采购通常是商务管理经办人员关注的焦点。换言之,电子采购的主要目标就是将采购职能下放给具体经办人,电子采购涵盖了采购过程中如下几个范围:根据已达成的合同申请采购、授权、订货、接收货物和支付账单。

电子采购的应用对系统而言,最重要的是通信交流超越了组织机构的界限。当电子采购所采用的技术提供了基本的手段时,由此在业务步骤、过程和它的方方面面产生的变化,使得业务工作大大受益。电子采购之所以成为可能,是因为它有标准的、公开的可扩展标记语言 XML,这是一种结构化的计算机编程语言,它能在多种多样的格式中识别数据类型,能被所有 Internet 技术理解。XML 语言的采用使得组织机构能顺利地集成各种应用程序,也很容易与贸易伙伴交换信息。

电子采购的具体内容请参见第 12 章采购模式。

11.1.3　采购作业流程设计注意要点

在设计采购作业流程的时候,应注意以下要点:

1. 采购结构应与采购数量、种类区域相匹配

过多的流程环节会增加组织流程运作的作业与成本,降低工作效率。另一方面,流程过于简单、监控点设置不够等,将导致采购过程操作失去控制,产生物资质量、供应、价格等问题。

2. 先后顺序及时效控制

应注意采购作业流程的流畅性与一致性,并考虑作业流程所需的时限。例如,避免同一主管对同一采购文件做数次的签核;避免同一采购文件在不同部门有不同的作业方式;避免一个采购文件会签部门太多,影响作业时效。

3. 关键点设置

为便于控制采购作业,在采购的各阶段均能被追踪管理,应设置关键点的管理要领或办理时限。例如,国外采购的询价\报价、申请输入许可证、出具信用证、装船、报关、提货等均有管理要领或办理时限。

4. 权力、责任或任务的划分

各项作业手续及查核责任,应有明确权责规定及查核办法。比如,请购、采购、验收、付款等权责应予区分,并确定主管单位。

5. 避免作业过程中发生摩擦、重复与混乱

注意变化或弹性范围以及偶然事件的处理规则,例如,"紧急采购"及"外部授权"。

6. 采购流程应反映集体决策的思想

由计划、设计、工艺、认证、订单、质量等人员一起来决定供应商选择。处理程序应合时宜,应注意采购程序的及时改进,早期设计的处理程序或流程。经过若干时日后,应加以检查,不断改进与完善,以回应组织的变更,或作业上的实际需要。

7. 配合作业方式的改善

例如,手工的作业方式改变为计算机管理辅助作业后,其流程与表格需作相当程度的调整或重新设计。

11.2　订单签订前的准备工作

11.2.1　提出需求

提出需求是采购流程的源头,它是物资需求部门对需要采购的物资需要什么、需要多少、何时需要。等提出需求。在需求部门提出需求时,采购部门应要求需求部门填写请购单时尽可能采用标准化格式以尽可能少发特殊订单,而且采购部门应督促需求部门尽早预测需求以免出现太多的紧急订单。

1.需求的内容

任何采购都产生于企业中某个人的确切需求。负责具体业务活动的人应该清楚地知道本部门独特的需求:需要什么、需要多少、何时需要。这样,采购部门会收到这个部门发出的物料需求单。有时,这类需求也可以由其他部门的富余物料来加以满足。当然,企业迟早要进行新的物料采购。有些采购申请来自生产或使用部门,对于各种各样办公设备的采购要求由办公室的负责人或企业主管提出。有些采购申请来自销售或广告部门,或是由实验室提出。通常,不同的部门会使用不同的采购单;或者,也可以给不同的部门编上各不相同的数字代码。

供应部门还应协助使用部门预测物料需求,供应经理不仅应要求需求部门在填写请购单时尽可能地采用标准化格式以及尽量少发特殊订单,而且应督促尽早地预测需求以避免太多的紧急订单。由于了解价格趋势和总的市场情况,有时为了避免供应中断或是价格上涨,供应部门必然会发出一些期货订单。这意味着对于任何标准化的采购项目,供应部门都要就正常供货提前期或其他的主要变化通知使用部门。采购部门和供应商早期参与(通常作为新产品开发团队的一个成员)会带来许多信息,从而可以避免或削减成本,加速产品推向市场的速度并能带来更大的竞争优势。

2.需求的表现方式

采购需求的表现方式有很多,包括内部客户的采购通知单(请购单)、客户预测订单、常用的重复订购点系统、存货盘点以及新产品开发过程中的物料需求。

(1)采购通知单(请购单)

通常常用的传达采购需求的方法就是使用采购通知单,由需求客户填写,用以写明对特定物料的需求的一种内部文件。图11-2表示了一张典型的请购单。标准的请购单多用于常规的、简单部件的采购。对于简单部件的需求越来越多地通过连接客户与采购部门在线调拨系统来进行配送。

不同的企业在电子采购通知系统的使用质量上有很大差别,一个只向客户提供采购需求服务的电子采购通知系统和电子邮件差不多;除了缩短发出采购需求和进行采购之间的时间,这种系统不提供什么附加价值。相反的,如果一个系统过于复杂,令客户望而生畏,它们就不会在线提交采购需求服务,而是使用电话或邮件。

请购单

申请部门：_____   编号：_____

预 算 额：_____   日期：_____

需要数量	单 位	描 述	

需要日期：_____

遇有问题时通知：_____

特殊发送说明：_____

申请人：

说明：一式两份,原件送采购部门,申请者保存文件副本

图 11-2　请购单

（2）巡回采购通知单

物料需求的传递可以通过巡回采购通知单,这里的巡回采购通知单是由商品说明卡片组成的表格,包括了一个由人工操作的系统内所有商品的信息。这种方法主要适用于尚未实现自动化采购及存货管理的小公司。卡片上的信息可能包括:①产品说明;②已通过审核的供应商名单及地址;③支付给供应商的最终价格;④重复订购点;⑤使用记录。

巡回采购通知单可以在重复订购常规物料和供应物品时节省时间。当存货水平下降到特定的重复订购点时,员工就会发出巡回采购通知单,维持存货水平的稳定。这种通知单还能说明目前的存货水平和理想交货日期。巡回采购单提供了买方开立订单所需的信息,从而使买方不需要再进行信息搜索。随着存货系统信息化的发展,巡回采购单使用的频率在下降。利用自动化系统,员工只要输入订购要求即可,系统自动生成采购申请或处理订单。

（3）客户订单

客户订单可能引起对物料的需求,尤其是当订购的产品变化时也会产生对新元件的需求;客户订单也表明了对现有物料的需求量。随着企业越来越多地推出个性化的产品来满足客户需要,采购部门必须做好准备以应对新的物料需求。市场预测有助于表明物料的需要量。比如预测产品需求将上升,意味着对现有或新的物料的需求也上升。如果已经选择了一个供应商来提供这些物料,那么物料需求计划（MRP）这样的自动订购系统就会自动向供应商发出物料的采购指令。

（4）重复订购点系统

重复订购点系统是发现采购需求的常用方法之一。这种系统使用的独特信息包括订购数量、需求预测以及存货的零部件。计算机化的重复订购点系统中的每个项目都有一个预先确定的订购点和订购数。当存货减少到给定水平时,这个系统就通知物料控制

部门向供应商发出一个补充存货的通知,这个通知的信号可能是屏幕上闪烁的灯、送往物料控制部门的电子邮件或者一份电脑报告,大多数重复订购点系统自动应用预先设定的订货参数(如保证库存和订购成本所需的最少订单数目)。参数系统还能计算存货维持成本、订购成本和预算需求要求,并作出权衡。重复订购点的系统可被用于产品或非产品项目。

自动化重复订购点系统可以有效识别采购要求。这种系统能够提供当前存货水平和成千上万个零部件需求的日常数据,因而是目前处理常规物料订购信息最常用的方法,尤其是在那些仍然拥有零部件分销中心的企业。

(5)存货盘点

存货盘点是对库存进行实体核查,以确定系统记录(案头记录)与手头的实际存货水平是否相符,因此也称为手头记录(POH)。如果某个项目的实体存货低于系统记录数目,那么对这个项目记录的调整就会引起追加存货的重复订单。

依赖于标准化、易获得零部件的较小企业,经常使用存货盘点来决定物料订购需求。在这种情况下,存货盘点包括实地考察一个存放点来决定是否有满足客户需求的足够多的存货。如果有足够多的存货,就不必重复订购了。

(6)采购卡

所谓的采购卡是作为采购方的企业发给其内部顾客(即使用者)的一种信用卡。使用采购卡主要是针对那些小额物品、间接材料(非生产性的)、物资和服务等方面的交易,这样做可以减少管理成本和缩短采购周期。持卡人都有可支配金额限制,采购部门和供应商进行价格和其他条款谈判之后,会把这些优先选择的供应商名单交给持卡人。

采购卡使采购系统的许多环节可以自动地进行,这样消除了采购订单和单独的发票,并能保证二三天内向供应商取货时进行支付,而正常采购程序则需要30多天。由于把交易活动交给使用部门来处理,采购周期得以缩短,而处理交易的成本也就降低了。采购员也可以从日常的小额采购交易中解脱出来,专注于大额采购和供应管理等问题。

11.2.2　界定和描述需求

描述需求是在提出需求的基础上,对需要采购的商品或服务有一个准确的描述。准确地描述所需商品或服务是采购部门和使用者,或是跨职能采购团体的共同责任。未来的市场情况对物资采购是非常重要的,因而采购部门和提出具体需求的部门在确定需求的早期阶段进行交流很重要。又由于在具体的规格交给供应商之前,采购部门是对它进行把关的最后一个部门,因而采购部门需要对它进行最后一次检查。任何关于采购事项的描述的准确性方面的问题都应该请采购者或采购团队进行咨询。采购的成功始于采购需求的确定,应制定恰当的办法来保证明确对供应品的需求,更重要的是让供应商准确地理解。

1.界定和描述需求

如果不了解使用部门到底需要什么,采购部门不可能进行采购。出于这个目的,就必然要对所申请采购的需求品、物品、商品和服务有一个准确的描述。准确地描述所需的物品和服务是采购部门或是使用者共同的责任。

如果通过某种调整,公司可能获得更好的满足,那采购者就应该对现存的规格要求提出质疑。当所需要的物品在市场上处于短缺状态时,只能采用替代品,这就是一个明显的例子。由于未来的市场情况起着很重要的作用,因此,采购部门和提出具体需求的部门在确定需求的早期阶段进行密切的交流就有重要意义。否则,轻者由于需求描述不够准确而导致浪费时间;重者,会产生严重的财务后果并导致供应的中断,公司内部关系恶化,丧失产品或服务改进的机会,或是失去供应商的尊重和信任。

由于在具体的规格要求交给供应商之前,采购部门是能见到它的最后一个部门,因而,很明显,需要对其最后检查一次。如果采购部门的人员对申请采购的产品或服务不熟悉,这种检查就不可能产生实效。任何关于请购事项的描述的准确性方面的问题都应该向请购者或采购团队进行咨询,采购部门不能单方面想当然地处理。

2. 如何界定和描述需求

用来描述所需物品或服务的字眼应该统一,为了避免误解应制定合适的名词手册。确保词汇的统一性的一个最有效的方法是在采购部门保留一份文件,列出经常购买物品的名称。这类文件一般的保管方法是企业同时保管总目录和库存目录,总目录列出所有使用的项目,而库存目录包括所有在库的物品,这些目录可以做成活页或是制成卡片,或者在计算机中建立数据库。这类目录如果能被完善地规划并得到精心的维护,那么对于企业中物品描述的一致性会有很大的推动作用。这也有助于减少采购申请中出现异乎寻常的尺寸等级要求,并且它还能方便会计和仓储部门的工作。不过,如果这类目录不能被周到地规划、维护并投入实际使用,那么它们只能带来混乱和金钱的浪费,不会有任何作用。

以下内容应该包括在申请中:

①日期。

②编号(以便于区分)。

③申请的发出部门。

④涉及的金额。

⑤对于所需物料本身的完整描述以及所需数量。

⑥物料需要的日期。

⑦任何特殊的发送说明。

⑧授权申请人的签字。

11.2.3 选择评估供应商

选择和评价供应商是采购流程中最重要的一环,它涉及高质量物料和服务的确定与评价。选择和评价供应商的过程还可细分为物色供货厂商、精选供货厂商和确定供货厂商三个阶段。物色供货厂商的目的在于通过广泛调查和收集信息,尽可能多地征求意见,最后编制出可能的供货厂商的相关情况表,然后在此基础上,进行供货厂商的选择决策,精选供货厂商,有时还可编制出供货厂商精选说明书,最后对供货厂商进行确定。

1.初选供应商

(1)确定社会供应群体范围

从社会供应群体中划定参与本物料项目供应的供应商。一般来说,每一个成熟的企业都有自己的供应商群体,如果不能满足项目要求,则到社会行业供应商群体中去寻找。且对一个新企业来说,供应群体的确定较为困难,较妥善解决的办法是招聘有丰富行业采购经验的认证人员。

(2)研究供应商提供的资料,并向相关供应群体发放调查问卷

任何想成为企业供应商的社会供应者都应提供介绍资料,以便成为下一步程序选中的意向供应商。而这种介绍资料包括采购企业从相关供应群体处回收的调查问卷。

(3)实地考察供应商

如有可能,应实地考察供应商,一方面是防止供应链增加不必要的中间环节,另一方面是更好地了解供应商的实力,以便企业作出最真实、最准确的判断。

(4)与供应商进行谈判

与供应商进行正面接触是必不可少的环节,经验丰富的认证人员通过此环节基本上可以弄清供应商群体的实力。

(5)发放认证说明书

经过以上四个环节,基本上确定了参与本次采购项目觅标的供应群体,然后向它们发放认证说明书,包括图纸、技术规范、检验指导书等。

(6)供应商提供改善报告

供应商接到认证说明书及相关资料后,根据自己的情况拟制《供应报告》。主要内容有供应价格、品质报告、可供数量、售后服务情况等。

(7)供应商参与竞标

一般重要的物料供应,要求进行竞标,中标者才可入选。

(8)选定三个以上初选供应商

通过以上过程,认证人员整理资料,集体决定初选供应商的名额。

2.选择供应商

(1)查看采购环境

形成公司物料项目的采购环境后,对小规模的采购,采购环境可能记录在认证报告文档上;对于大规模的采购,采购环境则使用信息系统来管理。订单人员在完成订单准备之后,要查询采购环境信息系统,以寻找适应本次物料的供应商群体。一般来说,一项物料应有三家以上的供应商,特殊情况下也会出现一家供应商,即独家供应商。

(2)分析供应商供应情况

如果向一个容量已经饱和的供应商下单,那么订单会难以被正常执行,最后导致订单操作失败。经验丰富的订单人员,首先应计算采购环境中供应商的容量,哪些是饱和的,哪些有空余的容量。如果全部饱和,应立即通知相关认证人员,商讨紧急对策。

(3)供应商确认

从主观上对供应商的了解需要得到供应商的确认,供应商的组织结构的调整、设备的变化、厂房的扩建等都影响供应商的订单容量。有时需要进行实地考察,尤其是对谎

报订单容量的供应商。经过以上活动,订单人员权衡利弊(既要考虑原定的订单分配比例,又要考虑现实容量情况)后可初步确定意向供应商,目的是确定本次订单计划由哪一家供应商供应,这是订单操作实质性进展的一步。

(4)发放订单说明书

既然是意向,就应该向供应商发放相关技术资料。一般来说,采购环境中的供应商应具备通过认证的物料生产工艺文件,如果是这样,订单说明书就不包括额外的技术资料。供应商在接到技术资料并分析后,即向订单人员作出"接单"还是"不接单"的答复。

(5)确定物料供应商

通过以上过程,订单人员决定本次订单计划所投向的供应商,必要时可上报主管审批,供应商可以是一家,也可以是若干家。

1)选择供应商首先要在总包和分包之间作出选择

在总包的情况下,完成整个任务(经常包括设计工作)的责任被交给了供应商。在分包中,任务被分成了几个部分,分别包给不同的供应商,协调由委托人负责。分包通常能够节约开支,但是可能存在沟通问题。

①总包。总包的优点在于在项目执行过程中受到委托人的干涉比较有限。总包的缺点在于对项目的成本/价格结构缺乏了解,只对所用的原料(质量和数量)存在有限的影响。

②分包。分包的优点在于:不要求委托人有相似的项目经验,委托人只需付出有限的努力,委托人对项目的成本/价格结构有深入了解,能够更好地对供应商和所用的原料加以控制,项目总成本较低。

分包的缺点在于:要求委托人对相关知识有深入的了解并且经验丰富,项目的协调和监控需要付出较多的时间和努力,沟通问题造成的风险可能会对项目活动造成延误。

分包的主要问题在于委托人必须对于独立的合同之间的相互协调有相当的把握。在此,整个项目活动中的连续性的全部责任在于委托人。如果失误了,很明显期望中的成本优势将不会实现,并会导致一定的额外支出。

2)在这个阶段要做的第二个决定就是在固定价格合同、单位价格合同或者补偿成本之间作出选择

①固定价格合同。在按照以固定价格为基础的合同执行工作时,委托人要求供应商以固定的价格执行所要求的活动,要求工作必须在预定时间内完成。

固定价格合同的优点在于:委托人确切地知道其财务状况;工作完成之后没有结算的需要,因为供应商承担了所有的风险;严格的完工日期。

由于价格是固定的,尽可能高效地完成工作就成了供应商所关心的问题。固定的价格成了在协定条款内尽快完成工作或交付货物的诱因。

固定价格合同的缺点在于:如果委托人缺乏专业背景,就难以洞悉供应商的成本分析,这个问题可以通过向更多的供应商发出询价加以避免;准备需要时间,问题在于是否有足够的时间去准备详尽的说明书和进行正式的竞标程序;没人能够确切知道哪一个供应商是最佳的选择。

②成本补偿合同。在成本补偿合同的情况下,将要完成的活动的特性和范围不是事

先确定的。委托人要求供应商以事先确定的小时费率完成要求的活动,有时会与预先安排的百分比结合以冲销管理费。任务完成后的结算以供应商的每日报告(说明每天完成的工时)和所消耗的材料(如果有关)为基础。

成本补偿合同的优点在于:委托人得到了工作的成本结构情况;委托人在选择供应商时是自由的,事先就知道将与怎样的供应商打交道。

成本补偿合同的缺点在于:没有事先决定的固定价格,所以购买者对财务后果不是特别肯定;由于供应商所付出的每一个工时都会得到偿付,他就没有加紧工作的动机,每一次延误都会向委托人收取费用;完成日期无法确定。

这种方法的另外一个缺点在于委托人不会明确指出什么是他想要的。为了方便,说明书通常会留给供应商。由于最终成本的不确定性,很多购买者都会避免采用成本补偿合同。有些则只将其用于特定的、次要的保养/维修活动,因为此时的财务风险相对较为清楚。成本补偿合同并非是没有问题,一些问题必须与供应商事先讨论。采用固定价格或成本补偿合同的决策是由如下几个因素决定的:

- 说明书的全面性。说明书的实用性是总价合同的至关紧要的先决条件,缺乏说明书会使得不同报价单之间的公平变得比较不可能。
- 可用时间。委托人是否有足够的时间进行投标程序和价格谈判,或工作是否应该马上开始。
- 技术专长。如果工作需要专业知识和技能,通常宁愿选择成本补偿合同。
- 产业知识。指的是委托人对于所从事的特定产业的运作方法和价格协议的了解程度。

总而言之,在选择供应商阶段,第一步,在总包和分包之间作出选择。第二步,需要在固定价格合同和成本补偿合同之间作出选择。

③单位价格合同。在外包中经常用到并且应该在此提及的第三种合同类型是单位价格合同。这些合同规定了标准化工作和常规工作的单位活动的价格。例如,在石油公司中,会对外包给供应商的简单的安装和维护工作的单位价格进行一年一度的谈判(例如所安装的管道系统每米的单位价格,或者所清洗的每平方米地板的单位价格)。单位价格合同用于标准化的但是难以用数量和时间来衡量的工作。

所选择的合同方法在很大程度上决定了购买过程的其余步骤将如何演化。因此,这些决策必须由使用者和预算持有者共同制定。然而,购买者提出的其认为可行并且概括了考虑事项的各种合同方法也可能影响决策。

选择一个供应商是采购流程和其前期活动中最重要的步骤之一。最后会选择一个供应商并与他就产品(或服务)的交付进行谈判,然而,有时任务可能会给予两个或更多的供应商(当外购战略中选择向双方或三方购买时),没有被选中的供应商会被通知并说明标书被拒绝的原因。

11.2.4 确定价格和采购条件

可能的供应商决定后,要对价格和其他采购条件进行确定。确定价格可以采用报价采购、招标确定、谈判确定三种方式。报价采购即企业根据需要采购的物品向供应商发出询价或征购函,请其正式报价的一种采购方法;招标方式是企业确定价格的重要方式,其优点在于公平合理,大批量采购一般采用招标方式;谈判是确定价格的常用方式,也是最复杂、成本高的方式,谈判方式适合各种类型的采购。确定价格的同时还要确定采购物资交货期、包装、运输、违约责任等其他条件。确定价格和进行谈判的技巧将在第 13 章中详细介绍。

11.3 准备和签发采购订单

确定完采购物资的价格、交货期、包装、运输、违约责任等条件后,就要根据确定的条件与供应商签订物资采购订单。

采购订单伴随着订单和物料的流动贯穿了整个采购过程。订单的目的是实施订单计划,从采购环境中购买物料,为生产过程输送合格的原材料和配件,同时对供应商群体绩效表现进行评估反馈。

11.3.1 订单准备

如果没有采用供应商的销售协议,发订单通常需要先进行订单的准备工作。由于合同形式使用上的不当,很可能带来严重的法律争议,而且可能导致交易记录不准确完整,因此,即使订单是通过电话发出的,随后也要补上书面订单。紧急情况下,企业可以不按照正常的采购申请和填写采购单等程序,直接派车装运所需物料。但是决不允许没有书面订单就进行采购。

所有公司都有备好的采购订单。不过,实际中许多采购活动不是在采购订单上载明的条件下进行的,起作用的常常是供应商提出的销售协议上的条件。由于每个公司都会尽可能地保护自己的利益,在采购方备好的采购订单上由供应商承担的责任常常在销售协议里转化为采购方的责任。自然,企业都希望销售自己产品时使用本企业准备的销售协议,而在采购时使用本企业准备的采购订单。

有些采购员声称,如果不用他们准备的采购订单就不进行任何采购,如果供应商强烈地反对采购订单上所列的某些条款而且可以给出很好的理由,双方就可以达成妥协。不过在强大的卖方市场情况下,坚持这一规则比较困难。而且,如果采购方不在供应商准备的销售订单上签字,一些供应商会拒绝销售产品。如果没有其他可供选择的货源,例如供应商对某一产品拥有专利或是这一产品的价值极为突出,其他产品不能替代,在这样的情况下,采购方就没有其他的选择了。不过,通常情况下到底选用哪一方准备的文书有时取决于双方相对实力的强弱、采购物品的特点、交易的复杂程度以及在确定或发出订单方面所制定的战略。

在这方面似乎有许多令人困惑的情况,采购方可能随便地在供应商派出的销售代表提供的订单上签字,然后把采购订单送到供应商那里,并想当然地认为该合同对供应商已有约束力(这种订单对签了字的采购方有约束力;对于供应商而言,只有当其总部的负责人确认之后,才在法律上产生约束力)。有时,采购方邮寄或传真出采购订单后,收到的答复不是接受函,而是一张销售订单。这种情况下,销售方其实不是表示接收采购条件而只是进行还盘。

不过,如果采购涉及的是小额订单,由于引发法律诉讼的可能性极小,所以签订了受法律约束的协议也不必太担心。由于这个原因,以及为了节省处理过多文书工作的费用,当采购金额在某一限额以下,例如5000美元,许多公司都取消了把收函通知或接受函作为订单必要附件的做法。这就意味着直到货物到达后,双方都没有在法律上有约束力的合同。不过,如果对方根据小额采购订单通过法律诉讼要求强制发货,最后引发的损失还是会让人有所顾忌。

具体的准备工作包括以下几项:

1. 熟悉需要订单操作的物料项目

订单人员首先应熟悉订单计划,订单的种类很多,有时可能是从来没有采购过的物料项目,其采购环境不一定熟知,需要采购人员花时间去了解物料项目技术资料等。订单的难易程度也有差异,有时可能要到国外去采购,值得注意的是,直接从国外采购可能获得较好的品质和较低的价格(对认证人员来说),但却会大大增加订单环节操作难度,手续复杂,交货期长,监控操作困难。

2. 价格确认

由于采购环境的变化,订单人员应对采购价格负责,不能认为价格的确定完全是认证人员的责任,订单人员有权利向采购环节(供应商群体)价格最低的供应商下达订单合同,以维护采购的最大利益。

3. 确认项目质量需求标准

订单人员日常与供应商的接触通常会大大多于认证人员,由于供应商实力的变化,前面订单的质量标准是否需要调整,订单操作作为认证环节的一个监督部门将发挥应有的作用。

4. 确认项目的需求量

订单计划的需求量应与采购环境订单容量相匹配,或者小于采购环境订单容量;如果大于则应提醒认证人员扩展采购环节容量。另外,对计划人员的错误操作,订单人员应及时提出来。

5. 制订订单说明书

订单说明书是订单准备环节的输出,主要内容有订单说明书,它包括:项目名称、确定的价格、确定的质量标准、确定的需求量、是否需要扩展采购环境容量等方面。还有必要的图纸、技术规范、检验标准等。

11.3.2　订单的格式

采购订单就其样式和在公司内的传递路线而言各不相同。不过,任何实用的采购订单所必备的要素有:序列编号、发单日期、接受订单的供应商的名称和地址、所需物品的数量和描述、发货日期、运输要求、价格、支付条款,以及对订单有约束的各种条件。

这些约束采购方和供应商之间关系的条件极为重要,至于什么应该包括到合同中而什么又是不必要的,则要通过磋商决定。实际上,在某个公司的采购订单中包括哪些条款常常由多年采购经验决定。订单中的条款项目一般包括如下方面:

①包括那些当侵犯了别人的专利时,保护采购方不受诉讼连带责任的条款。

②包括有关价格的条款。例如,"如果订单中没有指明价格,那么,在我方没有接到通知并对其表示接受的情况下,所购物料的价格不应高于上次支付的价格"。

③包括明确指出不允许就装箱和运输进行收费的条款。

④明确规定货物的接受取决于对其进行的质量检测的结果。

⑤指明拒收货物后,如果购买方再次采购会重新发出订单。

⑥详细描述质量要求以及质量保障、控制的方法。

⑦如果所发货物在订单指定日期没有到达,允许取消订单。

⑧指明采购方拒绝支付汇票给供应商的几种情况。

⑨有些条款涉及货物数量,即关于实际装运数量多于或少于所定货物时如何处理。在某些行业中,很难控制一次生产产出的数量(例如印刷业)。这时,产量在一定限度内的超量和不足都可以接受。

⑩涉及对公司有特殊利害关系的事件的条款,例如有关仲裁和制造部件时所需工具的处理等问题的条款。

个别公司在采购订单一式几份方面以及如何处理这些不同副本方面各不相同,典型情况下,采购订单的传递路径如下:原件发往供应商,有时随单附一份副本以便供应商返回作为其接受合同的证明。

一份副本归入顺序编号的采购订单卷宗中由采购部门保管,另一副本则由供应商保管。有些公司里,采购部门不保存采购订单的副本,他们把采购订单拍照后,用缩微胶片的形式进行保存。会计部门也会收到一份订单副本以便于处理应付账款。一份副本发往仓储部门,用于该部门为接收物料做准备。如果公司组织结构把收货和仓储两个职能分开处理,收货部门也会收到一份副本。这些副本将按照供应商名称的字母顺序进行归档,并用于记录货物到达后真正收到的数量。如果收到的物料还要经过检验(通常原材料和生产部件就是这样),那么一份副本也要送到检验部门。

尽管采购订单的所有副本在内容上都是相同的,并且是一次同时填写完毕的,但是,这并不意味着它们在形式上也必须一模一样。例如,供应商的接受函上可能包含有其他副本不必列出的表明其接受意见的条款,填出收货方面的各项数据仅仅是收货部门的订单副本的要求;采购部门的订单副本则可能要求列出发货承诺、发票以及运输等方面的条款。由于价格的保密性,一般而言,它不会出现在收货部门的副本上。

实际上,采购订单会以不同的方式加以保存,但关键是在需要这些文件的时候可"轻而易举"地找到它们。目前可能做到的是:所有与一项特殊采购的订单有关的文书应该附在一张订单副本上,如果可能的话,还要将其在某处归档并建立交叉索引,以便需要时可以很快找到。使采购部门最可能受到指责的,莫过于当其收到来自于使用方、生产部门、仓储部门、工程技术部门或会计部门的人员发出的只能在查看过订单后才能解答的质询时,供应部门的人员却不能及时肯定地对其进行解答。

对于一式两份的采购订单的归档问题,一般一份按采购订单的编号顺序保管;另一份与相关的采购申请和往来信件一起,按照供应商名字的拼音字母顺序加以保管。除此之外,还可以把一份按供应商名字的拼音字母顺序保管,而另一份按应该从供应商那里收到接受函的期限归入期票据记录簿中。如果到期后没有收到供应商发来的接受函,这个结果会记录在这份副本上。然后,采购部门进行跟踪接触以督促供应商发出接受函,同时,将订单上到期日期加以顺延。如果供应商最终接受了订单,到期票据记录簿中的这份副本就应按最后的跟踪接触日期或货运到期日的日期进行归档。

如果对方没有表示接受,那发出的采购订单并不能构成一项合同,通常,供应商接受了订单的各项条件后,要向采购方的采购部门发出所谓的"接受函",至于什么真正表示双方达成一致并接受发盘的各项条款,基本上是一个法律方面的问题。不过,有时律师所指出的表明接受发盘的一些要素,在另外一些情况下恰恰是一些例外。

另外一个坚持要求对采购订单作出接受确认的原因是:除了任何法律上的原因以外,只有当采购订单被确认接受之后,采购方才能确信在要求的日期供应商将发货。如果发货日期不确定,采购方在进行任何有效行动之前都必须了解一些确切的信息。

11.3.3 签订订单(合同)

签订订单(合同)的步骤包括:

1. 采购订单(合同)制作

一般的企业都有固定标准的订单(合同)格式,而且这种格式是供应商认可的,订单人员只需在标准合同中填写相关参数(包括物料名称代码、单位、数量、单价、总价、货期等)及一些特殊说明后即完成制作合同操作。值得说明的是,合同中一定要包括价格及质量标准。拥有采购信息系统的企业,订单人员可以直接在信息系统中制作订单。在其他情况下,需要手工打印。

2. 订单(合同)提交审批

订单(合同)审批是订单操作的重要环节,一般由管理部门专职人员负责;主要审查事项为合同与采购环境物料描述的符合性,订单(合同)与订单计划的符合性。审核主要的目的是限制订单人员必须依照订单计划在采购环境操作,不可选择采购环境以外的社会供应商,价格是制订的价格,货期在一定范围内,并符合订单计划的物料数量、到货日期要求。

3. 与供应商签订订单(合同)

经过审批的订单(合同),即可传至供应商确定并盖章签字。

完成订单(合同)签订后,即转入订单(合同)的执行期。对加工型供应商要进行备料、加工、组装、调试等过程;对存货型供应商,只需从库房中调集相关产品并进行适当处理,即送往买家。

11.4 订单执行和总结

11.4.1 跟单和催货

采购订单发给供应商之后,采购方会对订单进行跟踪和催货。订单发出的同时会确定相应的跟踪接触日期。有些公司甚至设有全职的跟踪和催货人员。

跟踪是对订单所作的例行追踪,以确保供应商能够履行其货物发运的承诺。如果产生诸如质量或发运方面的问题,采购方就需要对此尽早了解,以便采取相应的行动。跟踪一般需要经常询问供应商的进度,有时甚至需要到供应商处走访。不过,这一措施通常仅用于关键的、大额的或提前期较长的采购事项。为了及时获得信息并知道结果,可通过电话进行跟踪;不过,有些公司也会使用由计算机生成的、简单的表格,以查询有关发运日期和在某一时点生产计划完成的百分比。

催货是对供应商施加压力,以使其履行最初所作出的发运承诺、提前发运货物或是加快已经延误的订单涉及的货物的发运。如果供应商不能履行合约,采购方会威胁取消订单或是取消以后可能的交易。催货应该仅适用于采购订单的个别情况,因为如果采购方对供应商能力已经作过全面分析的话,那被选出的供应商就应该是那些能遵守采购合约的可靠的供应商。而且,如果一家公司对其物料需求已经做了充分的计划工作,如果不是情况特殊,它就不必要求供应商提前货物的发运日期。当然,在物资匮乏的时候,催货确实有重要的意义。

具体来说,跟踪和催货的工作内容如下:

1. 跟踪供应商工艺文件的准备

工艺文件是进行加工生产的第一步,对任何外购件(需要供应商加工的物料)的采购,订单人员都应对供应商的工艺文件进行跟踪。如果发现供应商没有相关工艺文件,或者工艺文件有质量、货期问题,应及时提醒供应商修改,并提醒供应商如果不能保质、保量、准时到货,则要按照合同条款进行赔偿。

2. 确认原材料的准备

备齐原材料是供应商执行工艺流程的第一步,有经验的订单人员会发现供应商有时说谎,如有可能必须实地考察。

3. 跟踪加工过程进展状态

不同物料的加工过程不同,为了保证货期、质量,订单人员需要对加工进行监控。有些物料采购,其加工过程的监工小组要有订单人员参加,如一次性、大开支的项目采购、设备采购和建筑采购等。

4. 跟踪组装调试检测过程进展状态

组装调测是产品生产的重要环节,这一环节的完成表明订单人员对货期有一个结论性答案。订单人员需要有较好的专业背景和行业工作经验,否则,即使跟踪也难以达到效果。

5.确认包装入库

此环节是整个跟踪环节的结束点,订单人员可以向供应商了解物料最终完成的包装入库信息。如果有可能,最好去供应商现场考察。

11.4.2 收货和检验

物料和其他项目的正确接收有重要的意义。如果不是在地域上分布较分散的大公司,许多有经验的企业采用将所有货物的接收活动集中于一个部门的方法,由于收货部门与采购部门的关系十分密切,所以,许多公司中收货部门直接或间接地向采购部门负责。在那些实施了 JIT 库存管理系统的公司中,来自于已经获得认证的供应商的物料可以完全免除接收和检验这两项程序,并被直接送往使用点。

1.货物接收的基本目的

货物接收的基本目的包括:

①确保以前发出的订单所采购的货物已经实际到达。

②检查到达的货物是否完好无损。

③确保收到了所订购的货物数量正确。

④将货物送往应该到达的下一个目的地以进行储存、检验或使用。

⑤确保与接收手续有关的文件都已进行了登记并送交有关人员。

对货物进行检查时,有时会发现短缺现象。这一情况有时是因为运输过程中丢失了一些物料,有时则是发运时数量就不足,甚至在运输过程中物料也可能产生毁损。所有这些情况,都要写出详细的报告交给运输部门和采购部门。

通常,货物接收部门所使用的采购订单副本的数量栏是不填的,这是为了让接收部门实际点数所收货物。然后,有关物料接收方面的信息传递到采购部门以便其结清订单,送到库存控制部门以便其更新库存文件,送到应付账款处理部门以便其结清票据进行支付。有些公司不使用采购订单副本,而是使用可传递收货单,货物接收部门在上面记录收货日期、供应商名称、物料描述以及实际收到的货物数量。在那些使用了综合计算机物料管理系统的公司内,收货数量直接输入数据库中。

有时供应商出于工作上的疏忽可能会忘记给发运的货物开发票,这时就有必要要求供应商补开发票以使交易手续完备。另一方面,有时供应商会要求在货物收到之前就按发票进行货款支付。如果发票涉及现金折扣的问题,那么是在现金折扣期之内就支付货款而不管货物是否已经实际收到呢,还是冒着失去现金折扣的风险而直到实际收到货物之后才支付款项?如何进行选择一般可遵循以下基本规律:

(1)直到货物实际收到之后才支付款项

通常,发票直到折扣期快终止的时候才到,有时甚至是在折扣期之后才到。这是由于供应商方面的工作失误造成的,有两种可能:

①没能及时发出票据,特别是在出票口和发票的处理、邮递这段时间之间,即使有周六、周日和其他假日,折扣的到期日也不能相应地顺延。

②供应商与采购方之间邮递票据需要好几天的时间。

如果没有进行检验，对任何物料进行货款支付都是不明智的。实际上，任何交易在物料或部件被真正接收之前都没有结束，在此之前支付货款无疑为时过早。从法律的角度来看，货物的所有权在接受它们之前还没有移交到采购方手中。

无论如何，应该改变常用的把货物装运日作为开票日的做法，折扣期的起始日应该是发票或货物的接收日中较晚的一个。

（2）不必等待货物的到达、检验和接收物料，就对发票进行支付

这样做可能基于以下几种情况：

①财务上的收益可能很大。

②不能享受现金折扣反映了采购方信用状况不佳。

③如果供应商声誉良好，即使货款已经支付，物料出现了问题，双方也可以圆满地加以解决。

有些企业，特别是那些已经采用了综合计算机采购管理系统的公司，怀疑其是否真的有必要要求收到发票。毕竟发票不能提供任何它们未曾掌握的新的信息，而且这又是一件要花费金钱去处理的文书工作。它们会通知其供应商，在已达成的折扣协议条件下，在收到令人满意的货物之后一定天数内会支付货款（它们也会特别指出，只有当所有货物到齐之后才支付货款）。这些公司所需要做的，仅仅是在其计算机系统中比较采购订单、收货报告和检验报告。如果这些文件相互吻合，计算机就会在收货日后双方同意的支付期限内打印支票。很明显，这要求收货报告必须准确；采购订单已经完全计价，包括税金和现金折扣条款；在 FOB 目的地进行结算，因为发票中不可能预先填上运费。因此，采购订单是一份控制性文件。实际中使用电子资金转账系统（electronic funds transfer system，EFT）也很有价值。通过 EFT，采购方可以用电话调制解调器把货款支付信息从它的计算机传到银行的计算机中，银行按账号和采购订单编号把资金划转到供应商的账户中。

2. 物料检验的内容

①确定检验日期。一些物料如机械、设备、大型电子装置，往往需要到供应商处现场检验；有些物料如轻小型物品可以由供应商送过来检验，检验日期及地点按照惯例进行。

②通知检验人员。检验信息传送至质检部门之后，要根据物料的轻重缓急，统一安排。

③物料检验。对一般物料，施行正常检验程序；对重要物料或者供应商在此物料供应上质量稳定性差的，则要严格检验；对不重要物料，或者供应商在此物料供应上质量稳定性持续表现较佳的，则可放宽检验。

④处理检验问题。对于致命及严重缺陷的物料要求供应商换货；对于微缺陷物料，应与认证人员、质量人员、设计人员协商，同时考虑生产的紧急情况，确定是否可以代用。对于偶然性的质量问题，可由检验部门或订单部门通过供应商处理；多次存在的质量问题，由认证人员正式向供应商发出质量改正通知单，限期供应商改正质量问题；对于重大问题或经常有问题的，则由认证部门组织专题会议，讨论质量问题的对策，确定原因是因为设计方案的问题还是供应商的问题，前者要修改方案，后者要对供应商进行处理，包括罚款、质量整改、降级使用、取消供应商资格等。

11.4.3 接受和付款

1.付款

验收合格后的物资经过查询物料入库信息、准备付款申请单据、付款审批、资金平衡之后向供应商付款。

①查看物料检验入库信息。对于国内的供应商付款操作,一般是在物料检验通过并且完成入库操作之后进行,所以订单人员(或者专职付款人员)要查询物料入库信息,仅对已经入库的物料办理付款手续。对于国外供应商,付款手续比较复杂。

②准备付款单。对国内供应商付款,拟制付款申请单,并且附上合同、物料检验单据、物料入库单据、发票。

③主管审批。由管理办或者财务部专职人员审核,内容包括单据的匹配性,即上述五份单据在六个方面(指合同编号、物料名称、数量、单价、供应商、总价)的一致性及正确性。

④资金平衡。

⑤向供应商付款。企业财务出纳部接到付款申请单及通知后,即可向供应商付款,并提醒供应商注意收款。

⑥供应商收款。企业之间的交易付款活动一般通过银行进行,有时因为付款账号疏漏,可能导致供应商收不到款。对于大额资金的付款活动,企业有必要在付款活动之后向供应商作出收款提醒。

2.审核发票

在上述付款操作过程中有一项重要工作,就是审核发票。

发票对采购方有一定的要求,因而需要仔细处理。一般一式两份,发票上通常有订单编号和每一项物品的单价。

(1)审核发票的职能部门

结清发票的程序在不同企业各不相同。但是发票必须经过审核和检查这一点却是不容置疑的。至于发票的审核和批准到底是供应部门的职责还是会计部门的职责,目前乃存在争议。有些人认为这一工作实际上是会计工作,所以应该由会计部门来做。这样就把采购部门从一项没有增值的活动中解放出来;而把会计工作集中到一间办公室中,可以提供一次核查的机会,同时可以平衡采购工作和向供应商的款项支付工作。而那些主张发票应该由采购部门来核查的人认为,采购部门是交易最初发生的地点,如果有什么差错,采购部门可以立即采取行动。

(2)审核发票的程序

既然审核发票的职能部门有两种情况,审核程序一般也按两种职能部门分别进行处理。

1)由会计部门来处理发票的典型程序

①所有的发票复印件由供应商直接邮递给负责应付账款的部门。在这里,工作人员会立即加盖时间戳。除了那些采购订单与发票不符的以外,所有的发票在核查后会被批

准支付。

②那些在价格、条款或其他要点上与采购订单有出入的发票会被送交给采购部门来审核。

由于采购部门认为,用于解决较小的差异所需要的时间比有争议的金额数可能更重要,因此许多公司使用这样的决策规则:只要差异在预先确定的范围之内,例如正负相差不超过 5% 或 25 美元,具体视哪个数值较小而定,提交的发票就可以支付。当然,应付账款管理部门应该对由供应商造成的差异进行记录,以便发现哪些供应商在发货时是有意少发的。

如果发票上没有包括所有的必要信息或是发票上的信息与采购订单上的不一致,发票就被退回供应商处以进行更正。通常,采购方坚持在计算折扣时有效期间的开始点是收到更正后的发票时,而不是最初收到发票的时候。

如果撤销采购订单涉及订单撤销费用,会计部门会要求采购部门在递交用于处理这类费用的票据前,提供"费用通知单",指明是哪张订单并指明将要支付的费用金额。

2)由采购部门负责审核发票的程序

进行完审核和必要的更正之后,原始发票被递交给会计部门保管,直到采购部门授权支付款项。发票的附件由采购部门保管,直到收货部门通知它物料已经收到为止。只要采购部门收到收货报告,它就按照发票检查收货报告。

如果收货报告和发票相符,采购部门就同时保管这两份文件,直到检查部门发来通知,指出这批货物可以接受。这时,采购部门就把它保管的发票副本和来自收货部门的报告递交给会计部门,而在会计部门的档案中已经保管了发票的原始件。

11.4.4 采购总结评估

采购总结评估可以总结评价整个物资采购过程,用于监控采购业务或部门的正常发展,或者用于诊断短期问题。它包括物资采购的利润贡献、供应商绩效、供应物资质量、供应商管理,以及采购部门服务考核标准——内部顾客满意度、精确的记录、对环境变化的迅速响应、管理费用的减少等。在此,我们仅对供应评估、供应商绩效评价和维护记录进行介绍。

1. 供应评估

①制定供应评估计划。全面评估订单运作情况是必要的,但每次操作要抓住重点。评估的目的是为认证人员管理供应商提供实际操作表现数据,使得订单操作更加畅通。评估时首先要制定一个评估计划。

②订单部门绩效评估。订单部门绩效评估内容包括供应及时状况、紧急订单的完成情况、组织效率。

③订单角色绩效评估。订单人员的绩效来源于部门绩效的分解,订单人员的能力及责任心决定其绩效的大小,对绩效突出的要加薪奖励,对绩效持续末位的要考虑降职降薪。

④供应商供应绩效评估。供应商评价包括质量、成本、供应、服务性等。

⑤建议调整采购分配比例。在一段时间订单运作之后,要进行供应绩效评估,评估的目的是调整采购环境,其内容包括:根据订单表现调整供应商比例、确认并调整战略伙伴群体、调整供应商群体级别、清理供应绩效较差的供应商等。

2.供应商绩效评价

确定最佳供应商的一个办法,就是在订立合同之后追查供应商的绩效。对供应商进行评价和管理是采购周期的一个关键环节。买方不应把接收采购项目或选择出供应商作为采购周期的结束,而是有必要对供应商进行评价,以确定改进机会或是发现供应商绩效的不佳方面。

(1)绩效评价的理想结果是供应商绩效得到了改进

如果未进行正式的评价,买方对卖方的长期绩效缺乏深入了解,就不可能发现供应商的努力所带来的绩效的提高。而没有衡量和评价系统,买方在进行未来的采购决策时,就会缺少相应的数据。

(2)评价供应商绩效的一个主要问题是评价和反馈的频率

例如,买方应按日、星期,还是季度来接收供应商的质量评价报告呢?虽然大多数公司都意识到出问题就应该立即通知供应商,但在对供应商进行常规或定期的绩效评价的频率这一问题上几乎没有共识。对许多公司而言,这种全面评价一年内可能只有一两次。

在这个阶段,与供应商有关的可能出错和需要考虑的事情有:

①结算担保赔偿和罚款条款。

②结算超出或少于说明书中规定的工作成果。

③编制购货记录和供应商资料。

④记录项目评价等等。

对于超额的工作,事先将其向委托人汇报是很重要的,并且首先需要委托人给予许可。加班必须向采购经理汇报以使采购成本保持明确。此外,还应对随后递交的发票进行适当的管理。对于投资货物、维修活动将在一段时间以后成为必需。到那时,供应商是否能够实现其关于服务、维修和备件供应的诺言将一目了然。

与每个供应商打交道的经验应该被详细记录在案。关注供应商的质量和交货记录,竞争和创新能力,这些记录将影响供应商的评级,因此全面记录供应商实力是十分重要的。汇报这类信息,对于供应商的管理来说,是购买者贡献的附加价值的主要来源。因为这类信息可在随后的采购循环中汇编成"竞标者候选名单",用于将来的项目和合同。通过这种方法,公司学会了和确实有能力的供应商进行合作。当公司学着用这种方法运作时,通常会导致供应商基数的减少。于是,公司会逐渐将其业务集中于较少的但是能力更强的供应商上。

在售后服务阶段,采购者的价值增值主要体现在:

①进行说明书中没有包括的工作的理赔。

②通过详细的卖方评级系统记录用户关于特定的产品和供应商的经验。

③记录维修经验。

④按照与备件供应上有关的协定进行监督。

3. 维护记录

经过了以上所有的步骤之后,对于一次完整的采购活动而言,剩下的就是更新采购部门的记录。这一工作仅仅是把采购部门的与订单有关的文件副本进行汇集和归档,并把想保存的信息转化为相关的记录。前者主要是一些例行的公事,后者则涉及保存什么样的记录以及保管多久。

不同公司对不同单据和记录的重要性的认识都各不相同。例如,一张可以作为和外界所签合同的证据的采购订单一般要保存 7 年,它自然应该比作为内部备忘录的采购申请单的保存期限要长。无论是手工处理还是计算机处理,以下几种记录是要保存的:

①采购订单目录。目录中所有的订单都被编号并指明每个订单是未结的还是已结的。

②采购订单卷宗。所有的采购订单副本都被顺序编号后保管在采购订单卷宗里。

③商品文件。记录所有主要商品或项目的采购情况(日期、供应商、数量、价格和采购订单编号)。

④供应商历史。列出了与交易金额巨大的主要供应商进行的所有采购事项。

⑤其他的记录文件:

● 劳务合约。指明所有主要供应商与工会所签合约的状况(合约到期日)。

● 工具和寿命记录。指明采购的工具、使用寿命(或生产数量)、使用历史、价格、所有权和存放位置。这些信息可以避免对同一批工具支付两次以上款项。

● 少数的小额采购。指明从该供应商处采购付出的总金额。

● 投标历史文件。指明主要物料项目所邀请的投标商、投标额、不投标的次数、成功的中标者等信息。这一信息可以清楚表明供应商的投标习惯和供应商之间可能存在的私下串通。

⇨ 案例分析

精确到分,揭秘沃尔玛采购流程

沃尔玛通常每年采购两次:春季和秋季。沃尔玛对于产品有很详细的分类,每类产品由不同的部门负责。在每一季采购前,沃尔玛的采购员(在美国的)会根据上一季的市场销售情况以及未来趋势制订采购计划,如未来准备销售什么产品,大致数量等等。然后这份采购计划会提前给每一个相关的供应商。以家具为例,大约在采购员来采购的前一个月,每一个供应商基本上都会收到这份计划。然后,供应商们根据自己的情况准备样品。

一个月后,沃尔玛将在指定的地点(华南一般是深圳高交馆、香格里拉等),给每一家供应商指定一个时间段,比如甲 9:00—9:30,乙 9:30—10:00 等等,供应商会提前在上述地方预定场地,提前把样品摆出来,类似交易会。时间一般都很紧凑。采购员需要一家家轮着看,转一圈回到原来的地方,可能就换一家了。这个过程通常是初选,供应商的每个产品都有一份沃尔玛格式的报价单,如果初选通过,采办会或采购员把选中的报价单带走。初选完后通常要过两三天才是复选,复选需要供应商和采购员或者采办面谈,敲定数量、价格、出货方式、交易日期等等。

沃尔玛是个很讲究诚信的公司，通常面谈时都会有一个所谓"防损部"的人员陪同，以防桌下交易。通常情况下，沃尔玛是一次把半年的单子敲定，所以如果春季没有收获的供应商，基本上也就只能指望秋季。沃尔玛的中标率是很低的，很多时候准备数百件样品，中标的也只有几个而已。

沃尔玛除了这两季采购之外，中间也会有一些采购行动，但相比沃尔玛每季的采购量而言，是很少的。例如，采购员通过市场调查，发现某种产品在市场热销，临时针对某种产品采购，这种情况下，通常都是采办负责寻找供应商。

沃尔玛的每一个供应商都有一个 ID，通常只有这样的供应商才有资格和沃尔玛做生意，而获得这个 ID 是很难的。供应商 ID 很有用，沃尔玛拥有私有的卫星使得沃尔玛在全美的超市都是联网的，沃尔玛有一个专门对供应商开放的网站，上面有产品的销售情况，网站的数据基本上每天都会更新。而凭借着供应商 ID，供应商可以看到自己的产品的销售情况，比如每周的销量、已经销售了多少、还剩多少、退货率等等。

沃尔玛的报价系统中，供应商填写沃尔玛的报价不是简单的报一个价格，沃尔玛的报价单有统一的格式，上面包含很多项内容，比如 FOB 价、包装方式、FOB PORT、包装尺寸、产品规格和特性等，但它最具特色的是零售价的计算方式。沃尔玛的报价单填写完成以后，经过一系列公式的计算会自动产生它的商场零售价，比如你先填上你的价格，首先公式自动上浮 3%，这是所谓防损费，也就是说沃尔玛假定产品会有 3% 的损坏、投诉、缺失等情况发生，如果未来你的产品销售率在 97% 以上且没有任何投诉发生，那沃尔玛是不会来找你麻烦的，但如果超过 97%，3% 也不会退还，也就是说，比如你的产品报价是 ¥1.0，沃尔玛的系统认为你的报价是 ¥1.03，但还是只支付 ¥1.0；接着再上浮 3%，这 3% 用于在深圳和上海的全球采办（沃尔玛在大陆设立了一家公司）上。接着根据包装方式算出运费。沃尔玛的货基本上都是通过马斯基送出，据说马斯基是沃尔玛控股的，肥水不流外人田，所以很容易就能大概估算出运费，有些新加入的供应商报价时常常不注意精确计算包装尺寸，沃尔玛对这一点可是很讲究的，尺寸的误差超过 3%，沃尔玛就要索赔，而且精明的计算包装也可以间接增加供应商的利润；然后是上岸后的仓储、分货、员工工资等费用都会加上去；上面的所有加起来得到一个新的价格，然后加上沃尔玛的毛利得出的价格就是零售价了，沃尔玛的毛利基本是固定的。因为沃尔玛是上市公司，所以它的利润率有一个基本的要求才能每年给股东一个交代。沃尔玛的报价单给采购员许多便利，只要看看零售价就可以知道你的报价是否合适，而此前的一切都是供应商去伤脑筋了。

沃尔玛的报价单输入沃尔玛的系统就会直接产生订单，内容和报价单基本一样。沃尔玛的 QC 是根据订单上的内容和合格样品验货的，很多供应商不注意仔细研究报价单上的内容，最终验货的时候经常会碰到问题。

当采购员确认了报价单后，全球采办会要求供应商提供若干样品，然后根据报价单的内容进行确认，确认后会盖上确认章，然后返回一套给供应商作为生产和验货的参考。这个步骤一定要尽快完成，因为沃尔玛的 QC 验货时没有合格样品参照，通常会待定，如当急着出货，验货又没通过时，这种情况经常发生。

沃尔玛有今天的成就，与它健全的采购系统和行销手段是分不开的。比如前文提到的报价单，供应商报价的同时也就知道了零售价，很多供应商通过自己的手段可以了解到沃尔玛相应的竞争对手的零售价，以此提高自己的优势。比如过去的 K－mart，2000年前，沃尔玛和 K－mart 所采购的很多都是相似的，只是包装不同而已，零售价也很有意思，比如沃尔玛的是＄0.99，那么后者经常就是＄0.98，或者颠倒过来，诸如此类。而沃尔玛依靠供应商可以提高自己的价格优势，沃尔玛和 K－mart 每年有大量的采购都是重复上一年的东西，比如电扇、圣诞礼品、户外家具、沙滩椅等等，供应商每年报价的时候参考去年的零售价，其实不用沃尔玛来压价，就会自己降价了。

（案例来源：太平洋电脑网，http：//smb．pconline．com．cn/focus/0902/1556540．html）

思考题

1．采购流程一般包括哪些环节？

2．采购流程设计中，应注意哪些问题？

3．采购需求的表现方式有哪些？

4．采购订单一般要包括哪些内容？

5．为什么要审核发票，如何审核？

第 12 章

采购模式

⊡▷ 本章要点

　　本章首先介绍集中和分散、联合、询价、即时四种采购类型,然后分别阐述了电子采购、招标采购、国际采购、政府采购、服务采购的含义、特点、流程和发展趋势,并对采购模式进行全面总结和探讨。

　　随着经济全球化和信息网络技术的高速发展,采购已经从单个企业的采购发展到了供应链上的采购。因此,企业的采购应该着眼于供应链的整体框架,考虑供应的速度、柔性、风险,优化采购模式,从单一的竞争性采购模式能变成为集中采购、全球采购、准时采购等多种模式及其优化组合以增强供应链竞争力。

12.1　采购模式的类型

12.1.1　集中采购与分散采购

1. 集中采购

(1)含义

集中采购是相对于分散采购而言的,它是指企业在核心管理层建立专门的采购机构,统一组织企业所需物品的采购进货业务。跨国公司的全球采购部门的建设是集中采购的典型应用。它以组建内部采购部门的方式,来统一管理其分布于世界各地分支机构的采购业务,减少采购渠道,通过批量采购获得价格优惠。

　　随着连锁经营、特许经营和外包制造(original equipment manufacturer,OEM)模式的增加,集中采购更是体现了经营主体的权力、利益、意志、品质和制度,是经营主体赢得市场,保护产权、技术和商业秘密,提高效率,取得最大利益的战略和制度安排。因此,集中采购将成为未来企业采购的主要方式,具有很好的发展前景。如 IBM、恒基伟业、麦当劳等企业都在这一层面上通过集中采购实现了自身的利益。

（2）优势

实施集中采购有以下优势：

①有利于获得采购规模效益，降低进货成本和物流成本，争取主动权。

②易于稳定本企业与供应商之间的关系，得到供应商在技术开发、货款结算、售后服务支持等诸多方面的支持与合作。

③集中采购责任重大，采取公开招标、集体决策的方式，可以有效地制止腐败。

④有利于采购决策中专业化分工和专业技能的发展，同时也有利于提高工作效率。

⑤如果集中控制采购决策，物料就比较容易实现标准化。

⑥减少了管理上的重复劳动。这样就不必让每一个部门的负责人都去填采购订单，只需采购部门针对公司的全部需求填一张订单就可以了。

⑦可以节省运费并获得供应商折扣。由于合并了多个部门的需求，采购部门找到供应商时，其手上的订单数量就足以引起供应商的兴趣，采购部门可以说服供应商尽快发运或给予数量折扣。除此之外，因为集中了所有需求后的货物可以整车地进行装运，因此可以节省运费。

⑧对于供应商而言，这也可以推动其有效管理。他们不必同时与公司内的许多人打交道，而只需和采购经理联系。

（3）适用对象

集中采购所适用的采购主体主要有：集团范围实施的采购活动，跨国公司的采购，连锁经营、OEM厂商、特许经营企业的采购。

所适用的采购客体主要有：大宗或批量物品、价值高或总价多的物品；关键零部件、原材料或其他战略资源，保密程度高、产权约束多的物品；容易出问题的物品；最好是定期采购的物品，以免影响决策者的正常工作。

（4）实施步骤

集中采购的实施步骤包括：

①根据企业所处的国内外政治、经济、社会、文化等环境及竞争状况，制定本企业的采购战略。

②根据本企业产品销售状况、市场开发情况、生产能力，确定采购计划。

③定期或根据大宗物品采购要求作出集中采购决策，决策时要考虑市场反馈意见，同时需要结合生产过程中工艺情况和质量情况。

④当决策作出后，由采购管理部门实施信息分析、市场调查及询价，并根据库存情况进行战术安排。

⑤由采购部门根据资源供给状况、自身采购规模和采购进度安排，结合最有利的采购方式实施采购，并办理检验送货手续，及时保障生产需要。

⑥对于符合适时、适量、适质、适价、适地的物品，经检验合格后要及时办理资金转账手续，保证信誉，争取下次合作。

2.分散采购

(1)含义

与集中采购相对应,分散采购是由企业下属各单位,如子公司、分厂、车间或分店实施的满足自身生产经营需要的采购。这是集团将权力分散的采购活动。

分散采购是集中采购的完善和补充,有利于采购环节与存货、供料等环节的协调配合,有利于增强基层工作责任心,使基层工作富有弹性和成效。

分散采购方式具有如下基本特点:

①批量小或单件物品,且价值低、开支小。

②过程短、手续简、决策层次低。

③问题反馈快,针对性强,方便灵活。

④占用资金少,库存空间小,保管简单、方便。

(2)优缺点

与集中采购相比较,分散采购具有如下优点和缺点。

1)优点

①对利润中心直接负责。

②对于内部用户有更强的顾客导向。

③较少的官僚采购程序。

④较少需要内部协调。

⑤与供应商直接沟通。

2)缺点

①缺乏规模经济。

②缺乏对供应商统一的态度。

③分散的市场调查。

④在采购和物料方面形成专业技能的可能性有限。

⑤对不同的经营单位可能存在不同的采购条件。

(3)适用对象

1)分散采购适用的采购主体

①二级法人单位、子公司、分厂、车间。

②离主厂区或集团供应基地较远,其供应成本低于集中采购成本的情况。

③异国、异地供应的情况。

2)分散采购适用的采购客体

①小批量、单件、价值低、总支出在产品经营费用中所占比重小的物品。

②分散采购优于集中采购的物品,包括费用、时间、效率、质量等因素均有利,不影响正常的生产与经营的情况。

③市场资源有保证,易于送达,较少物流费用的物品。

④分散后,各基层有这方面的采购与检测能力的物品。

⑤产品开发研制、试验所需的物品。

(4)实施程序和方法

分散采购的程序与集中采购大致相同,只是取消了集中决策环节,直接实施其他步骤。企业下属单位的生产研发人员根据生产、科研、维护、办公的需要,填写请购单,由基层主管审核、签字,到指定财务部门领取支票或汇票或现金,然后到市场或厂家购买、进货、检验、领取或核销、结算即可。采购时一般采用现货交易方式。

3.选择集中采购或分散采购时应该考虑的标准

集中采购的优势就是分散采购的劣势,分散采购的优点也正是集中采购的不足。在实际采购中要趋利避害、扬长避短,根据企业自身的条件、资源状况、市场需要,灵活地作出制度安排,并积极创新采购方式和内容,使企业在市场竞争中处于有利的地位。

在决定采购是集中或分散进行时,应该考虑下面的因素或标准:

(1)采购需求的通用性

经营单位对购买产品所要求的通用性越高,从集中的或协作的方法中得到的好处就越多。这就是为什么大型公司中的原材料和包装材料的购买通常集中在一个地点的原因。

(2)地理位置

当经营单位位于不同的国家或地区时,就可能会极大地阻碍协作的努力。例如,在欧洲和美国之间的贸易和管理实践就存在较大的差异,甚至在欧洲范围内也存在着重大的文化差异。一些大型公司已经将全球的协作战略转为地区的协作战略。

(3)供应市场结构

有时,公司会在它的一些供应市场上选择一个或数量有限的几个大型供应商组织。在这种情况下,力量的分散肯定对供应商有利,而采用协同的采购方法则可以获得一个更好的谈判地位。

(4)潜在的节约

一些类型的原材料的价格对采购数量非常敏感。在这种情况下,购买更多的数量会立刻带来成本的节约。对于标准商品和高技术部件都是如此。

(5)所需的专门技术

有时,有效的采购需要非常高的专业技术,例如对高技术半导体和微芯片的采购。因此,大多数电子产品制造商已经将这些产品的购买集中化。在购买软件和硬件时也是如此。

(6)价格波动

如果物资(例如果汁、小麦、咖啡)价格对政治和经济气候的敏感程度很高,集中的采购方法就会受到偏爱。

(7)客户需求

有时,客户会向制造商指定他所需产品应具备的条件。这种现象在飞机制造工业中非常普遍。这些条件是与负责产品制造的经营单位商定的,这种情况下不适合采取集中采购模式。

除了以上需要考虑的因素外,选择集中采购时,还应该以有利于资源的合理配置、减少交易环节、加速周转、简化手续、满足要求、节约物品、提高综合利用率、保证和促进生产的发展、调动各方的积极性、促进企业整体目标的实现等为原则。

当然,集中和分散采购并不是完全对立的,仅靠一种采购方式不能满足生产需要。大多数公司在两个极端之间进行平衡:在某个时候它们会采用集中的采购组织,而在几年以后也许会选择更加分散的采购形式。

12.1.2 联合采购

1. 含义

集中采购是指企业或集团企业内部的集中化采购管理,而联合采购是指多个企业之间的采购联盟行为,因此,可以认为联合采购是集中采购在外延上的进一步拓展。随着市场竞争的日益激烈,企业在采购过程中实施联合正在成为企业降低成本、提高效益的重要途径之一。

2. 优点

这里引入了企业群体规模采购成本的概念,即两个以上的企业采用某种方式进行联合采购时的总成本。企业在采购环节上实施联合可极大地减少采购及相关环节的成本,为企业创造可观的效益。联合采购的优点主要体现在以下方面:

(1)采购环节

如同批发和零售的价格差距一样,器材采购的单价与采购的数量成反比,即采购的数量越大,采购的价格越低。例如,对于飞机制造用器材,此种价差有时可达 90%。企业间联合采购,可合并同类器材的采购数量,通过统一采购使采购单价大幅度降低,使各企业的采购费用相应降低。

(2)管理环节

管理水平落后是我国企业的普遍现象,而管理水平的提高需要企业付出巨大的代价。后继企业只有吸取先行企业的经验和教训,站在先行者的肩上,才能避免低水平重复,收到事半功倍的效果。对于一些生产同类产品的企业,如果各个企业在采购及质量保证的相关环节的要求相同、需要的物品相同,就可以在管理环节上实施联合,归口管理相关工作。联合后的费用可以由各个企业分担,从而使费用大大降低。

(3)仓储环节

通过实施各企业库存资源的共享和器材的统一调拨,可以大幅度减少备用物资的积压和资金占用,提高各企业的紧急需求满足率,减少因器材供应短缺造成的生产停顿损失。

(4)运输环节

器材单位重量运费率与单次运输总量成反比,特别是在国际运输中更为明显。企业在运输环节的联合,可通过合并小重量的货物运输,使单次运量加大,从而可以以较低的运费率计费,减少运输费用支出。

3. 具体形式

(1)采购战略联盟

采购战略联盟是指两个或两个以上的企业出于对整个世界市场的预期目标和企业

自身总体经营目标的考虑,采取一种长期联合与合作的采购方式。这种联合是自发的,非强制性的,联合各方仍保持各个公司采购的独立性和自主权,彼此依靠相互间达成的协议以及经济利益的考虑联结成松散的整体。现代信息网络技术的发展,开辟了一个崭新的企业合作空间,企业可通过网络保证采购信息的即时传递,使处于异地甚至异国的企业实施联合采购成为可能。国际上,一些跨国公司为充分利用现有规模效益,降低采购成本、提高企业的经济效益,正在向采购战略联盟发展。

(2)通用材料的合并采购

这种方式主要运用于有互相竞争关系的企业之间,通过合并通用材料的采购数量和统一归口采购来获得大规模采购带来的低价优惠。在这种联合方式下,每一项采购业务都交给采购成本最低的一方去完成,使联合体的整体采购成本低于各方原来进行单独采购的成本之和,这是这些企业的联合准则。这种合作的组织策略主要分为虚拟运作策略和实体运作策略。虚拟运作策略的特点是组织成本低,它可以不断强化合作各方最具优势的功能和弱化非优势功能。

企业间的合作正在世界范围内盛行。联合采购已超过了企业界限、行业界限,甚至国界。目前,我国一些企业为解决采购环节存在的问题,正在探讨企业间联合采购的可能性。企业在采购及其相关环节的联合将为企业降本增效,提高企业的竞争力,从而开创良好的前景。

12.1.3 询价采购

1.含义

所谓询价采购,就是采购者向选定的若干供应商发出询价函,让供应商报价,然后根据各个供应商的报价而选定供应商的方法。询价采购是国际上通用的一种采购方法。

2.优缺点

询价采购有以下优点:

①不是面向整个社会所有的供应商,而是在充分调查的基础上,筛选了一些比较有实力的供应商。所选择的供应商数量不是很多,但是其产品质量好、价格低、企业实力强、服务好、信用度高。

②采购过程比较简单、工作量小。因为备选供应商的数量少、范围窄,所以无论是通信联系、采购进货都比较方便、灵活,采购程序比较简单、工作量小、采购成本低、效率高。

③邀请性采购。询价采购通常是分别向各个供应商发询价函,供应商并不面对面地竞争,因此各自的产品价格和质量能比较客观、正常地反映出来,避免了面对面竞争时常常发生的价格扭曲、质量走样的事情。

正是询价采购具有这样的优点,才被广泛地应用于企业采购和政府采购活动之中。尽管询价采购具有上述优点,但它也有一定的局限性,就是它所选供应商数量少、范围窄,可能选中的供应商不一定是最优的,与其他采购方式相比较,询价采购更适用于数量少、价值低的商品或急需商品的采购。

3.实施步骤

(1)供应商的调查和选择

为发挥询价基本采购的优点,克服其局限性,关键要对资源进行充分调查,了解掌握供应商的基本情况,只有这一步做好了,才能保证询价采购的供应商都是优秀的供应商。

(2)编制及发出询价函

询价函一般应该简单明了,包含以下几项内容:①项目名称、数量、技术参数;②履约期限及交货地点;③供应商应携带的资质证明材料;④递交报价单的地址及截止时间;⑤报价单位法人代表或委托人签字盖章。

(3)报价单的递交及评审

供应商在报价截止日期前,将报价单递交到采购机关;采购机关应在规定时间内组成评审小组,对供应商的报价进行详细的分析、比较。

(4)合同的签订及验收、付款程序

选中供应商后,供应商与需方单位按询价采购的程序签订采购合同,合同中应明确采购项目名称、数量、金额、交货方式、履约期限、双方权利与义务、保修期、验收方法、付款方式及违约责任等条款;合同履行完毕,由采购机关会同需方单位对商品进行验收,对技术性能要求高的商品,可邀请专业人士协助验收。验收合格后,由需方单位填制验收单,交采购机关审验,办理有关付款手续。

(5)履约保证金

为约束供应商履行合同,中标的供应商应在签订合同时向采购机关缴纳一定金额的保证金。

12.1.4 即时制采购(JIT)

1.含义

即时制采购(JIT)是在 20 世纪 90 年代,受即时制生产(JIT 生产)管理思想的启发而出现的一种先进的采购模式,基本思想是:在恰当的时间、恰当的地点,以恰当的数量、恰当的质量提供恰当的物品。它是从即时生产发展而来的,是为了消除库存和不必要的浪费而进行持续性改进的采购模式。要进行即时化生产必须有即时的供应,因此即时制采购是即时化生产管理模式的必然要求。它和传统的采购方法在质量控制、供需关系、供应商的数目、交货期的管理等方面有许多不同,其中,供应商的选择、质量控制是其核心内容。

即时制采购对即时制生产思想的继承也在于对"零库存"的要求,这就需要和供应商签订在需要的时候提供需要数量的原材料的协议。这意味着可能有一天一次、一天两次,甚至每小时好几次的物资采购。即时制采购的核心要素包括减少批量、频繁而可靠的交货、提前期压缩并且高度可靠、保持一贯的高质量。

与传统采购相比,即时制采购在供应商数量、交货时间、供应商选择标准等方面表现得有所不同(见表 12-1)。

表 12-1　即时制采购与传统采购的不同之处

采购类型 比较项目	传统采购	即时制采购
供应商数量	多个供应商	较少,甚至一个
交货时间	一般无特殊要求	即时
供应商选择标准	价格	综合评价
制定采购批量的策略	一般无特殊要求	小批量
送货和包装	一般无特殊要求	可靠
信息交流	一般无特殊要求	高度共享

2.优点

JIT 采购是关于采购的一种全新的思路,根据资料统计,JIT 采购在以下几个方面已经取得了令人满意的成果:

(1)大幅度减少原材料和外购件的库存

根据国外一些实施 JIT 采购策略企业的测算,JIT 采购可以使原材料和外购件的库存降低 40%~85%。原材料和外购件库存的降低,有利于减少流动资金的占用,加速流动资金的周转,同时也有利于节省原材料和外购件库存占用的空间,从而降低库存成本。

(2)提高采购物资的质量

实施 JIT 采购后,企业的原材料和外购件的库存很少,以至为零。因此,为了保障企业生产经营的顺利进行,采购物资的质量必须从根源上抓起。也就是说,购买的原材料和外购件的质量保证,应由供应商负责,而不是企业的采购部门负责。JIT 采购就是要把质量责任返回给供应商,从根源上保障采购质量。为此,供应商必须参与制造商的产品设计过程,制造商也应帮助供应商提高技术能力和管理水平。

(3)降低原材料和外购件的采购价格

由于供应商和制造商的密切合作及内部规模效益与长期订货,再加上消除了采购过程中的一些浪费(如订货手续、装卸环节、检验手续等),就使得购买的原材料和外购件的价格得以降低。

3.实施步骤

JIT 采购的实施步骤包括:

(1)创建即时制采购团队

世界一流企业的专业采购人员有三个责任:寻找货源、商定价格、发展与供应商的协作关系并不断改进。因此,专业化的高素质采购队伍实施即时制采购至关重要。为此,首先要成立两个团队:一个是专门处理供应商事务的团队,该团队的责任是认定资格、评估供应商的信誉和能力、与供应商谈判签订即时制采购合同、向供应商发放免检签证等,同时要负责供应商的培训与教育;另外一个团队专门负责消除采购中的浪费。

(2)分析现状,确定供应商

首先根据采购物品的分类选择价值大、体积大的主要原材料及零部件,结合供应商的关系,优先选择伙伴型或优先型供应商进行即时制采购可行性分析,确定可实施即时制采购模式的供应商。然后根据现状,进一步分析问题所在以及导致问题产生的原因。

（3）提出改进目标

改进目标包括供货周期、供货频次、库存等,此外还应有改进的时间要求。

（4）制定实施计划

实施计划要明确主要的行动点、负责人、完成时间、进度检查方法及时间、进度考核指标等。

（5）改进实施

改进实施的前提是供应原材料的质量改进和保障,同时要考虑采用标准、循环使用的包装、周转材料与器具,以缩短送货的装卸、出入库时间。改进实施的主要环节是将原来独立开具的固定订单改成滚动下单,并将订单与预测结合起来。

（6）绩效衡量

衡量即时制采购实施绩效要定期检查进度,以绩效指标（目标的具体化指标）来控制实施过程。采购部门或即时制采购实施改进小组要定期（如每月）对照计划检查各项行动的进展情况、各项工作指标、主要目标的完成情况,并用书面形式采用图表等方式体现出来。对于未如期完成的部分应重新提出进一步的跟进行动,调整工作方法,必要时调整工作目标。

12.2 电子采购

12.2.1 电子采购的含义

所谓电子采购就是用计算机系统代替传统的文书系统,通过网络支持完成采购工作的一种业务处理方式,也称为网上采购。它的基本特点是在网上寻找供应商、寻找商品,进行网上洽谈贸易、网上订货,甚至在网上支付货款。电子采购具有费用低、效率高、速度快、业务操作简单、对外联系范围宽广等特点,因而成为当前最具发展潜力的企业管理工具之一。

电子采购最先兴起于美国。它的最初形式是一对一的电子数据交换系统,即 EDI。这种连接自己和供应商的电子商务系统的确大幅度地促进了采购的效率,但早期的解决方案价格贵、耗费大,且由于其封闭性仅能为一家买家服务,令中小供应商和买家却步。近年来,随着电子采购技术的发展,全方位综合电子采购平台出现,能广泛地连接买卖双方,从而提供更优质的电子采购服务。

12.2.2 电子采购的优势

电子采购在供应链管理中的应用是企业未来发展的趋势。充分利用互联网所带来的资源和信息方面的优势,通过网络资源的传递与共享,整个供应链能够紧跟市场变化,获得增值效应。基于电子采购的供应链管理,通过利用互联网把企业和它的供应商、分销商、零售商以及顾客方紧密联系起来,进行有效的供应链管理。电子采购弥补了传统供应链的不足,为企业实施供应链管理提供了强有力的信息技术支持和广阔的活动舞台,使得供应链上各节点企业之间的信息更易共享、联系更加紧密,而且供应链的整体运作也更为高效。总的来说,基于电子采购的供应链管理具有以下优势:

①节约交易成本。用互联网整合供应链将大大降低供应链内各环节的交易成本,缩短交易时间。

②降低存货水平。通过拓展组织边界,供应商能够随时掌握存货信息,组织生产,及时补充,因此已无必要维持较高的存货水平。

③降低采购成本,促进供应商管理。由于供应商能够方便地取得存货和采购信息,因此采购管理人员等可以从这种低价值的劳动中解脱出来,从事具有更高价值的工作。

④减少循环周期。通过供应链的自动化,预测的精确度将大幅度提高,由此企业不仅能生产出需要的产品,而且能减少生产的时间,提高顾客满意度。

⑤增加收入和利润。通过组织边界的延伸,企业能履行他们的合同,增加收入并维持和增加市场份额。

12.2.3 电子采购的模式

电子采购与其他企业应用软件相比有一个很大的不同点,其他应用软件如仓库管理软件、运输管理软件、财务管理软件等,它们的主要信息都来源于企业内部,而电子采购所要进行的业务却关系到供应商和采购方两个主体。特别是采购物料信息,均来源于企业外部,这给电子采购模式的建立提供了各种可能性。主要说来,企业的电子采购模式有以下三种:

1. 卖方模式

卖方模式(见图 12-1)是指供应商在互联网上发布其产品的在线目录,采购方则通过网页浏览来取得所需的商品信息,以作出采购决策,并下订单以及确定付款和交付选择。这就像一个购物者在一条商业大街上,进出各个商店不断地进行比较来购买商品。在这样一个模式里,供应商必须投入大量的人力、精力和财力来建立、维护和更新产品目录,所以成本较高、操作较为复杂。而对采购方恰恰相反,它们不需要花费太多就能获得自己所需的产品信息。既便宜又方便,但同时却又不得不面临电子采购与后端的企业内部信息系统无法很好地集成的问题。因为采购方与供应商是通过供应商的系统进行交流的,由于双方所用的标准不同,供应商向采购方传递的电子文档不一定能为采购方的信息系统所识别,自动地加以处理并传送到相关责任人处。这些文档必须经过一定的转化,甚至需经手工处理,这大大降低了电子采购的效率,延长了采购的时间。

XML(extensible makeup language)技术的出现,为互联网上的数据表示和传输提供

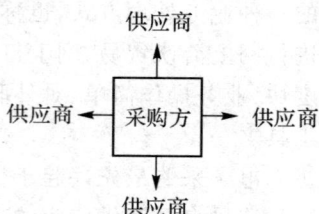

图 12-1 卖方模式

了新的思路,使基于互联网的 B2B 的电子采购得到广泛发展。开放的、基于文本的 XML 非常适用于服务器之间交换事务信息。由 500 个成员组成的非盈利性的网上商务协会(Commerce Net)提议,利用 XML 来描述产品和服务目录软件、商业规则和系统数据。这个称作 Commerce Core 的规范将定义如何给诸如公司名称、地址、价格、条款和数量等事物作标识,相信这会使企业间的数据交换变得简单、顺畅。但当前,主要的软件供应商如 Ariba、Commerce One、微软都有自己的标准,统一的标准和规范仍需要很长的一段时间才能建立起来。另外,采购方为了进行供应商选择,必须寻找并浏览大量的供应商网站,这些网站有各自的界面、布局、格式,不利于进行迅速比较,必须先把其中有价值的内容抽取出来,仔细整理后,才能在供应商之间进行对比。

2. 买方模式

买方模式(见图 12-2)是指采购方在互联网上发布所需采购产品的信息,供应商在采购方的网站上登录自己的产品信息,供采购方评估,并通过采购方网站双方进行进一步的信息沟通,完成采购业务的全过程。与卖方模式不同,买方模式中采购方承担了建立、维护和更新产品目录的工作。虽然这样花费较多,但采购方可以更紧密地控制整个采购流程,它可以限定目录中所需产品的种类和规格,甚至可以给不同的员工在采购不同的产品时设定采购

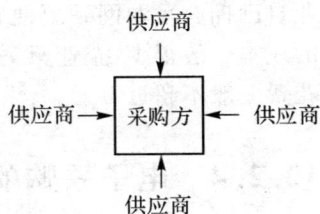

图 12-2　买方模式

权限和数量限制。另外,员工只需通过一个界面就能了解到所有可能的供应商的产品信息,并能很方便地进行对比和分析。同时,由于供求双方是通过采购方的网站进行文档传递,因此采购网站与采购方信息系统之间的无缝连接将使这些文档流畅地被后台系统识别并处理。对于一个成功的买方模式来说,用成熟的信息技术来保证其安全运行是非常重要且关键的。企业应建立完善的技术安全体系,在企业内部设置安全防御系统,限制远程登录,及时了解 Internet 上黑客常用的攻击手段;对系统管理员的操作权限进行双重保护,及时做好数据备份;在 Internet 接入处采取基于路由器的 IP 层防火墙、基于主机的应用层防火墙和病毒防火墙技术,防止外部病毒和黑客的攻击;同时企业之间的业务数据交互采用加密、数字签名、鉴别等技术。只有采取了全面的技术防护手段,才能确保采购过程的顺利进行。

3. 市场模式

市场模式(见图 12-3)是指供应商和采购方通过第三方建立的网站进行采购业务的过程。在这个模式里,无论是供应商还是采购方都只需在第三方网站上发布并描述自己提供或需要的产品信息,第三方网站则负责产品信息的归纳和整理,以便于用户使用。虽然这样省去了建立网站的花费,但由于这一市场是独立的第三方网站,它与采购方的后台系统集成比较难。为了弥补这一缺陷,现今一些网上交易市场特别是由电子采购方案提供商建立的 e-market,纷纷采用了基于 XML 开放型构架,这种构架已逐渐成为构建 e-market 的主流模式。因为在这种构架下,不论企业自身的系统是什么"语言",都可通过 XML 顺利地进行"沟通"。同时它们还为客户提供后台集成的服务,使企业能顺利地通过电子市场进行采购。

基于互联网的电子采购,根据模式的不同,资本的投入量有明显的差异。买方模式无疑需要投入较多,这不仅是因为技术复杂,而且后台系统的集成也要求大量的投入。虽然花费了高额成本,但成效也相当明显,根据 Deloitte Consulting 对 200 家国际大公司的调查发现,电子采购平均实施成本为 200 万至 400 万美元,而在最初实施的 2 年内每年平均可以节省 9% 的采购费用,投资回报率平均达到 300%。使用市场模式的企业需要支付给第三方网站一定的费用,金额大致是几万元至十几万元不等,但这比企业自己拥有采购网站要便宜许多。卖方模式所花费的成本一般很少,企业只需支付上网费等少量费用,花费一般不超过万元。

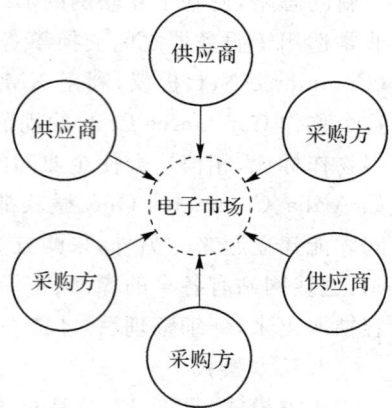

图 12-3　市场模式

12.2.4　电子采购的实施步骤

要实施电子采购,可以按照以下步骤来进行:

①要进行采购分析与策划,对现有采购流程进行优化,制定出适宜网上交易的标准采购流程。

②建立网站。这是进行电子商务采购的基础平台,要按照采购标准流程来组织页面。可以通过虚拟主机、主机托管、自建主机等方式来建立网站,特别是加入一些有实力的采购网站,通过它们的专业服务,可以享受到非常丰富的供求信息,起到事半功倍的作用。

③采购单位通过互联网发布招标采购信息(即发布招标书或招标公告),详细说明对物料的要求,包括质量、数量、时间、地点以及对供应商的资质要求等。也可以通过搜索引擎寻找供应商,主动向他们发送电子邮件,对所购物料进行询价,广泛收集报价信息。

④供应商登录采购单位网站,进行网上资料填写和报价。

⑤对供应商进行初步筛选,收集投标书或进行贸易洽谈。

⑥网上评标,由程序按设定的标准进行自动选择或由评标小组进行分析评比选择。

⑦在网上公布中标单位和价格,如有必要可对供应商进行实地考察后签订采购合同。

⑧采购实施。中标单位按采购订单通过运输交付货物,采购单位支付货款,处理有关善后事宜。按照供应链管理思想,供需双方需要进行战略合作,实现信息的共享。采购单位可以通过网络了解供应单位的物料质量及供应情况,供应单位可以随时掌握所供物料在采购单位中的库存情况及采购单位的生产变化需求,以便及时补货,实现准时化生产和采购。

电子商务采购是一种非常有发展空间的采购模式,我国目前已经有不少企业以及政府采用了网上采购的方式,这对降低采购成本、提高采购效率、杜绝采购腐败起到了十分积极的作用,因此应该大力提倡这一新的采购方式。

12.3 招标采购

12.3.1 招标采购的方式

招标采购是通过在一定范围内公开购买信息,说明拟采购物品或项目的交易条件,邀请供应商或承包商在规定的期限内提出报价,经过比较分析后,按既定标准确定最优惠条件的投标人,并与其签订采购合同的一种高度组织化采购方式。

招标采购是在众多的供应商中选择最佳供应商的有效方法。它体现了公平、公开和公正的原则。企业采购通过招标程序,可以最大程度地吸引和扩大招标方之间的竞争,从而使招标方有可能以更低的价格采购到所需要的物资或服务,更充分地获得市场利益。招标采购通常用于比较重大的建设工程项目、新企业寻找长期物资供应商、政府采购或采购批量比较大等场合。

总体来看,目前世界各国和国际组织的有关采购法律、规则都规定了公开招标、邀请招标、议标三种招标投标方式。

1. 公开招标

公开招标,又称为竞争性招标,即由招标人在报刊、电子网络或其他媒体上发布招标公告,吸引众多企业单位参加投标竞争,招标人从中择优选择中标单位的招标方式。按照竞争程度,公开招标方式又可分为国际竞争性招标和国内竞争性招标,其中国际竞争性招标是采用最多、占采购金额最大的一种方式。

(1)国际竞争性招标

这种招标是在世界范围内进行的招标,国内外合格的投标商均可以投标。它要求制作完整的英文标书,在国际上通过各种宣传媒介刊登招标公告。例如,世界银行对贷款项目货物及工程的采购规定了三个原则:必须注意节约资金并提高效率,即经济有效;要为世界银行的全部成员国提供平等的竞争机会,不歧视投标人;有利于促进借款国本国的建筑业和制造业的发展。世界银行在确定项目的采购方式时都从这三个原则出发。

国际竞争性招标的特点是高效、经济、公平,特别是采购合同金额较大、国外投标商感兴趣的货物和工程要求必须采用国际竞争性招标。世界银行根据不同国家和地区的情况,规定了凡采购金额在一定限额以上的货物和工程合同,都必须采用国际竞争性招标。对一般借款国来说,25万美元以上的货物采购合同、大中型工程采购合同,都应采用国际竞争性招标。我国的贷款项目金额一般都比较大,世界银行对我国的国际竞争性招标采购限额也放得宽一些,工业项目采购凡在100万美元以上,均应采用国际竞争性招标来进行。国际竞争性招标的优缺点如下:

1)优点

①能以对买主有利的价格采购到需要的设备和工程。

②能引进先进的设备、技术及管理经验。

③为合格的投标人提供公平的投标机会。

④减少作弊的可能性,这是因为采购程序和采购标准具有公开性。

2)缺点

①需要较多的时间。在这种招标方式下,从招标公告、投标人作出反应、评标到授予合同一般需要半年到 1 年以上的时间。

②所需文件比较多。招标文件要明确规范各种技术规格、评标标准以及买卖双方的义务等内容,要将大量的文件翻译成国际通用文字,因而增加了工作量。

③中标的供应商和承包商中的发展中国家所占的份额比较少。

（2）国内竞争性招标

这类招标方式可用本国语言编写标书,只在国内的媒体上登出广告,公开出售标书,公开开标。它通常用于合同金额较小（世界银行规定一般在 50 万美元以下）、采购品种比较分散、分批交货时间较长、劳动密集型、商品成本较低而运费较高、当地价格明显低于国际市场价格等类型的采购。从国内采购货物或者工程建筑可以大大节省时间,而且这种便利对项目的实施具有重要的意义。在国内竞争性招标的情况下,如果外国公司愿意参加,则应允许它们按照国内竞争性招标参加投标,不应人为设置障碍,妨碍其公平参加竞争。国内竞争性招标的程序与国际竞争性招标大致相同。由于国内竞争招标限制了竞争范围,通常国外供应商不能得到有关投标的信息,这与招标的原则不符,所以有关国际组织对国内竞争性招标都加以限制。

2.邀请招标

邀请招标也称为有限竞争性招标或选择性招标,即由招标单位选择一定数量的企业,向其发出投标邀请书,邀请他们参加招标竞争。一般选择 3～10 个企业参加较为适宜,当然也要视具体招标项目的规模大小而定。由于被邀请参加的投标竞争者有限,不仅可以节约招标费用,而且提高了每个投标者的中标机会。然而,由于邀请招标限制了充分的竞争,因此招标投标法规一般都规定招标人应尽量采用公开招标。

按照国内外的通常做法,采用邀请招标方式的前提条件是对市场供给情况比较了解,对供应商或承包商的情况比较了解。在此基础上,还要考虑招标项目的具体情况:一是招标项目的技术新而且复杂或专业性很强,只能从有限范围的供应商或承包商中选择;二是招标项目本身的价值低,招标人只能通过限制投标人数来达到节约和提高效率的目的。因此,邀请招标是允许采用的招标方法,而且在实际中有较大的适用性。

3.议标

议标也称为谈判招标或限制性招标,即通过谈判来确定中标者。议标的方式又可分为直接邀请议标方式、比价议标方式、方案竞赛议标方式。

12.3.2 招标采购的程序

招标采购是一个复杂的系统工程,它涉及各个方面。完整的招标采购过程,基本上可以分为策划、招标、投标、开标、评标、定标六个阶段。

1.策划

招标活动,是一次涉及范围很大的大型活动。因此,开展一次招标活动,需要进行认

真的周密策划,招标策划主要需做以下工作:

①明确招标的内容和目标,对招标采购的必要性和可行性进行充分的研究和探讨。

②对招标书的标底进行初步估算。

③对招标的方案、操作步骤、时间进度等进行研究决定。例如,是采用公开招标还是邀请招标,是自己亲自主持招标还是请人代理招标,分成哪些步骤,每一步怎么进行等。

④对评标方法和评标小组进行讨论研究。

⑤把以上讨论形成的方案计划形成文件,交由企业领导讨论决定,以取得企业领导决策层的同意和支持,有些甚至还要经过公司董事会同意和支持。

以上的策划活动有很多诀窍。有些企业为了慎重起见,特意邀请咨询公司代理策划。

2.招标

在招标方案得到公司的同意和支持以后,就要进入实际操作阶段。招标的第一个阶段就是招标阶段,招标阶段的工作主要有以下几部分:

①形成招标书。招标书是招标活动的核心文件,要认真起草好招标书。

②对招标书的标底进行仔细研究确定。有些要召开专家会议,甚至邀请一些咨询公司代理。

③招标书发送。采用适当的方式,将招标书传送到所希望的投标人手中。例如,对于公开招标,可以在媒体上发布;对于选择性招标,可以用挂号信或特快专递直接送交所选择的投标人。许多标书是要花钱买的,有些标书规定要交一定的保证金,这种情况下要交钱以后才能得到招标书。

3.投标

投标人在收到招标书以后,如果愿意投标,就要进入投标程序。其中,投标书、投标报价需要经过特别认真的研究,详细地论证完成。这些内容要和许多供应商竞争评比,既要先进又要合理,还要有利可图。

投标文件要在规定的时间内准备好,一份正本,若干份副本,并且分别封装签章,信封上分别注明"正本"、"副本"字样,寄到招标单位。

4.开标

招标单位在规定的时间和地点,在投标单位出席的情况下,当众公开拆开标函,宣布投标单位的名称、标价(包括在开标前修改的标价)、工期、主要施工方案、质量承包工程的范围,以及协作服务条件等的过程,叫做开标。开标时必须注意以下几点:

①必须是在公开场合下当众启封标函,宣布标价、工期、质量、施工方案等。

②必须要有公证机关的公正监督。

③要以招标文件为依据进行评标,不得擅自更改。

5.评标

招标方收到投标书后,直到招标会开会那天,不得事先开封。只有当招标会开始,投标人到达会场,才可将投标书邮件交投标人检查,签封完后,当面开封。

开封后,投标人可以拿着自己的投标书向全体评标小组陈述自己的投标书,并且接受全体评委的质询,(或者)甚至参加投标辩论。陈述辩论完毕,投标者退出,分析员进行分析评比,最后投票或打分选出中标人。

评标由招标人依法组建的评标委员会负责。评标委员会由招标人的代表和有关技术、经济等方面的专家组成,成员人数为 5 人以上的单数,其中技术、经济等方面的专家不得少于成员总数的 2/3。一般招标项目可以采取随机抽取方式选择,特殊招标项目可以由招标人直接确定。与投标人有利害关系的人不得进入相关项目的评标委员会,已经进入的应当更换。评标委员会成员的名单在中标结果确定前应当保密。招标人应当采取必要的措施,保证评标是在严格保密的情况下进行的,任何单位和个人不得非法干预、影响评标的过程和结果。评标委员会可以要求投标人对投标文件中含义不明确的内容作必要的澄清或者说明,但是澄清或者说明不得超出投标文件的范围或者改变投标文件的实质性内容。

评标委员会应当按照招标文件确定的评标标准和方法,对投标文件进行评审和比较。设有标底的,应当参考标底。评标委员会完成评标后,应当向招标人提出书面评标报告,并推荐合格的中标候选人。招标人根据评标委员会提出的书面评标报告和推荐的中标候选人确定中标人,招标人也可以授权评标委员会直接确定中标人。

投标人就投标价格、投标方案等实质性内容进行谈判。评标委员会成员不得私下接触投标人,不得收受投标人的财物或者其他好处。评标委员会成员和参与评标的有关工作人员不得透露对投标文件的评审和比较、中标候选人的推荐情况及与评标有关的其他情况。

6.定标

在全体评标人员投票或打分选出中标人员以后,交给投标方,通知中标方。同时,对于没有中标者也要明确通知他们,并表示感谢。

以上是一般情况下招标采购的全过程。在特殊场合,招标的步骤和方式也可能有一些变化。

12.3.3 招标采购的准备

招标采购有一套完整的、统一的程序,这套程序不会因国家、地区和组织的不同而存在太大的差别。一个完整的竞争性招标过程由招标、投标、开标、评标、合同授予等阶段组成。前文已述及,国际限制性招标采购和国内限制性招标采购除了在招标阶段与竞争性招标采购有所不同外,其他步骤、要求和方法基本上与竞争性招标采购相同。

在招投标之前需要做大量的基础性工作,其具体工作可由采购单位自行办理。如果采购单位因人力或技术原因无法自行办理的,可以委托给社会中介机构。

1.资格预审通告的发布

对于大型或复杂的土建工程或成套设备,在正式组织招标以前,需要对供应商的资格和能力进行预先审查,即资格预审。通过资格预审,可以缩小供应商的范围,避免不合格的供应商做无效劳动,减少他们不必要的支出,同时也可以减少采购单位的工作量,节省时间,提高办事效率。

(1)资格预审的内容

资格预审包括两大部分,即基本资格预审和专业资格预审。基本资格是指供应商的合法地位和信誉,包括是否注册、是否破产、是否存在违法违纪行为等。

专业资格是指已具备基本资格的供应商履行拟定采购项目的能力。具体包括:①经验和以往承担类似合同的业绩和信誉;②为履行合同所配备的人员情况;③为履行合同任务而配备的机械、设备及施工方案等情况;④财务状况;⑤售后维修服务的网点分布、人员结构等。

(2)资格预审程序

进行资格预审,首先要编制资格预审文件,邀请潜在的供应商参加资格预审,发售资格预审文件和提交资格预审申请,然后进行资格评定。

①编制资格预审文件。一个国家或组织通常会对资格预审文件的格式和内容进行统一,制定标准的资格预审文件范本。资格预审文件可以由采购实体编写,也可以由采购实体委托的研究、设计或咨询机构协助编写。

②邀请潜在的供应商参加资格预审。一般是通过在官方媒体上发布资格预审通告进行的。实行政府采购制度的国家、地区或国际组织,都有专门发布采购信息的媒体,如官方刊物或电子信息网络等。资格预审通告的内容一般包括采购实体名称、采购项目名称、采购(工程)规模、主要工程量、计划采购开始(开工)、交货(完工)日期、发售资格预审文件的时间、地点和售价,以及提交资格预审文件的最迟日期。

③发售资格预审文件和提交资格预审申请。资格预审通告发布后,采购单位应立即开始发售资格预审文件,资格预审申请的提交必须按资格预审通告中规定的时间,截止期后提交的申请书一律拒收。

④资格评定,确定参加投标的供应商名单。采购单位在规定的时间内,按照资格预审文件中规定的标准和方法,对提交资格预审申请书的供应商的资格进行审查。只有经审查合格的供应商才有权继续参加投标。

2.招标文件的准备

招标文件是整个招标投标活动的核心文件,是招标方全部活动的依据,也是招标方的智慧与知识的载体。因此,准备招标文件是非常关键的环节,它直接影响到采购的质量和进度。

招标文件一般至少应包括以下内容:

(1)招标通告

招标通告的核心内容就是向未定的投标方说明招标的项目名称和简要内容,发出投标邀请,并且说明招标书编号、投标截止时间、投标地点、联系电话、传真、电子邮件地址等。上述信息应当简短、明确,让读者一目了然。

(2)投标须知

投标须知是通过建立一些在整个招标投标过程中的共同概念和规则,并把它们明确地写出来,作为招标文件的一部分,以期达成共识。投标须知作为今后双方行为的依据,并且声明未尽事项的解释权归谁所有,以免以后引起争议。

（3）合同条款

合同条款的基本内容就是购销合同、任务明细组成、描述方式、货币价格条款、支付方式、运输方式、运费、税费处理等商务内容的约定和说明。它包括一般合同条款和特殊合同条款，具体内容如表 12-2 所示。

表 12-2　不同合同条款的内容

一般合同条款	特殊合同条款
买卖双方的权利和义务	交货条件
价格调整程序	验收和测试的具体程序
不可抗力因素	履约保证金的具体金额和提交方式
运输、保险、验收程序	保险的具体要求
付款条件、程序及支付货币规定	解决争端的具体规定
延误赔偿和处罚程序	付款方式和货币要求
合同中止程序	零配件和售后服务的具体要求
合同适用法律的规定	对一般合同条款的增减等
解决争端的程序和方法	
履约保证金的数量、货币及支付方式	
有关税收的规定	

（4）技术规格

技术规格是招标文件和合同文件的重要组成部分，它规定所购设备的性能和标准。技术规格也是评标的关键依据之一。如果技术规格制定得不明确或不全面，就会增加风险，不仅会影响采购质量，也会增加评标难度，甚至导致废标。

货物采购技术规格一般采用国际或国内公认的标准，除不能准确或清楚地说明拟招标项目的特点外，各项技术规格均不得要求或标明某一特定的商标、名称、专利、设计、原产地或生产厂家，不得有针对某一潜在供应商或排斥某一潜在供应商的内容。

（5）投标书的编制要求

投标书是投标供应商对其投标内容的书面声明，包括投标文件构成、投标保证金、总投标价和投标书的有效期等内容。投标书中的总投标价应分别以数字和文字表示。投标书的有效期是指投标有效期，是让投标商确认在此期限内受其投标书的约束，该期限应与投标须知中规定的期限相一致。

投标保证金是为了防止投标商在投标有效期内任意撤回其投标，或中标后不签订合同或未交纳履约保证金，使采购实体蒙受损失。

投标保证金可采用现金、支票、不可撤销的信用证、银行保函、保险公司或证券公司出具的担保书等方式交纳。投标保证金的金额不宜过高，可以确定为投标价的一定比例，一般为投标价的 1%～5%，也可以定一个固定数额。由于按比例确定投标保证金的做法很容易导致报价泄露，即通过一个投标商交纳的投标保证金的数额可以推算其投标报价,因而采用固定投标保证金的做法较为理想,这有利于保护各投标商的利益。国际性招标采购的投标保证金的有效期一般为投标有效期加上30天。

如果投标商有下列行为之一的,应没收其投标保证金:投标商在投标有效期内撤回投标;投标商在收到中标通知书后,不按规定签订合同或未交纳履约保证金;投标商在投标有效期内有违规违纪行为等。

在下列情况下投标保证金应及时退还给投标商:中标商按规定签订合同并交纳履约保证金;没有违规违纪的未中标投标商。

(6)供货一览表、报价表

供货一览表应包括采购商品品名、数量、交货时间和地点等。在国境内提供的货物和在国境外提供的货物在报价时要分开填写。在报价表中,境内提供的货物要填写商品品名、商品简介、原产地、数量、出厂单价、出厂价境内增值部分所占的比例、总价、中标后应缴纳的税费等;境外提供的货物要填写商品品名、商品简介、原产地、数量、离岸价单价及离岸港、到岸价单价及到岸港、到岸价总价等。

3.发布招标通告

招标通告的内容因项目而异,一般包括采购实体的名称和字体、资金来源、采购内容简介,包括采购货物名称、数量及交货地点,需进行的工程的性质和地点等,希望或要求供应货物或工程竣工的时间或提供服务的时间表,获取招标文件办法和地点。还包括采购实体对招标文件收取的费用及支付方式、开标日期和地点等。

如果经过资格预审程序,招标文件可以直接发售给通过资格预审的供应商;如果没有资格预审程序,招标文件可发售给任何对招标通告作出反应的供应商。招标文件的发售,可采取邮寄方式,也可以让供应商或其代理前来购买。如果采取邮寄方式,要求供应商在收到招标文件后要告知招标机构。

12.3.4 投标、评标的程序和方法

1.开标程序与方法

招标阶段的工作完成以后,采购就进入投标、开标阶段。标书发售后至投标前,要根据实际情况合理确定投标准备时间。投标准备时间确定得是否合理,会直接影响招标的结果。尤其是土建工程投标涉及的问题很多,例如,投标商要准备工程概算,编制施工计划,考察项目现场,寻找合作伙伴和分包单位。如果投标准备时间太短,投标商就无法完成或不能很好地完成各项准备工作,投标文件的质量就不会十分理想,直接影响到后面的评标工作。

在正式投标前,采购单位还需要做一些必要的服务工作:①对大型工程或复杂设备组织召开标前和现场考察;②按投标商的要求澄清招标文件,澄清答复文件要发给所有购买招标文件的供应商。

采购单位或招标单位只接受在规定的投标截止日期前由供应商提交的投标文件,截止期后送到的投标文件拒收,并取消这类供应商的资格。在收到投标文件后,要签收或通知供应商投标文件已经收到。在开标以前,所有的投标文件都必须密封,妥善保管。

投标文件的内容应与招标文件的要求相一致。

开标应按招标通告中规定的时间、地点公开进行,并邀请投标商或其委派的代表参加。开标前,应以公开的方式检查投标文件的密封情况,当众宣读供应商名称、有无撤标情况、提交投标保证金的方式是否符合要求、投标项目的主要内容、投标价格以及其他有价值的内容。开标时,对于投标文件中含义不明确的地方,允许投标商作简要解释,但所作的解释不能超过投标文件记载的范围,或实质性地改变招标文件的内容。以电传、电报方式投标的,不予开标。

开标要做开标记录,其内容包括项目名称、招标号、刊登招标通告的日期、购买招标文件的日期、购买招标文件单位的名称、投标商的名称及报价、截标后收到标书的处理情况等。

在有些情况下,可以暂缓或推迟开标时间,如招标文件发售后对原招标文件作了变更或补充;开标前发现有足以影响采购公正性的违法或不正当行为;采购单位接到质疑或诉讼;出现突发事故;变更或取消招标内容。

2. 评标和决标的程序与方法

评标的目的是根据招标文件确定的标准和方法,对每个投标商的标书进行评价和比较,以评出最低投标价的投标商。评标必须以招标文件为依据,不得采用招标文件规定以外的标准和方法进行评标,凡是评标中需要考虑的因素都必须写入招标文件之中。

(1)评标、决标的方法

评标方法很多,具体评标方法取决于采购单位对采购对象的要求,货物采购和工程采购的评标方法有所不同。货物采购常用的评标方法有四种,即以最低评标价为基础的评标方法、综合评标法、以寿命周期成本为基础的评标方法以及打分法。

1)以最低评标价为基础的评标方法

在采购简单的商品、半成品、原材料以及其他性能质量相同或容易进行比较的货物时,价格可以作为评标考虑的唯一因素。以价格为尺度时,不是指最低报价,而是指最低评标价。最低评标价有其价格计算标准,即成本加利润。其中,利润为合理利润,成本也有其特定的计算口径。如果采购的货物是从国外进口的,报价应以包括成本、保险、运费的到岸价(CIF)为基础。如果采购的货物是国内生产的,报价应以出厂价为基础。

出厂价应包括生产、供应货物而从国内外购买的原材料和零配件所支付的费用以及各种税款,但不包括货物售出后所征收的销售性或与其类似的税款。如果提供的货物是国内投标商早已从国外进口、现已在境内的,应报仓库交货价或展销价,该价应包括进口货物时所交付的进口关税,但不包括销售性税款。

2)综合评标法

综合评标法是指以价格另加其他因素为基础的评标方法。在采购耐用货物如车辆、发动机以及其他设备时,可采用这种评标方法。在采用综合评标法时,评标中除考虑价格因素外,还应考虑下列因素:

①内陆运费和保险费。在计算内陆运费、保险费及其他费用时,可采用下列任意做法:

• 可按照铁路(公路)运输、保险公司以及其他部门发布的费用标准来计算货物运抵最终目的地将要发生的运费、保险费以及其他费用,然后把这些费用加在投标报价上。

• 让投标商分别报出货物运抵最终目的地所要发生的运费、保险费以及其他费用,这部分费用要用当地货币来报,同时还要对所报的各种费用进行核对。

②交货期。在确定交货期时,可根据不同的情况采用下列办法:

• 可以按招标文件中规定的具体交货时间为基准交货时间。早于基准交货时间的,平标时也不给予优惠;若迟于基准时间,每迟交 1 个标准时间(1 天、1 周、10 天或 1 个月等),可按报价的一定百分比换算为成本,然后再加在报价上。

• 如果根据招标文件的规定,货物在合同签字并开出信用证后若干日(月)内交货,对迟于规定时间、但又在可接受的时间范围内的,可按每日(月)一定的百分比乘以投标报价再乘以迟交货的日(月)数,或者按每日(月)一定金额乘以迟交货的时间来计算,评标时将这一金额加在报价上。

③付款条件。投标商必须按照合同条款中规定的付款条件来报价,对于不符合规定的投标,可视为非响应性投标予以拒绝。但对于采购大型成套设备可以允许投标商有不同的付款要求,提出有选择性的付款计划,这一选择性的付款计划只有在得到投标商愿意降低投标价的基础上才能考虑。如果投标商的付款要求偏离招标文件的规定不是很远,尚属可接受的范围,在这种情况下可根据偏离条件给采购单位增加费用,按标书中规定的贴现率算出其净现值并加在报价上,供评标时考虑。

④零配件的供应和售后服务情况。如果投标商已在境内建立了零配件和售后服务的供应网点,评标时可以在报价之外不再另加费用。但是如果投标商没有提供上述招标文件中规定的有关服务,而需由采购单位自行安排和解决的,在评标时可考虑将所要增加的费用加在报价上。

⑤货物的性能、生产能力以及配套性和兼容性。如果投标商所投设备的性能、生产能力没有达到技术规格要求的基准参数,凡每种技术参数比基准参数低,将在报价基础上增加若干金额,以反映设备在寿命周期内额外增加的燃料、动力、运营的成本。

⑥技术服务和培训费用等。投标商在标书中应报出设备安装调试等方面的技术服务费用以及有关培训费,这些费用应加在报价上,并供评标时考虑。

3)以寿命周期成本为基础的评标方法

采购整套厂房、生产线或设备、车辆等在运行期内的各项后续费用(零配件、油料、燃料维修等)很高的设备时,可采用以寿命周期成本为基础的评标方法。

在计算寿命周期内成本时,可以根据实际情况,评标时在标书报价的基础上加上一定运行期年限的各项费用,再减去一定年限后设备的残值,即扣除这几年折旧费后的设备剩余值。在计算各项费用或残值时,都应按标书中规定的贴现率折算成净现值。

4)打分法

评标时通常要考虑多种因素,为了既便于综合考虑,又利于比较,可以按这些因素的重要性确定其在评标时所占的比例,对每个因素打分。打分法考虑的因素包括:投标价格;内陆运费、保险费及其他费用;交货期;偏离合同条款规定的付款条件;设备价格及售后服务;设备性能、质量、生产能力;技术服务和培训等。

（2）评标程序

1）初步评标

初步评标工作比较简单，但却是非常重要的一步。评标内容包括供应商资格是否符合要求，投标文件是否完整，是否按规定方式提交投标保证金，投标文件是否基本上符合招标文件的要求。如果供应商资格不符合规定，或投标文件未作出实质性的反应，都应作为无效投标处理，不得允许投标供应商通过修改投标文件或撤销不合要求的部分而使其投标具有响应性。

经初步评标，凡是确定为基本上符合要求的投标，下一步要核定投标中有没有计算和设计方面的错误。在修改计算错误时，要遵循两条原则：第一，如果数字表示的金额与文字表示的金额有出入，要以文字表示的金额为准；第二，如果价格和数量的乘积与总价不一致，要以单价为准。但是如果采购单位认为有明显的小数点错误，此时要以标书的总价为准，并修改单价。如果投标商不接受根据上述修改方法而调整的投标价，可拒绝其投标并没收其投标保证金。

2）详细评标

在完成初步评标以后，下一步就进入详细评定和比较阶段。只有在初评中确定为基本合格的投标，才有资格进入详细评定和比较阶段。具体的评标方法取决于招标文件中的规定，并按评标价的高低，由低到高，评定出各投标的排列次序。

在评标时，当出现最低评标价远远高于标底或缺乏竞争性等情况时，应废除全部投标。

3）编写并上报评标报告

评标工作结束后，采购单位要编写评标报告，上报采购主管部门。

评标报告应包括以下内容：广告刊登的时间，购买招标文件的单位名称，开标日期，投标商名单，投标报价以及调整后的价格（包括重大计算错误的修改），价格评比基础，评标的原则、标准和方法，授标建议。

4）资格后审

如果在投标前没有进行资格预审，在评标后则需要对最低评标价的投标商进行资格后审。如果审定结果认为他有资格、有能力承担合同任务，则应把合同授予该投标商；如果认为他不符合要求，则应对下一个评标价最低的投标商进行类似的审查。

5）授标与合同签订

合同授予最低评标价投标商，并要求在投标有效期内进行。决标后，在向中标投标商发中标通知书时，也要通知其他没有中标的投标商，并及时退还投标保证金。

12.4　国际采购

12.4.1　国际采购的含义及特点

国际采购是指利用全球的资源,在全世界范围内去寻找供应商,寻找质量最好、价格合理的产品(货物与服务)。经济全球化,使企业在一个快速变化的新世界和新经济秩序中生存与发展,采购活动已成为企业的重大战略。

目前,全球供应和全球采购已经成为许多企业、公司的主要战略。在全球范围的竞争环境下,产能过剩、企业并购、压缩费用等压力都使得全球采购成为企业生存的关键因素。通过利用更为廉价的劳动力、成本更低的物流网络和管制更少的市场环境,可以帮助企业获取更多的利润并保持在市场中的立足之地。与此同时,全球物流容量的增长和通信能力的提高将进一步削减产品的单位成本,成为全球采购发展的动力之一。不仅如此,全球采购成为无论是制造商还是零售商在制定商业策略时都要考虑的重要因素,并成为企业创造客户价值的重要手段之一。

国际采购具有如下特点:

①国际采购最大的特点就是追求更低的成本。这一点在亚洲地区体现得非常明显:较低的劳动力成本吸引了从服装到计算机,从消费品到工程设备的各种制造企业。

②国际采购的跨地域性,使得其在订货、备货、制造和运输上的时间都被延长。与国内采购相比,国际采购涉及更多的环节,如储运中心、港口、班轮、海关以及质量检验等等。有研究表明,国际物流在整个供应链中,占货物总成本的 2%～5%,但其所花费的时间却占到了 30%～50%。

③由于不同国家地区运输能力、社会条件、自然环境、运作模式等物流条件的不同,国际采购更加复杂,难度更大。例如,受到经济条件制约,西方的企业在亚洲地区会发现,他们无法找到和使用在本国常见的多联运输。很多转运工作依然是手工操作,而且物流追踪很困难,因为承运人无法提供准确的信息。

④与传统"门到门"的运输不同,国际采购包含了更多的内容——物料流动、资金管理、风险控制、战略合作,因此要求有更先进的技术和设施的支持。近些年发展起来的集装箱班轮运输、EDI 系统、代码管理是目前国际物流活动中比较重要的技术条件。

12.4.2　国际采购流程

公司在进行国际采购时,通常遵循一定的步骤。尽管各公司在进行全球采购时执行的流程顺序有可能会有所差异,但是要想成功地进行全球采购,这些步骤都是必须完成的。

1.选择进行全球采购的物品

对于那些不熟悉全球采购的企业来讲,第一次进行全球采购是一个学习的过程。国外购买的最初目标可以影响到整个全球采购过程的成功与否。几乎所有能在当地采购到的产品都是通过全球采购获得的,尤其是基本的日用品。公司应该选择质量好、成本低、便于装运且无风险的商品进行国外采购。首先选择一个或多个商品进行评价。以下是一些有关进行全球产品采购的参考方法:

①选择对现存操作并不重要的产品。如日用品或具有多种采购来源的产品。一旦采购这些产品积累了足够的经验,就可以进行其他种类产品的全球采购了。

②选择标准化产品或者说明书易懂的产品。

③选择购买量大的产品来检验全球采购的效果。

④选择能够使公司从长期采购中获得利益的产品。

⑤选择那些需要较为标准化设备的产品。

⑥识别那些在成本或质量等绩效标准方面不具备竞争力的产品。

2.获取有关全球采购的信息

在确定需要进行全球采购的物品之后,接下来公司就要收集和评价潜在供应商的信息或者识别能够承担该任务的中介。如果公司缺乏全球采购的经验、与外界联系较为有限或获得的信息有限,那么获取有关全球采购的信息对于这些公司而言可能就比较困难。获取采购信息可以参考国际工业厂商名录作为公司在确定潜在供应商或中间商时的最初途径。工业厂商名录随着互联网的发展而迅速增加,它是产业供应商或者区域供应商信息的一个主要来源。数以千计的企业名录可以帮助公司识别潜在的供应商。

3.评价供应商

无论是买方公司还是外国代理机构进行全球采购,公司评价国外供应商的标准都应该与评价国内供应商的标准相同。

4.签订合同

确定了合格的供应商之后,买方就要征求供应商的建议书。如果国外供应商并不具备竞争力(通过评价建议书来确定),那么采购员就会选择国内供应商。如果国外供应商能够满足买方的评价标准,那么买方就可以与供应商磋商合同条款了。无论与哪个供应商合作,买方都要在合同的整个有效期内对供应商进行持续的绩效考察。

5.确定运输方案

在采购品和供应商都确定之后,就要安排货物的运输。由于国际运输的距离和复杂性,运输在采购中所占时间和费用都远高于国内采购,因此,必须选择合理的运输方式,制定经济有效的运输方案,将采购品运送到指定地点,满足生产和经营的需要。

12.4.3 国际采购趋势

国际采购的趋势包括以下几个方面:

1.对采购商品的管理到对供应商外部资源的管理

由于供需双方建立起一种长期的、互利的战略伙伴关系,因此供需双方可以及时实现生产、质量、服务、交易期的信息共享,使供方严格按要求提供产品与服务,根据生产需求协调供应商的计划,以实现准时化采购,最终使供应商进入生产与销售过程,实现双赢。

2. 采购方式单元化到多元化

传统的采购方式与渠道比较单一,但现在迅速向多元化方向发展,全球化采购与本土化采购相结合。跨国公司生产活动的区域布局更加符合各个国家的区位比较优势,而其采购活动也表现为全球化的采购,即企业以全球市场为选择范围,寻找最合适的供货商,而不是局限于某一地区。

3. 传统采购到电子商务采购

传统的采购模式的重点放在如何和供应商进行商业交易的活动上,特点是比较重视交易过程中供应商的价格比较,通过供应商的多头竞争,从中选择价格最低的作为合作者。而电子商务采购迅捷准确,信息具有开放性。除了能够提高采购效率外,还可以加强同供应商的交流合作,及时了解供应商信息,调整采购活动。

12.4.4 全球供应链上的采购管理

随着市场竞争压力的加强和信息技术力量的推动,原来较为初始的以国内经营为主的企业,开始积极运作全球经营,产品的采购、生产、销售的整个过程都发生在全球性的不同工厂,由此产生了全球供应链。一个真正意义上的全球供应链,原材料和零部件的供应都是由国际供应商提供,产品的加工制造分布在不同国家的生产工厂,产品的销售则是通过国际配送系统运往世界各地。

从全球范围内的供应商中采购重要物资对公司比较有利,可以保证采购物料的质量,选择更为灵活的发货期,同时可以比较不同供应商之间的价格差别,降低采购成本。1998 年,Domier 等在《全球运营管理》(*Global Operations and Logistics*)一文中统计了以下数据,以此来说明全球供应链中采购的重要性:

①美国企业的 1/5 产品在海外生产,国际采购活动频繁。

②美国企业 1/4 的进口贸易是在海外子公司与母公司间进行,多为零件采购。

③为寻找合适资源,超过 1/2 的美国企业在海外积极投资。

全球供应链的运作比较复杂。对推行全球采购策略的企业而言,需要从全球供应链的角度重新审视采购流程,通过整合或重组采购流程,减少采购流程中不合理的环节,提高运作效率。这种全球供应链上的采购再造流程,不仅需要信息技术的有力支撑,而且需要全球供应商的积极配合,使供应链上的采购管理逐步走向合理的协调(见图 12-4)。在此过程中,需要遵循以下几条原则:

①明白企业能够承受的内部成本减少的数额是有限的,不能仅仅局限在企业内部的采购流程再造和无休止的内部成本精简上。

②采购成本一般占企业销售收入的 50% 以上,因而,需要加强对供应商的管理和控制,在价值改进和目标成本降低上给予足够重视,而不是简单地将降价压力转嫁于供应商。

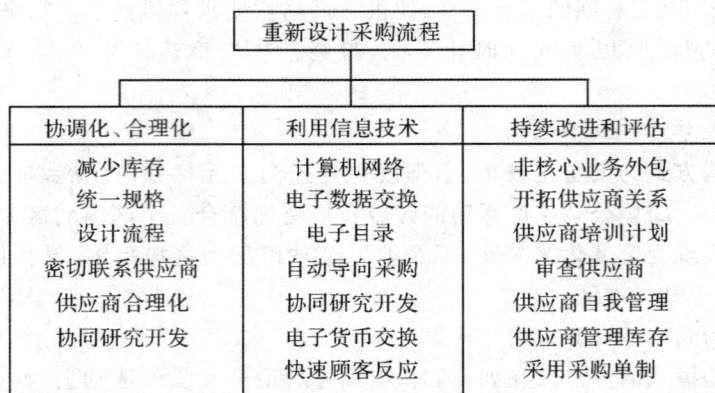

图 12-4 重新设计采购流程做法

③供应商是合作伙伴关系,不是单纯的买卖关系。更多情况下,供应商有效的合作和协调能够为企业带来丰厚的回报。

④对采购成本进行系统分析和管理。从供应商分析、供应商选择、采购成本分析和订货配送等方面入手,从而对采购流程作出根本性的改造。

⑤运用一些科学的采购原则和方法,充分发挥信息技术的优势,从根本上重组企业的采购流程,重新确定双方的责任、权利和义务。

在全球供应链上重新设计企业的采购流程,为推行国际采购策略和进行采购管理创造了良好的前提。首先,企业已经认识到采购管理职能在全球供应链的重要性。其次,一定程度的采购流程重组为全球采购开辟了新的途径。再次,信息技术已经成为企业进行国际采购的有力支撑,能够实现全球供应链的协调运作。

在对供应管理发展的热切展望中,高级购买研究中心(the center for advanced purchasing studies,CAPS)对全球供应的研究得出了以下结论:

①地区和国际采购将成为取得竞争优势的重要来源。

②为了扩大在全球范围的影响力,企业关键供应商的数目将会减少。预计供应商在地区和全球范围内其能力将会增加。

③战术与战略采购将进一步分离。

由于对跨部门、跨国界的重视,以及对供应商与顾客间联盟的关注,预计将提高对供应管理部门的行政管理要求。

12.5 政府采购

12.5.1 政府采购的含义及特点

政府采购,它是以政府机构或履行政府职能的部门为主体。作为市场经济国家管理政府公共支出的一种基本手段,最早的政府采购法律规范可追溯到 1761 年美国的《联邦采购法》。据有关资料介绍,各国政府采购的资金一般占 GDP(国内生产总值)的 10% 以上,实行政府采购制度可节约资金 10% 左右。随着各国政府在市场经济发展过程中角色的不断变化,采购制度的目标和作用也发生着相应的变化。同时,政府不断改进其采购方式,采购制度的规则也在不断地更新。

在欧美等国家,习惯用"公共采购",而不是"政府采购"。鉴于本书的读者对象及我国的实际情况,本书一律采用"政府采购"。

1. 政府采购的含义

政府采购是采购的一种形式。一般认为,政府采购是指一国政府部门或其他直接或间接受政府控制的企事业单位,为实现其政府职能和公共利益,使用公共资金获得货物、工程和服务的交易行为。

关于我国政府采购的含义,应从我国的实际情况出发,对"政府采购"进行具有中国特色的解释和定义。由于我国实行政府采购制度还在探索阶段,因此各地对"政府采购"的定义各不相同。借鉴西方发达国家的经验并结合我国国情,对我国政府采购作出这样的定义:政府采购是指各级国家机关和实行预算管理的政党组织、社会团体、事业单位使用财政性资金在政府的统一管理和监督下获取货物、工程和服务的行为。

上述定义包括了以下几层含义:

① 实行政府采购制度的,不仅仅是政府部门,还应包括其他各级各类国家机关和实行预算管理的所有单位。

② 政府采购资金不仅包括预算内资金,同时把使用预算外资金进行政府采购的活动也纳入政府采购统一管理的范围。

③ 强调购买方式的转变。将过去由财政部供应的经费,再由各个单位分散购买所需货物、工程和服务的方式,转变为在政府的管理和监督下,按照规定的方法和程序,集中购买和分散购买相结合的管理模式。

2. 政府采购的特点

政府采购是相对于个人采购、家庭采购、企业采购和团体采购而言的一种采购管理制度。与个人采购、家庭采购、企业采购或团体采购相比,政府采购具有以下特点:资金来源的公共性、采购主体的特定性、采购活动的非盈利性、政府采购的社会性、采购对象的广泛性、行政性、规范性和影响力大等。

此外,财政部门实行全方位的监督,也是政府采购的一个重要特征。当然,这种监督不是指财政直接监督参与每项采购活动,而是通过制定采购法规和政策来规范采购活动,并检查这些法规、政策的执行情况。财政监督的对象不仅是采购实体,还包括采购中介机构、供应商等参与采购活动的机构和个人。

3. 政府采购与其他采购的区别

政府采购花的是纳税人的钱,不是自己的钱,不是说这个钱想怎么花,就怎么花,它要按照一个制度去执行。

政府采购与个人采购、家庭采购、企业采购的区别在于:

① 政府采购的资金来源为财政拨款和需要由财政偿还的公共借款,这些资金的最终

来源为纳税人的税收和公共管理与公共服务收费,还包括将由政府偿还的公共借款。

②采购主体是依靠国家财政资金运作的政府机关、事业单位、社会团体和公共事业等。国有企业和国有控股企业使用预算资金进行采购,国家军事机关的采购不包括在此。

③政府采购并非以盈利为目标,而是为政府部门提供消费品或向社会提供公共利益。政府采购必须遵循国家政策的要求,包括最大限度地节约支出,购买本国产品。使用国际金融组织和外国政府贷款必须向外国供应商提供招标的除外。

④政府采购的每项活动都要规范运作,体现"公开、公平、公正"原则,接受社会监督。

⑤由于我国政府行政管理和公共事业的职能广泛,公共支出和需求巨大,政府采购在整个国民经济中占有重要地位。按照国际上一般计算方法,政府采购占财政支出的30%。如此巨大的政府消费市场能够左右国民经济运行。

⑥政府采购受财政部门全方位的监督。为了确保政府公共资金能够得到合理有效的使用,即实现物有所值的目标,财政部门对从采购计划的编制到采购项目验收的采购全过程进行监督管理,当然这种监督不是指财政直接参与每项采购活动,而是通过制定采购法规和政策来规范采购活动,并检查这些法规政策的执行情况。财政监督的对象不仅是采购实体,还包括采购中介机构、供应商等参与采购活动的机构和个人。

12.5.2　政府采购的原则

为了保证政府采购目标的实现,必须明确政府采购需要遵循的主要原则。

1. 公开、公平、公正和有效竞争的原则

这是政府采购的核心原则,公开是指采购活动具有较高的透明度,要公开发布采购信息,公开开标,公开中标结果,使每个有兴趣的或已参与的供应商都能获得同等的信息;公平就是要求给予每一个有兴趣的供应商平等的机会,使其享有同等的权利并履行相应的义务,不歧视任何一方;公正是指评标时按事先公布的标准对待所有的供应商;有效竞争是要求邀请更多的供应商参与竞争。该原则的核心是要求采购方法和过程都必须透明,具有竞争性。

2. 物有所值原则

这是西方国家通用的原则之一,它是指投入与产出之比,这里的投入不是指所采购物品的现价,而是指物品的寿命周期成本,即所采购物品在有效使用期内发生的一切费用再减去残值。政府采购追求的就是寿命周期成本最小而收益最大。目前,物有所值原则中的"值"应是广义的概念,它不仅包括资金的使用效率,还包括为国内产业发展提供的机会以及促进技术转让等。

3. 推动国内竞争促进产业发展原则

通过政府采购,打破垄断和地区封锁,促进企业降低成本,提高产品技术含量,为企业的发展创造良好的环境。同时,政府采购活动要公平进行,要照顾和鼓励中小企业的参与。

4. 反腐倡廉原则

通过公开、竞争的透明机制,消除采购活动中的腐败现象,维护政府形象。

5.支持政府其他政策的原则

通过采购活动实现诸如环境保护、促进残疾人和妇女就业、扩大对外贸易、加强国有资产管理等。

12.5.3 采购对象

1.政府采购的主体

政府采购的主体是指在政府采购过程中负有直接职责的参与者。从我国政府采购实践看,政府采购的主体包括:

①政府采购管理机关,指在财政部门内部设立的,制定政府采购政策、法规、规范和监督政府采购行为的行政管理机构。政府采购管理机关不参与和干涉政府采购中的具体商业活动。

②政府采购机关,指具体执行政府采购政策,组织实施政府采购活动的执行机构。采购机关分为集中采购机关和非集中采购机关。狭义的采购机关即我们平时所称的采购机关,主要是指集中采购机关。政府采购机关组织实施采购活动可以自己组织进行,也可以委托社会中介机构代理组织进行。

③采购单位,即政府采购中货物、工程和服务等的直接需求者,主要包括各级国家机关和实行预算管理的政党组织、社会团体、事业单位及政策性的国有企业。

④政府采购社会中介机构,是指取得政府采购业务代理资格,接受采购机关委托,代理政府采购业务的中介组织。

⑤供应商,指在中国境内外注册的企业、公司及其他提供货物、工程、服务的自然法人,采购单位的任何采购都必须从合格的供应商处获得。

⑥资金管理部门,指编制政府采购资金预算、监督采购资金使用的部门。我国现阶段政府采购资金管理部门包括财政部门和各采购单位的财务部门。

2.政府采购的客体

政府采购的客体按照国际上的通常做法,可以粗略地分为三类:

①货物,是指各种各样的物品,包括原料产品、设备、器具等。

②工程,是指新建、扩建、改建、修建、拆除、修缮或翻新构造物及其所属设备以及改造自然环境,包括兴修水利、改造环境、建造房屋、修建交通设施、安装设备、铺设下水道等建设项目。

③服务,是指除货物或工程以外的任何采购,包括专业服务、技术服务、维修、培训、劳动力等。财政拨款的机关事业单位所需的各类服务,应在财政部门的指定服务地点取得服务。对各类指定服务地点,每年要组织一次公开竞标,不搞终身制。

12.5.4 政府采购方式

1.政府采购方式的分类

(1)按招标范围分

根据招标范围可将采购方式分为公开招标采购、选择性招标采购和限制性招标采购。世界贸易组织的政府采购协议就是按这种方法对政府采购方式进行分类的。

（2）按是否具备招标性质分

按是否具备招标性质，可将采购方式分为两大类：招标性采购和非招标性采购。

采购金额是确定招标性采购与非招标性采购的重要标准之一。一般来说，达到一定金额以上的采购项目，应采用招标性采购方式。不足一定金额的采购项目，采用非招标性采购方式。非招标性采购是指除招标采购方式以外的采购方式。达到一定金额以上的采购项目一般要求采用招标采购方式，但在有些情况下，如需要紧急采购或者采购来源单一等，招标方式并不是经济的，需要采用招标方式以外的采购方法。另外，在招标限额以下的大量采购活动，也需要明确采购方法。非招标性采购方法很多，通常使用的主要有：国内或国外询价采购、单一来源采购、竞争性谈判采购、自营工程等。

（3）按采购规模分

按采购规模分类，可将采购方式分为小额采购方式、批量采购方式和大额采购方式。

①小额采购是指对单价不高、数量不大的零散物品的采购。具体采购方式可以是询价采购，也可以直接到商店或工厂采购。

②批量采购即小额物品的集中采购，其适用条件是：在招标限额以下的单一物品由个别单位购买，而且数量不大，但本级政府各单位经常需要；或单一物品价格不高但数量较大。其具体采购方式可以是询价采购、招标采购或谈判采购等。

③大额采购是单项采购金额达到招标采购标准的采购。适用的具体采购方式有招标采购、谈判采购等。

（4）按采购手段分类

采购方式按采购手段可分为传统采购方式和现代化采购方式。

①传统的采购方式是指依靠人力来完成整个采购过程的一种采购方式，如通过报纸杂志发布采购信息，采购实体和供应商直接参与采购每个环节的具体活动等。

②现代化采购方式是指主要依靠现代科学技术的成果来完成采购过程的采购方式，如采购卡采购方式和电子采购方式。采购卡类似于信用卡，与信用卡的不同在于，采购卡由财政部门统一发放给采购实体，采购实体的采购官员在完成采购后付款时，只需划卡就行。划卡记录包括付款时间、付款项目、付款单价和总价等信息，这些信息将报送财政部门备案审查。采购卡一般适用于小额采购，由于这种采购方式不需要签订合同，对于每年数以万计的小额采购来说，能够节约大量的文书费用。

2.采购方式的发展趋势

（1）竞争性招标采购仍是主要的采购方式，但比重逐渐下降

竞争性招标采购虽然有很多优点，但也存在很多不足之处，突出表现在：周期太长，费时太多；需要的文件非常繁琐；可能造成设备规格多样化，影响标准化的实现等。因此，尽管竞争性招标目前仍是政府采购的主要方式，但其所占比重却在逐渐下降。

（2）竞争性谈判采购方式逐步占据主导地位

除竞争性招标采购以外，还有很多的采购方式，如限制性招标采购、单一来源采购、竞争性谈判采购、自营工程等。其中，单一来源采购和自营工程等方式均为特例，它们都是在特定的环境下适用，而且所占比重非常小，任何国家或组织都不主张过多地采用这

些方式。在竞争性招标采购方式比重不断下降的同时,限制性招标采购和竞争性谈判采购所占的比重不断提高,尤其是竞争性谈判采购在很多国家非常流行。

竞争性谈判采购既有竞争性招标采购方式的优势,还可以弥补其不足之处:

①缩短准备期,使采购项目更快发挥作用。

②减少工作量,省去了大量的开标、评标工作,有利于提高工作效率,减少采购成本。

③供求双方能够进行更为灵活的谈判。

④更有利于对民族产业进行保护。

⑤竞争性谈判采购还具有其他任何采购方式不可能具备的一个优点,即这种采购方式能够激励供应商将自己的高科技应用到采购商品之中,同时又能转移采购风险。

竞争性谈判采购既能体现充分竞争,又能体现灵活协商,逐渐成为占主导地位的采购方式。

(3)采购手段的发展趋势

信息产业的高速发展和信息产品的普遍使用,将会为传统的采购手段带来一次彻底的改革,今后的采购手段以电子化为主,通过网络媒体发布采购信息并进行电子招标等采购方式。

12.5.5 政府采购程序

根据 2002 年 6 月 29 日第九届全国人民代表大会常务委员会第二十八次会议通过的《中华人民共和国政府采购法》,政府采购程序主要包括以下内容:

①负有编制部门预算职责的部门在编制下一财政年度部门预算时,应当将该财政年度政府采购的项目及资金预算列出,报本级财政部门汇总。部门预算的审批,按预算管理权限和程序进行。

②货物或者服务项目采取邀请招标方式采购的,采购人应当从符合相应资格条件的供应商中,通过随机方式选择三家以上的供应商,并向其发出投标邀请书。

③货物或服务项目实行招标方式采购的,自招标文件开始发出之日起至投标人提交投标文件截止之日止,不得少于二十日。

④在招标采购中,出现下列情形之一的,应予废标:

• 符合专业条件的供应商或者对招标文件作实质响应的供应商不足三家的;

• 出现影响采购公正的违法、违规行为的;

• 投标人的报价均超过了采购预算,采购人不能支付的;

• 因重大变故,采购任务取消的。

废标后,采购人应当将废标理由通知所有投标人。

⑤废标后,除采购任务取消情形外,应当重新组织招标;需要采取其他方式采购的,应当在采购活动开始前获得设区的市、自治州以上人民政府采购监督管理部门或者政府有关部门批准。

⑥采用竞争性谈判方式采购的,应当遵循下列程序:

• 成立谈判小组。谈判小组由采购人的代表和有关专家共三人以上的单数组成,其中专家的人数不得少于成员总数的三分之二。

- 制定谈判文件。谈判文件应当明确谈判程序、谈判内容、合同草案的条款以及评定成交的标准等事项。

- 确定邀请参加谈判的供应商名单。谈判小组从符合相应资格条件的供应商名单中确定不少于三家的供应商参加谈判,并向其提供谈判文件。

- 谈判。谈判小组所有成员集中与单一供应商分别进行谈判。在谈判中,谈判的任何一方不得透露与谈判有关的其他供应商的技术资料、价格和其他信息。谈判文件有实质性变动的,谈判小组应当以书面形式通知所有参加谈判的供应商。

- 确定成交供应商。谈判结束后,谈判小组应当要求所有参加谈判的供应商在规定时间内进行最后报价,采购人从谈判小组提出的成交候选人中根据符合采购需求、质量和服务相等且报价最低的原则确定成交供应商,并将结果通知所有参加谈判的未成交的供应商。

⑦采取单一来源方式采购的,采购人与供应商应当遵循本法规定的原则,在保证采购项目质量和双方商定合理价格的基础上进行采购。

⑧采取询价方式采购的,应当遵循下列程序:

- 成立询价小组。询价小组由采购人的代表和有关专家共三人以上的单数组成,其中专家的人数不得少于成员总数的三分之二。询价小组应当对采购项目的价格构成和评定成交的标准等事项作出规定。

- 确定被询价的供应商名单。询价小组根据采购需求,从符合相应资格条件的供应商名单中确定不少于三家的供应商,并向其发出询价通知书让其报价。

- 询价。询价小组要求被询价的供应商一次报出不得更改的价格。

- 确定成交供应商。采购人根据符合采购需求、质量和服务相等且报价最低的原则确定成交供应商,并将结果通知所有被询价的未成交的供应商。

⑨采购人或者其委托的采购代理机构应当组织对供应商履约的验收。大型或者复杂的政府采购项目,应当邀请国家认可的质量检测机构参与验收工作。验收方成员应当在验收书上签字,并承担相应的法律责任。

⑩采购人、采购代理机构对政府采购项目每项采购活动的采购文件应当妥善保存,不得伪造、变造、隐匿或者销毁。采购文件的保存期限为从采购结束之日起至少保存十五年。采购文件包括采购活动记录、采购预算、招标文件、投标文件、评标标准、评估报告、定标文件、合同文本、验收证明、质疑答复、投诉处理决定及其他有关文件、资料。

采购活动记录至少应当包括下列内容:

- 采购项目类别、名称;

- 采购项目预算、资金构成和合同价格;

- 采购方式,采用公开招标以外的采购方式的,应当载明原因;

- 邀请和选择供应商的条件及原因;

- 评标标准及确定中标人的原因;

- 废标的原因;

- 采用招标以外采购方式的相应记载。

12.6　服务采购

12.6.1　服务采购的特点

服务有很多因素使它不同于有形商品,并且造成了采购服务与采购货物相比,有很多的特殊性。这些特殊性主要表现在以下几个方面:

1. 无法实施存储

服务的一个突出特征就是它的无法存储性。之所以提出这个特性,是因为许多服务只是一种过程或手段。这也就意味着需要将提供服务的时间安排与采购者的特定要求保持一致。时间安排上的误差会导致严重的损失,要付出昂贵的代价。供应商总是努力去为各种各样的用户提供服务,这样就要求供应商有足够的能力以满足客户的所有需求。

伴随着服务无法存储的性质,产生了服务质量保证的问题。我们无法在服务提供之前对其进行检查。而在服务提供的时候,又无法采取措施中断服务进程。

2. 可检查性

有形的材料是可以通过多种方法衡量、称量、测试和检查的,以确保它们符合协商好的规格;而服务不是这样的。人们通常很难测试服务质量,也很难在"符合"条款中说明质量,写下诸如"在星期五下午三点之前顾问应该在客户的地方";或者"应该在某某日期前完成工作并且提出建议"这样的话。至少在多数情况下,更为合适的是使用绩效考核。

3. 自制还是购买

这个问题与"自制还是购买"决策有关,在采购有形货物时可能要做这个决策。然而,虽然这个问题偶尔出现在有形货物上,但是通常不能真正代替购买。在服务方面,自制还是购买这个问题更加普遍,通常把这个问题化解为考虑支持和反对意见:让能胜任的雇用员工来从事这项工作,还是与外部组织签订合同让他们来从事这项工作。随着考虑的经济因素变得越来越复杂,这个问题就变得更加困难,并且与公司政策(在某些情况下与政府政策)等问题相交织。

4. 合同安排

在购买货物时,能够比较容易地确定合同何时开始生效,何时结束,通常是根据采购者的规格为提供的货物付款。在提供服务时,这种情况就不那么明显了。假设一位建筑师根据所需容量方面的规格,在客户的预算范围内,被委任设计一套办公室,建筑师提出了满足规格的方案,但是不符合客户的审美观,客户要求设计另外一种,谁来付账?"信息不足"是对这个问题的正确解释,然而,这个问题也说明了在提供服务时容易出现的困难的类型。

5. 供应

许多服务只有在服务供应商的雇员真正在场时才能获得。园艺或计算机安装服务要求相应的人员在现场。然而,比如银行或保险服务,则可以进行远程组织和供应。

6.采购的复杂性

尽管与货物供应相独立地来看待服务供应,对处理这类供应是很有用的,但是事实上几乎没有哪个合同是只针对货物供应的,同样,也几乎没有哪个合同是只针对服务供应的。按照顾客的规格提供零部件并不完全是货物供应。零部件需要从供应商运输给顾客,还要考虑其他的无形因素。有很多供应安排,显然既安排货物也安排服务。

7.再销售

与货物不同,服务通常不能再销售。当然,这意味着服务供应商与服务使用者之间是直接关系,通常不会涉及中介。

8.可变性

服务是人提供的,每个人都具有独特性。标准化、一致性和可重复性是对货物提出的具有挑战性的要求;在提供服务方面,完全的一致性几乎是不可能的。

12.6.2 服务采购作业模式

依据几个在服务获得过程中的特殊要求,服务采购的过程可分为四个部分:需求了解与说明、供应方案分析、制定采购协议、合同管理。

1.需求了解与说明

采购人员通常要问一些有关采购的基本问题。典型的问题包括:服务的必要性、服务中的关键因素、价格、服务质量、服务方式、服务质量的保证。因此,必须建立工作报告。

工作报告是描述潜在顾客的需要,并将这种需要传达给服务商的一种文档,最终它将形成一个最基本的服务合同。

工作报告的形成过程可能需要报告使用者、顾客以及必要的供应商的参与。未成文的用户期望是实行还是废止,要作为合同谈判中的条款根据潜在服务来源来讨论,而不作为服务要求的一部分。工作报告也为消费者提供一个对服务支撑市场的初步估计,以确定在一些设立项目(如价格、时间、结构、质量等)上供应商所作承诺的可行性。

对特殊类服务进行采购时,应对其特性予以检查,以明确注意的地方及其关系。在很多服务中供求关系明确,并且由于存在无形因素的影响,消费者对需求的认识和定义都很高。在一些项目中,用户和供应商的联系相对较为容易,用户为了对服务进行了解往往要求介入整个过程。详细的需求文档应包括必要的无形因素,该无形因素应具备可实现性。完整的说明文件可以方便供应商的选择、合同管理和质量监控。如果可能,服务中可测的特性或行为部分需要说明并加以量化。服务的过程可按时间顺序分为几个阶段,按照这种顺序来组织采购过程很有效。

2.供应方案分析

在服务采购过程中,供应方案分析阶段包括:服务来源、定价、来源选择以及自制或外购。

（1）服务来源

对于服务来源，由于许多服务机构的规模都比较小，因此在选择服务机构时，要考虑供应商的服务特点。如果服务供应商规模小，那么它可能只在本地提供服务。选择服务公司时，参考其他用户的意见也是有益的，但同时也要对这些意见仔细核查。这方面典型的例子就是在选择饭店时消费者口碑的作用。

（2）定价

服务的价格可以是固定的，也可以是浮动的，这由工作的性质或工作的时间决定。另外，价格也可以通过竞争决定。因为存在着很多竞争者，所以应准备完整的、详尽的说明文件。

谈判是确定价格的另一种较为普遍的方法，在只有独家供应的情况下这可能是买方唯一的选择。在服务采购中，就像拳击比赛一样，经验丰富的采购者会更有效地取得优势。对服务项目的成本结构有一定的了解，有助于发现价格变动的机会。

有些时候很难确定服务项目所需的时间。对于某些专业性的项目，通常应给出完成服务时间的估计值，而非确切数字。大多数采购者很可能更愿意接受规定有上限条款的合同。某些行业，如建筑师，可能以总体费用的一个百分比为基础来获取报酬，但从采购的观点来看，这种做法会使该建筑师失去追求降低整个工作成本的动力。

（3）其他条款和条件

除了价格，服务合同也包括保密性、折扣、保证、责任限制、赔偿条款，还有任何与此次交易有关的特殊要求。

（4）来源选择

需求建议书（RFP）也常出现在各种服务中，为购买者解释一些不明显的项目，前提是买方信任提供商的诚意和能力。竞标时的简短说明是必需的，它可以方便每个供应商完整地、正确地了解采购者的需求。对采购者来说，困难之处在于如何在众多的建议当中分清主次。另外，咨询费用一般比较高，但是为了获得合适的、有价值的建议，这些费用是必需的。

（5）自制或外购

自制或外购一直是服务采购中比较重要的问题。现在的趋势是把原来公司内部提供的服务外包出去，典型的例子就是安全、餐饮、维修，还有法律咨询、工程问题、软件开发、培训等其他专业化服务项目。特别是对服务业来说，现在一般的做法是部分外购和部分自制。例如，审计工作可以安排由内部会计或委托外部审计员来完成；居室设计人员可能只指定室内色调和家具搭配，而把具体工作留给室内装修人员。另一方面，整个工作的采购可以由专人来完成，也可把工作量分散开来。修理、清洁和设备安装可由内部人员完成，但关键部件的调试则由专业人员来完成。

3. 制定采购协议

服务中的采购协议通常称为服务合同。合同书可长可短，可以是规范化的，也可以是特定的文件。服务等级协议（SLA）是一种文档，它按照材料的要求详述服务的金额、方法、组织及过程。

服务合同有许多类型，包括固定价格合同、单价合同、成本加成合同、成本加固定费用合同及成本加激励的报酬合同。

4. 合同管理

服务合同管理包括合同的执行、服务质量控制和供应商评估、付款方式（酬金）、备忘录和有关合同管理的其他方面。

12.6.3 与服务采购相关的问题

1. 服务外包

本质上来说，外包是对非核心业务的承包。这并不是说这些行为不重要，例如政府外包了许多行政事务部门和机构所需的计算行为。当然，困难在于要区分什么是真正的核心行为。怀特和詹姆斯把外包定义为"外部供应商和企业之间的合同关系，供应商为企业的一项或多项业务职能负责"。所以，外包不是购买的同义词。外包是关于职能行为的外部供应。外包决策在本质上是具有战略性的，影响组织的性质和范围。因此，外包决策不是在操作层次上作出的，而是涉及高层管理和各种变量因素。例如，我们可以选择外包吗？我们如何选择？我们如何评估我们自己'谁是潜在的供应商？我们如何评估他们？我们要建立哪种关系？我们如何管理？我们如何确保效率？

外包的职能通常会形成这种关系：供应商提供连续服务。确定提供连续服务的正确关系，可能需要在计划阶段投入大量的时间和努力。当然，与所有的关系一样，这种关系也会有发展变化，这些变化本身是需要被管理的。

2. 服务水平协议

服务水平协议是在客户和提供服务的供应商之间作出的。西尔斯（Hills，1993）把它定义为"服务供应商和客户之间的协议，量化了客户可接受的最低服务"。

多数服务是从很多单独的部分建立起来的。详细来讲，一个完整的服务水平协议覆盖了以下内容：供应时间和每种服务的时间、服务交付点、指定的服务供应商、响应、文件、紧急事件安排、电话支持、争论过程、培训和员工发展，等等。

服务水平协议也被用作行政事务部门、部门和分部之间的"代理合同"。就法律方面来讲，政府的权力是不能被分割的，因此在行政事务的各部门之间不能建立合同。在这个范畴内的服务水平协议没有法律效力，但它却是一种有用的方法：清晰地陈述了服务供应商和客户之间的关系、权利和义务。

3. 服务条款中的管理

服务采购可以通过一致性规格或性能规格的办法来表达服务需求。如果采用一致性规格，通常来说，即使针对很明显的直接服务，规格也会很长。例如，对于清理服务、地面维修或相似行为也需要一定时间来描述，需要数周的时间准备。必须准确、清晰、详尽地解释所要求履行的任务和行为。当然，使用性能规格的主要优点在于，一般能够很容易地看出承包商是否提供了协商好的服务。

通常的情况是，客户不能制定性能规格，因为服务是从外部采购的，客户没有时间、知识或技术由"内部"完成这项工作。在这种情况下，关注预期的结果比关注合同履行的方式更加重要。顾问服务合同就是这种情况下的一个很好的例子。要精确地描述"顾问"做什么是不可能的,但是就控制关系方面的基本规则达成一致是合理的。

4.扩展采购部门的业务范围

在企业通过有效采购环节来增加收益时,服务采购的效果要比实物采购的效果更明显。这是因为服务采购的费用(占总采购费用的54%)比实物采购的费用(占总采购费用的46%)大,而且,服务采购仍未引起足够的重视。今天,各企业致力于寻找增加利润和投资回报的途径,因而服务购买将受到更多的关注。

在某些企业中,采购部门在服务采购方面的业务量要比实物采购小,如果要扩展服务采购方面的业务(服务适合于由使用部门和采购部门组成的团队来采购),那么采用团队采购的方式会使企业节省很多的费用支出。

案例分析

利用全球网上竞标平台,联想期待降10%采购成本

2003年6月12日,联想集团与世界知名的全球供应管理软件服务供应商Free Markets宣布合作。这一新尝试的具体内容是:Free Markets将承担协助联想集团包装和电缆等有关物料的采购业务,联想将采用后者的Full Source作为其采购平台,采购集团运营中所需相关物料和服务,支持其整体采购流程。

新的方案更侧重于在电子平台上的采购,目前这一采购平台已经正式开始运作,在当年四月新财年的调整中,联想已经为大规模集中采购奠定了组织结构上的基础。

国内很多企业的采购部门目前还沿袭着传统的采购方式,其业务运行通常是零散的,缺乏系统性和整体性,很难在企业整个流程中发挥出应有的效率。比如采购时间过长,库存过多,资本利用率低,有限的人手和低效率,使得拓展优质的供应商较难,传统的议价过程较为繁琐等等。

2001年以前,联想以台式电脑为主经营,采购也集中于一个部门;在2001年进行组织架构调整,成立消费电脑事业部、商用台式事业部、服务器事业部、笔记本事业部等,相应的采购部门分拆到各事业部,以保证事业部能够更好满足不同客户需求;但一年之后,联想的管理层意识到这并不是最佳方式,联想再次合并了各事业部的采购部门,成立策略采购部。

联想把这种采购模式称为"中央领导型集中采购",但各事业部仍保留采购职能,希望做到既保证资源集中优势,又保证事业部灵活性。

这种管理集中也带给了联想集中采购的优势,可以在更大采购量上进一步降低采购成本,接合Free Markets的全球供应管理平台,联想希望新的采购方式带来10%以上的成本节约,在全球IT行业依然不景气的大前提下,IT制造业厂商节约10%的成本将意味着巨大成功。

作为专业提供企业资源采购软件及服务方案的供应商,Free Markets大中华区总裁李世杰说:"我们的数据库中有20万家供应商,可以进行石化、高科技制造、零配件、钢材、塑件等多达200多类货品采购。以华为为例,它的年采购额如果在35亿~40亿美元左右,按照Free Markets公司为客户降低成本的平均节约率20%,那么华为一年就可以

节省 7 亿～8 亿美元左右,这就是 Free Markets 为客户创造的实实在在的价值。Free Markets 的生存法则就是通过改善企业采购模式以及整套供应服务帮助客户省钱。"

这种网上逆向竞标是由 Free Markets 公司创始人 Glen Meakem 创立的,Meakem 在麦肯锡工作期间参与了不少采购项目,这使他意识到在采购方面有很多节省成本的潜力,而在全球化背景下,买方可能获得更为有利的报价,后来,他加入 GE 公司的采购部门,见识到了 GE 公司在采购时让供应商之间相互竞争的各种方法。

但 GE 采用的方式也常常使竞价场面混乱不堪,而且用自己的力量很难找到足够的供应商,Meakem 意识到可以用电子方式创造一个网上逆向竞价的采购平台,简而言之,在这一平台上买方将处于更为有利的位置,可以在电子平台看到那些经过认证的供应商提出各种报价,而供应商也可以看到别人的报价,虽然他们并不知道别的报价是由哪些企业提出的。

此前,联想的采购流程是每年为采购项目拟定出采购计划发给各家供应商,各家供应商通过传统的方式提供一次报价,而现在,联想可以相当直观地看到供应商们为报价而竞争的场面。

这一方式看似简单,但要真正让各家供应商在这一平台上相互杀价却并不是一件容易的事。除技术平台不可或缺外,更多的是流程的标准化、咨询服务和对供应商的管理。

以联想每年大宗采购的电缆为例,Free Markets 首先需要找到相应的供应商,这些供应商可能原来已经是联想供应商,也可能是新的进入者,但他们都需要联想和 Free Markets 双方对其条件进行考察。

这种考察往往也是对品质把握的关键因素,据联想策略采购部介绍,联想要把一位供应商纳入其渠道,需要相当复杂的过程,首先要对供应商资质进行认证,主要进行供应商财务状况、是否有 ISO9000 质量认证及营业执照等基本情况考察;其次是对供应商现场审核,对供应商生产状况、质量保证、研发能力等方面进行现场考察;接下来才会对供应商提供的样品进行测试和认证,最后进入小批量生产尝试和正式确定采购。

在年度采购完成后,每个季度还需与供应商就成本、供应、质量、研发、服务几个方面进行量化评估。

现在,Free Markets 将帮助联想完成其中的一些内容。在供应商考察结束后,Free Markets 要协助制定详细而清楚的询价书,通过网络把询价书发给供应商并与其进行沟通,最后,供应商通过 Free Markets 专有的软件平台进行网上竞价。

据 Free Markets 提供的数据显示,采用其全球供应管理平台,客户往往能够得到意想不到的低价,平均可以节省 18% 的采购成本。这种方法不单使客户节省成本,而且由于 Free Markets 将采购流程标准化了,更可以节省确定供应商的时间,一般原来需要几个月时间才能做到的事情现在只需要一、两个月的时间。

采用新的采购平台同时也带来了另外一个问题,联想有 600 多家供应商,其中绝大多数已经纳入原有的供应链管理体系之中。新的采购平台能否与原来的供应链管理系统和谐相处? 在新的采购平台上,这些供应商能适应这种新的方式吗?

联想运作管理部的总经理郭明磊对此很有信心,她表示,新的方案与原来管理系统并不矛盾,而其中关键的部分,即采购招标则是 Free Markets 的强项。目前联想已经有

30%～40%的原料是通过招投标的方式进行采购,它们都可以纳入这一平台,而随着全球化采购的进一步强化,这一数字还将扩大。

著名研究机构 GARTNER 的中国合作方易观咨询的一位顾问分析道,这两者并不矛盾,联想此次与 Free Markets 的合作瞄准的是供应链的前端采购管理,其主要目的在采购环节节省成本,而原来的供应链管理更侧重于企业内部的管理。在全球经济发展趋缓的大环境之下,企业的销售额增长有限,甚至下降,原来一向重视增加销售的企业不得不为节省更多成本而绞尽脑汁,压缩采购成本是扩大利润十分有效的一招,"特别是在汽车和 IT 制造行业,这两个领域成本竞争十分激烈,加强在原料采购方面的控制是必要的"。

这也从另一个角度解释了 Free Markets 在电子商务低潮时期依然活跃的原因。目前,全球 1000 强企业中有 150 家客户使用其采购服务,公司协助全球客户采购了价值 510 亿美元的物品和服务,帮助他们节省成本超过 100 亿美元。在 2001 年,Free Markets 的总利润达到 1.6 亿美元,2002 年则上升到 1.82 亿美元。

（案例来源:蒋长兵.现代物流理论与供应链管理实践.杭州:浙江大学出版社,2008.）

思考题

1. 集中采购与分散采购有什么不同?
2. 什么是即时制采购? 有什么特点?
3. 电子采购有哪些优势? 如何实施?
4. 政府采购的对象是什么?
5. 服务采购的特点是什么?
6. 国际采购的流程和趋势是什么?

第 13 章

采购定价与谈判

本章要点

本章首先介绍采购价格的市场、经济环境以及卖方策略要素、到厂价、出厂价、现金价、期票价、净价、毛价、现货价、合约价等价格类型,然后阐述了目标定价和成本定价方法,最后探讨了采购谈判的内涵、过程及谈判技巧。

在采购管理过程中,确定需向卖方支付的价格是采购方管理者的一项重大决策。价格定得过高,采购方损失大;价格定得太低,导致买卖无法成交,前期的调查、谈判等工作成本无法回收。因此,采购管理中要对价格的确定予以密切的关注,企业的采购人员必须要很好地掌握各种定价的方法,了解各种方法的适用时机,并且能够利用谈判技巧来取得满意的支付价格。

13.1 采购价格的确定

13.1.1 影响采购价格的因素

在市场环境下,采购的价格受到市场、经济环境以及卖方策略的影响。

1. 市场类型

供应商的市场结构对价格有较大影响。市场结构是指一个行业中的竞争者的数量、产品的相似程度以及新的竞争者进入该行业的各种障碍等状况。各种不同的市场结构从完全竞争到完全垄断两个极端之间连续变化,处于中间阶段的是垄断竞争和寡头竞争。卖方所在行业的市场结构能够对供应商的价格决定产生直接影响。

(1)完全竞争

这种市场结构的特点是产品完全相同(标准的),新的竞争者进入市场的障碍非常小。价格仅仅是给予需求的函数,单个的卖方或买方都不足以控制市场,影响市场价格。当然,卖方可能为出售更多的商品而降低价格,但长期下去会造成收入损失。

（2）垄断竞争

垄断竞争的特征是众多的生产者出售相似而又有些差别的产品。理论上,众多的生产者提供如此大量的不同产品,单个生产者的行为对整个市场的影响非常有限,甚至几乎没有影响。因为单个生产者不能控制整个行业,所以买方能够依靠其采购需求的数量影响卖方。

（3）寡头竞争

仅有少数几个大型竞争者的行业属于寡头竞争行业。一个竞争者的市场战略与定价策略对行业中其他竞争者有直接影响。在我国,寡头竞争行业包括钢铁、汽车以及电信行业等。在寡头行业,一家企业可以作为价格领导者提高或降低价格,其余企业则随之改变价格或保持原有价格水平。如果其余企业并不随之调价,则最初改变价格的企业很可能不得不回到原来的价格。国际贸易与竞争的加剧为许多行业创造了更多的选择机会,使市场控制力由生产者向采购者转移。

（4）完全垄断

完全垄断是市场结构体系的另一个极端。通常认为垄断者是没有竞争的大型生产者,现实中并不存在纯粹的垄断。政府或准政府机构管制现存的自然垄断（如公用事业）。在历史上,进入垄断行业的障碍是如此巨大,以至于新的竞争者不可能进入。然而,由于政府放松管制或替代物料,一般被视作垄断的行业正面临着越来越多的竞争。

在完全竞争和完全垄断市场,买方对价格的影响力最小。在完全竞争市场,供给与需求的力量决定价格,而在完全垄断市场,生产者控制价格。绝大部分工商业采购市场结构处于两种极端市场结构之间,买方拥有的卖方市场竞争结构知识越多,就会在确定价格与谈判战略时做好更充分的准备。

2.经济环境

通常经济环境决定市场是有利于卖方还是有利于买方。当生产率很高（生产紧张）且产品需求旺盛的时候,供给因素与需求因素共同创造了有利于卖方的价格条件。此时,买方通常希望价格的增长低于行业平均水平。当一个行业处于下降时期,买方可借此机会通过谈判获得有利的供给方案。

宏观经济会影响价格。例如,利率水平会影响引起生产性投资的资本总成本,从而影响供应商的内部回报率。甚至本国货币对其他货币的汇率都会影响价格,特别是在国际采购中。劳动力市场供给紧张,使成本增加,也会导致采购价格上升。

3.卖方的定价策略

卖方采取不同的战略或方法作用于其产品或服务的定价。一些卖方依靠内部成本结构分析制定价格,而另外一些卖方则简单地把价格定在与其竞争者相当的价格水平上。卖方的定价战略直接影响报价。但是,在许多种情况下,卖方索取的价格可以和实际成本无关。这看起来很奇怪,定价策略通常以对卖方重要的其他因素为基础。卖方可以为了确保采购合同而提供异常低的价格,意在一旦消灭了市场竞争对手就提高价格。在另外一些情形下,卖方可以利用其优势地位索取超常高价,让买方"坐在枪口上"。还有一种情况,卖方可能根本不知道它自己的成本。

通常情况下,卖方的定价策略分为四类:需求定价法和成本加成定价法、买入定价法和简化定价法。

（1）需求定价法

这是一种"跳跃"定价法。采用需求定价政策的卖方试图从产品中尽快、更多地挣钱。这种战略常见于未有激烈竞争的新上市产品,常用于产品生命周期的初始阶段。一些产品的管理者承认,在不可避免的竞争开始之前,技术革新产品的生产者必须制订能获取最大回报的价格。当卖方拥有能够产生市场垄断的专利权时,也常用这种方法。由于卖方可以实现较高回报率,因而需求定价会引起日益激烈的竞争,这种方法一般时间不长。目前,国内的手机产品就是一类经历这种周期的产品。每当一款新类型的手机进入市场,起初价格很高,然后随着产量的增加,价格逐渐降低。

（2）成本加成定价法

一旦产量增加,较强的竞争者进入市场,卖方一般将从需求定价策略转向成本加成定价策略。成本加成定价法就是制订的价格大于产品的可变生产成本并有助于补偿固定成本与获取利润,这种方法也称为补偿定价。因为价格是成本的直接函数,所以它是高效率生产者的掠夺性定价方法。由于卖方愿意接受较低的利润,补偿定价法能让产品比较快地在市场上得到补偿。一般来讲,卖方之所以愿意接受一个较低的利润,是因为该产品具有潜在的"大规模市场",会带来相当高的销售量。这种定价法还能阻止未来的竞争者进入市场或消灭现存的竞争。这里需要注意的是,买方应当判断一下,卖方真的是最有效率的生产者,因而愿意接受较低的利润以赢得市场份额,还是另有图谋,预先消灭市场竞争对手然后把价格提到非常高的水平。

（3）买入定价法

按照这种方法确定的价格大于可变成本,而对补偿固定成本与获取利润的贡献很小。买入定价法与成本利润定价法相似,但是动机不同。在需求较低的时期取得收益,或从竞争者那里"偷取"市场份额。卖方通常在经济迟缓期采用这种方法,因此,又称为存活定价。航空公司在机票价格战时期常采用买入定价法来填满各个航线中空余的座位。在制定价格时,卖方使用的战略方法通常是具体明确的。在评价卖方报价或直接谈判价格时,了解卖方定价方法有助于采购方作出较好的决策。

（4）简化定价法

这是四种定价方法中最保守的。许多销售代理缺乏其企业产品的真实生产成本的信息,因此,在制定价格的时候,卖方常采用某种一般的简化方法。在某些情况下,卖方先通过计算与某种产品相关的直接成本确定一个报价,然后在那个数值上增加个百分比。卖方可能把企业的直接人工成本与直接物料成本加起来,然后再额外增加40%,这40%用于补偿生产产品的间接成本与固定成本并提取利润。这种简化的方法忽略了大量信息,并且没有考虑生产该产品的真实成本。当买方面临采用这种方法的卖方时,通过有效地收集关于卖方成本的数据,获得比卖方已有的更为翔实的数据,可以取得满意的价格。

4.产品规格

当买方对产品或服务提出特殊规格要求时,也会影响价格。选用客户提出的设计与工具要求的产品或服务会影响卖方的价格,这是买方只要有可能就尽力选用工业标准部件的原因之一。对那些设计工具与技术有特殊要求的产品,厂商会要求更多的价值增值,导致成本(甚至价格)升高,对所需零部件,买方应尽可能多地选用行业认可的标准零部件;当定制产品能够提供产品竞争优势或有利于在市场上形成产品差异的时候,则选用定制产品。

5. 折扣

采购量与产品的每单位成本与价格有直接关系。把不同运营单位的采购需求结合起来能够在工具、机构组织与运营效率方面产生大量的节约。集中或单一采购的主要好处之一是价格较低,这是采购量较高的结果。对于一个数量较大的采购合同,买方很可能得到期望的有利价格,因为供应商会因此而降低每单位的成本。卖方愿意提供数量折扣,也会影响最终卖价。同时交货时间与地位因素也会对产品的价格产生一定程度影响。一般而言,较常见的三种折扣是:数量折扣、即时折扣和地位折扣。

(1) 数量折扣

很多供应商使用折扣作为激励,来吸引客户购买更多的产品。这种折扣可能是非常有吸引力的,而且应该值得慎重考虑,因为它们所反映的不仅仅是规模经济。当数量折扣对采购价格有正面作用的时候,买方必须注意折扣对产品总成本的净影响。因为在短期内使用比需要量更多的物资是有风险的,而且会产生浪费。这里的浪费主要是指买入超常大量的商品需要额外的仓储,所以必须以平衡的观点去看待所有的折扣。在大多数企业正在减少甚至取消存货的情况下,必须对照数量折扣的好处,评价由于增加存货而增加的存货持有成本。

(2) 即时折扣

如果客户能够即时支付而不让供应商久等的话,许多供应商会愿意提供折扣。这些折扣可以是现金折扣、订单支票折扣,或者是在某一特别时期内的支付折扣。这里我们只介绍现金折扣,它是指对在一定时期内的提前支付,提供现金上的折扣。例如卖方对 10 天内收到的货款提供 2% 的折扣,30 天内则全额支付。

与数量折扣不同,现金折扣通常很值得使用。买方几乎不能在 10 天内挣得与现金折扣等值的收入。放弃现金折扣的机会成本总是高于取得现金折扣的机会成本。管理良好的企业能够利用现金折扣,在指定的时间内安排支付。

(3) 地位折扣

还可以根据购买组织的状况来给予折扣。比如,如果是卖给零售商、代理商或其他中介组织,那么生产者可能就要以折扣的方式调整价格。这反映出购买方是在帮助生产商销售产品。如果所采购的材料要体现在客户的产品中,那么购买方会认为给予折扣是合理的,这在某种程度上也把购买者当作分销商。一个机床制造商购买轴承用于其机床生产,它所享受的折扣可能是另一家购买轴承用于维修的购买者所享受不到的。给予折扣的另一个原因是优先的客户地位。给优先客户折扣是基于以下因素:互利安排、作为客户的时间长短、同一组公司的成员,或者是因为部分供应商希望在一个特殊的分市场扩展销售。

13.1.2 价格的种类

物料价格可分为到厂价、出厂价、现金价、期票价、净价、毛价、现货价、合约价等。

1. 到厂价

到厂价是指供应商的报价是负责将物品送达买方的工厂或指定地点,期间所发生的各项费用均由卖方承担。国际上,到厂价是指到岸价加上运费(包括在出口厂商所在地至港口的运费)和货物抵达买方之前的运输保险费,其他还包括进口关税、银行费用、利息以及报关费用。这种到厂价通常由国内的代理商,以人民币报价方式(形同国内采购),向外国原厂进口货品后,售予买方,一切进口手续皆由卖方办理。

2. 出厂价

出厂价是指卖方的报价中不包括运送责任,即须由买方雇用运输工具,前往卖方的制造厂提货。这种情形通常出现在买方拥有运输工具或卖方加计的运费偏高时,或当卖方市场时,供应商不再提供免费的运送服务。

3. 现金价

现金价是指以现金或相等的方式支付货款,但是"一手交钱,一手交货"的方式并不多见。企业界的习惯是,月初送货、月中付款或月底送货、下月中付款,即视同现金交易,并不加计延迟付款的利息。现金价可使卖方免除交易风险,买方享受现金折扣。例如,在美国交易条件若为 2/10、$n/30$,即表示 10 天内付款可享受 2% 的折扣,而且 30 天内必须付款。

4. 期票价

期票价是指买方以期票或延期付款的方式来采购物品。通常卖方会加计延迟付款期间的利息于售价中。如果卖方希望取得现金周转,会让加计的利息超过银行现行利率,以使买方舍弃期票价换取现金价。另外,从现金价加计利息变成期票价,可用贴现的方式计算价格。

5. 净价

净价是指卖方实际收到的货款,不再支付任何交易过程中的费用。

6. 毛价

毛价是指卖方的报价,可以因为某些因素加以折让。例如,卖方会因采购金额较大,而给予买方一定百分率的折扣。如采购室内空调设备时,卖方的报价已包含增值税,只要买方能提供用途的证明,即可减免增值税 50%。

7. 现货价

现货价是指每次交易时,由供需双方重新议定价格,若有签订买卖合约,亦在完成交易后即告终止。在众多的采购项目中,采用现货交易的方式最频繁,买卖双方按交易当时的行情进行,不必承担预立合约后价格可能发生的巨幅波动的风险或困扰。

8. 合约价

合约价是指买卖双方按照事先议定的价格进行交易,合约价格涵盖的期间依契约而定,短的几个月,长的两年。由于价格议定在先,因而经常造成与时价或现货价的差异,在买卖时发生利益冲突。因此,合约价必须有客观的计价方式或定期修订,才能维持公平、长久的买卖关系。

9. 定价

定价是指物品标示的价格。例如商场的习惯是不二价,自然牌价就是实际出售的价格,但有些商场还保持"讨价还价"的习惯。如某些老式的商场或一般工艺品店等,常使不知内情的外地人吃亏上当。当然,使用牌价在某些行业却有正当的理由。例如钢管、水泥、铝锭等价格容易波动的物品,供应商经常提供一份牌价表给买方,表中价格均偏高且维持不变。当买方叫价时,卖方则以调整折扣率来反映时价,亦无需提供新的报价单给买方。所以牌价只是名目价格,而非真实价格。

10. 实价

实价是指买方实际上所支付的价格。特别是卖方为了达到促销的目的,经常提供各种优惠条件给买方。例如数量折扣、免息延期付款、免费运送与安装等,这些优待都会使买方真实的总成本降低。

13.1.3 确定采购价格的方法

由于市场竞争的加剧,供应链管理环境下,采购方与主要供应商建立了更密切的合作关系并且寻求持续的关系发展。这种密切的合作关系使采购双方都愿意分享价格成本方面的信息。现在,在确定价格的方法上,除了成本定价法外,还有许多企业使用目标定价法来确定产品的相应价格。而如果成本定价法与目标定价法相结合,会在产品的整个生命周期内持续推动成本的降低,同时也让供应商从所建议的成本节省方法中受益,达到双赢的结局。

1. 目标定价法

(1) 目标定价法的含义

目标定价法是在新产品发展周期初始阶段,在买方与卖方之间建立合同价格的一种新方法。日本的制造商为了推动工程师选择生产成本低的设计而创立了目标定价法。这些制造商提出了一个简单的概念来描述成本:新产品的成本不再是产品设计过程的产出,而是这一过程的投入。但困难在于按照要求的性能与质量,以能够产生合理利润的成本设计一种产品。例如,在新型小汽车的设计中,开发团队可能和营销部门一起决定新车型在其市场细分中的目标价格。以最终价格为基础,产品被分为几个主要体系,如发动机和动力系统,每一体系有一个目标成本。在零部件层次(它是体系层次的进一步分解),目标成本就是买方想要从供应商那里获得的价格(如果该项目外包)。

(2) 与传统的定价方法比较

运用目标定价法,产品可接受的成本是目标市场愿意支付的价格与该产品的利润目标之差的函数。传统定价方法与目标定价方法的基本公式如下:

传统定价方法:产品成本＋利润＝销售价格 (13.1)

目标定价方法:销售价格－利润＝可接受的产品成本 (13.2)

一般来讲,第一次谈判通常不能让供应商实现目标成本。并且,供应商提供产品或服务的当前价格可能高于买方企业设定的目标价格。这两个数字之差就是战略性的成本削减目标。这一差距必须通过双方的共同工作来弥补,如价值工程、质量功能配置、生产/装配的设计与标准化等工作。如果在产品层次设置的目标成本太具掠夺性,目标成本就不能实现。如果设置的战略性成本削减的挑战性太低,就很容易实现目标成本,但是会损害市场竞争地位。在设置目标价格与目标成本的时候,新产品开发团队应当在头脑中保持着目标成本法的基本准则:目标成本不容违背。另外,即便工程师们找到一种方法能改进产品功能,也不能做这些改进,除非它们能抵消额外成本。一旦买方与供应商就合同的第一年建立了一个目标价格,产品的生命周期之内剩下的成本削减就可以通过成本定价法来实现。

2.成本定价法

成本定价法与传统的市场定价法在以下两个方面有所不同:①成本定价法需要确认生产一个项目的总成本,市场定价法不是这样。②利润是用于所购项目的生产性投资的函数和供应商资产的回报(即投资回报)。利润不是成本的直接函数(在市场驱动的价格下常常如此)。成本定价法推动供应商寻求持续的绩效改进,分享成本节省,促进生产领域的投资。

成本定价法的一个重要特征是,它能在财务上激励供应商改进运营绩效,达到并超过采购合同协议的绩效改进。这不同于传统的市场定价方法,后者往往是一方(通常是采购方)想办法获取供应商改进产生的全部成本节省。传统的定价方法已经成为合作改进设计产品与工序的障碍。成本定价法则认识到了需要在财务上激励供应商,同时发展更密切的关系。

成本定价法比较适用于以下几种情况:

①当卖方通过直接或间接的劳动和专门技术产生很高的价值增值时。

②按客户具体的要求定制的复杂产品。

③一些需要通过供应商价值增值,从原材料转变成产品,如专门设计的汽车叉车系统和仪表盘。这些产品需要对物料作高附加值的变形而成为半成品。供应商也很可能提供设计与技术。

成本定价法显然对大多数采购产品都不适用。许多产品不适于这种成本分析,可以由市场决定价格。那些能从多家供应商得到的、标准化的而非客户定制的以及受市场供求力量影响很大的产品不适于成本定价法。

3.定价成功的先决条件

要实施目标定价法和成本定价法,必须就供应商生产某产品的全部成本达成一致。全部成本的确认为建立共同的改进目标奠定了基础。生产产品的总成本包括劳动、物料、其他直接成本、与准备和生产相关的任何成本以及经营管理、销售和其他相关费用。

除了总成本,各方还必须确认和认同各种产品的产量、各时间点目标产品成本以及就可衡量的生产能力和质量改进规划。供应商的资产基础及其回报要求决定了产品的利润,各方还必须对此达成一致意见。对于分享收益的办法以及何时共享产生的成本节省也要达成一致。达到或超过合同协议的绩效改进目标而产生的节省以及共同的绩效改进目标附带产品所产生的节省,都要共同分享。

这种方法要求高度信任、信息分享以及问题的共同解决。如果一家企业利用了另外一方或者破坏了信息共享的机密性,就会造成失败。各方还应当自愿提供必要数据信息来解决对总体成功产生影响的问题。

另一个重要的先决条件是与目标定价相关的风险管理能力。主要风险可能来自产量的变化,因为产量影响成本,双方必须仔细考虑与处理计划产量的改变所造成的影响。高于计划的产量将使供应商获得更大的经济性与较低的每单位成本。但是,这些较低的成本不是供应商绩效改进的结果。反之,低于计划的产量可能会提高供应商的平均成本。各方必须在合同上确定怎样处理购买计划的变化。

13.2 采购谈判

13.2.1 谈判的含义

1.谈判的含义

谈判是通过面对面或电子方式进行正式沟通的过程,由两个或多个人就一个或多个问题寻求协议。谈判过程包括管理时间、信息以及相互依赖的个人和组织之间的力量。每方都对另一方有需求,进而认识到满足这种需求往往需要妥协或让步。谈判阶段可分为两个阶段:谈判前的准备阶段以及谈判的实质性阶段。另外,谈判者一定要认识到谈判过程不仅仅包括企业间的关系,还包括个体之间的关系。在谈判中,处理人际关系是谈判过程的一个重要组成部分。谈判的中心内容是每一方都试图说服另一方作出最有利于自己的决策。谈判中还包含一些技巧。

在谈判中,人的因素是不可忽视的,甚至可以说,人是谈判中的关键因素,谈判的参与者除了要具备有效的谈判者所需的知识与技能之外,还应该有团队合作精神。1978年,瑞克汉姆和查尔斯最先采用了一个分析法来研究谈判技术,认为成功的谈判者有三个标准:①谈判的双方都认为他们的工作效率很高;②他们应该有重大的成功记录;③他们的失败发生率应该很低。成功的谈判者重视行为和交互因素,如形象、诚实、地位和自我实现。

2.谈判的基本原则

采购谈判的基本原则是指在采购谈判过程中,谈判各方应遵循的思想和行为准则。采购谈判属于商务性谈判,因此也适用一般的商务谈判的原则。采购谈判一般包括以下基本原则:

(1)"三角"原则

"三角"原则的前提是"任何基于强迫或诡辩的谈判都不会成功"。"三角"原则的含义是:首先明确自己的目标,然后找出对方的目标,向对方传达你已了解的信息,最后以对方能够接受的方式提出解决问题的方案。"三角"原则可描述成图13-1所示的三角形。当你在开始谈判或感觉冲突出现时,运用这个三角形认真实施这三个步骤,就会使你从困惑到清晰,从心中没底到和对方建立牢固的关系,进而取得谈判的成功。

图 13-1　三角原则

（2）合法原则

合法原则是采购谈判中的重要原则。所谓合法,就是要求采购洽谈要在不违背国家法律法规的前提下进行,不能从事违法的交易活动,以牺牲企业利益为代价,或者假公济私、损公肥私。在谈判过程中,采购人员的谈判行为也必须合法,只有在合法行为下达成的协议才受法律的保护。

（3）灵活原则

灵活原则就是要求在采购谈判过程中,要因人、因事而异,一事一议,不能抱着教条不放。要学会妥协,通过自己妥协、让步换取自己的利益,退一步海阔天空。

（4）相对满意原则

在市场经济条件下,采购谈判双方是一种合作关系,而不是对抗与冲突关系。双方的利益是共享的,谈判的任何一方都要让渡一定的、合理的利益给合作伙伴,而不可能独自占有所有的经济利益。但相对满意原则也并不是要求谈判当事人不去争取应得利益,对谈判对手无原则地唯唯诺诺。对于应得的利益,谈判当事人还是要据理力争,不过要注意方式和方法。

以上是采购谈判中必须遵循的四个原则。只有准确地把握理解这些原则,才能认识采购谈判的本质,进而掌握和运用好采购谈判的策略与技巧。

3.谈判的方法

谈判的方法可以分为对抗性谈判和合作性谈判两种。

（1）对抗性谈判

1）含义

对抗性谈判也称为分配性谈判或赢—输的谈判,是指谈判各方认为每次都会有一方胜于另一方,为此各方都极力强调自己的状况、条件。这种方法通常将对方视为竞争对手。

2）特征

对抗性谈判的特征包括:

①强调以竞相牺牲对方为目标。

②以认定对手的保密、信息的保留和不信任为战略基础。

③通常希望谈判结果被不实地表达,这样对方就不会知道他的对手真正需要的谈判结果是什么,很少考虑或同情对方的处境。

④为了从计谋上胜出对方而设计各种谈判策略,因此谈判的策略具有很大的不可预见性。

⑤谈判各方为防备对手而使用威胁、恐吓,甚至最后通牒的手段。

⑥谈判各方坚持己见,反对对方所提出的合理和不合理意见。

⑦具有敌对性和侵略性,即"我方反对他方"。特别在小组谈判中,可能会因为某些小组成员在其他同事面前炫耀自己的能耐而加深敌意。

⑧当一方认为另一方若实现谈判的目的会影响自己的利益,或阻挠自己实现谈判的目的时,该方法显得尤为敌对和不健康。

⑨最基本的态度是"我们赢了,你们输了"。

⑩谈判陷入僵局时,即可能是谈判破裂的时候。

3)适用范围

对抗性谈判的适用范围包括:

①谈判的各方之间不保持持续的商业关系,或潜在的联系,也不希望保持联系。也就是说,双方的商业交易是"一次性"的。

②双方要求对某项不同观点尽快找到简单的解决办法。

(2)合作性谈判

1)含义

合作性谈判也称为综合性谈判或赢—赢(双赢)谈判,是指谈判各方认为通过创造性地解决问题,双方可以各取所需,而不必让对方有所损失。由于合作性谈判是将对方视为合作伙伴而不是竞争对手,参与者更愿意与对方分享自己的忧虑、观点和期望。

2)特征

合作性谈判的特征包括:

①强调以探讨与对方之间的共性为目标。

②以对认定合作伙伴的开放、分享信息和高度信任为战略基础。

③通常希望各方明确谈判结果,以避免出现"隐藏议题",各方都清楚所谈事宜。谈判各方互相考虑,且同情对方的实际情况。

④谈判策略虽然多样,但最终目的是双方达成共识,因此谈判的策略是可预见的。

⑤谈判各方避免使用威胁等手段,并且认为类似手段只会对敏感问题的合理解决起反作用。

⑥各方均认为谈判应该机动、灵活。强调发挥想象力、创造力和运用逻辑推理就分歧提出具有建设性的解决方案。

⑦平和而不具侵略性,即"我们处在同一战线"。谈判双方认为对方也在为谈判的成功而努力,并且会低调处理可能存在的某些敌意。

⑧假设双方认为只要对谈判中一方有利,就是对双方有利,这是一种非常健康的合作方式。

⑨最基本的态度是怎样才能使双方都达到各自的目的,即"双赢"的局面。

⑩当谈判陷入僵局时,高层管理人员、内外部调停者或仲裁可能需要干预以进一步解决问题。

3)优点

合作性谈判的优点包括:

①更容易形成稳定、长期的商业关系,对于双方存在的问题更易于达成建设性的解决方案。

②当双方都对谈判持积极态度,在不同意对相关事项作出让步的情况下,合作性策略可能是唯一可以帮助双方达成协议的方法。

13.2.2 谈判的过程

1.谈判前的准备工作

在谈判进行前,人们关心的三个主要问题是:①我们想要的是什么? 比如更低的价格、改善的关系、更大的折扣、更快的交货、质量的改变等。②每一项我们想要的,对我们有多大的价值? 比如即时交货=高的优先权、较低的价格=中等优先权、质量改变=低优先权。③什么是我们的进入点和退出点? 进入点实际上就是你的"开价"。一旦暴露无遗,就不可能再进行提高,所以要对开价进行仔细的考虑。要避免中止讨价还价这种可能性,那么在筹备阶段确认、理解这一点就很重要。所以围绕着这三个主题,谈判前的准备阶段所需要做的具体工作就是:明确谁将参加谈判,谈判中的主要问题是什么,将在何时何地进行谈判,怎样进行谈判。特别地,计划谈判包括许多步骤,为即将到来的谈判做充分的准备。大多数谈判相对简单,仅需要基本的准备与计划;还有一些谈判可能比较复杂,需要数月的准备。不管怎样,如果买方为谈判做了充分的计划与准备,通常会产生较好的结果。一般认为,谈判前的准备工作包括以下几个方面:

(1)确立具体谈判目标

制定有意义的目标对谈判成功至关重要,所以准备工作的第一步就是确立希望通过谈判达到的明确目标。目标是未来通过工作力图实现的愿望或图景。每个参与谈判的人都要清楚,通过谈判要达到什么目标,这些目标是基于什么样的假设才能实现的。所以,我们要通过现有信息对形势进行评估,并在此基础上制定目标。如果一些信息被证明了,就有必要对已提出的目标作出改动,而且有可能也要对所采用的方法进行改动。

采购谈判的基本目标是就所要采购的产品或服务达成协议。对于稀缺资源,达成一致的希望不大,双方就不必进行谈判了。这并不意味着所有的谈判都会成功,由于主要问题的成交位置没有重叠,许多谈判最后以僵局告终。但是,在谈判真正开始之前,通常双方相信他们能够达成协议。如果双方不这样认为,他们就不会浪费时间与精力来准备谈判了。

谈判的另一个重要目标是在买卖双方之间以公平合理的价格达成协议,包括前置时间的确定、质量指标、双方建立何种关系等。但这里有一点必须注意,就是尽管谈判有众多的目标,但并不是所有的目标都同等重要,因此,买方须确认每个目标的重要程度。如有一家公司把它的谈判目标分成"必须实现"和"预备实现"两类,这就把各目标的重要性区分开了。

(2)分析各方的优势和劣势

有经验的谈判者依靠调研与经历来了解对方。这意味着要了解什么对另一方是最重要的。同时也意味着要在谈判开始前了解对方的人员与历史。当买方公司第一次和供应商谈判时,买方只有经过调研才能充分了解该供应商。

对各方作分析需要评价相对的优势和劣势。这个过程能够影响在谈判桌上采用的战略和策略。买方并不总是对供应商有影响力。很多时候,供应商由于财务规模或者对合同没有很大需要而处于比买方有利的位置。

了解供应商的生产体系非常重要。有了这种认识,买方就能够确认供应商是否使用经济有效的技术流程。买方可以估计供应商的成本结构,从而确认一个公平合理的价格。买方还可以确定供应商对数量、物料收益以及物料和人工成本变化的敏感性有多大。

(3)收集相关信息

要分析自己和对手的优劣势,就需要收集信息。如果买方和卖方原先有过采购合同向谈判,这个过程就不那么困难。在这种情况下,买方可能已经对许多重要问题有了答案。比如双方发生了什么,和我们谈判的是原先那些人还是其他人,对供应商来说重要的问题是什么,意见不同的领域有哪些,谈判规则里有没有我们想要改进的地方等。

如果买方并不了解供应商,那么应到哪里去收集所需信息呢?公开发行的信息是可以利用的公共信息源。这些信息源包括行业杂志、其他商业出版物、行业协会数据、政府报告、年度报告、财务评价如 D&B 报告、商业数据库、直接询问供应商以及通过互联网获得信息。在谈判前,买方也可能已经通过供应商提供的报价单而获得了信息。

还有一个很重要的信息源,公司中与该供应商打过交道的人是一个可能的信息来源。这些信息有助于识别该供应商的重要问题是什么,提供背景信息,甚至会提供参加谈判的人员的信息。信息可能来自公司的技术人员、销售人员、采购人员或者制造人员等等。采购谈判时谈判者对这些信息源提出的典型问题有以下几类:

①当前协议。包括当前协议持续多长时间,谈判方交易的财务记录是什么,有哪些可利用成本数据,供应商的交易绩效怎样,他们的质量记录怎样,在合同期曾产生过什么样的争议,应该到什么日期达成协议,我们将和谁谈判。

②规格。包括是否给予了供应商提高规格中价值的机会;规格的哪些方面是关键性的;哪些规格可以做一下变更以便达到相同的功能;怎样衡量与规格的一致性;谁衡量,在哪里衡量;如果被衡量项目具有特殊性,可否用另一个标准代替它。

③交付。包括希望供应商以怎样的频率交付,交付数量是多少,如何交付原料/零部件,谁对包装负责,交付地址是哪里,在交付地是否存在限制,是否用集装箱/火车交付采购物,关于逾期费的立场是什么。

④财务。包括用何种货币进行交易,如果采用外币,使用什么汇率;应用什么信用条款;普通的支付条款是什么;供应商是否要求分期支付;早期支付是否有折扣。

⑤合同。包括谁对保险负责,保险覆盖的水平是什么;在哪国法律下签订合同(指从外商采购的情况下),有没有明确说明海关要求;运输方式是否令人满意地达成了一致;采购条款有没有明确说明要为采购成本各要素负哪些责任;供应商是否能以确保有效合作的方式接受价格。

⑥人员。包括将和谁谈判;对他们有什么了解;如果涉及一个团队,团队的组成如何;这些人是否有权确定协议;这些人中哪些负责确保履行协议;供应商处哪些人是关键

的联络人；我们的团队应如何组成；由谁领导。

⑦一般问题。包括我们的优势和弱点是什么；谈判对方的优势和弱点是什么；将要谈判的协议有效期是多长，可利用什么样的公布数据；当前的合同地位是什么；应该在哪一天达成协议；主要的问题是什么；认识对方的需要；作出的主要假设是什么，我们需要什么信息证实这些假设。

（4）了解对方的需要

谈判中的买方和卖方在许多方面互为影子。各方都想达成有利于长期成功合作的协议。当买方收集供应商信息时，重要的一点是，确认这些问题对供应商非常重要。例如，供应商想在其行业内保持市场份额与数量，因而，收到一份完全的采购合同而不是一部分合同可能是该供应商的一个重要谈判目标。

对供应商最重要的问题可能并不是对买方最重要的，反之亦然。当一方的问题或要求对对方不重要时，双方容易达成一致。例如，供应商的生产进度体系要求该供应商在傍晚生产买方所需产品，夜间交货。如果买方有夜班，就很容易接受较晚交货，买方能够满足供应商较晚交货的要求，因此，双方能在此问题上达成一致。作为回报，买方现在可能希望供应商就一个或多个对买方重要的问题提供方便。给予和所得对谈判都是重要的，但每一方都不能期望自己总是占据优势。

（5）识别实际情况

谈判准备工作时要求区分实际情况和问题。谈判双方应该对什么是实际情况，什么是问题较早达成一致。实际情况是现实或真实的情况，在谈判中，这些是不必讨论的条件。实际情况可以清晰地描述，比如买方想采购一套设备，就不必和供应商商谈买方是否真的需要一套设备（尽管设备的具体型号是需要讨论的未定问题）。相反，问题是要在谈判中解决的条款或主题。例如，确定价格与设备交货日期都属于问题范围。谈判问题的确认非常重要，因为正是在这些问题上，需要双方达成协议。除了价格，谈判双方还可以讨论许多问题。计划过程要确认双方想通过谈判而解决的主要问题。

（6）设定问题成交位置

谈判各方必须要为每个即将讨论的问题设定一个成交位置，这个成交位置应当具有某些弹性。因此，谈判者应当建立一系列的成交位置，通常包括最小可接受结果，最大或理想结果和最有可能的目标成交位置。如果这一问题是价格，卖方会有一个目标价格，以此价格把产品卖给买方。当然，如果买方愿意支付，卖方希望索取更高的价格。成交位置范围的关键是卖方的最小价格，这是卖方愿意将产品卖给买方的最低价格。各方必须在谈判前仔细确定这一范围。

（7）开发谈判战略与策略

谈判战略是在与买方持不同意见的供应商谈判时，为达成对双方有益的协议而采取的一种总体性的方法。战略着眼于长期。战略性计划过程包括策略——采用某种方法来实现一个结果、目标或战略的过程或技术，它包括用来实现谈判目标与战略的现行行动方案与程序。

战略性谈判问题很广泛，包括谁谈判，谈判什么，何时何地以及怎样谈判。可以认为，战略和策略是谈判过程的两个方面。理想的情况是有一个设计得很好的谈判战略，辅之以谈判策略。谈判时要注意计划与策略,它们是实施战略所必需的。

(8)介绍谈判内容

采购谈判通常会影响公司里的其他部门。进行谈判的个人或团队应当向这些部门作简要介绍,确保它们了解并赞同谈判目标。在简要介绍中也可以阐明谈判的主要问题以及对这些问题设定成交位置。在谈判前让其他人员简要了解谈判内容,可以让人们对谈判有个心理准备。

(9)谈判预演

有经验的谈判者会在正式谈判开始之前进行排练或预演,方法之一就是模拟谈判过程。例如,采购部门以外的工作人员可以分别扮成供应商,在谈判预演中,对方所提出的问题可能是买方原先没有想到的,提醒买方及早准备,这会对正式的谈判有所帮助。

2.彼此熟悉阶段

开始谈判时,一般双方先彼此熟悉一下,然后就谈判的目标、计划、进度和参加人员等问题进行讨论,尽量取得一致意见以及在此基础上就本次谈判的内容分别发表陈述。它是在双方已做好充分准备的基础上进行的。通过这种商谈,可为以后具体议题的商谈奠定基础。在这一阶段,要注意营造良好的谈判氛围,并为正式谈判做好预备工作。双方应对本次谈判的议题、议程、进度和期限等进行交谈,以谋求谈判双方对谈判进程的意见一致。主谈人员可以以协商的口气对对方主谈人员提出有关谈判进程方面的一些问题,例如"某某先生,在正式谈判之前,我们想就时间安排问题征求您的意见"或者"某某先生,我想先与您谈谈本次谈判的议程问题,您看如何"等等。有两点是必须在这一阶段解决的。

(1)采购谈判主题的确定

要进行一次谈判,首先就要确定谈判的主题,不能漫无边际地进行谈判。一般地说,凡是与本次谈判相关的、需要双方展开讨论的问题,都可以作为谈判的议题。可以把它们一一罗列出来,然后根据实际情况,确定应重点解决哪些问题。

对于采购谈判来讲,最重要的也就是采购物料的质量、数量、价格水平、运输等方面,所以,应把这些问题作为谈判议题重点加以讨论。

(2)采购谈判时间的安排

谈判时间的安排,就是要确定谈判在何时举行,为期多久。若是一系列的谈判需要分阶段进行的话,还应对各个阶段的谈判时间作出安排。

一般来说,采购员在选择谈判时间时,要考虑下面几个方面的因素:

①准备的充分程度,要注意给谈判人员留有充分的准备时间,以防仓促上阵。

②要考虑供应商的情况,不要把谈判安排在对供应商不利的时间进行。

③谈判人员的身体和情绪状况,要避免在身体不适、情绪不佳时进行谈判。

3.实质性谈判阶段

实质性谈判阶段,也就是进入正式阶段,在这一阶段,双方各自提出自己的交易条件,并且尽量提出有说服性的理由,进行磋商,争取达到一致。当然,双方的意见可能会存在某些分歧和矛盾,因此,谈判可能要经过多轮。双方为了解决分歧和矛盾,就必须进行讨价还价,反复磋商,磋商的结果要么是企业放弃某利益,要么就是供应商放弃某些利益,也可以是双方进行利益交换。

谈判过程中,一方面要充分阐述自己的观点,合理地坚持自己的观点,维护自己的利益;另一方面,也要认真听取对方的意见,分析人家是否真有道理,如果真有道理,就应适当调整自己的观点立场。这时要随时比较自己调整后的方案与谈判前预定的目标方案之间的差距是否可以接受,如果不能接受,就不要轻易调整;如果能够接受,就可以调整;如果一下子没有把握,就可以暂时休会,在休会期间再好好思考一下或召集企业相关谈判人员一起仔细讨论一下,或者电话请示领导之后作出决定。把决定后的方案再进行讨论磋商。就这样,经过一系列反反复复的磋商,而使彼此的立场和观点接近或趋于一致,从而使双方达成一致的协议。

总之,在谈判过程中,双方都是力求维护本企业的利益,想方设法使对方让步。如果双方都不让步,谈判就进行不下去,就是谈判破裂、失败。如果双方能够逐步让步、协调,最后大体利益均等,这时谈判双方意见达成一致,谈判就获得成功,谈判就可以结束了。

4. 结束阶段

谈判结束阶段是较为轻松、活跃的阶段,原先谈判桌上的对手一下变成了亲密的朋友。谈判结束阶段的主要任务是:尽快达成交易,签订书面协议或合同,谈判资料的回收和整理等。

供需双方在交易将要达成时,必然会对前几个阶段的谈判进行总体回顾,以明确还有哪些问题需要讨论,并据此对某些重要的交易条件、目标作出最后的决定,明确企业为实现本次交易所需作出的最后让步的限度,以及最后阶段所要采用的策略和技巧,开始着手安排签约的事宜。

当双方对所有的交易条件都达成共识后,双方就可将谈判结果以法律的形式确定下来,即进入签约阶段。在签约前,双方应当确认谈判过程中所做书面记录的真实性,并据此确认合同的条款。如果双方对合同条款无异议,就可以立即进行合同的签约事宜。

另外,在谈判结束后,买卖双方还可以举行一次告别酒会,借以联络感情,保持长期的合作关系。当双方回去后,需要立即做的工作是:把谈判资料回收整理入档,开始履行协议的准备,谈判小组进行经验教训的总结等。

13.2.3　谈判的技巧

在了解了谈判心理原则的基础上,我们在实际谈判中还可以总结出许多规律性、技巧性的经验与策略,称之为谈判的技巧。谈判的技巧包括报价的技巧、还价与让步的技巧。

1. 报价

在谈判中,报价不仅仅是在价格方面提出自己的想法,还泛指谈判双方在洽谈项目中的利益要求,也就是其想要达到的目的。谈判双方在经过摸底,明确了具体内容和范围之后,提出各自的交易条件,表明自己的立场和利益。

谈判双方通过报价来表明自己的立场和利益要求。但是,任何一方在阐述自己要求的时候,都不会一下子就把自己的底价透露给对方,而总是要打个"埋伏",给自己留下讨论协商、讨价还价的空间。或者以优于底价的条件成交,超过既定目标完成谈判;或者以不低于底价的条件成交,完成谈判的既定目标。所以报价是有技巧性的。

(1)报价要果断

报价应该坚定、明确、完整,且不加任何解释和说明。开盘价的报价要坚定、果断,不保留任何余地,并且毫不犹豫。这样做能够给对方留下我方是认真而诚实的印象。要记住,任何欲言又止、吞吞吐吐的行为,必然会导致对方的不良感觉,甚至会产生不信任感。

开盘报价明确、清晰而完整,可以使对方能够准确地了解我方的期望。实践证明,报价时含糊不清最容易使对方产生误解,从而扰乱我方所定步骤,对己不利。

报价时不要对我方所报价格做过多的说明和辩解,因为对方对我方报价的水分多少都会提出质疑的。如果在对方还没有提出问题之前,便主动加以说明,会提醒对方意识到我方最关心的问题,而这种问题有可能是对方尚未考虑过的问题。因此,有时过多地说明和解释,会使对方从中找出破绽或突破口,猛烈地反击,甚至会使我方十分难堪,无法收场。

(2)"低开"策略

"低开"策略也称为"开端"法,是指采购方先提出一个低于我方实际要求的谈判起点,以让利来吸引对方,试图首先去击败参与竞争的同类对手,然后再与被引诱上钩的卖方进行真正的谈判,迫使其让步,达到自己的目的。

(3)影子报价/要约

影子报价或影子要约是一方说谎或有意误导对方。例如,买方可以告诉卖方说,他收到了另一个供应商的报价,每单位低于 5 美元。如果卖方不对该价格作出相应的变动,说明他是不想和买方做生意了。卖方也可以使用这种方法。卖方可以通知买方 A,说买方 B 准备以更高的价格采购这些物料(这些物料是稀缺的)。显然这是一个不道德、冒险的策略,但如果对方担心丢掉这笔生意,就会在自己期望的成交位置作出相应的让步;反之,对方如果对这种威胁性的报价没有反应,就意味着自己的这一策略失效。

(4)探知临界价格

在谈判中,厂家想知道供应商的最低出让价,供应商想知道厂家的最高接受价,以便判断出一个双方都能接受的临界价格。所以要运用一些技巧从对方口中探听出来。

2.还价

在报价结束之后,双方就会进入讨价还价的胶着状态,开始一场价格和其他问题的拉锯战,这个过程是漫长而重要的,要求谈判者必须自始至终地保持谈判的高昂热情、冷静头脑与灵敏应变能力,当然还要掌握相应的还价技巧。

(1)还价要有弹性

在价格谈判中,还价要讲究弹性。对于采购人员来说,切忌不要漫天还价,乱还价格;也不要一开始就还出了最低价。前者让人觉得是在"光天化日下抢劫",而后者却因失去弹性而处于被动,让人觉得有欠精明,使价格谈判毫无进行的余地。

(2)化零为整

采购人员在还价时可以将价格集中起来,化零为整,这样可以在供应商心理上造成相对的价格昂贵感,以收到比用小数目进行报价更好的交易。因为从心理的角度看,价格如果化零为整,化大为小,就会从心理上加重商品价格的昂贵感,从而吸引供应商。

这种报价方式的主要内容是换算成大单位的价格,加大计量单位,如将"公斤"改为"吨","两"改为"公斤","月"改为"年","日"改为"月","小时"改为"天","秒"改为"小时"等。

(3)过关斩将

所谓"过关斩将",即采购人员应善用上级主管的议价能力。通常供应商不会自动降价,需要采购人员据理力争,但是,供应商的降价意愿与幅度,视议价的对象而定。因此,如果采购人员对议价的结果不大满意,此时应要求上级主管来和供应商议价,当买方提高议价者的层次,卖方有受到敬重的感觉,可能会同意提高降价的幅度。若采购金额巨大,采购人员甚至可进而请求更高层的主管(如采购经理,甚至副总经理或总经理)邀约卖方的业务主管(如业务经理等)面谈,或由买方的高层主管与对方的高层主管直接对话,此举通常效果不错。因为高层主管不但议价技巧与谈判能力高超,且社会关系广泛,地位较高,甚至与卖方的经营者有相互投资或事业合作的关系,因此,通常只要招呼一声,就可获得令人意想不到的议价效果。

(4)压迫降价

所谓压迫降价,是指在买方占优势的情况下,以胁迫的方式要求供应商降低价格,并不征询供应商的意见。这通常是在卖方处于产品销路欠佳,或竞争十分激烈,以致发生亏损和利润微薄的情况下,为改善其获利能力而使出的杀手锏。由于市场不景气,供应商亦有存货积压,急于脱手产品换取周转资金。因此,这时候形成买方市场。采购人员通常遵照公司的紧急措施,通知供应商自特定日期起降价若干,如果原来供应商缺乏配合意愿,即行更换供应来源。当然,此种激烈的降价手段,会破坏供需方的和谐关系。当市场好转时,原来委曲求全的供应商,不是"以牙还牙"抬高售价,就是另谋发展,供需关系很难能维持良久。

(5)敲山震虎

在价格谈判中,巧妙的暗示对方存在的危机,可以迫使对方降价。通过暗示对方不利的因素,从而使对方在价格问题上处于被动,有利于自己提出的价格获得认同,这就是这种还价法的技巧所在。但必须"点到为止",而且要给人一种"雪中送炭"的感觉,让供应商觉得采购商并非在幸灾乐祸、趁火打劫,而是真心诚意地想合作、给予帮助。当然这是有利于双方的,那么还价也就天经地义了。

(6)欲擒故纵

由于买卖双方势力均衡,任何一方无法以力取胜,因此必须斗智,采购人员应该设法掩藏购买的意愿,不要明显表露非买不可的心态,否则若被供应商识破非买不可的处境,将使采购人员处于劣势。所以,此时采购人员应采取"若即若离"的姿态,以试探性的询价着手。若能判断供应商有强烈的销售意愿,再要求更低的价格,并作出不答应即行放弃或另行寻求其他来源的表示。

通常,若采购人员出价太低,供应商没有销售的意愿,则不会要求采购人员加价;若供应商虽想销售,但利润太低,即要求采购人员酌予加价。此时,采购人员的需求如果相当急迫,应可同意略加价格,迅速成交;若采购人员并非迫切需求,可表明绝不加价的意思,供应商很可能同意买方的低价要求。

（7）差额均摊

由于买卖双方议价的结果存在着差距，若双方各不相让，则交易告吹，采购人员无法取得必需的商品，供应商丧失了获取利润的机会，双方都是输家。因此，为了促成双方的交易，最好的方式就是采取"中庸"之道，即将双方议价的差额，各承担一半，结果双方都是赢家。

（8）釜底抽薪

为了避免供应商在处于优势的情况下攫取暴利，采购人员只好同意供应商有"合理"利润，否则胡乱杀价，仍然给予供应商可乘之机。因此，通常由采购人员要求供应商提供所有成本资料。以国外货品而言，请总代理商提供一切进口单据，借以查核真实的成本，然后加计合理的利润作为采购的价格。

（9）转嫁价格

在协商议价中要求供应商分担售后服务及其他费用。当供应商决定提高售价，而不愿有所变动时，采购人员不应放弃谈判，而可改变议价方针，针对其他非价格部分要求获得补偿。最明显的例子便是要求供应商提供售后服务，如大件家电的维修、送货等。

在一般的交易中，供应商通常将维修送货成本加于售价中，因此常使采购人员忽略此项成本。所以在供应商执意提高售价时，采购人员可要求供应商负担所有维修送货成本，而不将此项成本进行转嫁，如此也间接达到议价作用。

（10）妥协技巧

在供应商给出的价格居高不下时，采购人员若坚持继续协商，往往不能达到效果，此时可采取妥协技巧，在少部分不重要的细节，作出让步，再从妥协中要求对方回馈。但妥协技巧的使用须注意以下几个方面：

①一次只能作一点点的妥协，如此才能留有再妥协的余地。

②妥协时马上要求对方给予回馈补偿。

③即使赞同对方所提的意见，亦不要太快答应。

④记录每次妥协的地方，以供参考。

⑤利用专注的倾听和温和的态度，博得对方好感。

在议价协商的过程中，威胁吼叫、咄咄逼人并非制胜的武器。因为即使取得了这次的合作，也难保下次合作的意愿。因此采购人员在协商过程中，应仔细倾听对方说明，在争取己方利益时，利用已获取的对方资料，或依据法律章程合理地进行谈判。

3.让步

美国的谈判学家卡洛斯曾进行了一系列不同让步形式的试验。得出的结果是：在谈判过程中，较能控制自己让步程度的谈判者总是处于较有利的地位，特别是当谈判快要形成僵局时。成功的谈判者所进行的让步，通常都会比对方作出的让步幅度小，但他们善于"放大"这种让步，善于渲染、夸张让步的艰难性。

卡洛斯从他的实验中归纳出的某些结论，或许可以供采购人员借鉴。

①开价较低的买主，通常能以较低的价格买。

②让步太快的卖主，通常让步的幅度积累起来也大，成交价也较低。

③小幅度地让步，即使在形式上让步的次数比对手多，其结果也较有利。

④在重要的问题上先让步的一方,通常是最终吃亏的一方。

⑤如果将自己的预算告诉对方,往往能使对方迅速作出决定。

⑥交易的谈判进程太快,对谈判的任何一方都不利。

⑦要么不让,要么大让者,失败的可能性也较大。

除此之外,采购人员对供应商所作的让步应是供应商所需要的,如果在不能满足供应商需要的方面让步,不仅不能获得对方的响应,也白白地损失了自己的利益。因此,采购人员在与供应商接洽业务、谈判价格时,要善于以最小的让步、最理想的让步来达成交易。让步可以附加某些可以增加收益的条件,如:

如果我们在订货数量上增加 50% 时,那你们能再优惠多少?

如果我们以每台 500 元的优惠价格成交,那么我们能买 2000 台。

这种投石问路的让步方法,对于试探供应商可能的价格承受能力和成交量是较为有效的。并且以假设的语气,商谈双方的价格让步,给双方都留有了余地。

谈判是一个复杂的、吸引人的话题,因为它涉及人,还有很多变量。下列清单被认为与成功谈判直接相关,可供采购人员借鉴:

①能充分地计划。

②能应付压力。

③能集中精力聆听。

④很好地理解别人。

⑤很好地观察。

⑥能够处理对峙。

⑦有很强的商业判断力。

⑧避免极端。

⑨具有创造性的思考。

⑩要对曾经建立起来的条款承担义务。

⑪擅长处理风险。

⑫拥有更高的抱负。

⑬能有效地运用时间。

4.有效谈判的特征

有效谈判通常发生在以下几种情况中:双方对经济利益的解决都很满意,商业合作关系得到加强。

Fisher 和 Ury 认为,识别有效谈判有三个依据:"聪慧",即双方都满意的谈判结果;"高效",即没有花费更多的时间或不必要的成本;"融洽",即有效地促进而不是抑制良好的人际关系。

➱ 案例分析

NEC 产品进口价格谈判

20 世纪 80 年代,我国某电子产品进出口公司与日本著名的 NEC 公司进行洽谈,准备订购一批产品投放市场。在 80 年代,消费者对日本 NEC 公司的产品知道得还很少,尽管它在世界市场上销路不错,但在中国市场上还是一片空白。

在谈判中,双方对产品价格发生分歧。日商代表坚持以当时国际市场的价格报价,而我方则要求其降低售价。双方各执一词,相持不下。日商认为他们的报价是国际市场的价格,不能让步。而我方代表则十分诚恳地说:"不错,你们的报价确实是国际市场的价格。但你们是否考虑过,虽然你们的产品在国际市场上已经有了很好的销路,但在中国市场上还没有你们的产品,中国消费者还不了解你们产品的优点。所以,我方进口你们的产品后,准备先进行一系列的广告宣传,使中国消费者了解你们的产品。一旦宣传成功,则中国市场的潜力是非常大的,到那时,NEC 产品的需求量将会迅速上升,而作为中国最具实力的电子产品进出口公司,我们也肯定能给贵公司下大量订单。"

"而眼下你们提出的价格肯定会影响该产品在中国市场的竞争。因为我们要进行大规模的广告宣传,费用将进入产品的售价中。这样一来,你们的产品价格就会高于其他同类产品,而中国消费者对这个产品的优点还不够了解,这样很可能导致试销失败。如果我们试销失败了,其他公司也不会轻易再作尝试,这个产品在中国市场上相当长的一段时间里仍然会是个空白。希望你们慎重考虑,怎样做才比较合适。"

日方听了我方有理有据且十分诚恳的阐述后,意识到这次洽谈并不仅仅是一次普通的商品交易,而是关系到开拓中国市场、长期发展合作的大事。牺牲眼前利益,降低产品售价,做出小的让步,会赢得与日俱增的广阔的市场,孰重孰轻,一目了然。

日方当即表示:为了配合开拓中国市场,可以先以成本价小批量供应一批产品,以后再逐步向国际市场靠拢。为了帮助中方进行产品宣传,日方还愿意提供一笔无息贷款,以解决广告费用问题。

经我方公司的大力宣传,加上 NEC 产品的优良性能,在很短的时间内,NEC 公司的产品就得到了中国消费者的认可,NEC 公司获得了丰厚的利润。

(案例来源:陈达强等.采购与供应案例.北京:中国物资出版社,2009.)

➡️ **思考题**

1.确定采购价格的方法有哪些?
2.谈判的基本原则是什么?
3.采购谈判应当注意哪些技巧?

第 14 章

采购合同管理

⟡▷ 本章要点

本章首先概述了采购合同的内涵、特征及分类,然后阐述了采购合同的内容、采购合同的订立和履行,最后探讨了采购合同的争议与索赔处理、采购合同的变更、终止和仲裁等问题。

采购合同是企业(供方)与分供方,经过双方谈判协商一致同意而签订的"供需关系"的法律性文件,合同双方都应遵守和履行,并且是双方联系的共同语言基础。签订合同的双方都有各自的经济目的,采购合同是经济合同,双方受经济合同法保护和承担责任。它决定了企业与供应商的关系,并且涉及大量资金,因此合同管理至关重要。本章主要讲述采购合同的制定以及如何促进采购合同的履行。

14.1 合同概述

14.1.1 合同的概念及特征

1. 合同的概念

我国《合同法》规定:"合同是平等主体自然人、法人、其他组织之间设立、变更终止民事权利义务关系的协议。"也就是说,合同本质上是一种协议,是当事人意思表示一致的产物。

2. 合同的特征

合同的本质是一种合意或协议。实际上,"协议"一词常常也就是指"合意"。由于合同是合意的结果,必须包括以下要素:

①合同的成立必须有两个或两个以上的当事人。

②各方当事人须互相作出意思表示,双方的意思表示是交互的,才能成立合同。

③各方的意思表示是一致的,也就是当事人达成一致的协议。

由于合同是两个或两个以上意思表示一致的产物,因此当事人必须在平等自愿的基础上进行协商,才能使其意思表示达成一致。如果不存在平等自愿,也就没有真正的合意。

3.合同活动的基本原则

合同活动的基本原则包括:

①合同当事人的法律地位平等,一方不得将自己的意志强加给另一方。

②当事人依法享有自愿订立合同的权利,任何单位或个人不得非法干预。

③当事人应当遵循公平原则确定各方的权利义务。

④当事人行使权利履行义务应当遵循诚实信用原则。

⑤当事人订立、履行合同,应当遵守法律、行政法规,尊重社会公德,不得扰乱社会经济秩序,损害社会公共利益。

⑥当事人应当按照约定履行自己的义务,不得擅自变更或解除合同,依法成立的合同,受法律保护。

4.合同的形式

关于合同的形式,《合同法》规定:"当事人订立合同,有书面形式、口头形式和其他形式。法律、行政法规规定采用书面形式的应当采用书面形式。"

(1)口头形式

以语言为意思表示订立合同,而不用文字表达协议内容的形式。口头形式简便易行,在日常生活中经常被采用。集市的现货交易、商店里的零售等一般都采用口头形式。

合同采取口头形式,不需当事人特别说明。凡当事人无约定、法律未规定采用特定形式的合同,均可采用口头形式。但发生争议时,当事人必须举证证明合同的存在及合同关系的内容。

口头形式的缺点是发生合同纠纷时难以取证,不易分清责任。所以,对于不能即时清结的合同和标的数额较大的合同,不宜采用这种形式。

(2)书面形式

书面形式,是指以文字表现所订合同的形式。合同书以及任何记载当事人要约、承诺和权利义务内容的文件都是合同的书面形式的具体体现。《合同法》第 11 条规定,书面形式是指合同书、信件以及数据电文(包括电报、电传、传真、电子数据交换和电子邮件)等可以有形地表现所载内容的形式。

书面合同的表现形式,常见的有以下几类:

1)表格合同

表格合同是当事人双方合意的内容及条件,主要体现为一定表格上的记载,能全面反映当事人权利义务的简易合同。表格合同及其附件、有关文书、通用条款才组成完整的合同。

2)车票、保险单等合同凭证

车票、保险单等合同凭证不是合同本身,它的功能在于表明当事人已存在的合同关系。合同凭证是借以确认双方权利、义务的一种载体。虽然双方的权利、义务并未完全反映在合同凭证上,但因法律及权力机关制定的规章已有明确的规定,因而可以确认合同凭证标示双方的权利、义务关系。

3)合同确认书

当事人采用电信、数据电文形式订立合同的,须有确认文件,称确认书。此确认书与电信、数据电文一起构成合同文件。

4)格式合同

如运输合同,其主要内容按国家有关部门的规定制作,但并未与托运人协商。托运人托运货物,要按照表格上规定的项目逐项填写,经承运人确定后,合同即告成立。铁路及航空货物运输中的货运单就是格式合同。

书面形式的最大优点是合同有据可查,发生纠纷时容易举证,便于分清责任。因此,对于关系复杂的合同、重要的合同最好采取书面形式。但双方当事人均承认的口头合同,已经履行了主要义务的口头合同,法律认可的其他口头合同均有效。

(3)推定形式

当事人未用语言、文字作出意思表示,仅用行为向对方发出要约,对方接受该要约,作出一定或指定行为或承诺,合同即告成立。

14.1.2 合同的分类

1.有名合同与无名合同

有名合同,是指法律上已经确定了的具有一定名称的合同。如《合同法》规定的买卖合同,供用电、水、气、热力合同等15类合同。无名合同,又称非典型合同,是指法律上尚未确定一定的名称与规定的合同。如在广告中使用他人肖像、信用卡、企业咨询等现代新型合同,都是法律没有规定的无名合同。

2.双务合同与单务合同

所谓双务合同,是指当事人双方互负对等给付义务的合同,即一方当事人愿意负担履行义务,旨在使他方当事人因此负有对等给付的义务。或者说,一方当事人所享有的权利,即为他方当事人所享有的义务,如买卖、互易、租赁合同等均为双务合同。

所谓单务合同,是指合同当事人仅有一方负担给付义务的合同。换言之,单务合同是指当事人双方并不互相享有权利和义务,而主要由一方负担义务,另一方并不负有相对义务的合同。例如在借用合同中只有借用人负有按约定使用并按期归还借用物的义务。

3.有偿合同与无偿合同

根据当事人是否可以从合同中取得某种利益,可以将合同分为有偿合同与无偿合同。有偿合同,是指一方通过履行合同规定的义务而给对方某种利益,对方要得到该利益必须为此支付相应代价的合同。有偿合同是商品交换最典型的法律形式。在实践中,绝大多数反映交易关系的合同都是有偿合同。无偿合同,是指一方给付对方某种利益,对方取得该利益时并不支付任何报酬的合同。在无偿合同中,对方当事人虽不支付报酬,但也要承担义务,如借用人无偿借用他人物品,负有正常使用和按期返还的义务。还需要说明的是,有合同既可以是无偿的,也可以是有偿的,如公民之间的保管合同大多为无偿,而法人之间的保管大多为有偿。

4.诺成合同与实践合同

所谓诺成合同,是指当事人一方的意思表示,一旦经过对方同意,即能产生法律效果的合同,即"一诺即成"的合同。此种合同的特点是,当事人双方意思表示一致合同即告成立。所谓实践合同,又称要物合同,是指除当事人双方意思表示一致以外,尚需交付标的物才能成立的合同。在这种合同中,仅凭双方当事人的意思表示一致,还不能产生一定的权利义务关系,还必须有一方实际交付标的物行为,才能产生法律效果。例如,小件寄存合同,必须寄存人将寄存的物品交保管人,合同才能成立并生效。由于绝大多数合同都从双方形成合意时成立,因此,诺成合同是一般合同形式,而实践合同则必须有法律特别规定,可见实践合同是一种特殊合同。

5.要式合同与不要式合同

根据合同成立是否应以一定形式为要件,可将合同分为要式合同与不要式合同。所谓要式合同,是指应当或者必须根据法律规定的方式进行操作才能成立的合同。对于一些重要的交易,法律常常要求当事人必须采取特定方式成立合同。例如,中外合资经营企业的合同,属于应当由国家批准的合同,只有获得批准时,合同才能成立。所谓不要式合同,是指当事人订立的合同,依法不需要采取特定的形式。当事人可以采取口头方式,也可以采取书面形式。合同除法律有特别规定以外,均为不要式合同。要式与不要式合同的区别在于是否应以一定的形式作为合同成立或生效的条件。根据合同自由原则,当事人有权选择合同形式,故合同以不要式合同为常态。对一些重要的交易,如不动产买卖,法律常规定当事人应当采取特定的形式订立合同。

14.2 采购合同的内容

14.2.1 采购合同的概念及特征

1.采购合同的概念

合同的种类很多,但人们在生活中最常见的就是经济合同,它是法人之间为实现一定的经济目的,明确双方权利义务关系的协议。采购合同是一种经济合同,是供需双方为执行供销任务,明确双方权利和义务而签订的具有法律效力的书面协议。采购合同俗称买卖合同,是商品交换最普遍的形式,也是典型的有偿合同。

2.采购合同所属的合同类型

(1)采购合同是有偿合同

采购合同的实质是以等价有偿方式转移标的物财产所有权,即出卖人转移标的物所有权于买方,买方向出卖人支付货款。

(2)采购合同是双务合同

在采购合同中,买方和卖方都享有一定的权利,承担一定的义务。而且,其权利和义务存在对应关系,即买方的权利就是卖方的义务,买方的义务就是卖方的权利。

(3)采购合同是诺成合同

采购合同自双方当事人意思表达一致,就可以生效,不需要交付标的物,因而是诺成合同。

(4)采购合同一般是不要式合同

通常情况下,采购合同的成立、有效并不需要具备一定形式,但法律另有规定的除外。

3.采购合同的主要特征

采购合同有以下主要特征:

(1)是转移标的物所有权和经营权的合同

采购合同的基本内容是出卖人向买受人转移合同标的物的所有权或经营权,买受人向出卖人支付相应的货款,因此它必然导致标的物的所有权或经营权转移。

(2)主体比较广泛

从国家对流通市场的管理和采购实践来看,除生产企业外,流通企业也是采购合同的重要主体,其他社会组织和具有法律资格的自然人也是采购合同的主体。

(3)与流通过程密切联系

流通是社会再生产的重要环节之一,对国民经济和社会发展有着重大影响,重要的工业品生产资料的采购关系始终是国家调控的重要方面。采购合同是采购关系的一种法律形式,以采购这一客观经济关系作为设立的基础,直接反映采购的具体内容,与流通过程密切联系。

14.2.2 采购合同的内容

合同、合约、协议等作为正式契约,应该条款具体,内容详细完整。一份完整的采购合同通常由首部、正文与尾部三部分构成,如表14-1所示。

1.首部

采购合同的首部主要包括:名称、编号、签约日期、买卖双方的名称、合同序言等。

2.正文

合同正文是供需双方议定的主要内容,是采购合同的必备条款,是供需双方履行合同的基本依据。合同正文主要包括以下内容:

(1)商品名称

商品名称是指所要采购的物品名称。按照国际上的惯例做法,合同中的品名条款通常都是在"商品名称"或"品名"的标题下,列明交易双方成交商品的名称,或在合同中直接写明双方交易的商品的具体名称。

(2)质量

质量是指商品所具有的内在质量与外观形态的结合,包括各种性能指标和外观造型。

表 14-1 采购合同

采购合同

GF－90－0101　　　　　　　工矿产品购销合同

供方：＿＿＿＿＿＿＿＿　　　　　　　　　　　合同编号：

需方：＿＿＿＿＿＿＿　　　·　　　　　　　　签订地点：

一、产品名称、商标、型号、厂家、数量、金额、供货时间及数量　　签订时间：　年　月　日

产品名称	商标牌号	规格型号	生产厂家	计量单位	数量	单价	总金额	交（提）货时间及数量					
								合计					

合计：人民币金额（大写）

二、质量要求技术标准、供方对质量负责的条件和期限

三、交（提）货地点、方式

四、运输方式及到达站（港）和费用负担

五、合理损耗及计算方法

六、包装标准、包装物的供应与回收

七、验收标准、方法及提出异议期限

八、随机备品、配件工具数量及供应办法

九、结算方式及期限

十、如需提供担保，另立合同担保书，作为本合同附件

十一、违约责任

十二、解决合同纠纷的方式

十三、其他约定事项

供　方	需　方	鉴（公）证意见
单位名称（章） 单位地址： 法定代表人： 委托代理人： 电话： 电报挂号： 开户银行： 账号： 邮政编码：	单位名称（章） 单位地址： 法定代表人： 委托代理人： 电话： 电报挂号： 开户银行： 账号： 邮政编码：	经办人： 鉴（公）证机关（章） 　　　　　　年　月　日 注：除国家另有规定外，鉴（公）证 　　实行自愿原则

本合同一式　份　　　　　　　　　　有效期：　年　月　日至　年　月　日

监制部门：××工商行政管理局　　　　　印制单位：×××文化用品批发公司

①质量条款的基本内容。合同中的质量条款，通常应列明商品名称、规格或等级、标准、牌名等。

②品质机动幅度和品质公差。为了避免交货品质与采购合同不符，可以在合同的品质条款中做一些变通的规定，其常见的做法是规定品质机动幅度和品质公差。

③在订立品质条款时应注意的问题是：根据商品特性确定表示品质的方法。要准确具体地描述品质要求，既忌笼统含糊，如大约、左右，又忌绝对化。重视品质机动幅度和品质公差在表示品质方面的作用，凡是能采用和应该采用品质机动幅度和品质公差表示的商品，一般都要注明具体的机动幅度或公差允许值，以免日后产生争议。

（3）价格

价格包括单价和总价。单价是指交易物品每一计量单位的货币数值。总价是指全部商品价值的总和。

在国际采购时，价格条款要复杂得多，虽然合同中的价格条款也是单位价值和总价值两项内容，但单价要由计价货币、单位商品货币金额、计量单位、价格术语四部分组成。因此，在订立价格、如何选择货币、价格术语时应作出正确判断，并明确加以规定。

在此，我们将简单介绍作价方法、计价货币的选择、价格术语的选用。

1）作价方法

在价格条款中，对单价的表述除了较多地使用固定作价外，也可以采用较为灵活的浮动价格和暂定价格。

①固定作价。在国际货物购销中，如果没有特殊规定，合同中的价格一般理解为固定价格，即从订约到付款这段时间内的价格是不变的，任何一方不得以市场发生巨大变化为由更改原定价。这就要求双方订立合同时，尽量考虑市场可能发生的变化，交货期也不要拉得太长。有时，购销双方为了进一步明确其价格的固定性，防止以后发生争议，也可在价格条款中对此作出明确规定，如"合同签订的任何一方不得调整价格"。

②暂定价格和浮动价格。暂定价格是指合同中约定的价格极不稳定，难以预测。订约时，买卖双方暂时确定一个价格，待日后交货前一段时间再由双方按当时的市场情况商定一个价格，这一价格即作为最后结算价格。

浮动价格是指某些货物由于价格极不稳定，交货期较长或交货时间较远，为了避免任何一方因此造成巨大损失，而采用浮动作价的方法。采用这一方法作价时，必须在合同中规定一个基础价格，并明确价格上浮或下浮依据。例如，"以结算时的物价指数为依据加价或减价若干"，"以结算时某交易所的价格为基础调整价格"。

2）计价货币的选择

在国际贸易中，买卖双方使用何种货币，主要依据双方自愿进行选择，一般说来有三种情况：使用卖方国家货币、使用买方国家货币和使用第三国货币。对任何一方来说，使用本国货币，承担的风险较小，使用外币则可能承担外汇汇率变动所带来的风险，因为当今国际金融市场普遍实行浮动汇率制，汇率上下浮动是必然的，任何一方都有可能因汇率浮动造成损失。因此，在国际购销业务中，购销双方都必须考虑如何选择货币，以最大限度地减少外汇风险。

3）价格术语的选用

国际贸易中，可供购销双方选用的价格术语很多，由于各种价格术语都有其特定的含义，不同的价格术语，买卖双方所承担的责任、义务和风险也不同，价格术语选择正确与否直接关系到购销双方的经济利益。因此，我们在选择价格术语时应考虑以下因素：

①体现我国的对外政策，按照平等互利的原则在双方自愿的基础上选择价格术语。

②选择双方熟悉的,对购销双方都较为便利的价格术语,如 FOB、CIF、CFR 三种价格术语,已成为各国商人经常使用的价格术语,且双方风险的划分界限是以装运港船舷为界,有利于双方履行合同。

③选择价格术语时应考虑我国保险业、运输业的情况,有利于促进我国保险业和运输业的发展。

④选用价格时应考虑运费因素。运费在价格中占有很大比重,因此,在选择价格术语时应事先预算运费,采用节约运费的价格术语。

(4)数量

数量条款是构成交易的组成部分,是购销双方交接货物对数量评价的依据,也是处理有关数量争议的依据。商品不同,计量的单位也不同,通常有六类计量单位,分别是:

①按重量计算,如吨、公斤、磅、盎司等,多应用于天然产品及制品,如矿砂、钢铁、羊毛等。

②按个数单位计算,如件、双、套、打、罗、令等,多用于一般杂货及工业制品。

③按长度计算,如米、英尺、码等,多应用于金属绳索、纺织品等商品。

④按面积计算,如平方米、平方英尺等,多用于纺织品、玻璃等商品。

⑤按体积计算,如立方米、立方英尺等,按体积成交的商品不多,仅用于木材、化学气体等商品。

⑥按容积计算,如公升、加仑、蒲式耳等,多用于小麦、谷类及大部分液体商品。

此外,还需要规定交易和规定数量的方法。

1)规定交易的方法

①净重:即去皮重,仅商品本身的重量。

②毛重:指连皮的重量,即净重＋皮重＝毛重。

③以毛作净:即以毛重作为净重,计量计价。当包装材料与商品价值相近时,可采取以毛作净的方法。

④重量:如生丝、羊毛、棉花易于吸收水分,可采取抽样将水分烘干,再加上双方议定的一定百分比的标准水分,计算出重量。

⑤理论重量:如马口铁、钢板等,有固定的规格尺寸,只要尺寸符合,其重量大致相同,根据张数或件数推算出的重量为理论重量。

2)规定数量的方法

①规定准确的数量,不多不少,也称定量法。一般单位价格高,清点容易的商品,多采用定量法。

②在一定限度内可多交或少交,叫约量法。在国际市场上这种多交或少交的幅度是由有关商业协会或贸易惯例所规定的,例如,在谷物交易中上下可差 5%,在木材买卖时多至 10%,一般商品在 3%～5% 之间。

在规定数量条款中应注意的问题:

①数量条款的规定要明确具体,包括计算数量的单位和方法,都应该明确具体,避免用"约"字。

②要正确处理成交数量和合同价格的关系。大批量成交,价格应有优惠;小批量成

交,价格可以稍高。

③根据商品的特点,规定溢短装条款,但不是所有商品都加溢短装条款。例如,进口1000辆轿车,就不应有溢短装条款。

(5)包装

包装条款一般应包括包装方式和运输标志两项内容。

1)包装方式

①包装种类。包装的商品包括外包装和内包装。外包装,包括单件运输包装和集合运输包装两类。单件运输包装常用的有:箱、桶、袋、筐、篓、坛、瓶等。集合运输包装常用的有:集装包装和包装袋、托盘运输包装、集装箱运输包装。

散装,如煤、矿砂、木材、盐、大豆等商品,没有包装,直接装船、车。

裸装,"裸装货"是指成件的商品,不加包装而运输,如汽车、内燃机车等。

②商品合同包装条款的内容包括包装标识、包装方式、包装材料要求、包装容量、包装质量、环保要求、包装成本、分拣运输成本等。

③订立包装条款应注意的问题:

• 明确包装材料和包装方式。约定包装材料和方式要明确具体,不宜笼统地规定"适合海运包装"、"习惯包装"之类的术语。因为这类术语含义模糊、容易引发争议。

• 包装费用的负担问题。包装费用一般包括在货价之内,不另计价。但如果购方提出需要特殊要求,额外的包装费由购方负担。另外,即使由购方承担费用,如果供方包装技术达不到要求,也不要轻易接受,以免引起纠纷。

2)运输标志

按照国际交易习惯,唛头一般由供方决定,而不必在合同中具体规定,但如果购方要求使用其指定的唛头,则应在合同中明确规定唛头的具体式样和内容,或规定购方提供唛头式样和内容的期限,以免延误供方按时交货。

(6)装运

装运是指把货物装上运载工具,并运到交货地点。该条款的主要内容有:运输方式、装运地点与目的地、装运方式(一次装运还是分批装运,是直达还是中转)。

运输方式中,海洋运输有班轮运输、租船运输,铁路运输有国内铁路运输、国际铁路运输及国际多式联运,还有航空运输等。

装运时间又叫装货期,是指供方按购销合同规定将货物交付给购方或承运人的期限。这是合同的主要条款,如果供方违反这一条件,购方有权撤销合同并要求供方赔偿损失。履行FOB、CIF、CFR合同时,供方只需在装运港将货物装上船,取得代表货物所有权的单据,就完成交货任务。

装运港和目的港通常分别各规定一个,按照实际需要,也可分别规定两个或两个以上港口。

分批装运和转运。分批装运是将同一合同项下的货物分若干批次装运。转运指货物在装运港装船后,在中途将货物卸下装上其他运输工具,以完成运输任务。

(7)到货期限

到货期限是指指定的最晚到货时间,以不延误企业生产经营为准,但亦不可提前太多,否则将增加购方的库存费用。

(8)到货地点

到货地点是指货物到达的目的地。

(9)检查和验收

检查和验收涉及数量、质量、包装等条款。在国际采购商品中,检验是指由商品检验机构对进出口商品的质量、数量、包装、残损、环保等进行检验、分析与公证,并出具检验证明。

进出口合同中的检验条款包括:有关检验权的规定,检验或复验的时间、地点,检验机构,检验、检疫证书等。

(10)付款方式

国际贸易中的支付是指采用一定的手段,在指定的时间、地点,使用正确的方式支付货款。

①支付工具包括货币和票据两种。但货币作为一种支付工具较少使用,在国际贸易中主要的支付工具则是票据。票据是各国通行的结算工具和信用工具,它主要包括汇票、本票和支票。

汇票,是出票人向付款人发的。要求付款人在见票时或者在指定日期无条件支付确定金额给收款人或持票人的票据。

本票,是出票人签发的,承诺出票人在见票时,无条件支付确定金额给收款人或持票人的票据。

支票,是出票人签发的,委托办理支票存款业务的银行或其他金融机构在见票时,无条件支付确定金额给收款人或持票人的票据。

②付款方式。银行提供信用方式(如信用证)或银行不提供信用,但可作为代理方式(如直接付款和托收)。

③支付时间。预付款、即期付款或延期付款。

④支付地点。付款人指定银行所在地。

(11)保险

保险是企业向保险公司投保,并交纳保险费,货物在运输过程受到损失时,保险公司向企业提供经济上的补偿。该条款的主要内容是:确定保险类别及其保险金额,指明投保人并支付保险费。根据国际惯例,凡是按 CIF、CIP 条件成交的出口货物一般应由供应商投保;按 FOB、CFR、CPT 条件成交的进口货物由采购方办理保险。

(12)仲裁

仲裁是指发生争议的双方当事人,根据其在争议发生或争议发生后所达成的协议,自愿将该争议提交中立的第三者进行裁判的争议解决制度和方式。仲裁条款是购销双方自愿将其争议事项提交第三方进行裁决的条款。仲裁协议是仲裁条款的具体体现,它的主要内容是仲裁机构适用的仲裁程序、仲裁地点、解决效力等。

(13)不可抗力

不可抗力是指合同执行过程中发生的不可预见的、人力难以控制的意外事故,如台风、洪水、地震、战争等,遭遇不可抗力的一方可因此免除合同责任。该条款包括的主要内容有:不可抗力的含义、适用范围、法律后果、双方的权利义务能力等。

3.尾部

合同尾部的主要内容有:合同的份数、使用语言及效力、附件、合同的生效日期、双方签字盖章。

14.3 采购合同的资格审查、订立与履行

14.3.1 采购合同资格审查

合同依法订立后.双方必须依法严格执行。因此采购人员在订立合同之前,必须审查供应商的合同资格、资信及履约能力,按合同法的要求,逐条订立合同的必备条款。

1.订立合同的资格审查

审查供应商的合同资格,为了避免与不具备签订合同资格的个人或组织签订合同,以免日后发生不必要的经济纠纷,必须审查供应商是否属于经国家审批程序成立的法人组织。

(1)法人资格审查

没有取得法人资格的社会组织,已被吊销营业执照取消法人资格的企业或组织,无权签订购销合同。尤其要特别警惕根本没有办理工商登记手续或未经批准的所谓公司,他们或私刻公章,冒充法人,或假借他人名义订立合同,旨在骗取采购方的资金。同时,要注意识别那些没有设备、技术、资金和组织机构的"四无"企业,他们往往在申请营业执照时弄虚作假,以假验资、假机构骗取营业执照,虽签订供货合同并收取货款或订金,但根本不具备供货能力。

(2)法人能力审查

法人能力审查主要是审查供应商的经营活动是否超出营业执照批准的范围。超越业务范围的合同属于无效合同。法人能力审查还包括对签约的具体经办人的审查,购销合同必须由法人的法定代表人或法定代表人授权承办人签订。承办人在代表法人代表签订合同时应出示身份证、法人代表的委托书和营业执照或副本。

2.供应商的资信和履约能力审查

资信,即资金和信用。审查供方当事人的资信情况,了解供应商对供货合同的履约能力,对于确定购销合同中的权利义务条款具有非常重要的作用。

(1)资信审查

对于资信的审查,一方面要求供应商要有固定生产经营场所、生产设备和与生产经营规模相适应的资金,这是法人对外签订供货合同起码的物质基础。同时,要注意审查其历史上的资信情况,在历史上是否信守承诺,是否有过对需求者及工商财税等部门的不诚信行为。

（2）履约能力审查

履约能力是指除资信以外的技术和生产能力、原材料及能源供应、工艺流程、加工能力、产品质量和经营管理水平等方面的综合情况。总之，就是要了解对方有没有履行合同所必需的人力、物力和财力保证。

14.3.2　采购合同订立

1.制作合同

一般供货方都有采购方认可的购销合同形式，供购双方只要按合同的格式填写就可以了。通常的格式有产品名称、商标牌号、规格型号、生产厂家、计量单位、数量、单价、总金额、交货时间及数量。

2.审批合同

采购合同的审批由专人负责，一般由采购主管负责。量大和比较重要的物资的采购合同，要报企业主要负责人审阅。

主要的审查内容有：供应商是否为原确定的采购环境的供应商；供应商是否经过调查、考查和认证；采购合同中的品种、数量、质量要求是否与订单相符；价格应在允许的范围之内；交货期要保证生产经营的需要；违约责任的描述要严密，有利于本企业等。合同从整体上看能确保订单执行人员依照订单计划在采购环境中操作。

3.签订并执行合同

一般草签合同都是在供应商处完成。因为在草签合同之前都有一个对供应商调查、考查和协商谈判的过程，无论是对新供应商或老供应商都是如此。在协商谈判达成共识之后，法人代表的授权承办人就可以草签合同。在草签合同之前，要出示身份证、授权委托书和营业执照副本（一般营业执照是不准外出携带的）。合同草签之后，亲自带回企业，经审批盖上法人章之后，寄回或送回，供应商盖上法人章后，合同即告生效。合同随即转入执行阶段。

14.3.3　采购合同履行

1.采购合同履行的一般原则

采购合同生效后，当事人对质量、价款、履行期限和地点等内容没有约定或约定不明确的，可以协议补充；不能补充协议的，按照合同有关条款或者交易习惯确定。

①质量要求不明确的，按照国家标准、行业标准；没有国家、行业标准的，按照通常标准或者符合合同目的的特定标准履行。

②价款或者报酬不明确的，按照订立合同时的市场价格履行；依法应当执行政府定价或者政府指导价的，按规定履行。

③履行地点不明确的，在履行义务一方所在地履行。

④履行期限不明确的，债务人可以随时履行，债权人也可以随时要求履行，但应当给对方必要的时间。

⑤履行方式不明确的，按照有利于实现合同目的的方式履行。

⑥履行费用的负担不明确的,由履行义务一方负担。

2.标的物所有权属的转移

标的物所有权属的转移包括以下内容:

①标的物的所有权自标的物交付时转移。

②当事人可以在买卖合同中约定买受人未履行支付价款或者其他义务时,标的物的所有权属于出卖人。

③出卖人应当按照约定或者交易习惯履行向买受人交付标的物或者交付提取标的物的单证,并转移标的物所有权的义务。

④出卖人应当按照约定或者交易习惯向买受人交付提取单证以外的有关单证和资料。

⑤出卖具有知识产权的计算机软件等标的物时,除法律另有规定或者当事人另有约定外,该标的物的知识产权不属于买受人。

⑥出卖人应当按照约定的期限交付标的物。约定交付期间的出卖人可以在约定期限内的任何时间交付。

⑦标的物在订立合同之前,已为买受人占有的,合同生效的时间为交付时间。

⑧出卖人应当按照约定的地点交付标的物。

⑨当事人没有约定交付地点或者约定不明确的,可以补充协议;不能达成补充协议的,可按照合同有关条款或者交易习惯确定。上述办法均不能确定的,适合下列规定:第一,标的物需要运输的,出卖人应当将标的物交给第一承运人以运交给买受人;第二,标的物不需要运输的,出卖人和买受人订立合同时,知道标的物在某一地点的,出卖人应该在该地点交付标的物;不知道标的物在某一地点的,应当在出卖人订立合同时的营业地交付标的物。

3.标的物的质量、数量、包装条款的履行

(1)标的物质量条款的履行

标的物质量条款的履行,首先以当事人在合同中的约定为准;如果没有明确约定,但卖方提供了质量说明的,该说明可以作为质量要求。另外,卖方的产品介绍、产品说明书等,均构成对标的物的明示担保。如果实际的标的物与这些说明不符,即构成违约。

因标的物质量不符合质量要求,致使不能实现合同目的的,买受人可以拒绝接受标的物或者解除合同。买受人拒绝接受标的物或者解除合同的标的物坏损、灭失的风险由出卖人承担。

对于不合格标的物的处理有三种办法:一是降低价格销售;二是做返修处理,达到合格标准后再行发货;三是作退货处理,供应商补充发货。

(2)标的物数量条款的履行

在供应商提供的标的物的数量超过合同规定时,可采取两种办法:一种是增加付款,接收多余部分;另一种办法是退回多余部分,这时要及时通知供应商。

(3)标的物包装条款的履行

当事人应当在合同中对包装要求作出明确规定,没有约定或约定不明确的,可以协议补充,达不成协议的,按交易习惯来定。仍不能确定的,卖方有义务采取通用的包装形式。没有通用包装方式的,卖方有义务提供足以保护标的物的包装方式。如因卖方提供的包装不符合要求,导致标的物受损的,卖方应承担责任。

4.标的物的检验

买受人收到标的物时,应当在约定的检验期间内检验。没有约定检验期间的,应当及时检验。当事人约定检验期间的,应当在检验期间内将标的物的数量或者品质不符合约定的情形通知出卖人。买受人怠于通知的,视为标的物的数量或品质符合规定。当事人没有约定检验期间的,买受人在发现或者应当发现标的物的数量或者品质不符合约定的合理期间内通知出卖人。出卖人知道或者应当知道提供的标的物不符合约定的,买受人不受上述通知的限制。

5.承担标的物的风险

标的物毁损、灭失的风险,在标的物交付之前,由出卖人承担,交付之后由买受人承担,但法律另有规定或者当事人另有约定的除外。

①因买受人的原因致使标的物不能按照约定的期限交付的,买受人应当自违反约定之日起承担标的物坏损、灭失的风险。

②出卖人出卖交由承运人运输的在途标的物,除当事人另有约定的以外,毁损、灭失的风险自合同成立起由买受人承担。

③当事人没有约定交付地点或者约定地点不明确,标的物需要运输的,出卖人将标的物交给第一承运人之后,标的物的坏损、灭失的风险由买受人承担。

④出卖人按照约定或者依照《合同法》有关规定将标的物置于交付地点,买受人违反约定没有收取的,标的物坏损、灭失的风险自违反约定之日起由买受人承担。

⑤出卖人按照约定,未交付有关标的物单证和资料的,不影响标的物毁损、灭失风险的转移。

⑥因标的物品质不符合要求,致使不能实现合同目的的,买受人可以拒绝接受标的物或解除合同。买受人拒绝接受标的物或者解除合同的,标的物坏损、灭失的风险由出卖人承担。

⑦标的物坏损、灭失的风险由买受人承担的,不影响出卖人因履行债务不符合规定,买受人要求其承担违约责任的权利。

14.4　采购合同的索赔处理

14.4.1　违反合同的责任划分

采购业务中处理好争议索赔是一项重要工作。索赔一般有三种情况:购销双方之间的贸易索赔、向承运人的运输索赔和向保险人的保险索赔。因此,一定要分清谁应该承担圭反合同的责任,从而确定应该由谁进行赔偿。

1. 违反采购合同的责任

（1）供方责任

供方责任包括：

①商品的品种、规格、数量、质量和包装等不符合合同规定，或未按合同规定日期交付，应偿付违约金、赔偿金。

②商品错发到货地点或接货单位，除按合同规定负责运到规定地点或接货单位外，还要承担因此而多付的运杂费，如果造成逾期交货，应偿付逾期交货违约金。

（2）需方责任

需方责任包括：

①中途退货应偿付违约金、赔偿金。

②未按合同规定日期付款或提货，偿付违约金。

③错填或临时变更到货地点，承担因此多支出的费用。

2. 违反运输合同的责任

当商品需要从供方所在地运送到需方指定的地点时，如未能按采购合同的要求到货，要分清是货物承运方的责任还是托运方的责任。

（1）承运方的责任

承运方的责任包括：

①不按运输合同规定的时间和要求发运的，偿付托运方违约金。

②商品错运到货地点或接货人，应无偿运至合同规定的到货地点或接货人，如果货物运到时已逾期，偿付逾期交货的违约金。

③运输过程中商品灭失、短少、变质、污染、损坏，按实际损失赔偿。

④联运的商品发生灭失、短少、变质、污染、损坏，应由承运方承担赔偿责任的，由终点阶段的承运方按照规定赔偿，再由终点阶段的承运方向负有责任的其他承运方追偿。

⑤在符合法律和合同规定条件下运输，由下列原因造成商品丢失、短少、变质、污染、损坏的，承运方不承担违约责任：如不可抗力的地震、洪水、风暴等自然灾害；商品本身的自然性质；商品的合理损耗；托运方或收货方本身的错误。

（2）托运方的责任

托运方的责任包括：

①未按运输合同规定的时间和要求提供货物和运输条件，偿付给承运方违约金。

②由于在商品中夹带、匿报危险商品、错报笨重货物重量而招致商品摔损、爆炸、腐蚀等事故，承担赔偿责任。

③罐车发运的商品，因未随车附带规格质量证明或化验报告，造成收货方无法卸货时，托运方需偿付承运方卸车等存费和违约金。

（3）保险方的责任

已投财产保险时，保险方对保险事故造成的损失和费用在保险金额的范围内承担赔偿责任。其中海洋货物运输的保险条款包括三种基本险别，即平安险、水渍险和一切险，还有附加险。附加险分为一般附加险和特殊附加险两类。被保险方为了避免或减少保险责任范围内损失而进行的施救、保护、整理、诉讼等所支出的合理费用，依据保险合同的规定偿付。

14.4.2　索赔与理赔

索赔和理赔是一项维护当事人权益和信誉的重要工作,也是涉及面广、业务技术性强的细致工作。因此提出索赔和处理索赔时,必须注意下列问题:

1. 索赔期限

索赔期限是指争取索赔的当事人向违约方提出索赔要求的违约期限。关于索赔期限,应根据不同商品的具体情况作出不同的规定。一般的,农产品、食品等的索赔期限短些,一般商品的索赔期限长些,机器设备的索赔期限更长。如果逾期提出索赔,对方可以不予理赔。

2. 索赔的依据

提出索赔时,必须出具因对方违约而造成需方损失的依据,当争议条款为商品的质量条款或数量条款时,该证明要与合同中检验条款相一致,同时出示检验的出证机构。

3. 索赔及赔偿方法

关于处理索赔的办法和索赔的金额,除了个别情况外,通常在合同中只作笼统规定,而不作具体规定。因为违约的情况较为复杂,当事人在订立合同时往往难以预计。有关当事人应根据合同规定和违约事实,本着平等互利和实事求是的精神,合理确定损害赔偿金额或其他处理办法,如退货、换货、补货、整修、延期付款、延期交货等。

当商品因质量出现与合同规定不符造成采购方蒙受经济损失时,如果违约金能够补偿损失,则不再另行支付赔偿金;如违约金不足以抵补损失,还应根据所蒙受的经济损失额,支付赔偿金以弥补其差额部分。

14.5　采购合同的变更、终止和解除

14.5.1　采购合同的变更和终止

当事人协商一致,可以变更合同。当事人对合同变更内容约定不明确的,推定为未变更。

应当先履行债务的当事人,有确切证据证明对方有下列情形之一的,可以终止履行合同:

①经营状况严重恶化。

②转移财产、抽逃资金,以逃避债务。

③丧失商业信誉。

④有丧失或者可能丧失履行债务能力的其他情形。

当事人没有确切证据中止履行的,应当承担违约责任。当事人依据上述理由中止履

行的,应当及时通知对方。对方提供适当担保时,应当恢复履行。中止履行后对方在合理期限内未恢复履行能力并且未提供担保的,中止履行的一方可以解除合同。

14.5.2　采购合同的解除

有下列情形之一的,当事人可以解除合同:

①因不可抗力原因致使不能实现合同的。

②在履行期限届满之前,当事人一方明确表示或者以自己的行为表明不履行主要债务。

③当事人一方延迟履行主要债务、经催告后在合理期限内尚未履行。

④当事人一方延迟履行债务或其他违约行为致使不能实现合同的。

合同解除后,尚未履行的,终止履行;已经履行的,根据履行情况和合同性质,当事人可以要求恢复原状,采取其他补救措施,并有权要求赔偿损失。合同权利义务的终止,不影响合同中结算和清理条款的效力。

14.6　仲裁与仲裁裁决的执行

14.6.1　仲裁

经济仲裁,是指仲裁机构依照法定程序对当事人在经济活动中所产生的经济争议居中调解、进行裁决的活动。它是指仲裁委员会对合同纠纷和其他经济纠纷进行法律性质解决的一种具有约束力的司法活动。合同发生纠纷时,当事人应当及时给予协商解决,如果双方协商不成,应根据合同中订立的仲裁条款或纠纷发生后达成的仲裁协议向仲裁委员会申请调解和仲裁;也可以直接向人民法院起诉。通过仲裁活动,阐明事实,分清是非,明确责任,及时解决合同纠纷,保护当事人合法权益。为保证公正、及时的仲裁经济纠纷,保护当事人的合法权益,保障社会主义市场经济健康发展,1994年8月31日八届人大九次会议通过了《中华人民共和国仲裁法》(以下简称《仲裁法》)。

当采购方与供应商发生纠纷需要仲裁时,可按照一般的仲裁程序到相应的受理机构提出仲裁申请。仲裁机构受理后,经调查取证,先行调解,如调解不成,进行庭审,开庭裁决。

1.仲裁的受理机构

根据我国有关法律规定:凡是我国法人之间的经济合同纠纷案件,统一由国家工商行政管理局设立的经济合同仲裁委员会仲裁管辖;凡是有涉外因素的经济纠纷或海事纠纷事件,即争议的一方或双方是外国法人或自然人的案件,以及中国企业、公司或其他经济组织间有关外贸合同和交易中所发生的争议案件,由民间性(非政府)的社会团体——中国国际贸易促进委员会附设的对外经济贸易仲裁委员会和海事委员会仲裁管辖。

2.仲裁的程序

（1）提出仲裁申请

仲裁申请人必须是与本案有直接利害关系的当事人。所写申请书应当写明以下事项：申诉人名称、地址，法人代表姓名、职务；被诉人名称、地址，法人代表姓名、职务；申请的理由和要求；依据、证人姓名和住址。

（2）立案受理

仲裁机关收到仲裁申请后，经过审查，符合仲裁条例规定的，应当在7日内立案；不符合规定的，应在7日内通知申诉人不予受理，并说明理由。

案件受理后，应当在5日内将申请书副本发送被诉人；被诉人收到申请书副本后，应当在15日内提交答辩书和有关证据。

（3）调查取证

仲裁员必须认真审阅申请书、答辩书，进行分析研究，确定调查方案及搜集证据的具体方法、步骤和手段。

为调查取证，仲裁机关可向有关单位申请查阅与案件有关的档案、资料和原始凭证。有关单位应当如实地提供材料，协助调查，必要时，应出具证明。仲裁机关在必要时可组织现场勘察或者对物证进行鉴定。

（4）先行调解

仲裁庭经过调查取证，在查明事实、分清责任的基础上，应当先行调解，促使当事人双方互谅互让、自愿达成和解协议。

调解达成协议，必须双方自愿，不得强迫。协议内容不得违反法律、行政法规和政策，不得损害公共利益和他人利益。

达成协议后，仲裁庭应当制作调解书。调解书应当写明当事人的名称、地址、代表人或者代理人姓名、职务，纠纷的主要事实，责任协议内容和费用的承担。调解书由当事人签字，仲裁员、书记员署名，并加盖仲裁机关的印章。

调解书送达后即发生法律效力，双方当事人必须自动履行。调解未达成协议或者调解书送达前一方或双方后悔，仲裁庭应当进行仲裁。

（5）开庭裁决

仲裁庭决定仲裁后，应当在开庭前，将开庭审理的时间、地点以书面形式通知当事人。

在庭审过程中，当事人可以充分行使自己的诉讼权利，即申诉、答辩、反诉和变更诉讼的权利，委托律师代办诉讼的权利、申请保全的权利、申请回避的权利。仲裁庭认真听取当事人陈述的辩论，出示有关证据，然后以申诉人、被诉人的顺序征询双方最后意见，再行调解。调解不成的，由仲裁庭评议后裁决，并宣布裁决结果。闭庭后10日内将裁决书送交当事人。

14.6.2 仲裁裁决的执行

我国《仲裁法》规定，仲裁裁决书自作出之日起发生法律效力，当事人应当履行仲裁裁决。仲裁调解书与仲裁裁决书具有同等的法律效力,调解书经双方当事人签收,即应自觉予以履行。通常情况下,当事人协商一致将纠纷提交仲裁,都会自觉履行仲裁裁决。但实际上由于种种原因,当事人没有自动履行仲裁裁决的情况并不少见,在这种情况下,另一方当事人即可请求法院强制执行仲裁裁决。

1. 仲裁裁决执行的概念

所谓仲裁裁决的执行,即仲裁裁决的强制执行,是指人民法院经当事人申请,采取强制措施将仲裁裁决书中的内容付诸实现的行为和程序。

执行仲裁裁决是法院对仲裁制度予以支持的最终和最重要的表现,它构成仲裁制度的重要组成部分,执行仲裁裁决在仲裁制度上具有重要意义。

首先,执行仲裁裁决是使当事人的权利得以实现的有效保证。仲裁裁决的作出只是为权利人提供实现其权利的可能性,因为仲裁裁决被赋予法律上的强制力,可以迫使义务人履行自己的义务,但是,仲裁裁决只有在真正得到执行后,权利人才能由此实现自己的权利。

其次,执行仲裁裁决是仲裁制度得以存在和发展的最终保证。在义务人不主动履行仲裁裁决时,如果法律不赋予仲裁裁决强制执行的效力,仲裁裁决书无疑只是一纸空文。只有规定执行程序,才能体现仲裁裁决的权威性,才能在保证实现当事人权利的同时,也保证仲裁制度的顺利发展。

2. 执行仲裁裁决的条件

仲裁裁决的执行,必须符合下列条件:

(1)必须有当事人的申请

一方当事人不履行仲裁裁决时,另一方当事人(权利人)须向人民法院提出执行申请,人民法院才可能启动执行程序。是否向人民法院申请执行,是当事人的权利,人民法院没有主动采取执行措施,对仲裁裁决予以执行的职权。

(2)当事人必须在法定期限内提出申请

仲裁当事人在提出执行申请时,应遵守法定期限,及时行使自己的权利;超过了法定期限再提出申请执行时人民法院不予受理。关于申请执行的期限,我国《仲裁法》规定,当事人可以依照《民事诉讼法》的有关规定办理,即申请执行的期限,双方或一方当事人是公民的为1年,双方是法人或者其他组织的为6个月。此期限从法律文书规定履行期间的最后一日起计算;法律文书规定分期履行的,从规定的每次履行期间的最后一日起计算。

(3)当事人必须向有管辖权的人民法院提出申请

当事人申请执行仲裁裁决,必须向有管辖权的人民法院提出。如何确定人民法院的管辖权,根据《仲裁法》的规定,应适用《民事诉讼法》的有关规定。

《民事诉讼法》规定由人民法院执行的其他法律文书,由被执行人住所地或者被执行人财产所在地人民法院执行。也就是说,当事人应向被执行人住所地或者被执行人财产所在地的人民法院申请执行仲裁裁决。

3.执行仲裁裁决的程序

(1)申请执行

义务方当事人在规定的期限内不履行仲裁裁决时,权利方当事人在符合前述条件的情况下,有权请求人民法院强制执行。当事人申请执行时应当向人民法院递交申请书,在申请书中应说明对方当事人的基本情况以及申请执行的事项和理由,并向法院提交作为执行依据的生效的仲裁裁决书或仲裁调解书。

(2)执行

当事人向有管辖权的人民法院提出执行申请后,受申请的人民法院应当根据《民事诉讼法》规定的执行程序予以执行。人民法院的执行工作由执行员进行。

①执行员接到申请执行书后,应当向被执行人发出执行通知,责令其在指定的期间履行仲裁裁决所确定的义务。如果被执行人逾期不履行义务的,则采取强制措施予以执行。

②被执行人未按执行通知履行仲裁裁决确定的义务,人民法院有权冻结、划拨被执行人的存款;有权扣留、提取被执行人应当履行义务部分的财产;有权强制被执行人迁出房屋或者退出土地;有权强制被执行人交付指定的财物或票证;有权强制被执行人履行指定的行为。

③被执行人未按仲裁裁决书或调解书指定的期间履行给付金钱义务的,应当加倍支付延迟履行期间的债务利息;未按规定期间履行其他义务的,应当支付延迟履行金。人民法院采取有关强制措施后,被执行人仍不能偿还债务,应当继续履行义务。即申请人发现被执行人有其他财产的,可以随时请求人民法院予以执行。当被申请人因严重亏损,无力清偿到期债务时,申请人可以要求人民法院宣告被执行人破产还债。

④在执行程序中,双方当事人可以自行和解。如果达成和解协议,被执行人不履行和解协议的,人民法院可以根据申请执行人的申请,恢复执行程序。被执行人向人民法院提供担保,并经申请执行人同意的,人民法院可以决定暂缓执行的期限。被执行人逾期仍不履行的,人民法院有权执行被执行人的担保财产或担保人的财产。

案例分析

"中标"不等于合同成立

2006年5月,阳光公司为采购一批价值约600万元的设备,委托当地一家招投标公司组成评标委员会进行招、投标活动。利丰公司通过现场竞标后,经评标委员会评议被确定为中标单位,并由公证机关进行了公证。次日,评标委员会给利丰公司出具了"中标通知书"。但阳光公司通过考察,不同意确定利丰公司为中标人,并拒绝与利丰公司签订书面合同。双方因而开始诉讼。

许多人认为,利丰公司中标后,阳光公司拒不与之签订书面合同,属于违约。必须确定合同的效力或由阳光公司赔偿因缔约过失给利丰公司造成的损失。但法院的判决却驳回了利丰公司的诉讼请求,因为招投标活动应属合同的缔约阶段,评标委员会出具的中标通知书违反了应由招标人核发的规定。

具体分析如下：

1.招标投标活动仅仅是合同签订的特殊方式和过程。招标是指在一定范围内公开货物、工程或服务采购的条件和要求，邀请众多投标人参加投标，并按照规定程序从中选择交易对象的一种市场交易行为。无论是招标公告还是招标通知，都属要约邀请的范畴。投标是指投标人接到招标通知后，根据招标通知的要求填写招标文件（也称标书），并将其送交给招标人的行为，即要约。根据合同原理，要想合同成立，必须在要约的基础上做出承诺。承诺通知到达要约人时生效，承诺生效时合同成立。这里的承诺是招标人选定中标人。也就是说，承诺前的一切活动都仅仅是为签订合同而经历的必要过程。即本案中，利丰公司参与阳光公司的招投标活动，也仅是双方签订合同的过程。

2.合同成立的标志是招标人出具中标通知书。招标人给中标人核发中标通知书，表明其已经就投标人的要约做出了承诺，合同即时成立。对中标人的确定，《招标投标法》规定了两种方式：一是招标人授权评标委员会直接确定中标人；二是招标人在评标委员会推荐的中标候选人中确定中标人。

本案中，阳光公司没有在评标委员会推荐的中标候选人中确定中标人，也没有授权评标委员会直接确定中标人，表明评标委员会确定中标人并发出中标通知书超出了阳光公司的授权，不能视为阳光公司核发了中标通知书。因此，评标委员会确定利丰公司为中标人违反了《招标投标法》，该中标通知书不应视为阳光公司的承诺通知。

3.阳光公司不应承担缔约过失责任。缔约过失责任是指在合同订立过程中，合同一方因违背其依据诚实信用原则所应负的义务，致使另一方的利益受损，而应承担的民事责任。根据《合同法》第四十二条规定，承担缔约过失责任应同时具备三个构成要件：一是缔约人违反了诚实信用原则（也可视为先合同义务）；二是违反诚实信用原则的缔约人主观上有过错；三是对方存在利益的损失。

本案中：一方面，阳光公司没有违反先合同义务。先合同义务是指缔约人双方为签订合同而互相磋商，依诚实信用原则产生的注意义务。阳光公司不同意确定利丰公司为中标人，并不是一种注意义务，即不属于先合同义务范围；另一方面，阳光公司主观上没有过错。过错包括故意和过失。故意是指明知自己的行为会造成危害后果而希望或放任该后果的发生。过失是指对危害后果的发生，应当预见因疏忽大意而没有预见，或已经预见但轻信可以避免。阳光公司没有故意隐瞒订立合同有关的重要事实或提供虚假情况，中标通知书的错误发放与阳光公司也无关，因此阳光公司对结果不存在预见或没有预见问题。

（案例来源：法律快车，http://www.lawtime.cn/info/anli/jjfhetong/2007022751431.html）

☞ **思考题**

1.合同活动的基本原则是什么？
2.试述合同的分类。
3.试述合同订立的一般程序。
4.在什么情况下可以解除合同？

参考文献

[1] ［加］米歇尔・R.利恩德斯，［美］哈罗德・E.费伦等.采购与供应管理（第12版）.赵树峰译.北京:机械工业出版社,2003.

[2] ［美］保罗・H.蒂默斯.六大电子商务发展战略.北京:机械工业出版社,2002.

[3] ［美］约瑟夫・L.卡维纳托,拉尔夫・G.考夫曼.采购手册——专业采购与供应人员指南.吕一林等译.北京:机械工业出版社,2001.

[4] ［英］肯尼斯・莱桑斯,布莱恩・法林顿.采购与供应链管理（第7版）.鞠磊等译.北京:电子工业出版社,2007.

[5] 北京中交协物流人力资源培训中心.采购绩效测量与商业分析.北京:机械工业出版社,2003.

[6] 彼得・贝利等.采购原理与管理.北京:电子工业出版社,2006.

[7] 陈劲.研发项目管理.北京:机械工业出版社,2003.

[8] 大卫・伯特,唐纳德・多布勒,斯蒂芬・斯大林.世界级供应管理.何明珂,张海燕,张京敏译.北京:电子工业出版社,2003.

[9] 杜红平,刘华.国际采购实务.北京:中国物资出版社,2003.

[10] 方轶.哈佛模式公司物流管理.北京:中央民族大学出版社,2003.

[11] 冯健.电子采购在供应链管理中的应用研究.硕士研究生学位论文,2005.

[12] 甘华鸣,谢新艳.采购.北京:中国国际广播出版社,2003.

[13] 工关义.现代企业管理.北京:清华大学出版社,2004.

[14] 龚国华,吴嵋山,王国才.采购与供应链.上海:复旦大学出版社,2005.

[15] 胡军.采购与供应概论.北京:中国物资出版社,2007.

[16] 伍蓓,胡军.采购战略管理.北京:中国物资出版社,2009.

[17] 霍红,华蕊.采购与供应链管理.北京:中国物资出版社,2005.

[18] 霍佳震.企业评价创新:集成化供应链绩效及其评价.石家庄:河北人民出版社,2001.

[19] 蒋洪伟,韩文秀等.供应商选择准则.科技与管理,2001(1).

[20] 鞠颂东,徐杰.采购管理.北京:机械工业出版社,2005.

[21] 李翔.电子商务.北京:机械工业出版社,2002.

[22] 梁军.采购管理.北京:电子工业出版社,2006.

[23] 林勇.集成化供应链管理模式下供应商综合评价选择研究.华中科技大学论文,1994.

[24] 刘斌.采购与供应管理.北京:高等教育出版社,2005.

［25］刘联辉.超市物流.北京：中国物资出版社，2003.

［26］鲁照旺.采购法务与合同管理.北京：机械工业出版社，2008.

［27］罗伯特·M.蒙兹卡，罗伯特·J.特伦特，罗伯特·B.汗德菲尔德.采购与供应链管理.北京：中信出版社，2006.

［28］逯宇铎，李杰等.全球采购管理.北京：机械工业出版社，2006.

［29］马丽娟.基于供应链管理的供应商选择问题初探.工业工程管理，2002(6).

［30］马士华，王许斌.确定供应商评价指标权重的一种方法.工业工程管理，2002(6).

［31］马士华，林勇.供应链管理.北京：高等教育出版社，2003.

［32］牛东来.现代物流信息系统.北京：清华大学出版社，2004.

［33］钱碧波.敏捷虚拟企业合作伙伴选择评价体系研究.中国机械工程，2002(4).

［34］孙明贵.采购物流实务.北京：机械工业出版社，2004.

［35］孙强，胡占友.采购与供应链规范管理.北京：机械工业出版社，2005.

［36］孙宗虎，程淑丽.采购和供应管理流程设计与工作标准.北京：人民邮电出版社，2007.

［37］王成，刘慧，赵媛媛.供应商管理业务.北京：机械工业出版社，2002.

［38］王瑛，孙林岩，赵沂蒙.基于欧氏范数的供应商评价方法.系统工程，2002(1).

［39］徐杰，田源.采购与仓储管理.北京：清华大学出版社，2004.

［40］徐哲一，武一川.采购管理10堂课.广州：广东经济出版社，2004.

［41］颜忆茹，张淳智.物流管理：原理、方法与实例.台北：前程企管，2001.

［42］于淼.供应商管理.北京：清华大学出版社，2006.

［43］张芮，伍蓓.采购运作管理.北京：中国物资出版社，2007.

［44］Dickson，G. An Analysis of Vendor Selection Systems and Decisions. Journal of Purchasing，Feb 1966.

［45］Joe Zhu . A Buyer-Seller Game Model for Selection and Negotiation of Purchasing Bids：Extension and New Model. European Journal of Operational Research，2004(154).

［46］Kasilingamr，R. G. Logistics and Transportation. Kluwer Academic Publishers，1998(3).

［47］Manoj Kumar，Prem Vrat，Shankar，R. A Fuzzy Programming Approach for Vendor Selection Problem in Supply Chain. Computer&Industrial Engineering，2004(46).

［48］Schingnar，A. P. Measuring Productive Efficiency of Public Service Provision Fels Discussion. University of Pennsylvania，School of Publication Urban Policy，Paper No. 143，1980(9).

［49］Weber，C. A. ，Current，J. R. ，Benton W. C. Vendor Selection Criteria and Methods. European Journal of Operational Research，1991(50).

［50］Yahya S，Kingsman M. Vendor Rating for an Entrepreneur Development Programmer：A Case Study Using the Analytic Hierarchy Process Method. Journal of

Operational Research Society,1999(50).

[51] Zeger Degraeve,Eva Labor. An Evaluation of Vendor Selection Models from a Total Cost of Ownership Perspective. European Journal of Operational Research,2002 (125).